1+X 职业技能等级证书系列教材
书证融通探索系列教材
校企双元合作开发教材

U0961041

轨道交通车辆检修职业技能等级初级教材

黄璐璐　姚春燕　主编

北京交通大学出版社
·北京·

内 容 简 介

本书是 1+X 职业技能等级证书系列教材、书证融通探索系列教材之一，以北京神州高铁轨道交通科技有限公司发布的《轨道交通车辆检修职业技能等级标准》为编写依据，内容涵盖常用工器具与安全防护用品使用、轨道交通车辆机械系统检修、轨道交通车辆牵引系统检修、轨道交通车辆辅助系统检修、铁路货车运用与管理、城市轨道交通车辆整车检修作业仿真实训，是一本校企双元合作开发的体现岗课赛证融通理念的职业教育教学改革教材。本书体系完整、图文并茂、案例丰富，适合作为职业院校轨道车辆类专业的课堂教学用书、参加"1+X 轨道交通车辆检修证书（初级）"考试的辅导用书，还可作为轨道交通行业从业人员参考用书。

图书在版编目（CIP）数据

轨道交通车辆检修职业技能等级初级教材 / 黄璐璐，姚春燕主编. -- 北京 : 北京交通大学出版社，2024. 11. -- ISBN 978-7-5121-5381-3

Ⅰ. U279.3

中国国家版本馆 CIP 数据核字第 2024RH9409 号

轨道交通车辆检修职业技能等级初级教材

GUIDAO JIAOTONG CHELIANG JIANXIU ZHIYE JINENG DENGJI CHUJI JIAOCAI

责任编辑：刘　辉

出版发行：北京交通大学出版社　　电话：010-51686414　　http://www.bjtup.com.cn

地　　址：北京市海淀区高梁桥斜街 44 号　　邮编：100044

印 刷 者：北京鑫海金澳胶印有限公司

经　　销：全国新华书店

开　　本：185 mm×260 mm　　印张：18.75　　字数：480 千字

版 印 次：2024 年 11 月第 1 版　　2024 年 11 月第 1 次印刷

定　　价：58.00 元

本书如有质量问题，请向北京交通大学出版社质监组反映。对您的意见和批评，我们表示欢迎和感谢。

投诉电话：010-51686043，51686008；传真：010-62225406；E-mail：press@bjtu.edu.cn。

前　言

在《国家职业教育改革实施方案》（国发〔2019〕4号）印发贯彻执行后，1+X证书制度试点工作也随即展开。根据《关于在院校实施“学历证书+若干职业技能等级证书”制度试点方案》（教职成〔2019〕6号）要求，1+X证书制度试点工作已经在积极推动、实行中，为响应、落实“融入专业人才培养”“实施高质量职业培训”“严格职业技能等级考核与证书发放”等要求，在轨道交通车辆检修1+X证书制度方面达成教学、实训、考核等方面的规范统一，我们开始了轨道交通车辆检修1+X证书的初、中、高级教材的编撰，希望尽可能广泛地适用于条件不尽相同的开办有轨道交通车辆相关专业的学校。我们力图在1+X轨道交通车辆检修专业证书的相关教学、实训、考核等行为上统一评判标准，同时借鉴相关院校、企业在理论知识授课和实习实训上的教学特色，根据《轨道交通车辆检修职业技能等级标准》相关规定，将初、中、高三个级别证书相关的课程与考核要求，分别编纂为三本书，作为获取轨道交通车辆检修专业1+X证书的教材，本书即为轨道交通车辆检修专业1+X证书初级教材。

本书内容涵盖获取1+X轨道交通车辆检修初级职业技能等级证书所涉及的车辆整体、车电（牵引、辅助系统）、制动系统、走行部、门系统等项目检修的基本内容与考核要求，参与1+X证书制度实施的院校可以根据《轨道交通车辆检修职业技能等级标准》的相关要求，在获取“1+X”初级证书过程中，根据自身条件（专业和实训设备等方面）和标准归口单位的指导来选择实训与考核项目。

本书由北京神州高铁轨道交通科技有限公司市场总监黄璐璐博士、南京铁道职业技术学院机车车辆学院姚春燕副院长担任主编，组织了相关院校和企业的教师、工程师进行编纂和校正，成书过程中融合了一些院校在专业教学上的优势，还参考了神州高铁特色职业教育培训体系的相关内容，尽可能地做到：在教授内容上贴近生产一线需求，在考核实施上适应院校具体条件，在选拔标准上达成统一规范。

当然，在1+X证书制度试点工作中，本教材也会暴露出许多不足之处，敬请广大读者批评指正。

最后，向参与此次教材编撰的各位老师、同仁表示衷心的感谢！他们的无私奉献和全情投入成就了这本教材，为此将这些幕后英雄的名字罗列在此、并致以崇高的敬意！他们的名字是（排名不分先后）：王华、华亮、李纯、苏超、耿烽、刘睿勍、孔祥峰、华彤天、鲍雅轩。

编　者

2024年9月

目　　录

项目一　常用工器具与安全防护用品使用 ………………………………………… 1

任务一　常用工器具使用 ………………………………………………………… 1

项目二　轨道交通车辆机械系统检修 ……………………………………………… 19

任务一　轨道交通车辆车门检修 ………………………………………………… 19
任务二　轨道交通车辆车体检修 ………………………………………………… 31
任务三　轨道交通车辆贯通道检修 ……………………………………………… 58
任务四　轨道交通车辆转向架检修 ……………………………………………… 68
任务五　轨道交通车辆车钩检修 ………………………………………………… 91
任务六　轨道车辆制动控制装置检修 ………………………………………… 108
任务七　轨道交通车辆制动系统的基本操作 ………………………………… 115
任务八　轨道交通车辆空调装置检修 ………………………………………… 122

项目三　轨道交通车辆牵引系统检修 ……………………………………………… 147

任务一　轨道交通车辆受电弓检修 …………………………………………… 147
任务二　轨道交通车辆车顶高压设备检修 …………………………………… 162
任务三　轨道交通车辆牵引装置检修 ………………………………………… 180
任务四　轨道交通车辆司机室检查 …………………………………………… 195

项目四　轨道交通车辆辅助系统检修 ……………………………………………… 221

任务一　轨道交通车辆辅助供电主回路设备检查 …………………………… 221
任务二　轨道交通车辆辅助供电控制回路设备检查 ………………………… 236

项目五　铁路货车运用与管理 ……………………………………………………… 262

任务一　货车运用基础与铁路信号相关知识 ………………………………… 262
任务二　列检作业（列车技术检查） ………………………………………… 272

项目六　城市轨道交通车辆整车检修作业仿真实训 ……………………………… 281

参考文献 …………………………………………………………………………… 294

项目一

常用工器具与安全防护用品使用

项目要点

1. 熟知6S作业原则；

2. 熟知万用表、兆欧表、钩高尺、第四种检查器等工器具的使用与读数方法；

3. 熟知常用安全防护用品的作用及使用方法。

项目任务

常用工器具使用。

项目准备

1. 所需设备：轨道交通车辆车顶高压电器设备一套；

2. 所需物品：工作服、劳保鞋、帽、手套等；

3. 所需工具：安全号志、接地杆、绝缘鞋、安全帽、手电筒、对讲机、绝缘手套、各型扭矩扳手、普通扳手、螺丝刀、钢板尺、干棉纱、中性清洁剂、禁动牌、手套、弹簧秤等。

项目实施

任务一　常用工器具使用

任务目标

1. 知识目标

- 掌握常用工器具的使用方法；
- 掌握常用工器具的维护保养方法。

2. 技能目标

- 掌握常用工器具的测量方法；
- 会选用合格工器具进行相关参数测量；
- 熟悉常用工器具的读数方法；
- 会用6S作业标准进行工作环境整理。

任务实施建议

学习活动	内容	建议学时
自学内容及相关知识点	1. 常用工器具的种类、特点及应用场所 2. 能够按照 6S 作业标准对工作环境及工器具进行整理和保养	课前
计划	结合任务目标，正确使用工器具，并根据测量情况填报相关表格，于作业结束后，按照 6S 作业标准进行作业后的整理清洁工作	课中（4 学时）
决策	通过小组交流及教师指导，正确分工	
实施	根据具体待测元件、设备、工器具，严格按照流程完成测量作业	
	正确填写检修单据，小组成员互检后提交指导教师评估	
检查与评价	完成自我评价、小组评价、教师评价	
完善与拓展	能够使用多种工器具完成同一项数据测量	课后

任务相关知识点

一、常用工器具

（一）万用表

万用表是一种多功能、多量程的便携式电子电工仪表，一般的万用表可以测量直流电流、直流电压、交流电压和电阻等。有些万用表还可测量电容、电感、功率等，所以万用表是相关作业的必备仪表之一。

万用表一般可分为指针式万用表和数字式万用表两种。

指针式万用表的款式很多，但基本结构是类似的。指针式万用表的结构主要由表头、转换开关（又称选择开关）、测量线路等组成。MF47 型指针式万用表如图 1-1-1 所示。

数字式万用表是指测量结果主要以数字的方式显示的万用表，其能够对电压、电流、电阻、电容、三极管等元器件进行参数测量。VCB90D 型数字式万用表如图 1-1-2 所示。

图 1-1-1　MF47 型指针式万用表

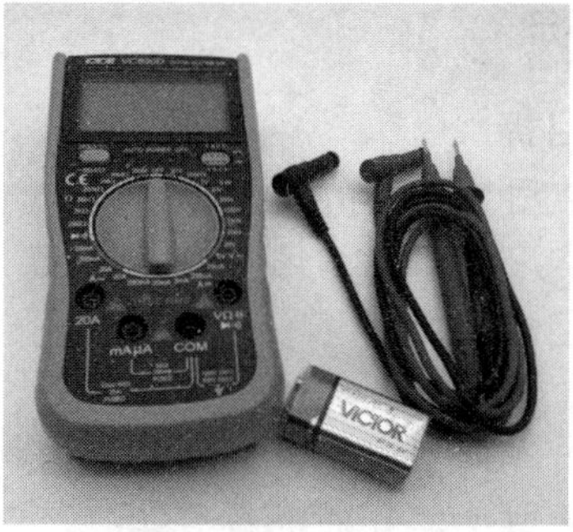

图 1-1-2　VCB90D 型数字式万用表

下面以数字式万用表为例介绍万用表的使用方法。

1. 操作前注意事项

在使用万用表之前，应充分了解其技术性能及特点，熟悉各个选择开关、旋钮、按键和插孔的作用，搞清选择开关的分挡位置与表盘刻度尺之间的对应关系。

（1）打开电源开关，检查 9 V 电池，如果电池电压不足，显示器上会显示，需更换新的电池。

（2）表笔插孔旁的符号，表示输入电压或电流不应超过显示值，这是为了保护万用表内部电路免受损伤。

（3）测试之前，功能开关应置于所需的量程。

2. 使用方法

1）直流电压测量

直流电压测量如图 1-1-3 所示。

（1）将黑表笔插入 COM 插孔，红表笔插入 V/Ω 插孔。

（2）将功能开关置于 V- 量程范围，并将表笔接到待测电源或负载上，红表笔所接端的极性将同时显示于显示器上。

注意：

① 若不知被测电压范围，将功能开关置于最大量程并逐渐下降。

② 若显示器只显示“1”，表示过量程，功能开关应置于更高量程。

③“ ”表示不要测量高于 1 000 V 的电压，显示更高的电压值是可能的，但有损坏内部线路的危险。

④ 在测量高电压时要格外注意避免触电。

2）交流电压测量

交流电压测量如图 1-1-4 所示。

（1）将黑表笔插入 COM 插孔，红表笔插入 V/Ω 插孔。

（2）将功能开关置于 V～量程范围，并将表笔接到待测电源或负载上。

3）直流电流测量

直流电流测量如图 1-1-5 所示。

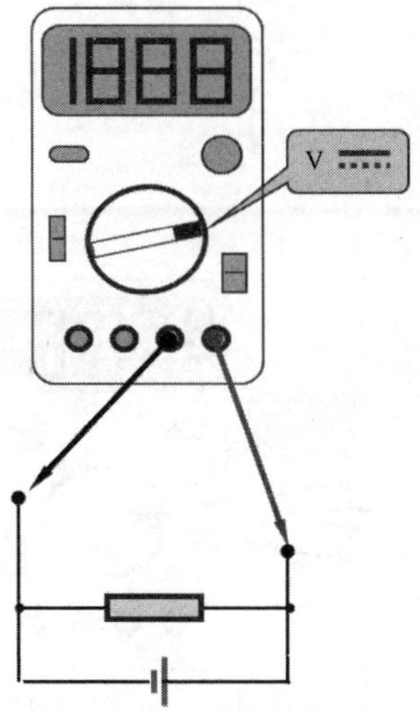

图 1-1-3　直流电压测量

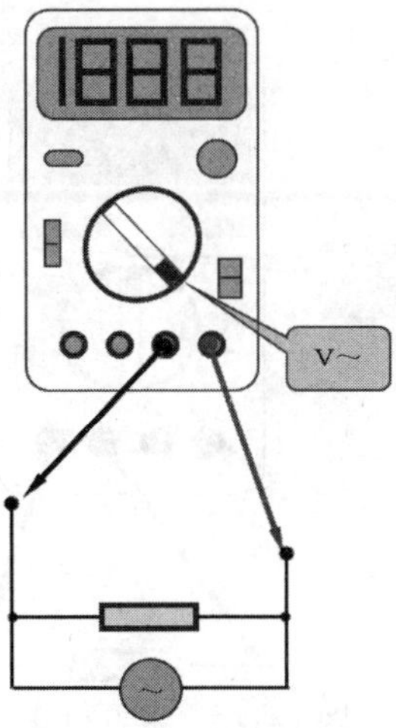

图 1-1-4　交流电压测量

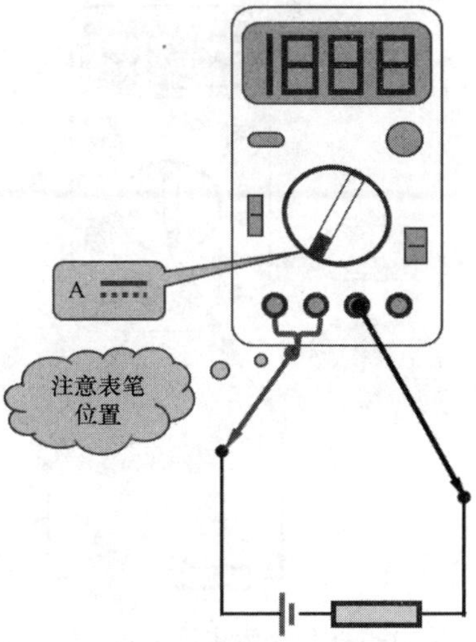

图 1-1-5　直流电流测量

（1）将黑表笔插入 COM 插孔，当测量最大值为 200 mA 的电流时，红表笔插入 mA 插孔，当测量最大值为 20 A 的电流时，红表笔插入 20 A 插孔。

（2）将功能开关置于 A 量程范围，并将表笔串联接入待测负载，在显示电流值的同时，将显示红表笔的极性。

注意：

① 若不知被测电流范围，将功能开关置于最大量程并逐渐下降。

② 若显示器只显示“1”，表示过量程，功能开关应置于更高量程。

③ “” 表示最大输入电流为 200 mA 或 20 A（取决于所使用的插孔），过量的电流将烧毁保险丝，20 A 量程无保险丝保护。

④ 最大测试压降为 200 mV。

4）交流电流测量

交流电流测量如图 1-1-6 所示。

（1）将黑表笔插入 COM 插孔，当测量最大值为 200 mA 的电流时，红表笔插入 mA 插孔。当测量最大值为 20 A 的电流时，红表笔插入 20 A 插孔。

（2）将功能开关置于 A～量程范围，并将表笔串联接入待测负载。

5）电阻测量

电阻测量如图 1-1-7 所示。

（1）将黑表笔插入 COM 插孔，红表笔插入 V/Ω 插孔（注意：红表笔极性为“+”）。

（2）将功能开关置于 Ω 量程，并将表笔接到待测负载两端。

注意：

① 被测阻值超出所选择量程时，将显示过量程“1”，应选择更高量程。测量大于 1 M 的电阻时，需要等待几秒，读数才能稳定，对于高阻值读数这属于正常现象。

② 对于无输入情况（如开路），显示“1”。

③ 在检查内部线路阻抗时，要保证被测线路所有电源移开，所有电容放电。

6）电容测量

电容测量如图 1-1-8 所示。

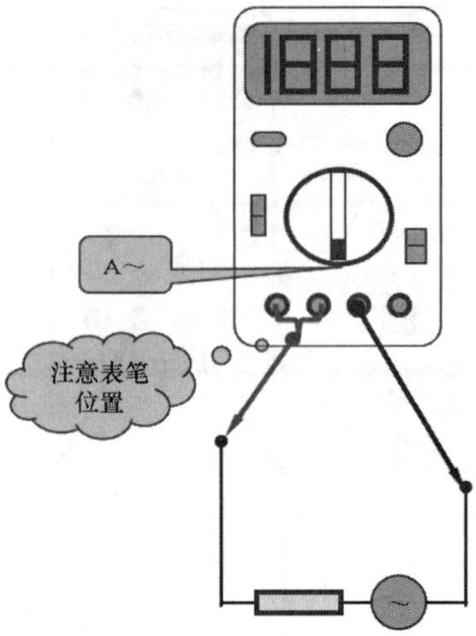

图 1-1-6　交流电流测量

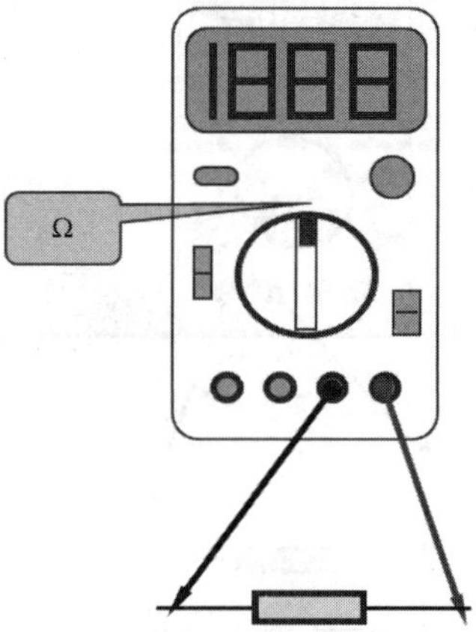

图 1-1-7　电阻测量

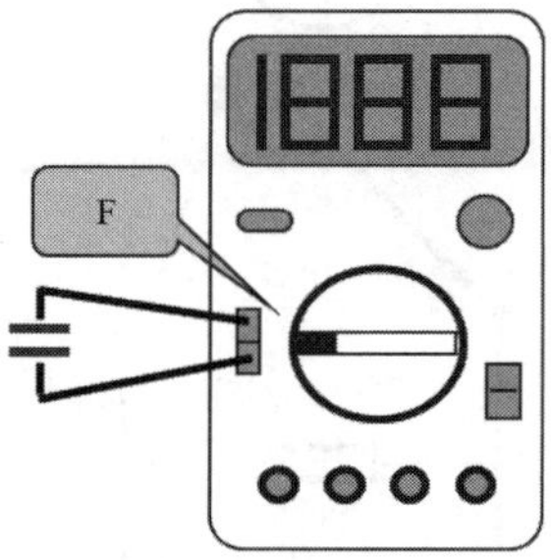

图 1-1-8　电容测量

（1）连接待测电容前注意：每次转换量程时复零需要时间，有漂移读数存在不会影响测量精度。

（2）将被测电容直接插入电容测量插座。

（3）将功能开关置于 F 量程。

注意：

① 仪器本身已对电容挡设置了保护，故在电容测量过程中不需考虑电容极性充放电等情况。

② 测量时，将电容直接插入电容测量座中，不要通过表笔插孔测量。

③ 测量大电容时，需要等待一定的时间，读数才能稳定。

7）二极管测量及连续性测量

二极管测量及连续性测量如图 1-1-9 所示。

（1）将黑表笔插入 COM 插孔，红表笔插入 V/Ω 插孔（注意：红表笔极性为“+”）。

（2）二极管测量：将功能开关置于二极管挡，将表笔连接到待测二极管两端，读数为二极管正向压降的近似值。

（3）连续性测量：将表笔连接到待测线路的两个端点，如果内置蜂鸣器发声，则两点之间电阻值低于 90 Ω。

8）三极管 hEF 测量

三极管 hEF 测量如图 1-1-10 所示。

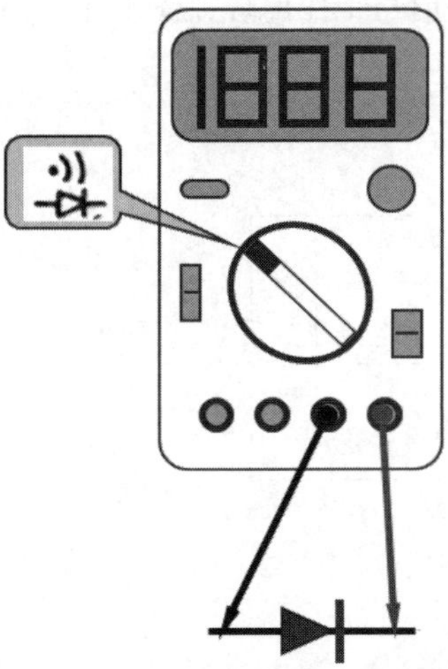

图 1-1-9　二极管测量及连续性测量

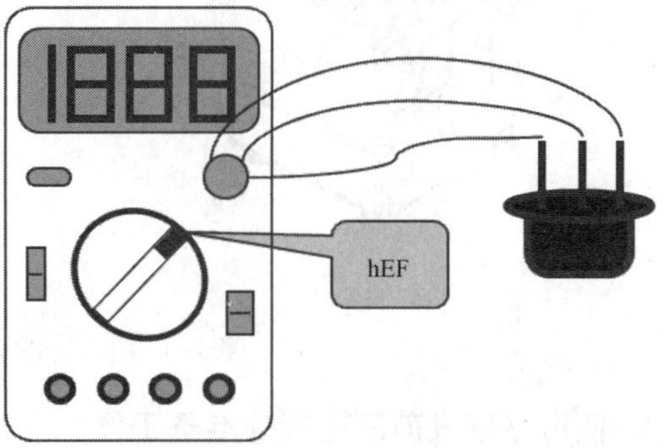

图 1-1-10　三极管 hEF 测量

（1）将功能开关置于 hEF 量程。

（2）确定晶体管是 NPN 型或 PNP 型，将基极、发射机和集电极分别插入前面板上的相应插孔。

（3）显示器上将读出 hEF 的近似值，测试条件：I_b=10 μA，V_{ce}=2.8 V，此时显示值只对判断晶体管起参考作用，不能作为精密测试。

9）温度测量

温度测量如图 1-1-11 所示。

（1）将功能开关置于 K TYPE THERMOCOUPLE 量程。

（2）测量温度时，将热电偶传感器的冷端（自由端）插入温度测试插

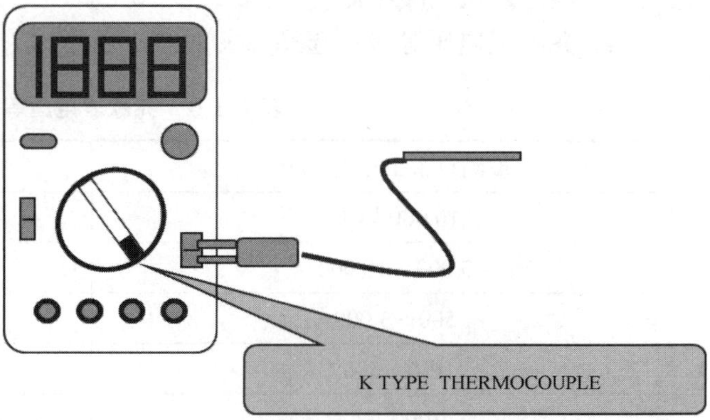

图 1-1-11　温度测量

座中，热电偶的工作端（测温端）置于待测物上面或内部，可直接从显示器上读取温度值，读数为摄氏度。(不用通过表笔插座测量）

（3）此表设计为：当热电偶插入温度插座后，自动显示温度，当热电偶传感器开路时，显示常温。

数字万用表的准确度与分辨力均较高，而且过载能力强，抗干扰性能好，功能多、体积小、重量轻，还能从根本上消除读取数据时的视差，这些优点都是一般模拟式万用表无法比拟的，但由于数字万用表是通过断续的方式进行测量显示的，因此不便于观察被测电量的连续变化过程及其变化的趋势。比如，数字万用表检验电容器的充电过程、热敏电阻阻值随温度变化的规律，以及观察光敏电阻阻值随光照的变化特性等，就不如模拟式万用表方便、直观。总之，必须根据被测对象及测试要求合理选择万用表的类型和表的性能指标。

（二）兆欧表

兆欧表（又叫摇表、绝缘电阻测试仪、高阻计）是一种简便、常用的测量高电阻的仪表，其主要用来检测供电线路、电机绕组、电缆、电器设备等的绝缘电阻，以保证这些设备、电器和线路工作在正常状态，避免发生触电伤亡及设备损坏等事故。常见的兆欧表主要由作为电源的高压手摇发电机和磁电式流比计两部分组成，兆欧表的外形与工作原理如图 1–1–12 所示。

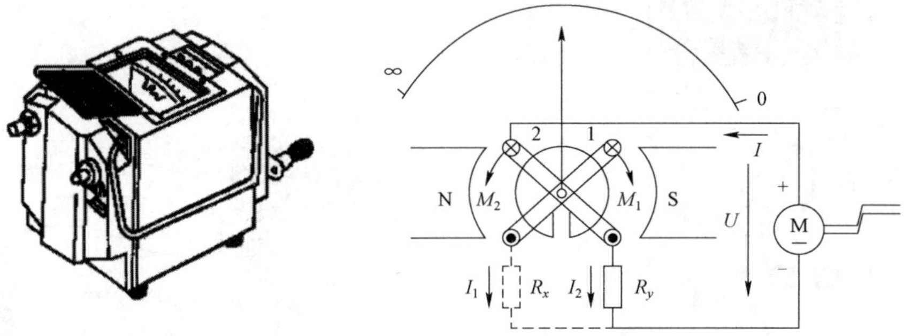

(a) 外形　　(b) 工作原理

图 1–1–12　兆欧表的外形与工作原理

1. 使用兆欧表前应进行的准备工作

（1）检查兆欧表是否正常。

（2）检查被测电气设备和线路，看其是否已全部切断电源。

（3）测量前应对设备和线路先行放电，以免设备或线路的电容放电危及人身安全和损坏兆欧表，同时还可以减少测量误差。

（4）兆欧表电压等级的选择如表 1–1–1 所示。

表 1–1–1　兆欧表电压等级的选择

被测设备工作电压/V	选用兆欧表的电压等级/V
10 000 以上	5 000
3 000～10 000	2 500
500～3 000	1 000
100～500	500
100 以下	250

2. 兆欧表的使用要点

（1）兆欧表必须水平放置于平稳、牢固的地方，以免在摇动时因抖动和倾斜产生测量误差。

（2）接线必须正确无误，接线柱“E”（接地）、“L”（线路）和“G”（保护环或称屏蔽端子）与被测物的连接线必须用单根线，要求绝缘良好，不得绞合，表面不得与被测物体接触。

（3）摇动手柄的转速要均匀，一般规定为 120 r/min，允许有±20%的变化，但不应超过25%，通常要摇动 1 min，待指针稳定后再读数。

（4）测量前进行开路检查，轻带手柄，观察指针是否在∞位。

（5）E、L 表笔短接，慢慢带动手柄，观察指针是否在 0 位。

（6）测量完毕，应对设备充分放电，否则容易引起触电事故。

（7）严禁在雷电时或附近有高压导体的设备上测量绝缘电阻，只有在设备不带电又不可能受其他电源感应而带电的情况下才可进行测量。

（8）兆欧表未停止转动之前，切勿用手去触及设备的测量部分或兆欧表接线柱。

（9）兆欧表应定期校验，其方法是直接测量有确定值的标准电阻，检查其测量误差是否在允许范围之内。

3. 兆欧表的使用方法

（1）准备地线若干米，准备指针式兆欧表一块。

（2）戴绝缘手套，检查待测设备是否已停电，对待测设备进行验电，对待测设备（容性负载）进行放电，放电时间不应少于 2～3/min。拆开地线。

（3）根据被测对象正确选用兆欧表（6 kV 选用 2 500 V 兆欧表），兆欧表应水平放置，L 端接被测导体，E 端与被测体的外壳连接，测量前进行开路检查，轻带手柄观察指针是否在∞位，E、L 表笔短接，慢慢带动手柄观察指针是否在 0 位。

（4）遥测时转速应达到 120 r/min，遥表的转速由慢至快，至转速达到 120 r/min 时，转速应均匀稳定。测量开始时指示值逐渐增大，被测物呈现充电现象，一般规定 1 min 后读数。正确读数，测量不缺项，测量完后应先脱离线路端线头，再停止手柄转动。测量完后放电，拆除测量线并整理。

（5）根据测量读数判断设备绝缘好坏或作出结论。测量过程中指针指向 0 位，表示绝缘已经失效，应停止转动手柄，以免损坏兆欧表。

（三）钳形电流表

“钳形电流表”简称“钳表”，它是一种不需要断开线路就可以直接测量交流电路电流的携带式仪表。有些钳表采用霍尔感应原理，甚至还可以测量直流电流。钳形电流表如图 1−1−13 所示。

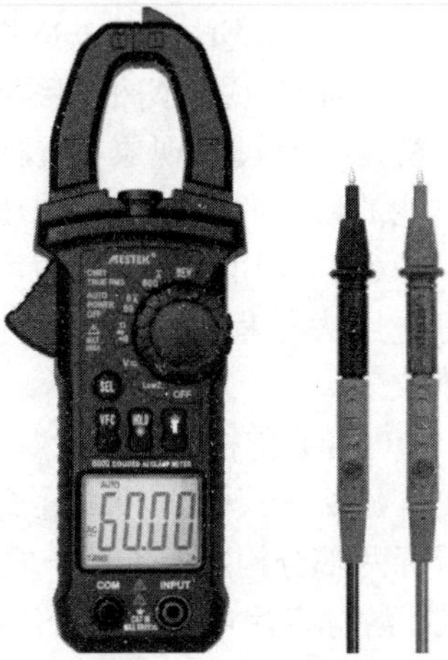

图 1−1−13 钳形电流表

钳形电流表插上表笔，可变身为一个数字万用表。这样一来，钳形电流表不仅可以在不断开电源的情况下测交直流电流，还可以测量电压、电阻、电容、温度等。

1. 钳表使用注意事项

（1）测电流时，每次只测一根导线或者同一相的电流。

（2）钳表在使用过程中，钳口必须保持干净、闭合紧密。

（3）钳表可以在不断开电源的情况下测量电流，但是换挡必须把导线从钳口里拿出来。

（4）测量小电流时，为了降低测量误差、提高精确度，可以将被测导线绕几圈。然后将测量数值除以圈数就可以得到实际电流值。

2. 钳形电流表的使用方法

（1）正确选择钳形电流表的电压等级，检查其外观绝缘是否良好，有无破损，指针是否摆动灵活，钳口有无锈蚀等。根据电机功率估计额定电流，以选择表的量程。

（2）在使用钳形电流表前应仔细阅读说明书，弄清是交流还是交直流两用钳形电流表。

（3）在测量小电流时，可采用下述方法：先将被测电路的导线绕几圈，再放进钳形电流表的钳口内进行测量。此时钳形电流表所指示的电流值并非被测量的实际值，实际电流应当为钳形电流表的读数除以导线缠绕的圈数，如图 1-1-14 所示。

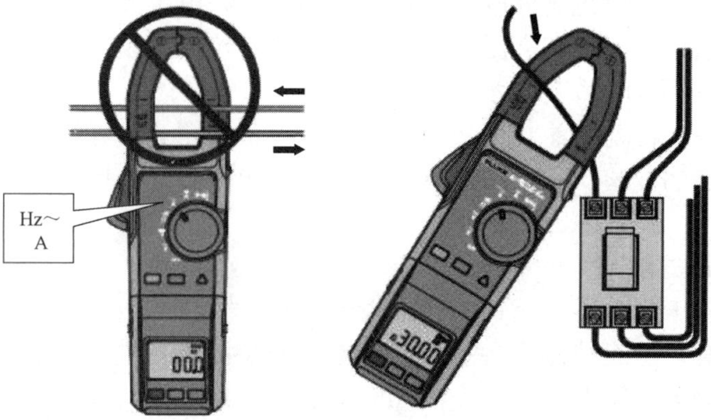

图 1-1-14　钳形电流表测量电流的接线方法

（4）钳形电流表钳口在测量时闭合要紧密，闭合后如有杂音，可打开钳口重测，若杂音仍不能消除，应检查磁路上各接合面是否光洁，有尘污时要擦拭干净。

（5）钳形电流表每次只能测量一相导线的电流，被测导线应置于钳形窗口中央，不可以将多相导线都夹入窗口测量。

（6）被测电路电压不能超过钳形表上所标明的数值，否则容易造成接地事故，或者引起触电危险。

（7）测量运行中笼型异步电机工作电流。根据电流大小，可以检查、判断电机工作情况是否正常，以保证电机安全运行，延长使用寿命。

（8）测量时，可以每相测，也可以三相测，此时表上数字应为零（因三相电流相量和为零），当钳口内有两根相线时，表上显示数值为第三相的电流值，通过测量各相电流可以判断电机是否有过载现象（所测电流超过额定电流值），电机内部或电源（把其他形式的能转换成电能的装置叫作电源）电压是否有问题，即三相电流不平衡是否超过 10%的限度。

（9）使用钳形电流表测量前应先估计被测电流的大小，再决定用哪一量程。若无法估计，可先用大量程挡然后适当换小些，以准确读数。不能使用小电流挡去测量大电流，以防损坏仪表。

（四）游标卡尺

游标卡尺是一种测量长度、内外径、深度的量具。游标卡尺由主尺和附在主尺上能滑动的游标两部分构成。主尺一般以毫米为单位，而游标上则有 10、20 或 50 个分格，根据分格的不同，游标卡尺可分为十分度游标卡尺、二十分度游标卡尺、五十分度游标卡尺等，游标为 10 分度的有 9 mm，20 分度的有 19 mm，50 分度的有 49 mm。游标卡尺的主尺和游标上有两副活动量爪，分别是内测量爪和外测量爪，内测量爪通常用来测量内径，外测量爪通常用来测量长度和外径，如图 1–1–15 所示。

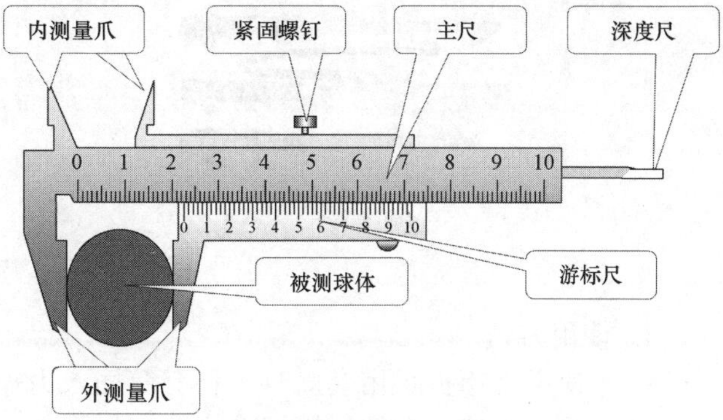

图 1–1–15　游标卡尺结构

1. 使用方法

（1）用软布将量爪擦干净，使其并拢，查看游标和主尺身的零刻度线是否对齐。如果对齐就可以进行测量。如没有对齐则要记取零误差。游标的零刻度线在尺身零刻度线右侧的叫正零误差，在尺身零刻度线左侧的叫负零误差（此规定与数轴的规定一致，原点以右为正，原点以左为负）。

（2）测量时，右手拿住尺身，大拇指移动游标，左手拿待测外径（或内径）的物体，使待测物位于外测量爪之间，当与量爪紧紧相贴时，即可读数，当测量零件的外尺寸时：卡尺两测量面的连线应垂直于被测量体表面，不能歪斜。

（3）测量时，可以轻轻摇动卡尺，放正垂直位置。否则，将使测量结果 a 比实际尺寸 b 要大；先把卡尺的活动量爪张开，使量爪能自由地卡进工件，把零件贴靠在固定量爪上，然后移动尺框，用轻微的压力使活动量爪接触零件。如卡尺带有微动装置，此时可拧紧微动装置上的固定螺钉，再转动调节螺母，使量爪接触零件并读取尺寸。

注意：决不可把卡尺的两个量爪调节到接近甚至小于所测体尺寸，把卡尺强制地卡到零件上去，这样做会使量爪变形，或使测量面过早磨损，导致卡尺失去应有的精度。

2. 游标卡尺的读数

以毫米为单位，整数部分由主尺读出（游尺 0 刻线前面的刻度），小数部分由游尺读出（游尺的第几条刻度线与主尺的某一刻度对齐，小数部分就是几乘 0.1）即：读数=主尺（整毫米数）+游标（与主尺刻度对齐的游尺刻度乘精度毫米），游标卡尺读数示例如图 1–1–16 所示。

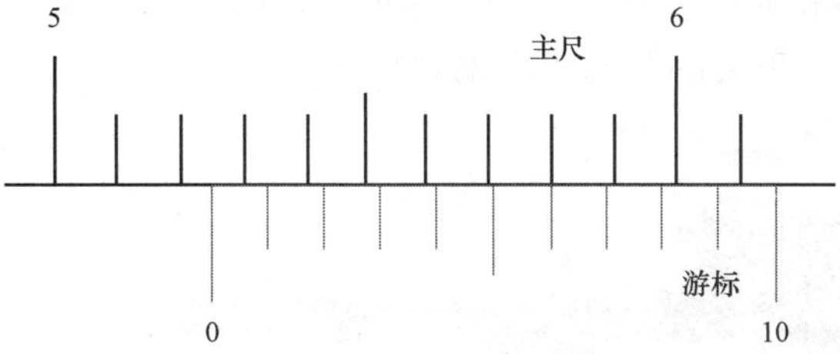

图 1–1–16　游标卡尺读数示例

$$L=52+0.1\times6=52.6\text{（mm）}$$

三种游标卡尺的特点如表 1–1–2 所示。

表 1–1–2　三种游标卡尺的特点

卡尺种类	主尺最小分度/mm	游标总长度/mm	精度/mm
10 分度	1	9	0.1
20 分度	1	19	0.05
50 分度	1	49	0.02

（五）力矩扳手

力矩扳手又叫扭矩扳手、扭矩可调扳手，是扳手的一种。力矩扳手可分为信号式与读取式两种，如图 1–1–17 所示。信号式主要用于拧紧作业，拧紧到设定的力矩后，会感知到扳手内有“咔咔”的机构响声。读取式主要用于测量、检查作业，可显示测量值。

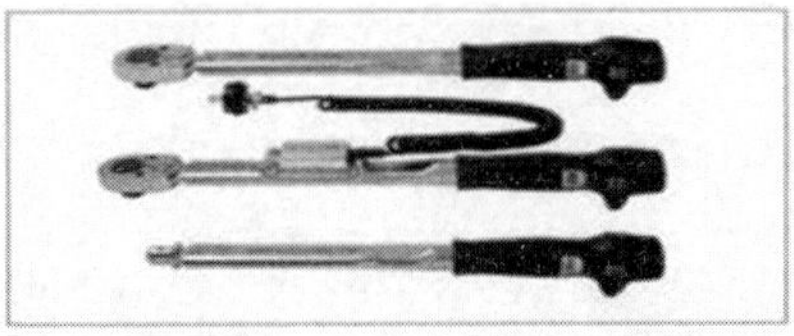

(a) 信号式

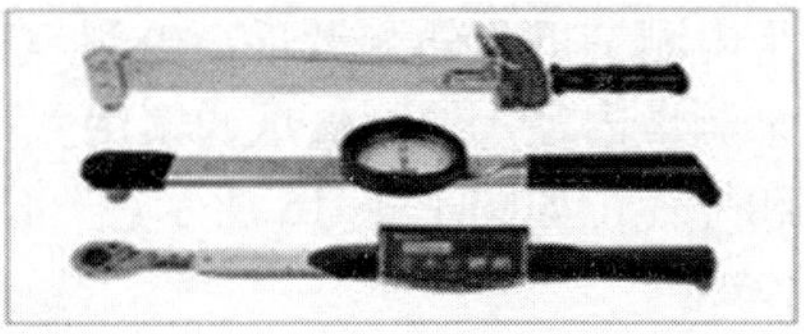

(b) 读取式

图 1-1-17　力矩扳手

1. 使用方法

（1）使用力矩扳手用套筒时，将套筒插入力矩扳手驱动头的根部。

（2）请事先确认棘轮切换杆的位置，如图 1-1-18 所示。

（3）将套筒插入要拧紧的螺栓、螺母上，握住把手的中心，缓慢地向右旋转加力。保持扳手水平，垂直作用于螺栓螺母上。

2. 注意事项

加力位置不同，力矩值会发生变化。

（1）板式扳手：加力在把手的中心线上。

（2）表盘式扳手：加力的位置影响不大。

（3）信号式扳手：加力位置不同，力矩不同。要加力在有效长度上。

（4）缓慢加力，注意不要产生反弹力，感知到限扭扳手“咔咔”声后，要立即停止。

（六）第四种检查器

第四种检查器是测量车轮轮缘踏面相关尺寸及缺陷的一种专用检测量具，如图 1-1-19 所示。其以车轮踏面滚动圆（即距车轮内侧面 70 mm 处的基线）为测量基准，也就是说轮缘厚度的测点与车轮踏面滚动圆的距离始终保持恒定，不会因车轮踏面磨耗而改变。

图 1-1-18　确认棘轮切换杆的位置

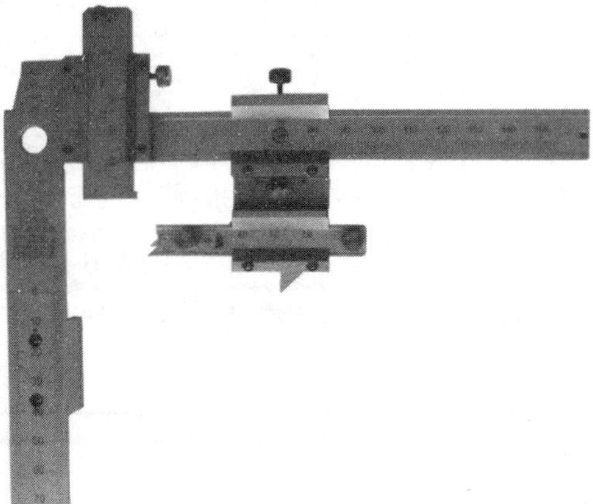

图 1-1-19　第四种检查器

测量车轮踏面圆周磨耗、轮缘厚度及轮缘高度、轮辋厚度、轮辋宽度、踏面擦伤及剥离深度等项目时，均须将尺身平面与车轮半径重合，并将轮辋厚度测尺紧紧贴靠在车轮内侧面上，轮缘顶点接触检查器的轮缘高度测量定位面，再根据不同的测量内容进行相应调整。

测量车轮踏面圆周磨耗、轮缘厚度及轮缘高度等尺寸时，均须将踏面圆周磨耗尺框车轮滚动圆刻线与踏面圆周磨耗滚动圆中心主尺定位刻线对正，拧紧踏面圆周磨耗尺框紧固螺钉。

测量车轮踏面擦伤及剥离深度等尺寸时，须将踏面磨耗测头对准擦伤或剥离最深处。

测量车轮轮辋宽度时，须将踏面圆周磨耗尺框外移，使踏面磨耗测头贴靠在轮辋外侧面上。

（1）踏面圆周磨耗测量方法如图 1-1-20 所示。

① 推动踏面圆周磨耗测尺，使测头接触车轮踏面。

② 读取数值。踏面圆周磨耗测尺上面主刻线与踏面圆周磨耗尺框刻线相重合的数值，为踏面圆周磨耗值。

（2）轮缘厚度测量方法如图 1-1-21 所示。

① 测量踏面圆周磨耗的同时，推动轮缘厚度测尺，使测头接触轮缘。

② 读取数值。轮缘测尺上面主刻线与轮缘厚度尺框刻线重合的数值，即为轮缘厚度。

（3）轮辋厚度测量方法如图 1-1-22 所示。

轮辋内侧边缘与轮辋厚度测尺内侧刻度线对应数值，减去踏面圆周磨耗数值，即为轮辋厚度。

图 1-1-20　踏面圆周磨耗测量方法

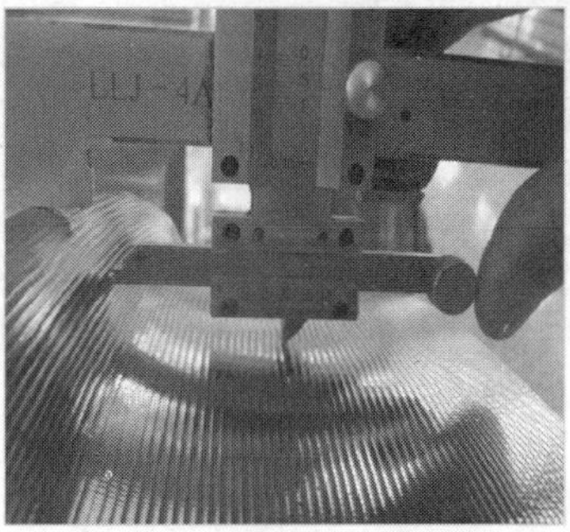
图 1-1-21　轮缘厚度测量方法

图 1-1-22　轮辋厚度测量方法

（4）垂直磨耗测量方法如图 1-1-23 所示。

① 测量轮缘厚度的同时，推动垂直磨耗测尺。

② 读取垂直磨耗测尺上刻线与垂直磨耗刻线相重合的数值，如果数值小于零，说明车轮垂直磨耗到限。

（5）轮辋宽度测量方法如图 1-1-24 所示。

① 将踏面圆周磨耗尺框推向右侧，使踏面圆周磨耗测尺的测头紧靠（或指向）车轮外侧面。

图 1-1-23　垂直磨耗测量方法

图 1-1-24　轮辋宽度测量方法

② 读取踏面圆周磨耗尺框左侧面对应轮辋宽度测尺的数值，即为轮辋宽度。

③ 如果踏面有碾宽，应减去踏面碾宽数值，即为轮辋实际宽度。

（6）踏面擦伤（剥离）深度测量方法如图 1-1-25 所示。

① 移动踏面圆周磨耗尺框和踏面圆周磨耗测尺使踏面圆周磨耗测头对准踏面擦伤部位

最深处。

② 紧固踏面圆周磨耗尺框紧固螺钉。

③ 读取踏面圆周磨耗尺上面刻线与踏面圆周磨耗尺框刻线相重合的数值，记录数值。

④ 沿车轮圆周方向移动主尺，测量同一圆周未擦伤部位的踏面圆周磨耗深度。

⑤ 计算两次测量数值的差值，即为踏面擦伤深度。

（7）踏面擦伤（剥离）长度测量方法如图 1–1–26 所示。

用轮辋厚度测尺的外刻线，沿车轮圆周方向测量擦伤部位的长度，即为踏面擦伤（剥离）长度。

图 1–1–25　踏面擦伤（剥离）深度测量方法

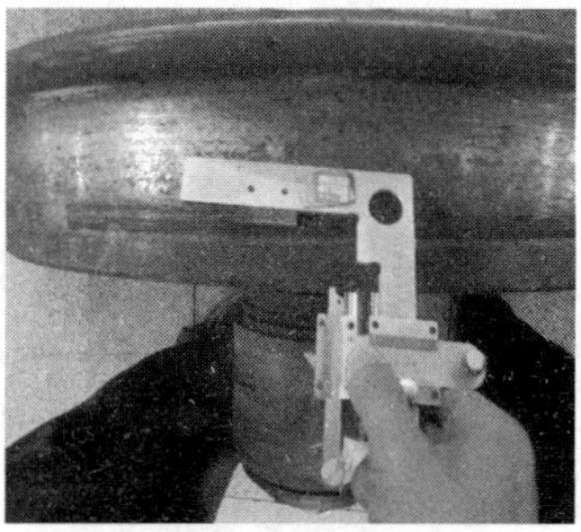

图 1–1–26　踏面擦伤（剥离）长度测量方法

（七）轮径尺

轮径尺是测量车轮滚动圆（踏面）直径的专用量具，如图 1–1–27 所示。

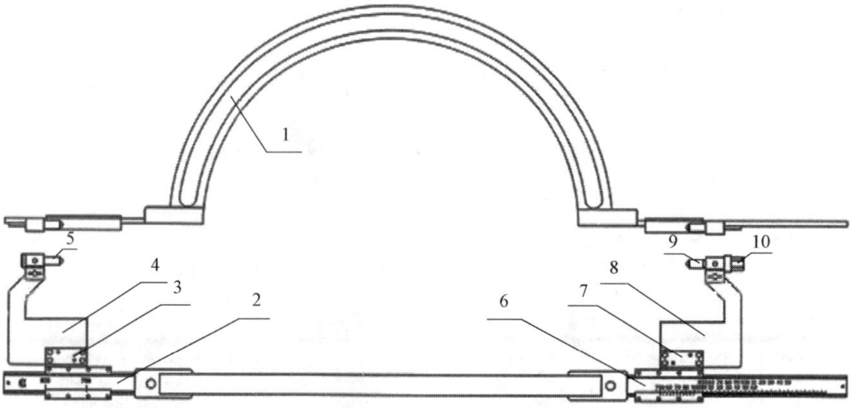

1—尺架；2—左主尺；3—左尺框；4—左定位板；5—固定测头；6—右主尺；7—右尺框；8—右定位板；9—可调测头；10—螺母

图 1–1–27　轮径尺

轮径尺具体使用方法如下。

（1）用紧固螺钉将左主尺框零位固定在 750 mm 处。

（2）将检查器定位板与轮缘内侧面靠紧，平移测尺，使左测头紧靠滚动圆中心处。

（3）移动右尺框，使可调测头靠在滚动圆中心处，拧紧尺框紧固螺钉。

（4）以右主尺上下排数 750 mm 处为起点，在游标上直接读数，即为轮径值。

（八）钩高尺

钩高尺（车钩高度检测尺）用于测量机车车辆、城轨车辆两端车钩的高度。

车辆入库后，使用钩高尺检测车钩中心线至轨面的垂直距离，如图 1–1–28 所示。将检测尺放置于轨面上，底板与轨面贴靠，立起主尺立柱，使其与轨面垂直；移动测量尺，将可转测头两爪斜面夹在钩舌的上、下端，使可转测头两爪端面与钩舌端面相互平行，滑动尺框刻线，所对应主尺上的示值为车钩中心高。

图 1–1–28　钩高尺

二、6S 管理

（一）概述

6S 是指以整理（seiri）、整顿（seiton）、清扫（seiso）、安全（safety）、清洁（seiketsu）、素养（shitsuke）六个项目为核心的管理模式（六个词首字母均为“s”，所以简称为“6S”）。6S 释义如表 1–1–3 所示。

表 1–1–3　6S 释义

中文	含义	关键做法	典型例子
整理（seiri）	区分必需品和非必需品，现场不放置非必需品	“扔”的智慧	将长期不用的物品适当处理
整顿（seiton）	将寻找必需品的时间减少为零	“五定”“三安”“三易”	30 s 内即可找到想要的物品
清扫（seiso）	将环境保持在无垃圾、无灰尘、干净整洁的状态	点检，找出问题，解决问题	谁使用谁清洁
安全（safety）	人员操作安全，设备运转安全，环境无危险隐患	提前预防安全风险，消灭一切安全隐患	“三不伤害”原则
清洁（seiketsu）	将整理、整顿、清扫、安全进行到底，并且制度化	标准化	管理的公开化和透明化
素养（shitsuke）	对于规定的事，大家都要遵守执行	习惯化	形成一种严守标准的企业文化

（二）管理原则

实践场所 6S 活动的开展应遵循以下四个原则，即：

——遵循“全员、全过程及全区域覆盖”的原则；

——遵循“班组和学员自我管理、自我改善”的原则；

——遵循“安全有效、保障质量和提高效率”的原则；

——遵循“环境整洁、物料整齐、生产有序”的原则。

（三）具体要求

1. 整理

（1）整理的定义是区分要与不要的物品，现场只适量留要的，不要的及时清除掉，节约空间。

（2）整理的目的。

① 腾出空间；

② 防止误用、误送；

③ 塑造“清爽”的工作场所。

（3）整理的作用。

① 增大作业空间，方便作业；

② 职场环境“清爽”，使职工心情舒畅；

③ 消除使用易混杂材料时的差错；

④ 减少对不需要物品的管理，节约成本。

（4）具体做法。

① 清理——区分需要品和不需要品；

② 清除——清掉不需要品；

③ 清爽——按照属别管理需要品。

2. 整顿

（1）整顿的定义是对要的东西加以定量和定位，做到摆放整齐，准确标示，以节约时间。

（2）整顿的目的。

① 使工作场所一目了然，工作环境明亮整洁；

② 让物品各处其位，可以快速、正确、安全地取得所要的物品，减少寻找和放回的时间，让工作更有效率；

③ 使工作井然有序。

（3）整顿的作用。

① 提高工作效率，减少找寻时间；

② 异常情况（如丢失、损坏）能马上发现；

③ 其他人员也能明白相关要求和做法；

④ 不同的人去做，结果应是一样的（已经标准化）。

（4）具体做法。

① 整顿的“三要素”：

场所——物品应放在哪个区域要明确，且一目了然；

方法——所有物品原则上都要明确其放置方法；

标示——任何人都能十分清楚地知道任何物品的名称、规格等参数。

②“五定”“三安”“三易”原则。

● “五定”

定置——明确具体的放置位置；

定容——明确使用的容器的大小和种类；

定量——容器内存放物品要规定合适的、固定的数量；

定人——明确谁处理；

定时——明确在什么时间。

- “三安”

人员安全、生产安全、物品安全。

- “三易”

易寻找、易取拿、易管理。

3. 清扫

（1）清扫的定义是清除工作场所的脏污（灰尘、污垢、异物），并防止脏污再发生，保持工作场所干净、亮丽。

（2）清扫的目的。

在整理、整顿的基础上，持续维护工作环境，做到“三无”：① 无垃圾；② 无污物；③ 无尘垢。

（3）清扫的作用。

① 清洁设备，保证设备使用精度，降低设备故障率；

② 创建明快、舒畅的工作环境，改善人的工作情绪和效率。

（4）具体做法。

①“三扫”原则。

- 扫黑：扫除垃圾、灰尘、粉尘、纸屑、蜘蛛网等；
- 扫漏：扫除漏水、漏油、漏气等；
- 扫怪：扫除异常之声音、温度、振动等。

② 推行措施。

- 人人参与，责任到人；
- 与点检、保养工作充分结合；
- 调查污染源，予以杜绝；
- 建立清扫基准，规范作业。

4. 安全

（1）安全的定义是消除隐患，排除险情，预防事故的发生。

（2）安全的目的。

① 确保遵守作业标准，保障职工的人身安全和生产的正常运行；

② 塑造安全感，培养危险预知能力；

③ 减少经济损失。

（3）安全的作用。

① 让职工放心，更好地投入工作；

② 没有安全事故，生产更顺畅；

③ 没有伤害，减少经济损失；

④ 有责任、有担当，万一发生事故，能够及时妥善应对；

⑤ 管理到位，增加团队间的彼此信任度。

（4）具体做法。

①“三不伤害”原则。

- 不伤害自己；
- 不伤害他人；
- 不被他人伤害。

② 推行措施。

- 贯彻“安全第一、预防为主”的方针，深化安全风险管理；
- 重视职工的安全培训和教育，增强自我保护意识，严格落实劳动安全“八防”措施；
- 实行现场巡视，进行安全因素识别，及时采取措施，排除隐患；
- 严格执行各类标准，杜绝“两违”；
- 创造明快、有序、安全的作业环境。

5. 清洁

（1）清洁的定义是将前面4S的做法制度化、规范化，并贯彻执行，同时维持和巩固成果，意即“标准化”。

（2）清洁的目的是使6S活动标准化、检查常态化。

（3）清洁的作用。

① 维持作用：将整理、整顿、清扫、安全取得的良好成绩维持下去，成为人人严格遵守的固定制度。

② 改善作用：对已取得的良好成绩，不断地进行持续改善，使之达到更高、更好的境界。

（4）具体做法。

① 落实前4S的工作；

② 制定目视管理、颜色管理的标准；

③ 制定稽核方法；

④ 制定奖惩制度，加强执行；

⑤ 维持6S标准化管理模式的意识；

⑥ 基层管理人员经常带头巡查，带头重视。

6. 素养

（1）素养的定义是人人依照规定和制度行事，养成好习惯，培养积极进取的精神。

（2）培养素养的目的。

① 培养具有良好素质的人才；

② 铸造团队精神；

③ 创造良好的人文环境和企业文化氛围。

（3）素养的作用。

① 使职工自觉遵守标准；

② 塑造企业优良形象，形成和谐的工作环境，提高职工的工作热情和敬业精神；

③ 形成温馨、明快、安全、舒适的工作氛围；

④ 塑造优秀人才并铸造战斗型团队；

⑤ 企业文化的起点和最终归属；

⑥ 为其他管理活动的顺利开展打下基础。

（4）具体做法。

①“三守”原则。

- 守纪律——遵守各项作业性管理规定；
- 守时间——遵守各项工作时间；
- 守标准——遵守管理性的制度。

②“六不走”原则。

不切断电源和应灭火种不走、环境不清扫整洁不走、设备不擦拭干净不走、物品不摆放整齐不走、交接班和原始记录不填写好不走。

③ 推行措施。

- 持续推行前 5S 直到成为全员共有的习惯；
- 制定相关的规章制度；
- 教育培训；
- 推动企业文化的进步。

任务工作单

<table>
<tr><th colspan="2">计划：根据任务情境制定检测作业方案</th></tr>
<tr><td colspan="2">1. 学生了解任务情境，各小组成员汇总任务工作单中不同检修作业方式所需要的具体材料。
2. 指导教师随机指定各小组要完成的任务情境，分配不同修程下检修人员的具体操作。各组根据任务工作单的要求，以列表方式提出进一步要搜集的信息，确定完成任务所需要准备的材料，制定完成任务情境的计划并准备进行讨论</td></tr>
<tr><td colspan="2">一、任务工作单</td></tr>
<tr><td colspan="2">任务情境：车辆电气柜检测</td></tr>
<tr><td>作业过程</td><td>任务内容</td></tr>
<tr><td>1</td><td>选用合适工具</td></tr>
<tr><td>2</td><td>柜体绝缘测试</td></tr>
<tr><td>3</td><td>交流电压测试</td></tr>
<tr><td>4</td><td>交流电流测试</td></tr>
<tr><td>5</td><td>接触器线圈阻值测试</td></tr>
<tr><td colspan="2">二、个人计划</td></tr>
</table>

<table>
<tr><th colspan="2">决策：确认车辆电气柜检测工作计划</th></tr>
<tr><td colspan="2">小组成员进行任务分工，分小组讨论每位成员完成的任务。每组选派一位成员在各组交流任务实施计划，每位成员完善任务实施计划</td></tr>
<tr><td>小组成员</td><td>任务分工</td></tr>
<tr><td></td><td></td></tr>
<tr><td></td><td></td></tr>
<tr><td></td><td></td></tr>
<tr><td></td><td></td></tr>
<tr><td colspan="2">小组内讨论的结果：

小组间讨论的结果：</td></tr>
</table>

任务执行过程中出现的问题及应急情况的处理：
实施：完成车辆电气柜检测作业
一、总结教师发放的任务情境所需要的资料 根据任务情境，完整记录任务情境实施过程，小组成员互检任务实施正确性，将记录的内容提交给指导教师，请求给予指导、评价。 任务情境实施过程记录： 二、完成指导教师提出的补充问题

任务评估

检查与评价		
一、知识与技能掌握情况评价参考标准		
评价标准	评价权重（80%）	
1. 工具选用合适	8	
2. 参数测量方法正确	32	
3. 参数读数准确	16	
4. 测量值记录无误	12	
5. 工具保养方法正确	12	
二、综合素质评价参考标准		
评价标准	评价权重（20%）	
分工合理，能进行标准化作业	不及格	
	及格	
	良好	
	优秀	
做好安全防护，依据 6S 作业原则完成相关整理工作	不及格	
	及格	
	良好	
	优秀	
三、思政要素评价参考标准		
评价依据	评价权重（一票否决）	
严守铁路法律法规，具有高度的安全意识，严格遵照作业标准完成任务，精益求精、认真履职	合格	不合格

项目二

轨道交通车辆机械系统检修

项目要点

1. 熟知轨道交通车辆机械系统的组成、功能、参数；
2. 熟知轨道交通车辆机械系统的日常检修方法、步骤；
3. 熟知轨道交通车辆机械系统的简单测量、调整方法。

项目任务

1. 轨道交通车辆车门检修；
2. 轨道交通车辆车体检修；
3. 轨道交通车辆贯通道检修；
4. 轨道交通车辆转向架检修；
5. 轨道交通车辆车钩检修；
6. 轨道交通车辆制动控制装置检修；
7. 轨道交通车辆制动系统的基本操作；
8. 轨道交通车辆空调装置检修。

项目实施

任务一　轨道交通车辆车门检修

任务目标

1. 知识目标

- 掌握轨道交通车辆车门的基本结构；
- 掌握轨道交通车辆车门的基本参数。

2. 技能目标

- 掌握轨道交通车辆车门基本参数的调整方法；
- 会进行轨道交通车辆车门基本参数调整；
- 能熟练操作相关调试工具。

学习活动建议

学习活动	内容	建议学时
自学内容及相关知识点	1. 轨道交通车辆车门的分类 2. 轨道交通车辆车门的基本结构 3. 轨道交通车辆车门的基本参数 4. 轨道交通车辆车门基本参数的调试方法	课前
计划	根据任务目标，结合轨道交通车辆车门基本参数调整流程、检修要点及检修注意事项，正确分组，选择检修工具	课中 （2 学时）
决策	通过小组交流及教师指导，正确分工	
实施	根据轨道交通车辆车门的参数调整要求，严格按照流程完成相关参数调整作业	
	正确填写检修单据，小组成员互检后提交指导教师评估	
检查与评价	完成自我评价、小组评价、教师评价	
完善与拓展	拓展学习其他类别车门检修作业的相关知识与技能	课后

任务相关知识点

一、轨道交通车辆车门系统概述

轨道交通车辆车门系统是乘客及司机上下车的通道，是车辆车体的一个组成部分。门系统的外形设计、开合方式，以及加工制造与控制方式均影响着客车外形的美观。轨道交通车门系统包括高速动车组车门系统、机车车门系统、铁道车辆车门系统和城市轨道交通车辆车门系统。本任务主要以 CRH380B 高速动车组塞拉门、城市轨道交通车辆电动塞拉门为例进行介绍。

（一）动车组车门系统

动车组头车安装了 2 个侧门，中间车辆安装了 4 个侧门。动车组主要有以下类型的车门。

1. 侧门

侧门采用电动塞拉门，可满足列车气密性的要求。每门配备 2 个车内固定台阶和一个电动伸缩踏板，适应 550 mm 的低站台上下车需求。侧门和踏板经由司机在驾驶台上控制启动后，可人工操作车厢内外的按钮来开、关门。侧门在时速高于 5 km 时自动锁闭。遇紧急情况时，如果列车时速低于 15 km，则各侧门都可人工使用紧急手柄从车内打开；若列车时速高于 15 km，则侧门不能被打开。

2. 车厢内门外端门

车厢内门外端门采用双扇电控气动滑动门，门扇上装有安全玻璃固定窗。门通过触摸按钮控制开关进行控制，具有防夹功能。

3. 内端门

内端门采用气动单扇滑动门，使用铝制门框和安全玻璃，由触摸按钮控制，具有防夹功能。

4. 卫生间门

标准卫生间装设折页门；残疾人卫生间设电动滑动门；工作人员卫生间设手动滑动门。

5. 残疾人乘车专用门

带残疾人卫生间的车设置了 2 个残疾人专用车门，车门不设踏板，配备提升装置供残疾人轮椅通过车门上、下。

（二）动车组塞拉门

动车组塞拉门作为动车组的主要装备，不仅是旅客上下车的通道，同时也是列车发生火灾等灾害的逃生通道。

CRH380B 型高速动车组塞拉门为密封性非常强的单扇门，是通过水平向外打开的，采用端头进入门的设计方式，预留的人行通道高为 200.50 cm，宽为 90.00 cm。在门关闭时，门扇与车体的外壳处于平行状态，在同一个平面上。在开启时，采用沿转向架方向的开启方式。如果列车行驶到隧道，塞拉门承受的空气压力会更大，因此对门的固定装置和门扇等的刚度和强度都有较高的要求。在车门的设计中出于对乘客舒适性的考虑，防止车内气压波对乘客造成不适的感觉，必须保证车门的高气密性。同时根据高速动车组的运行特点，还需要保证车门的安全性和可靠性，保证车门的设计必须能够承受 6 000 Pa 以上的压力。同时 CRH380B 型动车组塞拉门采用平面、双层玻璃的窗口设计，并将窗口设置在门扇的上部并在门窗口上设计紧急出口。

动车组塞拉门系统可以分为三个部分，分别为控制系统、工作机构及密封装置，具体包括门板、开关、锁闭装置、运动机构、下导轨、紧急装置、门控器等。

（1）门控器接收 CCU 传出的集控开关门、门释放信号，可以将门状态信息传回 CCU。每个塞拉门都由一个门控器控制，单个车内各门的门控器都由 CAN 总线连接，单个车内的主门控器把本车各门状态信息传给 MVB，通过 MVB 把本单元各车车门信息传到 CCU，CCU 通过 WTB 线得到另一单元的门信息，从而达成全列门信息通信之间的数据交换。

（三）城市轨道交通车辆车门系统

城市轨道交通车辆车门系统的外形设计、开合方式，以及加工制造与控制方式影响着客车外形的美观和城市轨道交通车辆的安全运营状况。车门系统与客车的动力性能、经济性能，乃至综合性能密切相关，对协调客车的整体造型起着重要的作用。

城市轨道交通车辆车门系统（地铁车门系统）包括：电动塞拉门系统、内藏平移电动门系统、外挂密闭电动门系统、司机室门系统和紧急疏散门系统，包含了列车所有上下车辆的通道。

1. 电动塞拉门系统

电动塞拉门如图 2-1-1 所示。车门关闭时，车门外表面与车体外表面平齐，在开门过程中，车门门扇沿车体运行方向和车外方向复合运动。在车门门扇运动过程中具有塞和拉两种动作。塞拉门开启时，由锁闭位置向车外方向摆出，使之打开；塞拉门关闭时，由开门位置向车内方向塞拉，使之关闭。塞拉门分为内塞拉门和外塞拉门两种，分别由车内或车外塞入门口处。

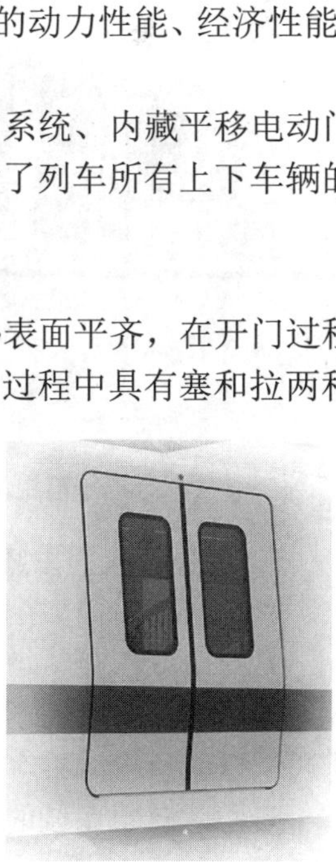

图 2-1-1 电动塞拉门

电动塞拉门的优点如下。

（1）车门密封性能良好，对噪声传入客室内有较好的屏蔽作用，同时可降低客室空调的能耗。

（2）车门在关闭状态时，门页外表面与车体侧墙成同一平面，有利于列车在高速运行时减小空气的阻力。

（3）可靠性高，控制智能化。

（4）列车外观平滑，整体和谐美观。

2. 内藏平移电动门系统

车门打开/关闭时，门扇在车辆侧墙的外墙板与内饰板之间的夹层内移动，故称为内藏平移电动门。内藏平移电动门如图 2−1−2 所示。

内藏平移电动门的优点如下。

（1）结构简洁、可靠，占用车辆的空间小。

（2）对车辆与站台之间的距离要求低，有利于车站建设成本的降低。

（3）平移的动作轨迹具有较高的抗乘客挤压能力。

（4）维护成本相对较低。

3. 外挂密闭电动门系统

外挂密闭电动门因其门扇和上下导轨均设置在轨道交通车辆的外侧，门扇通过移动机构挂在外部导轨上而得名。外挂密闭电动门如图 2−1−3 所示，其是在传统外挂移门系统的基础上，增加了微小的塞拉行程，使得该门系统既具有塞拉门良好的密封性能，同时保持了外挂移门结构简单、质量小、易安装调整的特点，是传统外挂移门系统的升级和换代产品。

外挂密闭电动门的优点如下。

（1）结构简洁、可靠，占用车辆的空间小。

（2）密封性能好，极大地提高了乘客的舒适度。

（3）能最大限度地保证在乘客拥挤状态下实现正常开、关门功能。

4. 司机室门系统

内藏平移式司机室门如图 2−1−4 所示，其是地铁和轻轨列车普遍采用的一种车门系统，通常采用无动力源的手动开启、关闭方式。

司机室门的优点如下。

（1）结构简洁、安全可靠。

（2）不占用地铁车辆与站台之间的空间，增大了站台的有效使用面积。

图 2−1−2　内藏平移电动门

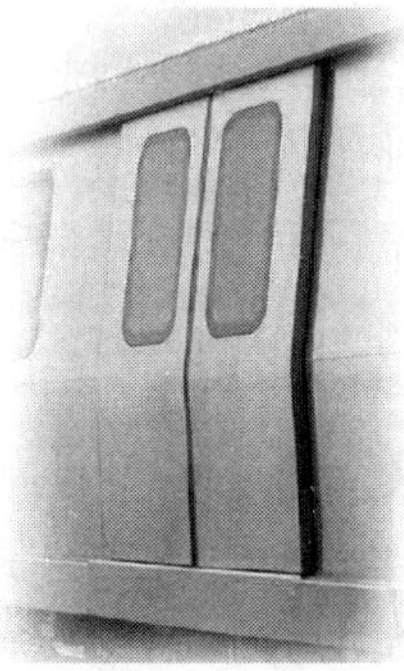

图 2−1−3　外挂密闭电动门

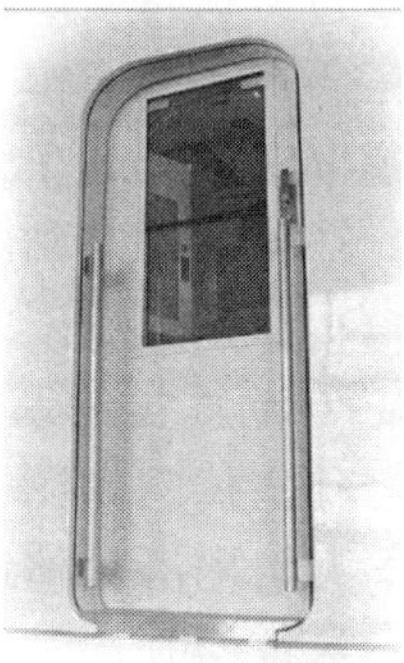

图 2−1−4　内藏平移式司机室门

5. 紧急疏散门系统

紧急疏散前门如图 2−1−5 所示，紧急疏散坡道如图 2−1−6 所示。

紧急疏散门是轨道交通车辆必须配备的紧急备用装置，其安装在轨道车辆最端头部位，分为紧急疏散前门和紧急疏散坡道，车辆在遇到紧急情况时两者相结合形成了乘客的临时快速通道以紧急疏散乘客。

紧急疏散门系统的特点如下。

1）紧急疏散前门

（1）上翻旋转式设计，适应车头复杂曲面造型要求。

（2）采用开门增力机构和解锁同步技术，操作更加便捷。

（3）双重密封设计，有效提高隔音、隔热性能。

2）紧急疏散坡道

（1）采用可折叠方式，节省车内空间。

（2）采用吊带设计，承载能力强、稳定性高。

（3）自动坡道展开方式简便、迅速，便于乘客紧急逃生。

（4）两侧设有吊带，使得乘客紧急疏散更加安全。

（5）安全措施：供电电路必须具有接地保护、漏电保护功能。

图 2-1-5 紧急疏散前门

图 2-1-6 紧急疏散坡道

二、电动塞拉门的组成

电动塞拉门的组成如图 2-1-7 所示。

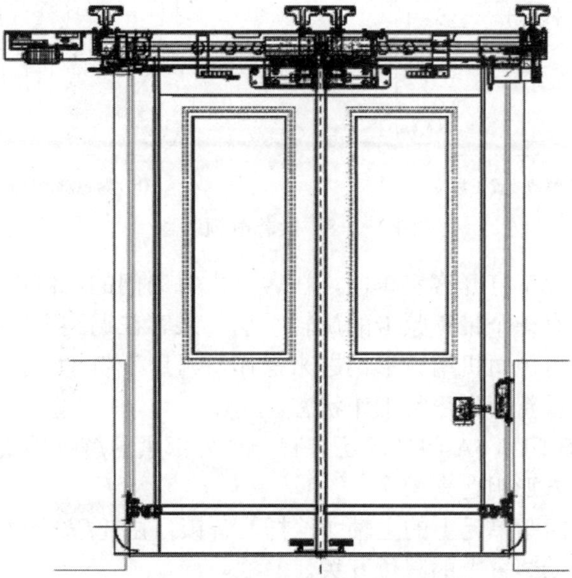

图 2-1-7 电动塞拉门的组成

1. 门页/定位销

每扇门页是由两块铝合金板对折覆盖在一块铝合金挤压型材的框架上组成的。中间夹芯由铝合金蜂窝组成。门页上半部还装有一块 19 mm 厚的双层钢化透明玻璃。门页边压嵌有橡胶密封条，分别起到密封和防夹作用。在每一扇门页的前部下边缘处安装了一个附加的定位销，与安装在门槛的定位槽相配合，满足车门关闭时的门页偏差要求。

2. 支承杆

支承杆通过一个能承载整个门机构重量的底板固定到车体上。在开门和关门时，支承杆承载着整个门页的重量，使门页与车体保持平行位置。

3. 滑车/托架

滑车通过滚珠轴承在导杆上滑行，同时将来自门机械装置的力传给门页，反过来也一样，同时使门页托架和导杆保持平衡。门页托架一方面通过两个球轴承连接到滑车上，另一方面通过螺栓刚性地连接到门页上，可以将门页的重量和运行力全部传递到支承杆上。

4. 驱动电机

门的移动主要由一个带齿轮的电机驱动。电机驱动一个从动转轴（一半左旋，一半右旋），丝杠螺母连接在带有平行臂叉的滑车上，然后通过滑车和门页承载臂驱使门页移动。

5. 制动单元

一个由自由轮/离合器组成的车门制动单元通过法兰连接在丝杠上。车门关上后，它们相互啮合，防止打开车门。在开门的同时，它被电磁解锁。在紧急情况下，可以手动解锁自由轮/离合器装置。

6. 紧急解锁装置/外部紧急解锁装置

紧急解锁装置如图 2-1-8 所示。

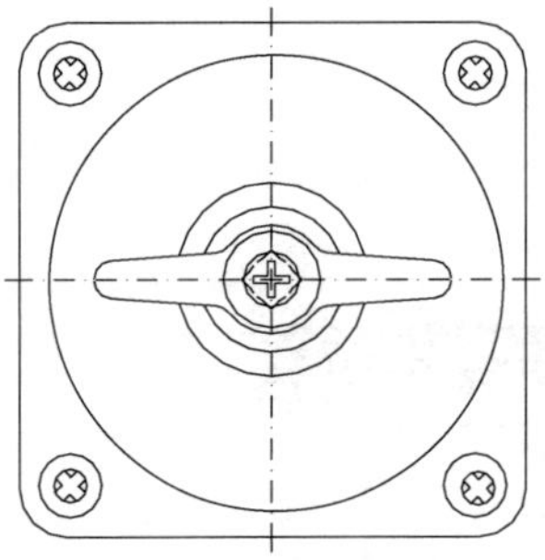

(a) 紧急解锁装置正常位

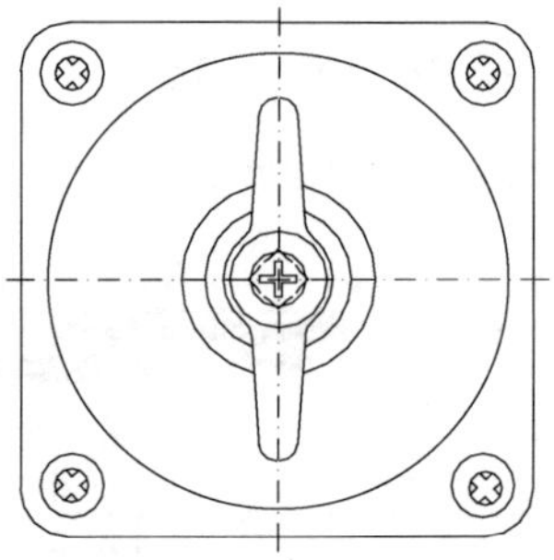

(b) 紧急解锁装置解锁位

图 2-1-8　紧急解锁装置

为了能够在紧急情况下打开客室车门，在客室内每扇门的右侧内墙上装有一个紧急解锁装置。紧急解锁装置装有一个带锁紧卡的旋转手柄，乘客在遇到突发或紧急情况时，可将旋转手柄转到解锁位，也可由司机用方形钥匙来操作，再用手将车门扒开。在紧急手柄扳回原始位置后，车门开关又重新回到正常工作状态。

另外在每辆车的 1B 门和 5A 门外部还装有一个外部紧急解锁装置。外部紧急解锁装置仅能由司机或检修人员用方形钥匙来操作。

操作解锁装置时，门驱单元上的主轴（丝杆）解锁自由轮/离合器装置，弓形钢缆解锁车门，并触发门驱单元制动装置上的限位开关。

7. 门切除装置

门切除装置如图 2-1-9 所示。

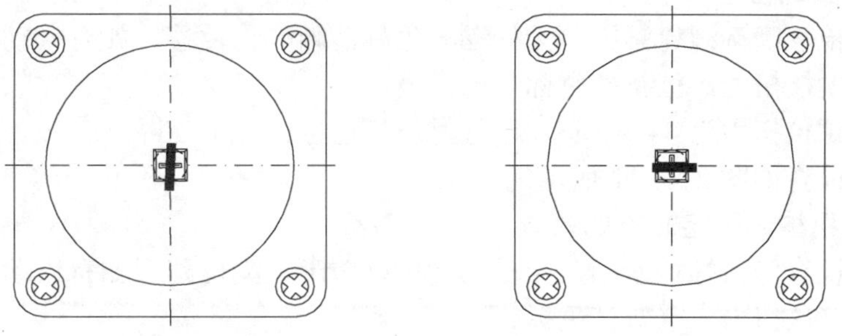

(a) 正常位置　　(b) 门切除位置

图 2-1-9　门切除装置

在每一对门的一扇门页上安装有门切除装置，可以机械地切除车门，在出现故障时，工作人员可以在车内或车外通过方形钥匙切除车门。

8. 上部/下部导轨

上部导轨被安装在门头机构上，托架上的滚柱沿导轨滚动。下部导轨安装在门页上，与安装在车体结构上的滚轮摆臂相配合，滚轮摆臂上的滚柱可以引导门下部的运动。滚柱只能提供横向力而不能提供纵向力和垂向力。

三、城市轨道交通车辆客室车门检查

1. 作业前准备

进行客室车门检查作业时需准备好必要的安全防护用品，采取必要的防护措施。

作业条件：将车辆唤醒、升弓即可。

注意事项：列车处于停止位置，当带电操作时，注意别被门夹住，开门时注意避免跌落。

作业工具：方孔钥匙、手电筒、防夹棒、卡簧钳，如图 2-1-10 所示。

2. 车门安装机构、固定螺栓检查

作业内容：打开车门上方的罩板，检查确认螺栓紧固、无松动、色标清晰、无位移。如有松动、位移，则清除旧的色标，重新复核扭力，重新打色标。

注意事项：螺栓扭力为 44 N·m，注意重新打色标。

车门安装机构、固定螺栓检查如图 2-1-11 所示。

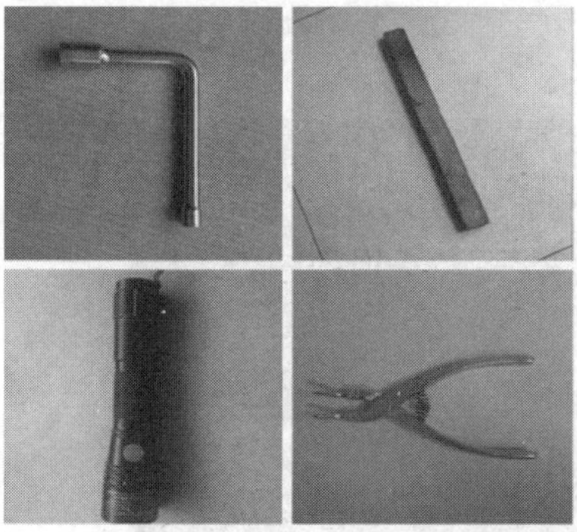

图 2-1-10　客室车门检查作业工具

图 2-1-11　车门安装机构、固定螺栓检查

3. 车门携门架的检查

作业内容：检查确认螺栓紧固、无松动、色标清晰、无位移，如有松动、位移，则清除旧的色标，重新复核扭力，重新打色标。

注意事项：螺栓扭力为 44 N • m，注意重新打色标。

车门携门架检查如图 2–1–12 所示。

4. 车门安装机构、固定螺栓的检查

作业内容：检查确认螺栓紧固、无松动、色标清晰、无位移，如有松动、位移，则清除旧的色标，重新复核扭力，重新打色标。

注意事项：螺栓扭力为 44 N • m，注意重新打色标。

客室车门检查作业工具如图 2–1–13 所示。

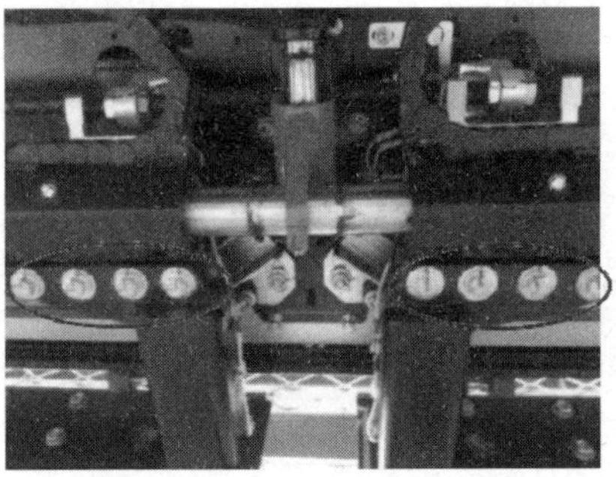

图 2–1–12　车门携门架检查

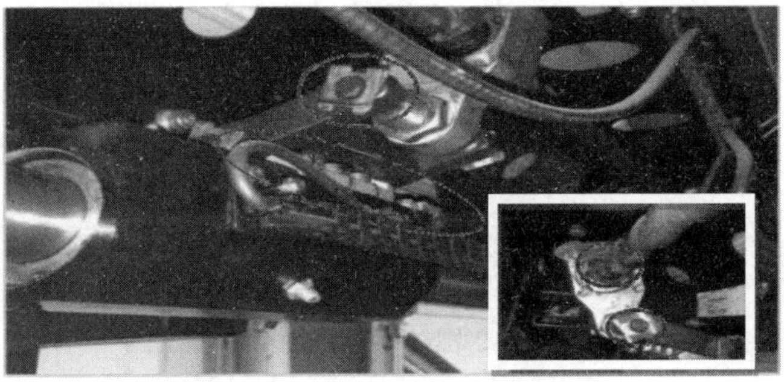

图 2–1–13　客室车门检查作业工具

5. 车页螺栓的检查

作业内容：检查确认螺栓紧固、无松动、色标清晰、无位移，如有松动、位移，则清除旧的色标，重新复核扭力，重新打色标。

注意事项：螺栓扭力为 44 N • m，注意重新打色标。

车页螺栓的检查如图 2–1–14 所示。

6. 长导杆、短导柱的检查

作业内容：

（1）检查确认长导杆光滑、无划痕、无锈蚀；

（2）检查确认短导柱光滑、无划痕，无锈蚀。

注意事项：短导柱分别有 3 处，中间及两侧，检查时要注意。

长导杆、短导柱的检查如图 2–1–15 所示。

图 2–1–14　车页螺栓的检查

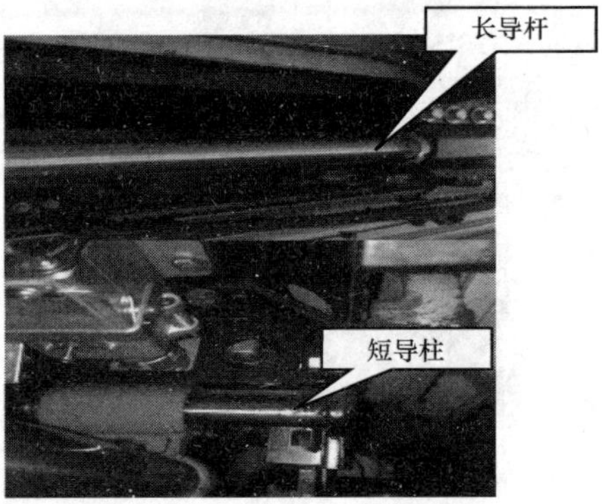

图 2–1–15　长导杆、短导柱的检查

7. 车门外观检查

作业内容：

（1）目测检查确认车门外观平整、无划痕；

（2）目测检查橡胶密封条，要求完好、整洁、无损坏；

（3）目测检查门页玻璃，要求外观完好、无裂纹、无水汽。

注意事项：无。

车门外观检查如图 2–1–16 所示。

8. 丝杠弹簧卡和驱动单元 SL 插销的检查

作业内容：

（1）检查丝杆轴承上的弹簧卡子和导杆滑车的弹簧卡子的安装位置，要求装配良好，无丢失，装配在卡槽内；

（2）检查驱动单元中两个 SL 插销的安装位置，要求装配良好，无丢失。

注意事项：如遇弹簧卡突出卡座，用卡簧钳重新安装，保证卡簧在卡槽内。

丝杠弹簧卡和驱动单元 SL 插销的检查如图 2–1–17 所示。

图 2–1–16　车门外观检查

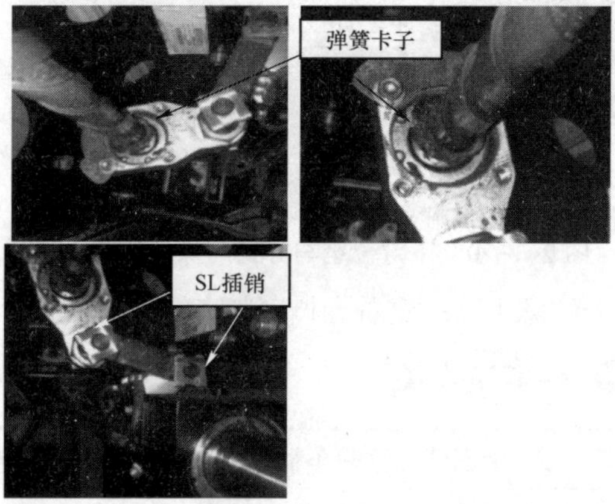

图 2–1–17　丝杠弹簧卡和驱动单元 SL 插销的检查

9. 下滚轮摆臂的检查

作业内容：

（1）用方孔钥匙将车门解锁打开；

（2）用手将车门推开，检查确认车门下部滚轮在下导轨内，且下导轨下表面与下摆臂上表面最少有 5 mm 间隙，滚轮面下部不得低于下滑道底边。

注意事项：滚轮在滑道上滚动平滑，在门关到位后，轻顶门页无变形。

下滚轮摆臂的检查如图 2–1–18 所示。

10. 车门外观的检查

作业内容：

（1）将车门侧上方罩板打开；

（2）断开 S4 开关，EDCU 上的所有指示灯熄灭；

（3）合上 S4 开关，EDCU 上的所有指示灯常亮；

（4）检查端子排上的接线，要求紧固可靠。

注意事项：在检查端子排接线时请勿用力拉扯接线。

车门外观的检查如图 2–1–19 所示。

图 2-1-18　下滚轮摆臂的检查

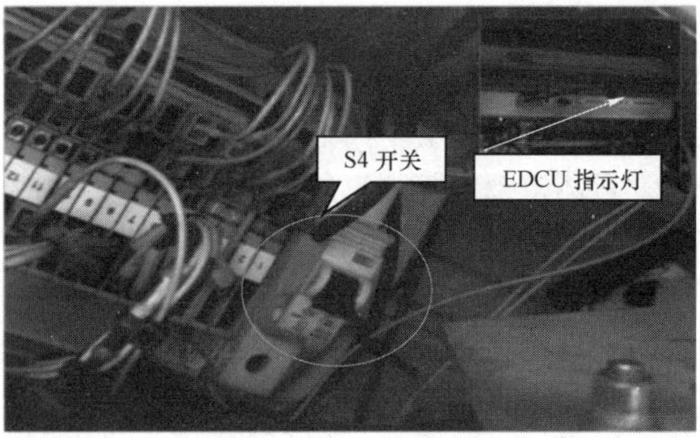

图 2-1-19　车门外观的检查

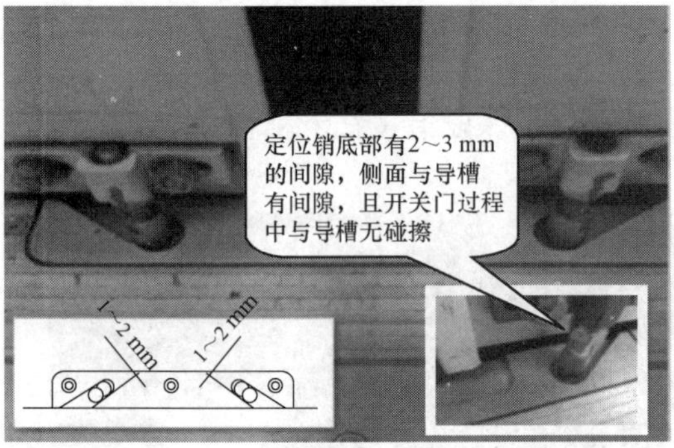

图 2-1-20　下定位销与导槽间隙的检查

11. 下定位销与导槽间隙的检查

作业内容：

（1）用 2 mm 内六角扳手检查定位销底部间隙，确保间隙在 2～3 mm 之间，且开关门过程中与导槽无碰擦；

（2）检查确认侧面与导槽间隙约为 1～2 mm，如图 2-1-20 所示，且开关门过程中与导槽无碰擦；

（3）检查确认下定位销固定螺栓色标无错位，螺栓紧固无松动。

注意事项：查看导槽底部有无擦碰的痕迹，手动开关门几次，查看定位销是否和导槽碰擦。

任务工作单

计划：依据轨道交通车辆车门检修作业内容，模拟轨道交通车辆车门检修情境，设计检修作业方案	
1. 学生了解轨道交通车辆车门检修作业情境，各小组依据不同作业环节进行资料学习。 2. 指导教师依据检修作业内容进行分组，分配各组的作业内容。各组确定完成检修作业所需要准备的材料，制定本组作业计划并准备进行讨论	
一、作业任务单	
任务情境：车门检修作业	
作业过程	任务内容
1	作业准备：唤醒列车、升弓
2	车门安装机构、固定螺栓紧固状态的检查及维护
3	车门携门架紧固状态的检查及维护
4	车门安装机构、固定螺栓紧固状态的检查及维护
5	门页螺栓紧固状态的检查及维护
6	长导杆、短导柱的状态检查
7	车门玻璃、密封状态等的外观检查
8	丝杠弹簧卡和驱动单元 SL 插销的检查
9	下滚轮摆臂的检查
10	车门 S4 开关、接线端子等的状态检查
11	下定位销与导槽间隙的检查

二、个人计划

决策：确认轨道交通车门检修作业计划

小组成员进行任务分工，分小组讨论每位成员完成的任务。每组选派一位成员在各组交流任务实施计划，每位成员完善任务实施计划

小组成员	任务分工

小组内讨论的结果：

小组间讨论的结果：

任务执行过程中出现的问题及应急情况的处理：

实施：完成轨道交通车门检修作业相关工作

一、总结教师发放的任务情境所需要的资料

根据任务情境，完整记录任务情境实施过程，小组成员互检任务实施正确性，将记录的内容提交给指导教师，请求给予指导、评价。

任务情境实施过程记录：

二、完成指导教师提出的补充问题

任务评估

<table>
<tr><td colspan="3">检查与评价</td></tr>
<tr><td colspan="3">一、知识与技能掌握情况评价参考标准</td></tr>
<tr><td>评价标准</td><td colspan="2">评价权重（80%）</td></tr>
<tr><td>1. 掌握车门的类别</td><td colspan="2">10</td></tr>
<tr><td>2. 掌握电动塞拉门的结构</td><td colspan="2">10</td></tr>
<tr><td>3. 掌握电动塞拉门机械传动工作原理</td><td colspan="2">10</td></tr>
<tr><td>4. 掌握电动塞拉门日常检查与维护作业内容</td><td colspan="2">10</td></tr>
<tr><td>5. 会对车门进行检查作业</td><td colspan="2">15</td></tr>
<tr><td>6. 车门检查与维护作业过程熟练、准确</td><td colspan="2">25</td></tr>
<tr><td>7. 作业工具使用规范</td><td colspan="2">10</td></tr>
<tr><td>8. 遵守纪律，作业过程符合安全规范要求</td><td colspan="2">10</td></tr>
<tr><td colspan="3">二、综合素质评价参考标准</td></tr>
<tr><td>评价标准</td><td colspan="2">评价权重（20%）</td></tr>
<tr><td rowspan="4">能协同开展工作，准确、清晰地进行信息沟通</td><td colspan="2">不及格</td></tr>
<tr><td colspan="2">及格</td></tr>
<tr><td colspan="2">良好</td></tr>
<tr><td colspan="2">优秀</td></tr>
<tr><td rowspan="4">分工合理，能进行标准化作业</td><td colspan="2">不及格</td></tr>
<tr><td colspan="2">及格</td></tr>
<tr><td colspan="2">良好</td></tr>
<tr><td colspan="2">优秀</td></tr>
<tr><td colspan="3">三、思政要素评价参考标准</td></tr>
<tr><td>评价依据</td><td colspan="2">评价权重
（一票否决）</td></tr>
<tr><td>严守作业规范，严格按照作业标准操作，具有高度的安全意识和团队合作精神，严格遵照作业标准完成任务，精益求精</td><td>不合格</td><td>合格</td></tr>
</table>

任务二　轨道交通车辆车体检修

任务目标

1. 知识目标

- 掌握轨道交通车辆车体的基本结构;
- 掌握轨道交通车辆车体基本检修的内容。

2. 技能目标

- 掌握轨道交通车辆车体检修作业流程;
- 会进行轨道交通车辆车体检修作业。

学习活动建议

学习活动	内容	建议学时
自学内容及相关知识点	1. 轨道交通车辆车体的基本结构 2. 轨道交通车辆车体的基本参数 3. 轨道交通车辆车体的基本检修内容	课前
计划	根据任务目标，结合轨道交通车辆车体基本检修作业流程、检修要点及检修注意事项，正确分组，选择检修工具	课中（1 学时）
决策	通过小组交流及教师指导，正确分工	
实施	根据轨道交通车辆车体的检修作业要求，严格按照流程完成相关检修作业	
	正确填写检修单据，小组成员互检后提交指导教师评估	
检查与评价	完成自我评价、小组评价、教师评价	
完善与拓展	拓展学习其他车辆车体检修作业的相关知识与技能	课后

任务相关知识点

一、轨道交通车辆车体

车体是轨道交通车辆最重要的部件之一，它在转向架之上。车体底架下部及车顶上部要安装大量机电设备，构成车辆的主体，车体要承受各种动静载荷、各种振动，适应 100 km/h 左右速度运行要求；要具有隔音、减振、隔热、防火，以及其他保证乘客安全的措施。

本任务主要分析动车组车体和城市轨道交通车辆车体。

（一）动车组车体

本任务以 CRH2 型动车组为例说明动车组车体的组成。动车组车体包括底架、侧墙及车顶等。底架是由具有耐压性能的铝合金型材焊接构成。侧墙及车顶采用厚度为 50 mm 的双壳中空挤压大型型材自动焊接而成；并且省略了侧柱、车顶弯梁等骨架支撑，使零部件数量达到最少化，减少了外表面的焊接变形。另外，为达到减少车体的振动和降低车内噪声的目的，在一部分的大型中空挤压型材内部填加了防振材料。端墙是由外板和骨架经焊接后构成的单外壳结构。

1. 底架

底架是由支撑车体重量并与转向架相连接的枕梁、车体纵向传力的边梁（在枕梁与边梁的四角处设置千斤顶）、缓冲梁、牵引梁、对地板下面的机器进行悬吊的横梁等组成的。

底架地板由以下几部分组成。

（1）在横梁的上表面，气密地板由铝制板与肋板一体成形的大型型材拼焊而成。前后部的转向架之间，地板托架及风道托架都采用了朝上的肋板结构。

（2）在车端部分为了确保风道的断面面积，采用了向下的肋板结构。地板托架及风道托架都采用先焊接后安装的方式。

（3）盥洗间和厕所下部，考虑到配管的安装，采用无肋板的气密地板。

2. 侧墙

侧墙是由大型中空薄壁挤压型材经自动 MIG 焊接而成。侧墙采用中空薄壁挤压型材，在保证刚度、强度的基础上，省略了侧墙内侧的立柱。

型材间的焊接是沿车体纵向进行自动连续焊接。侧墙和车顶及侧墙和底架边梁的结合方式：车内侧采用点固（tuck）焊接，车外侧采用连续焊接。

此外，使用大型中空薄壁挤压型材，可以将窗帘轨道设置在侧墙中部并且能将行李架及侧顶板安装槽直接设置在型材上一起挤压成型。

侧窗一部分是 1 624 mm×674 mm 的大窗用的开口，一等座车厢的全部窗口和二等座车厢的一部分是 824 mm×674 mm 小窗用的开口。大窗和小窗的窗角均为 $R20$ 圆角。

关于侧门出入口，考虑侧拉门的拉门方式会引起噪声，采用了低噪声化的挤压成型型材的形状。

侧门的门袋部分为了确保侧拉门的开启空间，外板使用一体成型带肋板的挤压型材（单外壳结构）。

通过对侧门出入口上部的雨槽进行加长，可以避免水滴从雨槽的两端流入进出入口。

3. 端墙

车体两端设有厕所的端墙由整块板构成，减少了骨架数量。另外，为了能顺利搬入厕所，FRP 单元设置了 2 440 mm×2 150 mm 的开口。在厕所 FRP 单元搬入后，用铝制外板和骨架焊接后制成的盖板通过螺栓进行密封安装，并填充密封胶来保持气密性。

车体两端没有盥洗间和厕所的端墙采用由铝制外板和型材骨架通过电阻点焊而成的构造。

另外，在安装偶数号车一位端墙脚踏时，为了防止对从地板到车顶的特高压电缆的干扰，应尽量靠近车体中心操作。

4. 车顶

车顶是由大型中空薄壁挤压型材构成的，并且双层型材间设置薄壁斜筋结构，这样可以省略车顶弯梁。型材间的焊接主要是车体纵向的连续自动焊接。车顶与侧墙的结合方式采用车内侧点固（tuck）焊接和车外侧连续焊接两种方式。另外，由于在 5 号、6 号车厢间要设置 5° 倾斜的电缆接头，所以车顶在车体的端部呈倾斜状。

5. 车头结构

为使列车满足时速 300 km 的运行要求，列车头部结构由纵骨架（厚 6 mm 铝板）和横骨架焊接而成。为了降低列车在进入隧道时由微气压波引起的噪声，把车头断面面积的变化率变得平缓。司机室的车窗骨架是由铝合金挤压型材经加工后制成的，呈曲面状。

6. 车头排障装置和裙板

1）车头排障装置

车头排障装置由排障板与缓冲板构成。排障板为组装有排雪犁的结构。排雪犁和车体结合的角度为 72.73°，垂向开角度为 55°，整个排障装置距轨道面 150 mm。另外，排雪犁的下部装有辅助排障橡胶，下缘距轨道面 20 mm。辅助排障橡胶磨耗限制：距轨面 20～28 mm。

缓冲板为 5 张铝板叠层结构，装在排雪犁的后方，吸收因变形引起的冲击能量。为了在检修时不影响拆卸安装作业，一部分是缺口的。维护时要注意确认各部件功能良好，悬挂螺栓未松动，且各焊接部位无开裂现象。

2）转向架部分的裙板

（1）转向架裙板。

在转向架部分，为了降低噪声而设置了裙板。裙板下沿距轨道面 550 mm，这样就不会对检修产生影响。考虑到装卸问题，裙板分割为两部分。

（2）车体裙板。

在车体两侧设置了使用大型型材制作的裙板。在裙板上装有各种底架下装置的检查盖和方便从轨道上乘车的踏脚件等。

（二）铁路车辆车体

铁路车辆种类虽然很多，但它们的基本结构是相似的，每一辆车都是由车体、车底架、走行部、车钩缓冲装置和制动装置 5 个部分组成。

车体是乘坐旅客或装载货物的地方。不同类型车辆的主要区别在于它们的车体构造不同。根据不同运送对象的要求，货车车体做成不同的形状。

（1）棚车。棚车车体由端墙、侧墙、地板、车顶、门窗等部分组成。用来装运怕日晒雨淋的货物和较贵重的货物，例如：粮食、化肥、纺织品、日用工业品及贵重仪器设备等。大部分棚车还可以用来装运马匹或代替客车运输人员。

（2）敞车。敞车车体仅有地板、侧墙和端墙。侧墙高在 0.8 m 以上，两侧有门。敞车主要运送散粒货物（如煤、矿石、砂子等）、钢材、木材和集装箱等，也可以用来运送质量不大的机械设备。必要时也可以加盖篷布装运怕湿货物。所以敞车是一种通用性较好的货车。

（3）平车。大部分平车车体只有地板，部分平车也装有较低的侧墙和端墙，并能翻下。它用来装运各种机器、汽车、拖拉机、木材、钢材、桥梁构件等质量、体积和长度较大的货物，也可借助集装箱来装运其他货物，也可适应国防需要装载各种军用装备。

（4）冷藏车。冷藏车车体与棚车相似，但其墙板由两层壁板构成，壁板间充填绝热材料，以减轻外界气温的影响。车内有冰箱或制冷设备，主要用于运送新鲜蔬菜、水果、鱼、肉等易腐货物。

（5）罐车。罐车主要用于运送各种液体、液化气体货物，例如汽油、液氨、乙醇、各种酸碱货物等。为了避免液体货物的压力过于集中，车身采用圆筒形状的罐体，在罐体顶部有一个空气包，空气包上还装有两个安全阀和一个进气阀。当外界温度发生变化时，如果罐体内部压力超过一定数值，安全阀能自动打开，将空气包内的气体放出；如果罐内压力低于一定数值，也能从进气阀自动向罐内补气。新型罐车无空气包，进气阀及盖等设备安装在罐体上。

二、城市轨道交通车辆车体概述

车体是城市轨道交通车辆最重要的部件之一，它在转向架之上。车体底架下部及车顶上部要安装大量机电设备，构成车辆的主体。

（一）城市轨道交通车辆车体组成

城市轨道交通车辆的车体由底架、车顶、左右侧墙及前后端墙等六大部件组成。车体部件间的连接方式主要是手弧焊接、接触点焊、螺栓、铆钉连接等。

车体结构如图 2–2–1 所示，图 2–2–1 中各序号所代表的结构组件如表 2–2–1 所示。

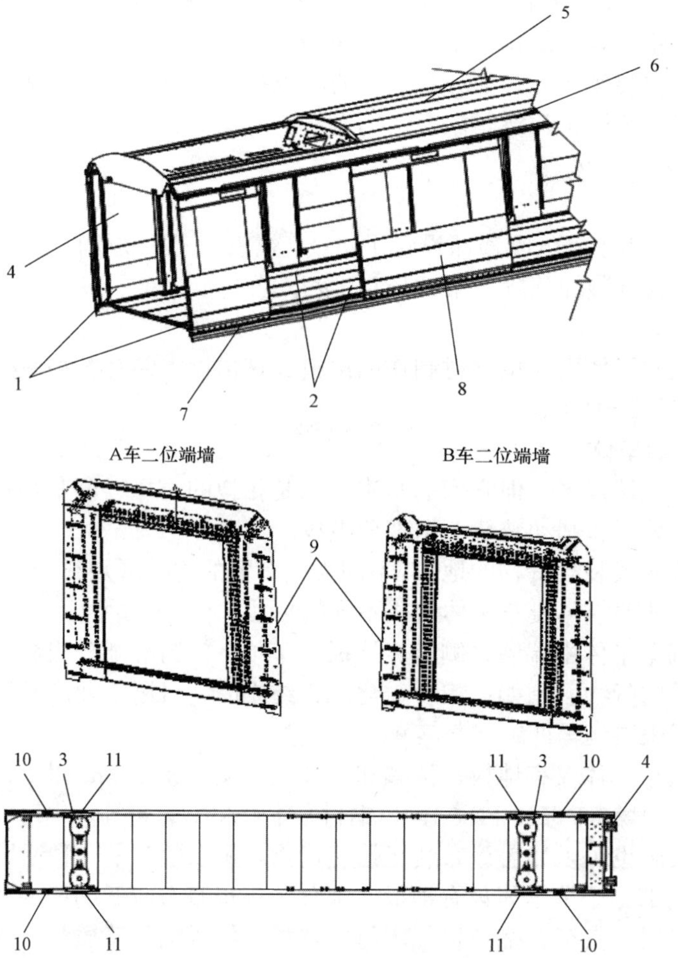

图 2–2–1　车体结构

表 2–2–1　图 2–2–1 中各序号所代表的结构组件

底架结构		侧墙	
序号	名称	序号	名称
1	侧梁	7	端部面板模块
2	底板	8	中间面板模块
3	枕梁		
4	钢箱体		
10	旋转止挡及托运安装座		
11	架车垫板		

续表

车端部结构		车顶结构	
序号	名称	序号	名称
9	端墙板	5	支撑件
		6	墙上边梁

1. 车体外部布局

城市轨道交通车辆车体外部主要由以下部件组成。

1）驾驶室侧窗

驾驶室侧窗位于车前部驾驶室左右两侧，如图 2-2-2 所示。

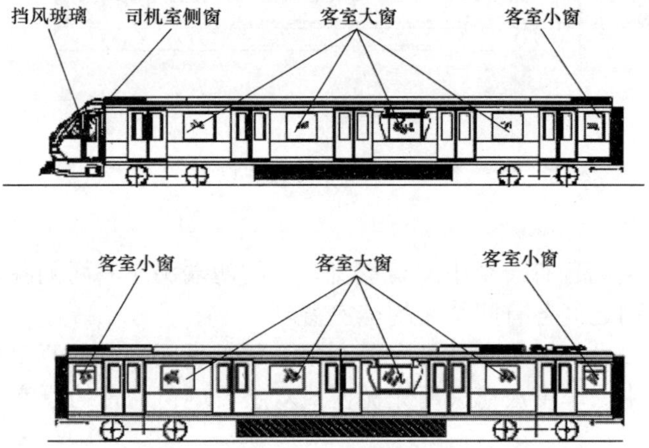

图 2-2-2　驾驶室侧窗

2）挡风玻璃

挡风玻璃装于驾驶室前部，通过它，司机可观察到路轨、信号等。挡风玻璃如图 2-2-3 所示。

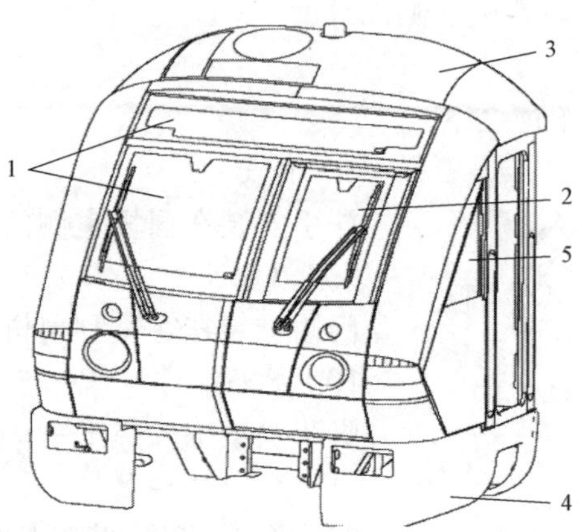

1—挡风玻璃；2—挡风玻璃；3—司机室空调盖板；4—侧裙板；5—司机室侧窗

图 2-2-3　挡风玻璃

车体其他设备如图 2-2-4 所示。

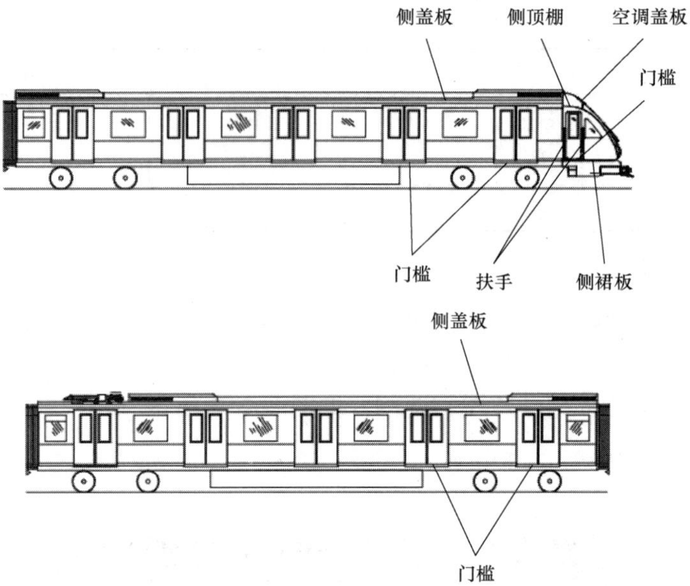

图 2-2-4　车体其他设备

3）客室侧窗

车辆二位端左右两侧各有一个小的客室窗。车的两端头左右两侧各有一个小的客室窗。客室的两侧，客室侧门之间各有四个大的客室窗。

侧窗为连续式玻璃结构，与车体外表面齐平，每侧设四扇透明侧窗并有适当的涂膜层，侧窗包含于侧墙模块中。车窗玻璃采用无楣窗式双层玻璃窗。窗的厚度约为 27 mm。

4）侧顶棚

侧顶棚安装在 A 驾驶室两侧。

5）空调盖板

空调盖板的作用是保护驾驶室空调，它安装在车的端部。

6）裙板

裙板安装在 A 车前端左右两侧的侧部骨架上。

7）侧盖板

侧盖板的位置恰好位于车顶之下。

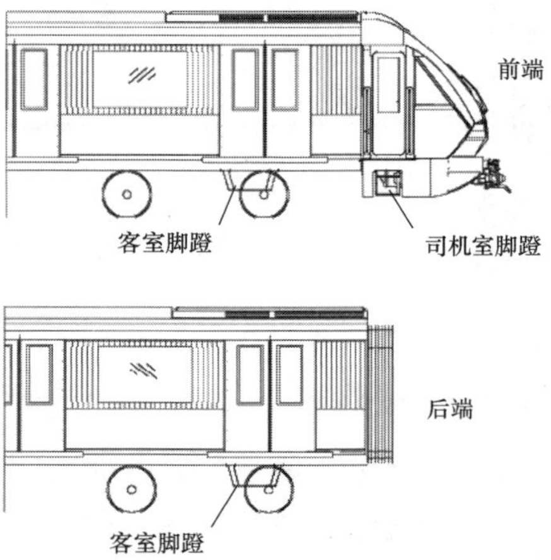

图 2-2-5　脚蹬

8）扶手

扶手安装在司机室侧门两侧。

9）门槛

门槛安装在客室和司机室侧门之间，侧墙的下部。

10）脚蹬

脚蹬供维护人员上下车使用。

11）客室外脚蹬

客室外脚蹬位于车最靠两端的客室门下面，如图 2-2-5 所示。

12）司机室脚蹬

司机室脚蹬位于司机室侧门下面，如图 2-2-5 所示。

13）防爬器

防爬器安装在车的底架两端部左右两侧，如图 2–2–6 所示。其作用是确保能吸收两车撞击产生的能量。

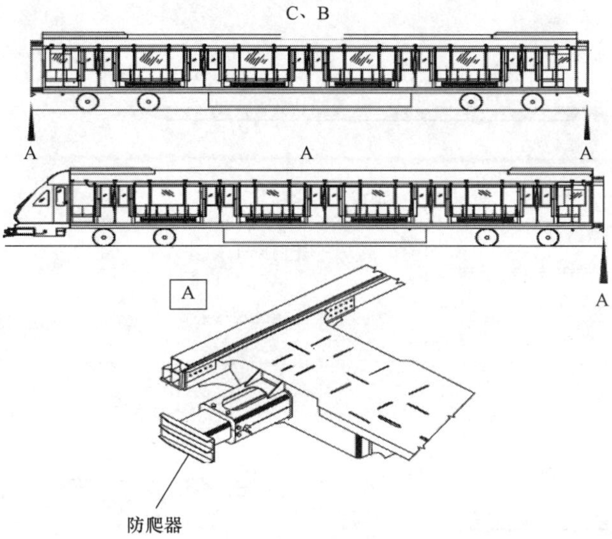

图 2–2–6　防爬器

14）底架下安装的设备

底架下安装的设备见表 2–2–2。

表 2–2–2　底架下安装的设备

A 车	B、C 车
拖车转向架（2 个）	LV 箱
LV 箱	制动供给风缸
压缩机	副风缸
制动供给风缸	主风缸
副风缸	制动控制单元（BCU）
主风缸	辅助逆变器（在 C 车上）
制动控制单元（BCU）	电池箱（在 B 车）
空气干燥机	动车转向架（2 个）
加热控制箱	牵引/制动箱
辅助逆变器	电抗箱
电池箱	电阻器箱

2. 车体内部布局

1）地板覆盖层和底板断面

地板结构为平面，其上为两块橡胶地板布，沿车体纵向铺设。

底板下层为耐热绝缘材料层，由其下的不锈钢板所支撑，因此底板结构（橡胶地板布+中空型材+耐热绝缘及不锈钢板层）完全能满足耐火 45 min 的要求。

地板覆盖层和底板断面如图 2-2-7 所示。

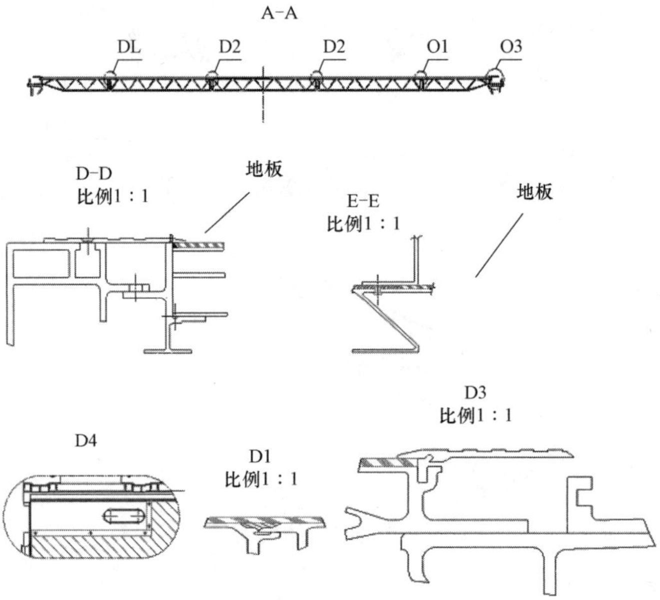

图 2-2-7　地板覆盖层和底板断面

2）侧墙内衬和窗密封

侧墙内衬和窗密封由墙面板夹装、下部窗台的组装、门两侧支撑角安装组成，如图 2-2-8 所示。

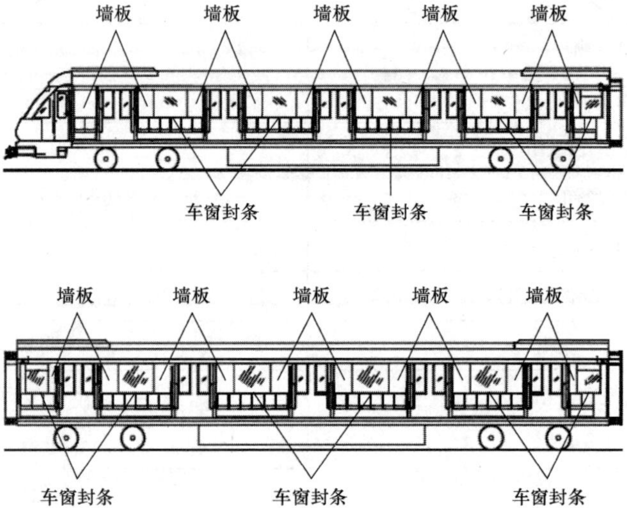

图 2-2-8　侧墙内衬和窗密封

3）中部天花板

中部天花板由铝合金纵梁、铝合金横梁、背部铝合金散流器、灯具、铝合金侧顶板、风口、天花板面板组成。

（1）天花板面板。

有的车有三种不同的面板，有的车有两种不同的面板。

（2）背部铝合金散流器。

背部铝合金散流器安装在中部天花板的左右两侧。

（3）铝合金侧顶板。

铝合金侧顶板安装在车体内部车顶的左右两侧。铝合金侧顶板如图 2–2–9 所示。

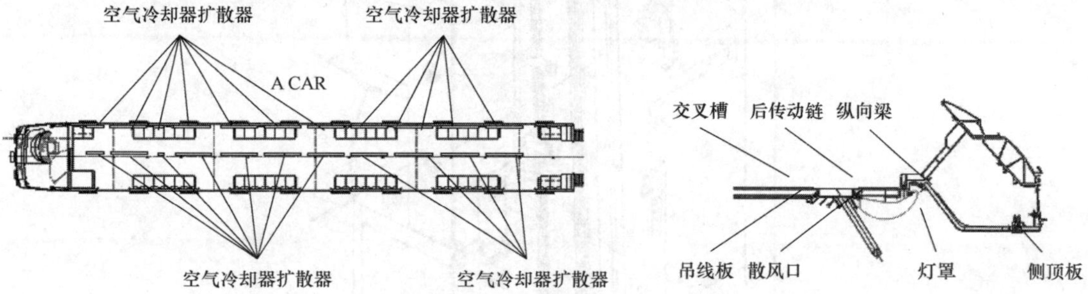

图 2–2–9　铝合金侧顶板

4）内端墙板

内端墙板安装在车体两端靠近车顶处，如图 2–2–10 所示。可在内端墙板上安装乘客信息显示系统。

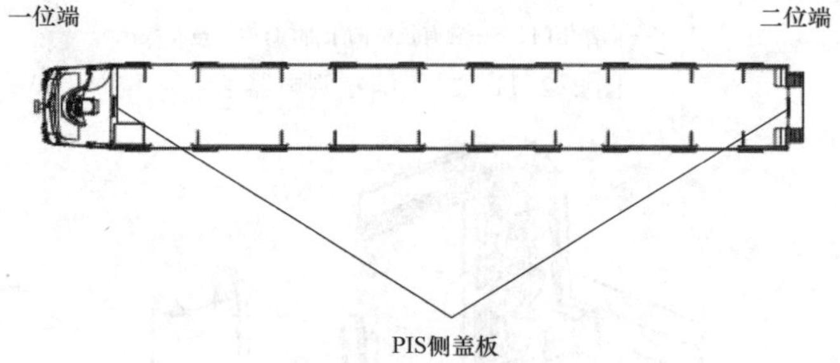

图 2–2–10　内端墙板

5）二位端设备柜

（1）二位端左侧电器柜。

如图 2–2–11 所示，二位端左侧电器柜的门（1 和 2）可以打开以便于接近内部功能单元，门由方形中空钥匙锁闭，上边的门安装有一个 HP 架子和一个护窗按钮，电器柜下部装有灭火器。

（2）二位端右侧电器柜。

如图 2–2–12 所示，二位端右侧电器柜的门（1 和 2）可以打开以便于接近内部功能单元，电器柜的门由方形中空钥匙锁闭，电器柜包含以下单元：空调单元控制面板（3）和换流器（4）。

6）ATC 柜

ATC 柜布置如图 2–2–13 所示。

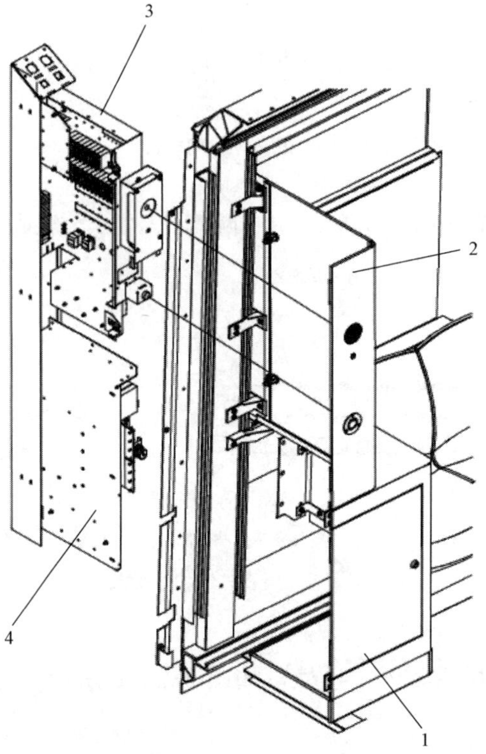

1、2—电器柜门；3—装有铰链的上部门；4—电路板

图 2-2-11　二位端左侧电器柜

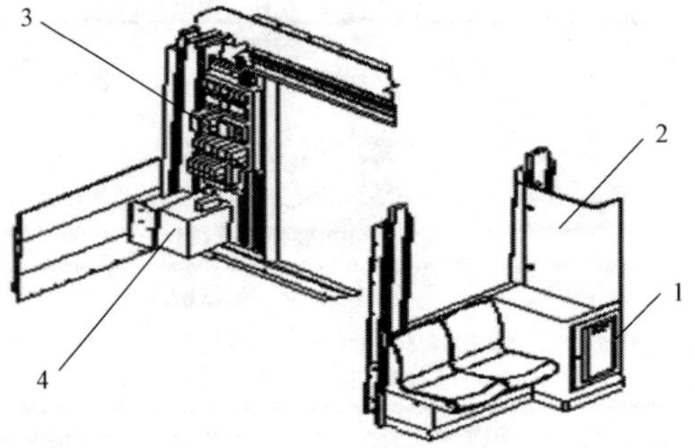

1—电器门；2—电器柜门；3—空调单元控制面板；4—换流器

图 2-2-12　二位端右侧电器柜

ATC 柜在 A 车左侧，客室内紧靠司机室隔墙处。ATC 柜的门和侧面板上活动门可打开，以便检修各功能单元，ATC 柜的门和侧面板上活动门可通过方孔钥匙锁闭。

ATC 柜包含以下功能单元：

- 列车自动控制系统
- 计算机无线电设备
- 牵引制动功能译码器
- MPU：主处理单元
- RIOM：输入输出模块
- 通信设备

● 广播控制系统单元（ACSU）

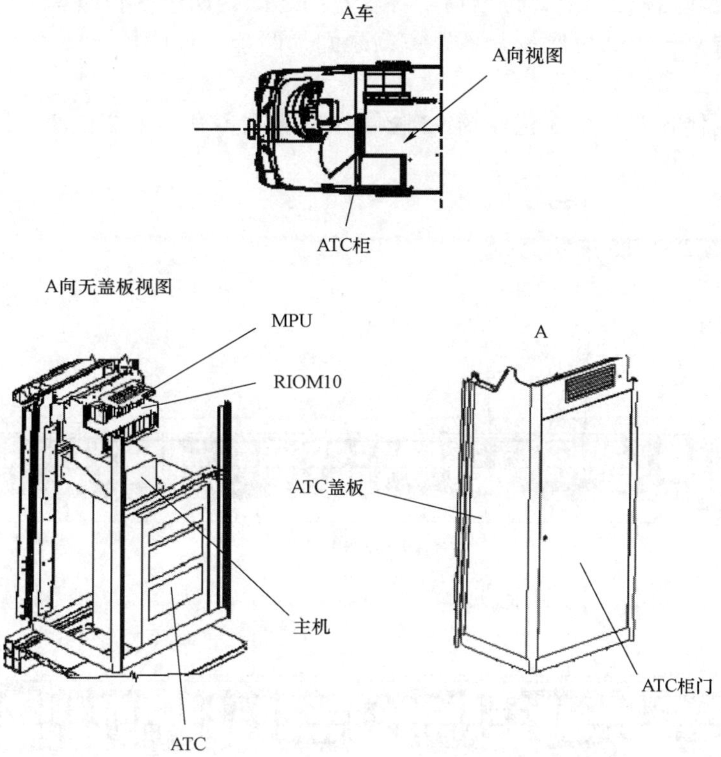

图 2-2-13　ATC 柜布置

7）座椅（纵向布置）

座椅模块为铝骨架，外包层为蓝色的玻璃钢。

座位宽度为 430 mm，易于安装和移动。座椅从背部与车体侧墙组装在一起而不与地板连接以确保地板的防水性和易于清洗操作。

座椅分布如图 2-2-14 所示。

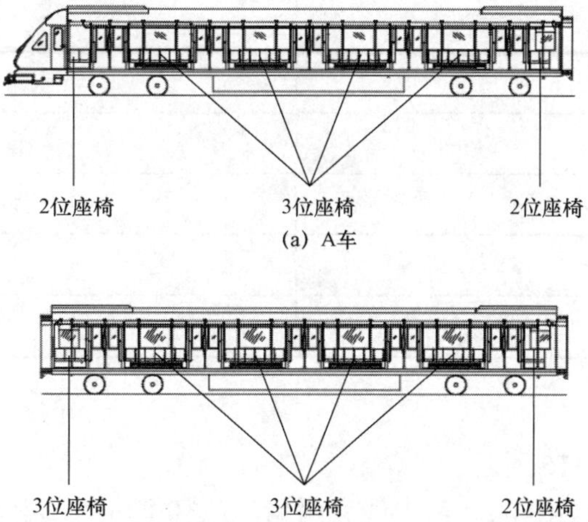

(a) A车

(b) B、C车

图 2-2-14　座椅分布

（1）A 车。

右侧：1、2 位端各有一个 2 位座椅，各客室门之间为两个 3 位座椅。

左侧：2 位端有一个 2 位座椅，各客室门之间为两个 3 位座椅。

（2）B、C 车。

1 位端左右两侧各有一个 3 位座椅，2 位端左右两侧各有一个 2 位座椅，所有侧门之间均为两个 3 位座椅。

8）扶手

扶手分布如图 2-2-15 所示。

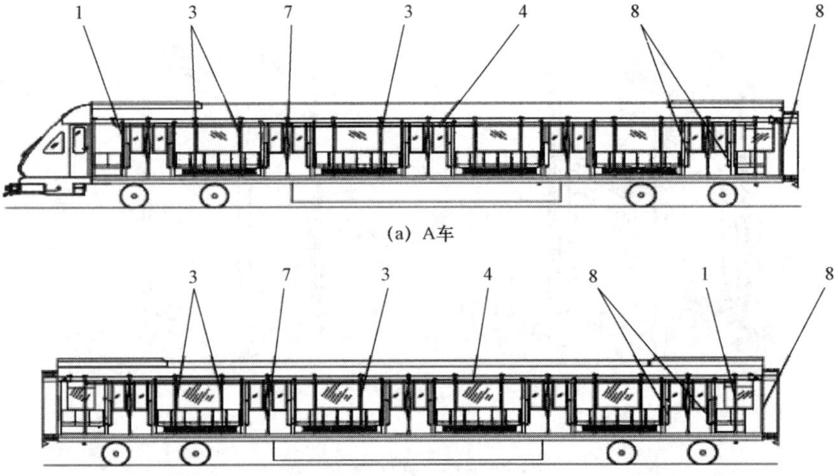

图 2-2-15　扶手分布

图 2-2-15 中序号所示扶手类型分布如表 2-2-3 所示。

表 2-2-3　图 2-2-15 中序号所示扶手类型分布

序号	名称
1	水平弯杆扶手
3	直立扶手
4	水平扶手
7	屏风
8	把手

9）驾驶室布局

驾驶室布局如图 2-2-16 所示。

驾驶室（司机室）与客室隔离，中间有隔墙，从客室进入驾驶室是被禁止的，而从驾驶室则易于进入客室。

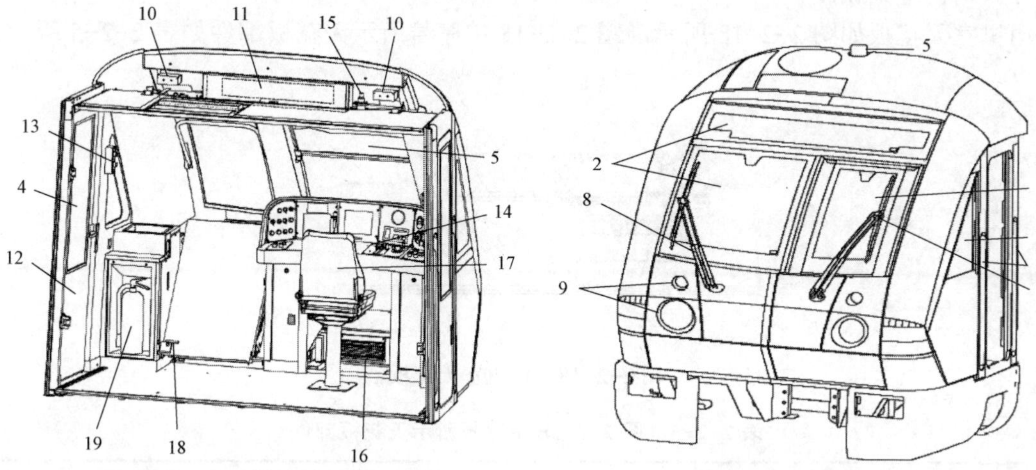

(a) 内部

4—司机室侧门窗；10—左右运营白灯；11—FDU；
12—司机室侧门；13—门柱开关门按钮；
14—司机室操作台；15—司机室喇叭；
16—足部加热器；17—司机室座椅；
18—逃生梯；19—灭火器

(b) 外部

1—逃生门；2—驾驶台前窗、运营窗；
3—侧窗；4—司机室侧门窗；5—天线；
6—司机室扶手；7—左雨刮器；
8—右雨刮器；9—大灯和尾灯

图 2-2-16　驾驶室布局

（1）司机座椅。

司机座椅如图 2-2-17 所示，图 2-2-17 中序号所示座椅部件如表 2-2-4 所示。

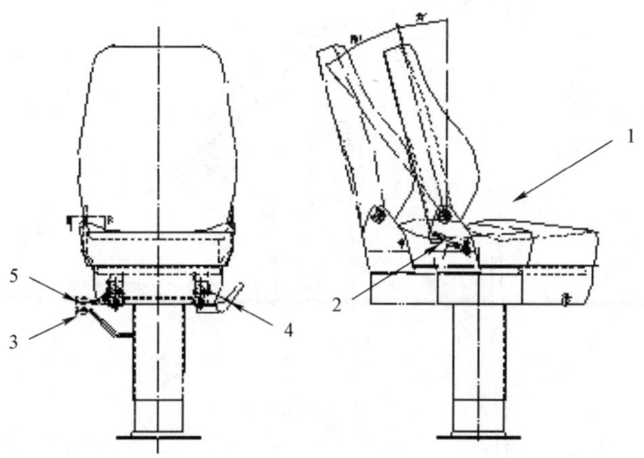

图 2-2-17　司机座椅

表 2-2-4　图 2-2-17 中序号所示座椅部件

序号	名称	序号	名称
1	司机座椅	4	调整手杆
2	控制杆	5	旋转杆
3	高度调节手杆		

（2）司机室天花板。

司机室天花板如图 2–2–18 所示，图 2–2–18 中序号所示天花板部件如表 2–2–5 所示。

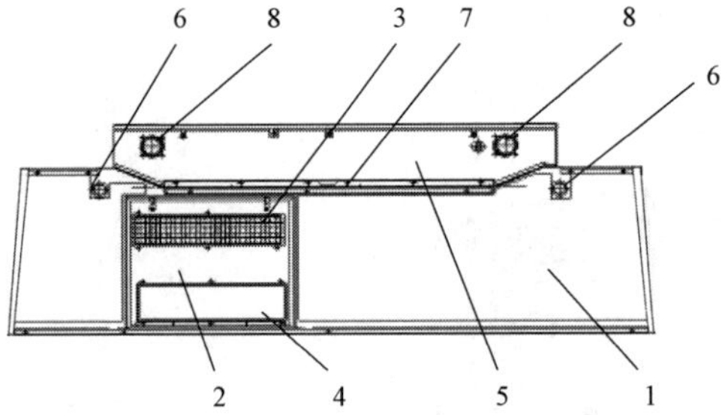

图 2–2–18　司机室天花板

表 2–2–5　图 2–2–18 中序号所示天花板部件

序号	名称	序号	名称
1	面板	5	盖板
2	活门	6	座椅
3	散风器	7	司机阅读灯
4	回风格栅	8	扬声器

（3）司机室衬板。

司机室衬板如图 2–2–19 所示，图 2–2–19 中序号所示衬板部件如表 2–2–6 所示。

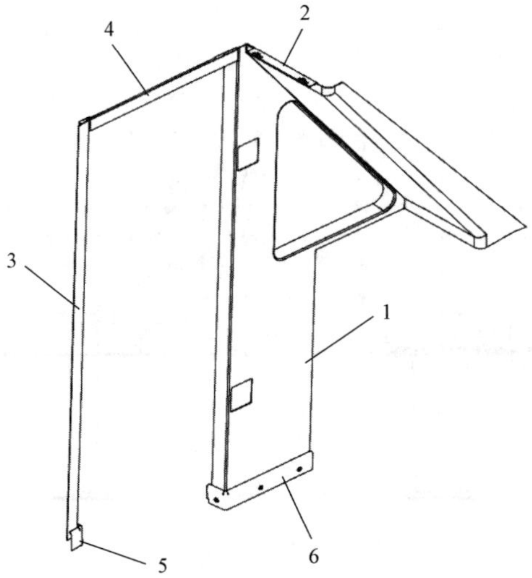

图 2–2–19　司机室衬板

表 2–2–6　图 2–2–19 中序号所示衬板部件

序号	名称	序号	名称
1	侧面板	4	门横梁
2	斜向内衬	5	侧门安装座
3	门立柱	6	驾驶台底座

（4）驾驶台。

驾驶台上的操作和控制装置要易于被司机看到和便于司机操作。

（5）司机室设备柜。

司机室设备柜（低压设备柜）安装在 A 车的右边隔墙内，如图 2-2-20 所示，其包括以下的功能单元：司机室空调控制面板，断路器和继电器面板、控制器面板等。

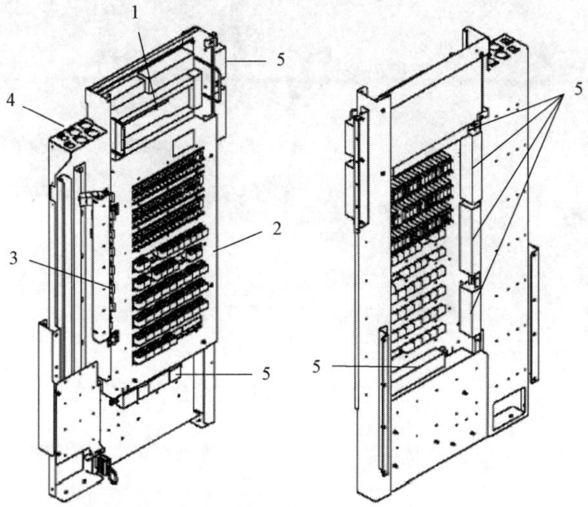

1—司机室空调控制面板；2—断路器和继电器面板；3—控制器面板；4—安装在柜上部的 6 个接触器（与车体配线相连）；5—7 个接线端划块（柜内部连接）

图 2-2-20　司机室设备柜

（6）遮阳帘。

遮阳帘的作用是让司机免于被阳光照射，其可上下调节，操作方便，如图 2-2-21 所示。

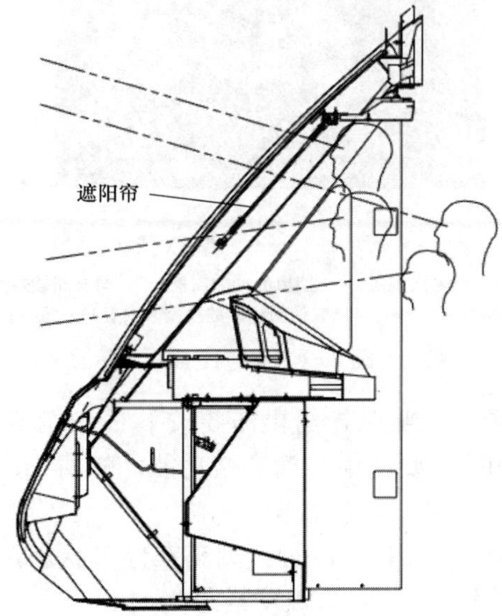

图 2-2-21　遮阳帘

10）司机室设备

图 2-2-22 所示为司机控制台，它的设计理念是便于操作。司机控制台包括 N1～N10 共

10 块面板。

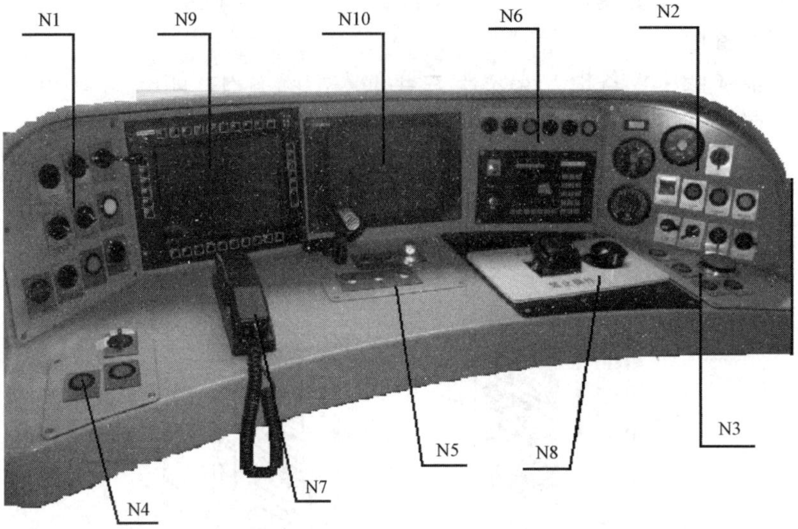

图 2-2-22　司机控制台

（1）N1 面板。

N1 面板如图 2-2-23 所示。

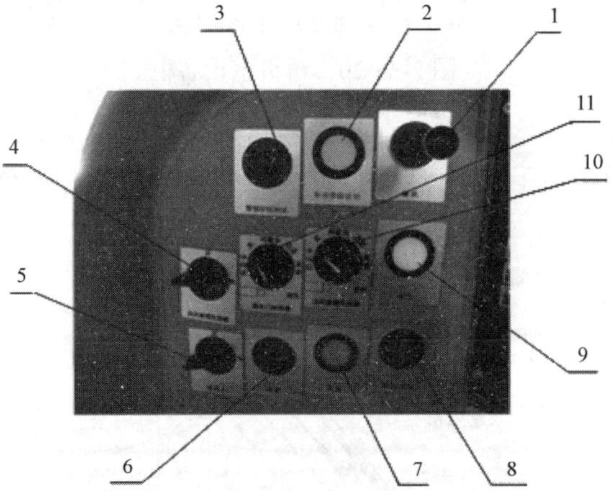

1—喇叭按钮；2—制动旁路按钮；3—警惕测试按钮；4—挡风玻璃除霜器；5—司机阅读灯开关；6—唤醒按钮；7—休眠按钮；8—测试灯按钮；9—解钩按钮；10—挡风玻璃刮雨器的控制开关；11—逃生门挡风玻璃刮雨器开关

图 2-2-23　N1 面板

① 喇叭按钮（HPB）。要激活喇叭，司机需要按下 HPB 按钮。

② 制动旁路按钮（BBPB）。要使用制动旁路功能，先将 BBS 置接通位并听见蜂鸣器鸣响后，再按下 BBPB。

③ 警惕测试按钮（TDMPB，黑色按钮）。列车在停车状态，模式选择器在 CM、RMF、WM 或 RMR 位时，按下该按钮 5 s，列车触发紧急制动。

④ 挡风玻璃除霜器（DWS）。其有 2 个位置：关闭/打开。

⑤ 司机阅读灯开关（CRLS）。转动其到 ON/OFF 位来开、关阅读灯。

⑥ 唤醒按钮（WUPB）。当列车处于休眠状态时，按下该按钮，电池回路接触器闭合，唤醒列车，启动自检。

⑦ 休眠按钮（SPB）。当列车处于唤醒状态，司机需要先将模式选择开关置于“OFF”位，降弓或断开车间电源插座（WOS），将司机控制钥匙（KS）置于“OFF”位，然后按下该按钮，黄色灯亮 2 min 后灯灭，列车进入休眠状态。

⑧ 测试灯按钮（TLPB）。在发车前，司机必须检查指示灯的好坏，按下该按钮可以检查各指示灯是否正常显示。

⑨ 解钩按钮（UNPB）。在激活的司机室按下该按钮，该灯点亮，全自动车钩打开，以 RMR 模式向后驱动列车，再次按下该按钮，按钮灯灭，然后停车。

⑩ 挡风玻璃刮雨器的控制开关（WCCS）。其有 5 个位置：中间位/关闭位/间歇位/低速位/高速位，司机如果需要对挡风玻璃喷水就按下该按钮。

⑪（紧急）逃生门挡风玻璃刮雨器开关（WCCS DD）。其有 5 个位置：中间位/关闭位/间歇位/低速位/高速位。司机如果需要对逃生门挡风玻璃喷水就按下该按钮。

（2）N2 面板。

N2 面板如图 2-2-24 所示。

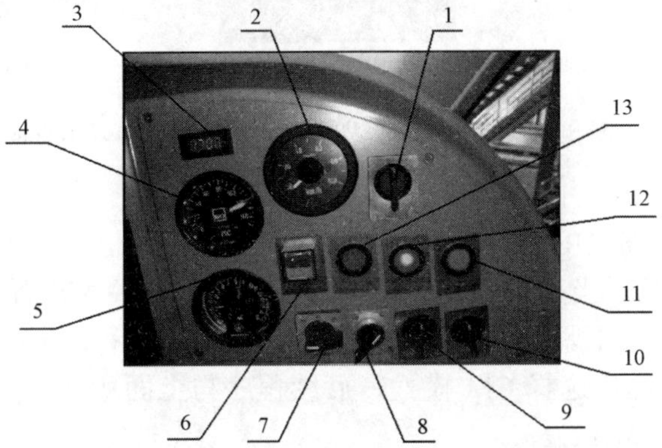

1—头灯开关；2—速度表；3—网压表；4—电压表；5—双针压力表；6—停放制动施加按钮；7—温度选择开关；8—司机室空调控制开关；9—司机室照明开关；10—客室正常照明控制开关；11—摩擦制动故障指示灯；12—所有制动施加指示灯；13—所有制动缓解指示灯

图 2-2-24　N2 面板

① 头灯开关（HLBDS）。调节头灯的亮度。

② 速度表。显示列车的运行速度。

③ 网压表（HVV）。显示接触网的网压。

④ 电压表（VMI）。司机可通过该表查看蓄电池电压值，范围为从 0 到 140 V。

⑤ 双针压力表（MNI）。一个红色指针和一个白色指针，司机可以通过观察红色指针查看主风缸的压力，通过观察白色指针查看 A 车前端转向架制动缸的平均压力。压力范围为从 0 到 16 bar。

⑥ 停放制动施加按钮（PBAPB）。在激活司机室按下该按钮施加停放制动。

⑦ 温度选择开关（TCACS）。司机可以选择司机室的温度，设置值有 25 ℃，26 ℃，27 ℃，28 ℃，29 ℃。

⑧ 司机室空调控制开关（HVACCS）。可选择打开或关闭。

⑨ 司机室照明开关（CLS）。选择打开或关闭司机室照明灯。

⑩ 客室正常照明控制开关（NLCS）。该开关有 3 个位置：关闭/手动/自动。当选择“手动”位时，司机室激活后，客室正常照明灯点亮；当选择“自动”位时，置于挡风玻璃上部

的光敏元件根据车外的光度自动开/关客室正常照明灯；当没有激活司机室时，客室照明灯灭。

⑪ 摩擦制动故障指示灯（FBFI）（施加时，红灯亮）。

⑫ 所有制动施加指示灯（ABAI）（施加时，红灯亮）。

⑬ 所有制动缓解指示灯（ABRI）（缓解时，绿灯亮）。

（3）N3 面板。

N3 面板如图 2–2–25 所示。

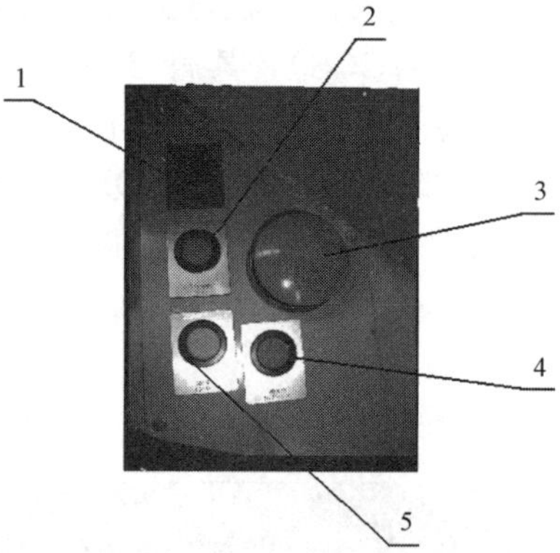

1—紧急制动复位按钮；2—门关好指示灯；3—紧急制动蘑菇按钮；4—关 B 侧门带灯按钮；5—开 B 侧门带灯按钮

图 2–2–25　N3 面板

① 紧急制动复位按钮（REBPB）。

列车触发紧急制动后，当列车停止时，先将模式选择开关 MS 置于手动（CM）位，司控手柄 DCH 置于制动区，按下紧急制动复位按钮 REBPB，缓解紧急制动。在 ATO 模式下，首先缓解 ATP 紧急制动，然后选择 CM 模式，后续程序与上面所述一样。

② 门关好指示灯（DCLI）。

③ 紧急制动蘑菇按钮。

④ 关 B 侧门带灯按钮（DCPB1_B）。当至少一个门未关上时，绿色指示灯亮。

⑤ 开 B 侧门带灯按钮（DOPB1_B）。

（4）N4 面板。

N4 面板如图 2–2–26 所示。

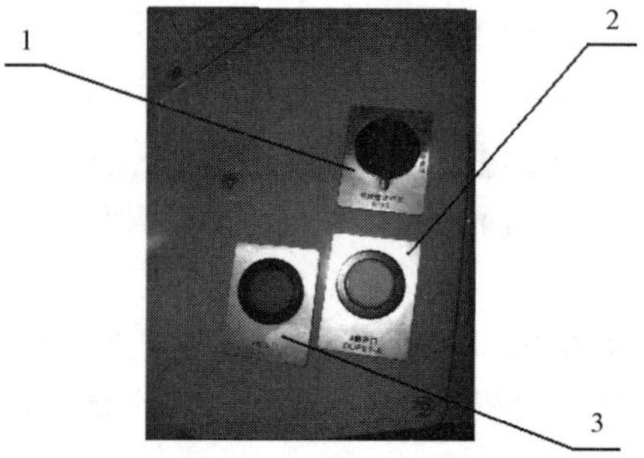

1—受电弓控制开关；2—开 A 侧门带灯按钮；3—关 A 侧门带灯按钮

图 2–2–26　N4 面板

① 受电弓控制开关（RMS）。其有 3 个位置：落弓（LP），关位（OFF），救援模式（RCM）。

② 开 A 侧门带灯按钮（DOPB1_A）。

③ 关 A 侧门带灯按钮（DCPB1_A）。当至少一个门未关上时，绿色指示灯亮。

（5）N5 面板。

N5 面板如图 2-2-27 所示。

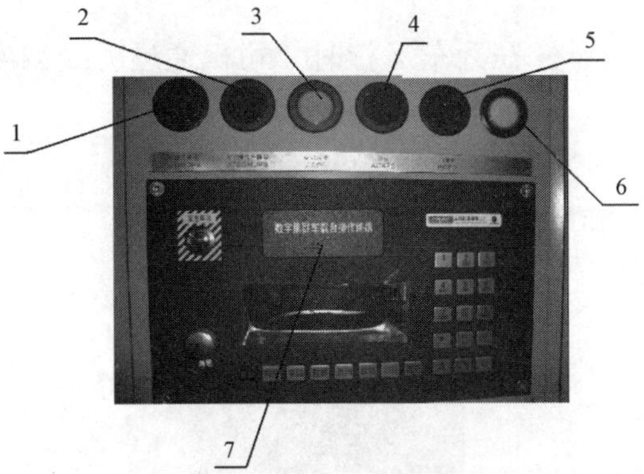

1—手持式麦克风；2—人工广播按钮；3—司机对讲按钮；4—紧急对讲按钮；5—对讲复位按钮；6—音量调节按钮；7—确认按钮

图 2-2-27　N5 面板

① 手持式麦克风。

② 人工广播按钮（PA）。

③ 司机对讲按钮（CI）。

④ 紧急对讲按钮（PEI）。

⑤ 对讲复位按钮（RST）。

⑥ 音量调节按钮。

⑦ 确认按钮（ACK）。

（6）N6 面板。

N6 面板如图 2-2-28 所示。

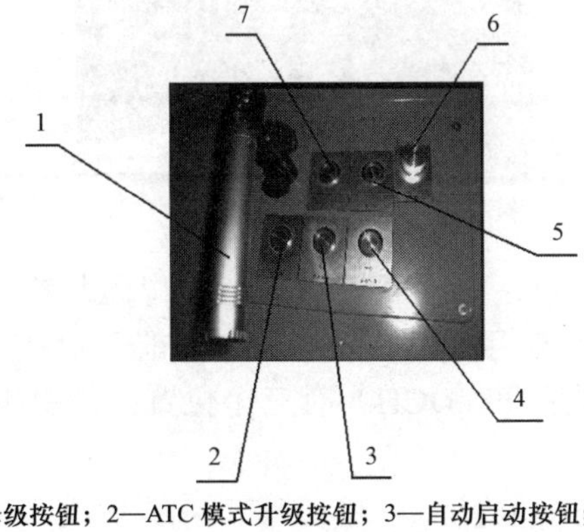

1—ATC 模式降级按钮；2—ATC 模式升级按钮；3—自动启动按钮；4—确认按钮；5—车门许可按钮；6—自动折返按钮；7—无线操作终端

图 2-2-28　N6 面板

① ATC 模式降级按钮（ATCOMDPB）。

② ATC 模式升级按钮（ATCOMUPB）。

③ 自动启动按钮（ASPB）。

④ 确认按钮（ACKPB）。

⑤ 车门许可按钮（POPB）。

⑥ 自动折返按钮（ARPB）。

⑦ 无线操作终端。

（7）N7 面板。

N7 面板如图 2–2–29 所示，在列车运行时，司机通过无线调度电话与 OCC 控制中心行车调度进行通信联系。

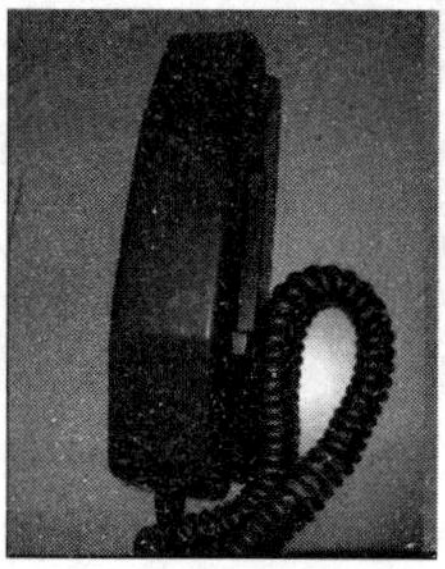

图 2–2–29　N7 面板（无线调度电话）

（8）N8 面板。

N8 面板称为主控器（MC），如图 2–2–30 所示。

图 2–2–30　N8 面板（主控器）

钥匙开关（KS）有两个位置：接通/断开。其通过电磁装置解锁模式选择器（MS）。模式选择器（MS）有六个位置：ATO/手动（CM）/限速向前（RMF）/洗车（WM）/断开（OFF）/限速向后（RMR）。司机控制手柄（DCH）有三个位置：牵引/惰行/制动（含快速制动位）。

① 钥匙开关。

钥匙开关有接通和断开两个位置。

如果两个司机室的钥匙开关都在“断开”位，MS 被锁于“断开”位，DCH 被锁于“惰行”位。

当一个钥匙开关置于“接通”位时，相应的司机室变为激活的司机室，MS 和 DCH 解锁，同时另一司机室的 KS 被锁于“断开”位。

在未激活的司机室，司机控制台的控制设备除了部分设备［紧急制动按钮（EMPB）、司机室照明开关、司机室空调开关、司机室间通信控制］，其他设备均被锁闭。

② 模式选择器。

模式选择器有六个位置，分别为：“RMR”“OFF”“WM”“RMF”“CM”“ATO”。司机可通过该设备选择不同驾驶模式和列车运行方向。模式选择开关的位置通过网络系统通知 ATP 和 TCMS。

③ 驾驶控制手柄。

驾驶控制手柄 DCH 为滑动式，其手柄沿与车辆轴线平行的方向移动。当模式选择器 MS 处于“OFF”位时，驾驶控制手柄 DCH 被机械闭锁不能移动。

将驾驶控制手柄 DCH 向前推动就会发出牵引需求，由前向后将驾驶控制手柄 DCH 推过惰行位就发出制动需求。在制动区的末端，到达槽口位置就是全常用制动位。将驾驶控制手柄 DCH 推过全常用制动（FSB）槽口位就会触发快速制动（FB），在列车停车前还可将驾驶控制手柄 DCH 从快速制动（FB）位移开。

将驾驶控制手柄 DCH 推到“牵引”位，列车开始加速直到模式选择器限速为止；将驾驶控制手柄 DCH 推到“制动”位，立即触发机械的和（或）电的制动。

驾驶控制手柄 DCH 的上部是一个按钮，也就是司机警惕按钮（DMD）。除了站内停车和 ATO 驾驶模式外，如果司机将司机警惕按钮（DMD）松开超过 2 s 就自动触发紧急制动。

（9）N9 面板。

N9 面板（司机显示单元 DDU）是一个触摸屏，安装在司机控制台上，如图 2-2-31 所示。这个单元能显示必要的信息以便司机操控列车。当司机按下屏上的感应区，DDU 也能接收该动作。

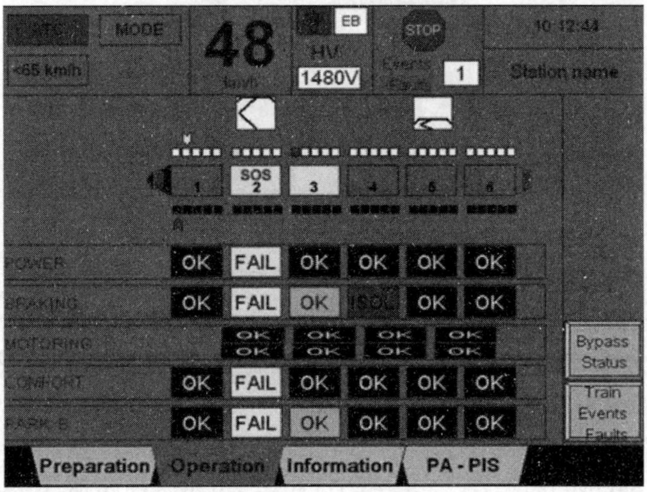

图 2-2-31　N9 面板

DDU 能提供的信息如下。

① 与设备状态和列车各种功能相关的信息。

② 故障部件定位的相关信息。

操作人员可以通过在 DDU 上显示的文字信息和包含不同形状和颜色的图标从 DDU 上获得信息，操作人员还可以通过按下屏幕上的感应区域（触摸屏）把信息传给 DDU。

（10）N10 面板。

N10 面板为 ATC 系统的人机界面，即 HMI，如图 2-2-32 所示。

图 2-2-32　N10 面板

（11）司机室低压电器柜。

① A 侧。司机室低压电器柜 A 侧如图 2-2-33 所示，在司机室后背墙 A 侧低压电器柜内安装有两排空气断路器。

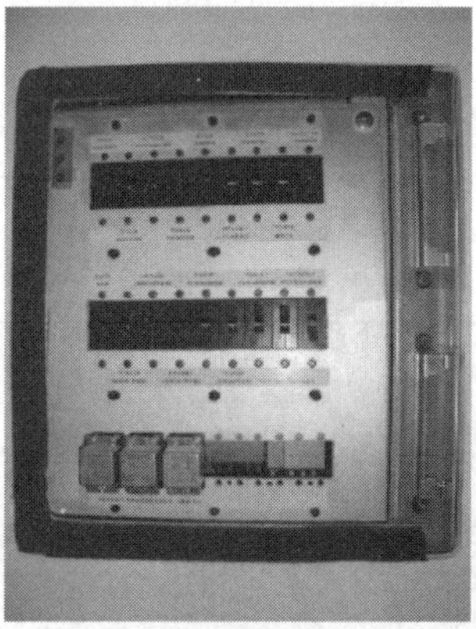

图 2-2-33　司机室低压电器柜 A 侧

第一排空气断路器从左向右依次为：ATPCB 列车自动保护、ATOCB 列车自动控制、ATPCCB 列车自动保护控制、RCSCB 无线通信系统、HMICB 运行信号显示单元、MPUCB 中央处理单元、CPUCB 驾驶显示单元、EVRCB 事件记录、EVRZVCB 零速事件记录。

第二排空气断路器从左向右依次为：ENCB 编码器、R1ACB1 A 车 RIOM1 断路器 1、R1ACB2 A 车 RIOM1 断路器 1、R1ACB3 A 车 RIOM1 断路器 3、R2ACB1 A 车 RIOM2 断路器 1、R2ACB2 A 车 RIOM2 断路器 2、R2ACB3 A 车 RIOM2 断路器 3、ACSUCB 列车显示和控制单元、MOTACCB ATC 牵引指令。

② B 侧。司机室低压电器柜 B 侧如图 2-2-34 所示，在司机室后背墙 B 侧低压电器柜内安装有一排控制开关（自举指示灯除外）和三排空气断路器。

第一排的控制开关（自举指示灯除外）从左向右依次为：

DOMS 车门操作模式：有 MO/MC 手动开/手动关、AO/AC 自动开/自动关、AO/MC 自动开/手动关共三种操作模式。

VCBS 重要控制旁路开关：有 SB 常用制动位、N 正常位、DIR 车门位共三个位置。黏着（摩擦）制动旁路允许常用制动施加时牵引。只有在 MS（模式选择开关）位于 WM（洗车模式）时，这个开关才起作用。

图 2–2–34　司机室低压电器柜 B 侧

LMRGB 主风缸旁路开关：有 OFF 关位、ON 接通位共两个位置。

ATPFS ATP 故障开关：有 NORMAI 正常位、FAULT 故障位两个位置。

DDBPS 紧急逃生门旁路开关：有 NEUTRAL 正常位、BY–PASS 旁路位共两个位置。

BBS 制动旁路开关：有旁路位、接通位两个位置（其右上方有蜂鸣器，当 BBS 置接通位时会发出鸣叫声）。

第二排空气断路器从左向右依次为：PANTCB 受电弓回路断路器、VMCB 电压监测、EBCB 紧急制动、EBTLCB 紧急制动列车线、PECB 脉冲使能、TBCB 牵引制动、MACB 牵引许可、WWCBDD 逃生门雨刮器、RCCB 无线电控制、CTCB 列车连挂、ZVRCB1 零速列车线 1、ZVRCB2 零速列车线 2、EVRCBL 零速列车线。

第三排空气断路器从左向右依次为：PBDCB 停放制动请求、APBRCB 所有停放制动缓解、BSCB 制动状态、HLICB–A A 侧头灯、HLICB–B B 侧头灯、TLICB 尾灯、WUSLCB 唤醒休眠、TSKCB 列车供低压电接触器、SICB 信号指示、HCB 汽笛、WWCB 雨刮器、DWCB 挡风玻璃除霜器、CUCB 连挂与解钩、HVVCB 高压电压表。

第四排空气断路器从左向右依次为：ALCB 自动照明、NLCB 正常照明、CLICB 司机室照明、DOTCB–A A 侧开门列车线、DOTCB–B B 侧开门列车线、DCTCB–A A 侧关门列车线、DCTCB–B B 侧关门列车线、DRTCB–A A 侧车门许可列车线、DRTCB–B B 侧车门许可列车线、EVCB3 蒸发器回路断路器、INVCB 24 伏变流器、SLCB 运行灯断路器、CLCB 关门锁定、DRCB–A A 侧门许可、DRCB–B B 侧门许可、PDCB 司机室隔间门。

（12）司机室立柱开、关门按钮。

① A 侧。司机室立柱开、关门按钮 A 侧如图 2–2–35 所示。

开 A 侧门带灯立柱按钮（DOPB2_A）带有一个绿色指示灯，当 ATP 允许开 A 侧门或者按下测试灯按钮（TLPB）时，指示灯亮；如果没有选择开门侧或者 ATP 故障开关在隔离位，指示灯灭。

关 A 侧门带灯立柱按钮（DOPB2_A）带有一个红色指示灯，当 A 侧门打开或者按下测试灯按钮（TLPB）时，指示灯亮；当 A 侧门和前端紧急逃生门关闭并锁紧，指示灯灭。

1—A 侧车门开按钮；2—A 侧车门关按钮

图 2-2-35　司机室立柱开、关门按钮 A 侧

② B 侧。司机室立柱开、关门按钮 B 侧如图 2-2-36 所示。

1—B 侧车门开按钮；2—B 侧车门关按钮

图 2-2-36　司机室立柱开、关门按钮 B 侧

开 B 侧门带灯立柱按钮（DOPB2_B）带有一个绿色指示灯，当 ATP 允许开 B 侧门或者按下测试灯按钮（TLPB）时，指示灯亮；如果没有选择开门侧或者 ATP 故障开关在隔离位，指示灯灭。

关 B 侧门带灯立柱按钮（DCPB2_B）带有一个红色指示灯，当 B 侧门打开或者按下测试灯按钮（TLPB）时，指示灯亮；当 B 侧门和后端紧急逃生门关闭，指示灯灭。

三、车体的检修

（一）车体检修内容

车体检修的内容主要包括：车体结构的检修，内部设施的检修，车体油漆。车体检修需要根据检修内容准备设备和物品。

（二）车体内部设施检修

1. 地板检修

（1）清除地板布表面污垢，要求表面无明显变形、无起泡、无明显色差；

（2）地板布磨损应进行挖补，接缝不得在门前通道上，不得损坏下面防火层，更换的地板布颜色应选用与原地板布相近的颜色。

2. 顶板检修

（1）清洁空调通风口和灯罩的格栅。

（2）更换照明灯灯具。

（3）检查客室顶板，应安装牢固，无破损，无严重变形。

（4）检查弧形盖板及其锁的安装状态和功能，检查各金属安装件、紧固件及压紧锁有无过度磨损，松动、间隙过大的连接件或锁要更新。

3. 客室侧墙、端墙检修

（1）清除表面污垢，确认无变形及表面涂层无脱落。

（2）出现变形无法修复的更新，表面色应与相邻的墙板色一致。部分划痕及划伤的表面喷涂处理。进行表面喷涂时，做好防护，避免交叉污染。

4. 客室车窗检修

（1）更换橡胶框。

（2）检查玻璃，应无裂纹和严重划伤，玻璃夹层中无进气、进水现象。

（3）检查确认窗户安装牢固。

5. 驾驶室车窗检修

（1）检查车窗玻璃的状态和除霜功能。

（2）更换刮水器橡胶刮水板。

（3）检查刮水器，确保安装良好、功能正常。

6. 驾驶室座椅检修

（1）检查驾驶室座椅，确认其机械机构各零件完好无损；各螺栓连接处紧固良好；调节座椅和靠背的升降及旋转机构，动作应灵活自如；座椅、靠背软垫外表面无破损。

（2）清洁外表面，并润滑驾驶室座椅各活动部位。

7. 客室座椅检修

（1）检查确认座椅安装牢固，座椅壳与座椅框架间的隔垫安装良好、无破损，橡胶止挡安装良好、无破损，座椅外观及油漆良好、无尘垢。

（2）检查座椅下盖板及其锁的安装状态，确认开闭功能良好。

8. 立柱、扶手检修

（1）检查立柱和扶手，应牢固无松动。

（2）检查立柱和扶手的表面，若划痕严重，进行表面翻新。

9. 贯通道检修

（1）检查折棚，确认安装牢固、完好无损。

（2）检查过渡板，应无裂纹、严重磨损等损伤，翻转灵活；磨耗条厚度不小于 2 mm，否则应更换。

（3）检查活动侧墙，活动侧墙及其机构各部件应安装牢固、完好无损、功能良好。

（4）检查连接顶板，各部件应安装牢固、完好无损、翻转灵活。

（5）清洁贯通道处各部件。

10. 其他设施检修

（1）检查升弓脚踏泵，确认功能良好。

（2）检查灭火器，确认安放到位、安装牢固，并在有效期内。

（3）检查风喇叭，风喇叭各部件应完好无损、安装牢固、鸣叫响亮。

任务工作单

计划：依据轨道交通车体检修作业内容，模拟轨道交通车辆车体检修情境，设计检修作业方案	
1. 学生了解轨道交通车辆车体检修作业情境，各小组依据不同作业环节进行资料学习。 2. 指导教师依据检修作业内容进行分组，分配各组的作业内容。各组完成检修作业内容准备工作，制定本组作业计划并进行讨论	
一、检修作业任务单	
任务情境：车体检修作业	
作业过程	任务内容
1	作业准备：司机室放禁动牌，司机室头部放红闪灯
2	地板检修
3	顶板检修
4	客室侧墙、端墙检修
5	客室车窗检修
6	驾驶室车窗检修
7	客室座椅检修
8	驾驶室座椅检修
9	立柱、扶手检修
10	贯通道检修
11	其他设施检修（脚踏泵、灭火器等）
二、个人计划	

决策：确认轨道交通车门检修作业计划	
小组成员进行任务分工，分小组讨论每位成员完成的任务。每组选派一位成员在各组交流任务实施计划，每位成员完善任务实施计划	
小组成员	任务分工
小组内讨论的结果：	

小组间讨论的结果：

任务执行过程中出现的问题及应急情况的处理：

实施：完成轨道交通车门检修作业相关工作

一、总结教师发放的任务情境所需要的资料

根据任务情境，完整记录任务情境实施过程，小组成员互检任务实施正确性，将记录的内容提交给指导教师，请求给予指导、评价。

任务情境实施过程记录：

二、完成指导教师提出的补充问题

任务评估

<table>
<tr><td colspan="3">检查与评价</td></tr>
<tr><td colspan="3">一、知识与技能掌握情况评价参考标准</td></tr>
<tr><td>评价标准</td><td colspan="2">评价权重（80%）</td></tr>
<tr><td>1. 掌握车体结构组成</td><td colspan="2">10</td></tr>
<tr><td>2. 掌握车体设备及内饰结构组成</td><td colspan="2">15</td></tr>
<tr><td>3. 掌握车体检修作业内容及工艺规范</td><td colspan="2">20</td></tr>
<tr><td>4. 会对车体进行检查作业</td><td colspan="2">15</td></tr>
<tr><td>5. 会对车内设施进行检查作业</td><td colspan="2">20</td></tr>
<tr><td>6. 作业工具使用规范</td><td colspan="2">10</td></tr>
<tr><td>7. 遵守纪律，作业过程符合安全规范要求</td><td colspan="2">10</td></tr>
<tr><td colspan="3">二、综合素质评价参考标准</td></tr>
<tr><td>评价标准</td><td colspan="2">评价权重（20%）</td></tr>
<tr><td rowspan="4">能协同开展工作，准确、清晰地进行信息沟通</td><td colspan="2">不及格</td></tr>
<tr><td colspan="2">及格</td></tr>
<tr><td colspan="2">良好</td></tr>
<tr><td colspan="2">优秀</td></tr>
<tr><td rowspan="4">分工合理，能进行标准化作业</td><td colspan="2">不及格</td></tr>
<tr><td colspan="2">及格</td></tr>
<tr><td colspan="2">良好</td></tr>
<tr><td colspan="2">优秀</td></tr>
<tr><td colspan="3">三、思政要素评价参考标准</td></tr>
<tr><td>评价依据</td><td colspan="2">评价权重
（一票否决）</td></tr>
<tr><td>严守作业规范，严格按照作业标准操作，具有高度的安全意识和团队合作精神，严格遵照作业标准完成任务，精益求精</td><td>不合格</td><td>合格</td></tr>
</table>

任务三　轨道交通车辆贯通道检修

任务目标

1. 知识目标

- 掌握轨道交通车辆贯通道的基本结构；
- 掌握轨道交通车辆贯通道的基本参数。

2. 技能目标

- 掌握轨道交通车辆贯通道检修作业流程；
- 会进行轨道交通车辆贯通道检修作业；
- 能熟练操作相关检修工具。

学习活动建议

学习活动	内容	建议学时
自学内容及相关知识点	1. 轨道交通车辆贯通道的基本结构 2. 轨道交通车辆贯通道的基本参数 3. 轨道交通车辆贯通道检修作业流程	课前
计划	根据任务目标，结合轨道交通车辆贯通道基本检修作业流程、检修要点及检修注意事项，正确分组，选择检修工具	课中（1 学时）
决策	通过小组交流及教师指导，正确分工	
实施	根据轨道交通车辆贯通道的参数调整要求，严格按照流程完成相关参数调整作业	课中（1 学时）
	正确填写检修单据，小组成员互检后提交指导教师评估	
检查与评价	完成自我评价、小组评价、教师评价	
完善与拓展	拓展学习其他车型贯通道检修作业的相关知识与技能	课后

任务相关知识点

一、轨道交通车辆贯通道结构

1. 动车组内风挡

内风挡是动车组连接两相邻车端的柔性部件，可满足车辆在规定技术条件及路况下的各功能性的运动，同时具有密封性，可防止风、雨等侵入，为乘客、司乘人员和物资流动提供安全可靠、舒适的贯通通道。

内风挡为一体式双包折棚包车钩结构，两端通过快速解编结构直接固定在安装于车体端墙上的过渡板上，其由折棚组成、过渡板组成、渡板组成、踏板组成、支架组成和板簧组件等组成，如图 2-3-1 所示。渡板采用镶嵌式，插入车体端墙内，通过渡板支架的滑动支撑固定在两车的车端。两侧踏板一侧通过螺钉固定在车体底架上，一侧搭在渡板上，使地板与踏板平顺。

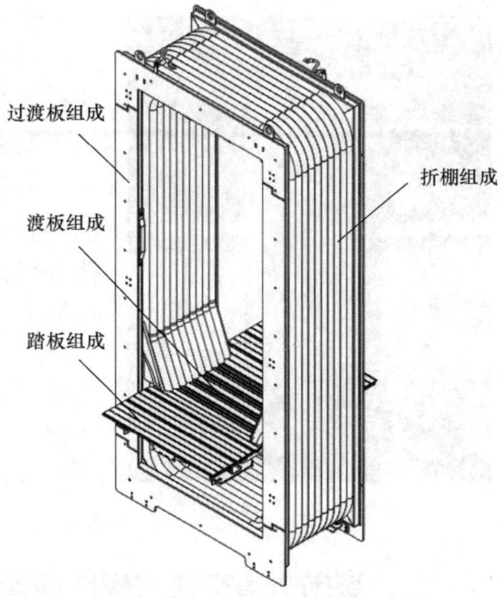

图 2-3-1　内风挡

2. 用途

内风挡设在车体的端部，将相邻两个车端组成一个封闭的通道，能适应动车组在运行中通过曲线时的弯转、扭曲，提供全工况的车厢间的通过通道。内风挡起到对噪声、水、雪及外气压力的密封作用，防止风、雨等侵入，保护旅客安全通行。

3. 结构描述

内风挡是由内外双层折棚及两个连接框组成的，内棚布下方边缘的群布用于覆盖折棚与镶嵌式渡板之间的间隙。连接框与内外折棚刚性连接，为了保证连接框与过渡板的准确连接，利用定位销定位连接。锁闭机构位于连接框上，利用锁紧杆将连接框铰接到过渡板上，在此过程中过渡板的锁钩插入锁紧杆的锁槽内，实现刚性连接。

内外棚布由特殊橡胶材料制成，棚布边通过夹制铝框相互连接在一起，折棚铝制夹框确保了折棚形状的稳定性，而橡胶棚布确保了折棚的灵活性。内风挡总成如图 2–3–2 所示。

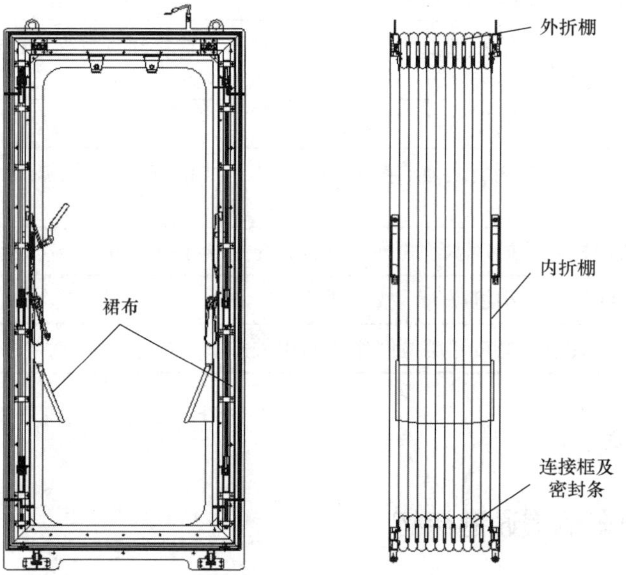

图 2–3–2　内风挡总成

4. 外风挡

外风挡在动车组连挂后实现车辆间的间隙为零，停站时对站台人员形成保护作用，运行中减少了车辆间的空气阻力，降低了车外噪声。

外风挡采用全包结构，车体断面周围均设置外风挡，外风挡为胶囊接触式结构，主要由胶囊和铝合金框架组成，除角风挡采用快速拆解结构外，其他部位外风挡均通过螺栓安装在车端墙上，螺栓安装处，胶囊内侧开工艺缺口，方便施工操作。外风挡下侧两个角部为快速拆解结构，检修车端设备时是可以快速拆卸的，方便工作人员进行车端设备检修或拆装。外风挡胶囊通过胶囊变形适应动车组通过曲线时的挤压和错位，保证可正常通过两个连续反向 9 号道岔形成的半径为 180 m 的 S 形曲线。外风挡见图 2–3–3。

图 2–3–3　外风挡

二、城市轨道交通车辆贯通道

城市轨道交通车辆贯通道采用带内饰板的折棚风挡结构。贯通道由双层折棚、顶板、侧护板、渡板、踏板、踏板支撑组成，具有安全、美观、低噪、防漏、防尘、耐候性强、寿命较高等优点，能确保旅客通过车辆间连接区域的安全性，并具有良好的装饰性。

贯通道结构件所采用的金属材料主要为不锈钢和铝合金材料，其中不锈钢件材质主要为06Cr19Ni10，铝质件材质主要为6063、5083。在非金属材料方面，贯通道采用的非金属材料主要为折棚棚布，三元乙丙橡胶（EPDM）及尼龙。棚布主要应用于折棚，其具有隔热、隔声、阻燃性能好，抗老化等特点；三元乙丙橡胶（EPDM）主要应用于橡胶密封件，诸如贯通道与车体端面间的密封用件等，在满足功能要求的同时，还具有阻燃性能；尼龙主要用作隔离金属间直接接触的易损件及用于其他功能的结构件，诸如固定在踏板前端的渡板磨耗件等。

贯通道系统的特点如下：具有安全、美观、低噪、防漏、防尘、耐候性强、寿命较长等优点，能确保旅客通过车辆间连接区域的安全性，且保护折棚使其免受损坏，并具有良好的装饰性。贯通道总体结构如图2–3–4所示。

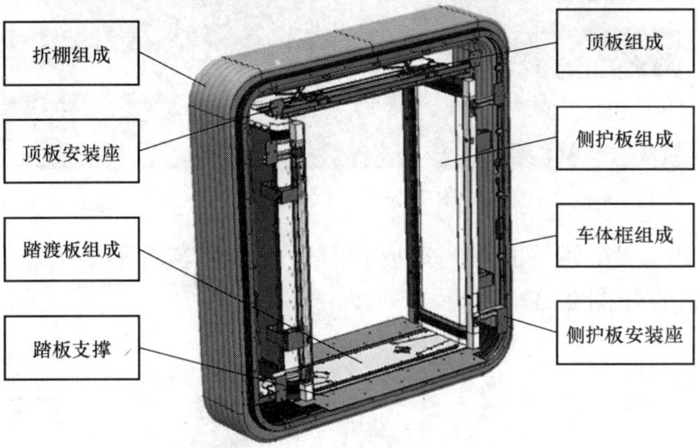

图2–3–4　贯通道总体结构

1. 折棚组成

每个贯通道包括一个折棚组成。折棚组成主要由双层棚布组成、对接框框组成、面料框等构成。折棚组成两侧通过压锁固定在车体框内，车体框凹槽内嵌密封胶条，起密封作用。此结构可实现贯通道的快速解编与连挂。折棚由多折环状棚布缝制而成，棚布面料选用高强度阻燃环保面料，壁体表面光滑，具有良好的隔音、隔热性能。折棚组成如图2–3–5所示。

2. 车体框组成

车体框组成由连接框、锁闭机构、密封条组成。连接框由焊接的铝型材制作而成，连接框四周安装有多个锁闭机构，采用螺钉可将连接框安装到车端上，连接框型材腔内四周安装有密封条，保证连接到连接框上的折棚的密封性能。通过旋转锁闭机构，可以实现风挡快速连挂与解编。车体框组成如图2–3–6所示。

3. 侧护板组成

侧护板组成采用一片式结构，由一片侧护板、锁闭机构及侧护板安装座组成。

侧板有足够的垂向刚性，同时具有车辆纵向的柔性，以适应车辆通过曲线的相对运动，一体侧护板上下均装有橡胶挡板，由橡胶制成，当侧护板上下运动时，裙边有弹性变形，使侧护板能与车体的运动保持一致。

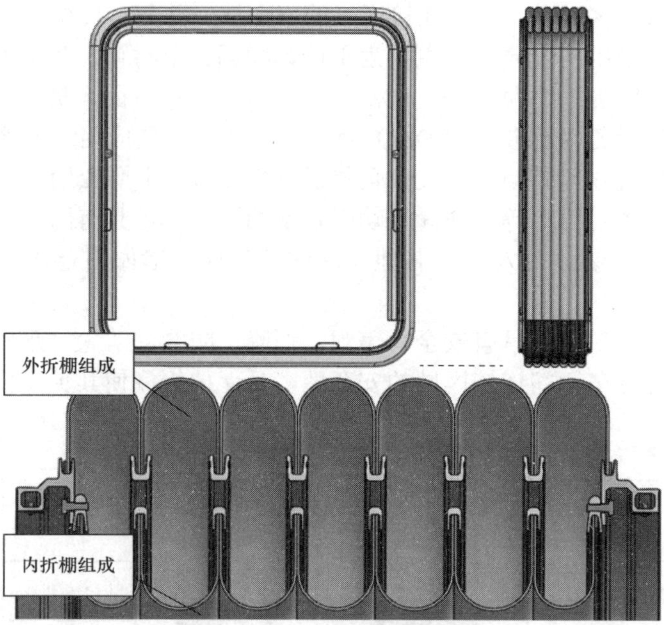

图 2-3-5　折棚组成

侧护板安装座安装在车体端面，侧护板表面平整，乘客看不见侧墙的所有安装、旋转和承载零件。侧护板组成如图 2-3-7 所示。

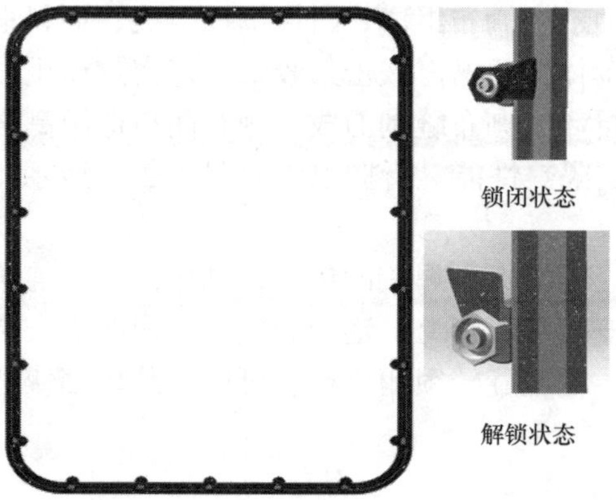

图 2-3-6　车体框组成

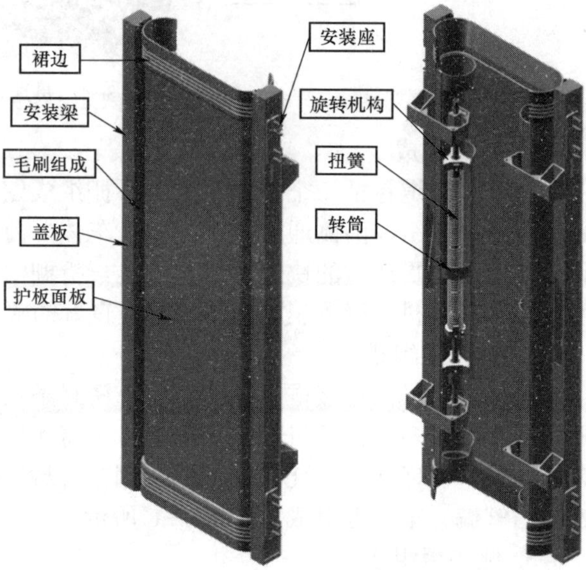

图 2-3-7　侧护板组成

4. 顶板组成

顶板由 2 个相同边护板和 1 个中间护板组成，每个边护板固定在车体端墙上的顶板安装座上，由于顶板连接构件为铰接连杆件，可适应车辆运行中车端的各种变化。顶板组成如图 2-3-8 所示。

图 2-3-8　顶板组成

5. 踏渡板组成

踏板和渡板主要起承载作用，其装车后，将相邻的两车连接起来，以便于乘客的通过。踏板安装于两车端的地板上，渡板通过安装机构安装到两车端，渡板设有检查窗（用于安装和检查）。踏板和渡板形成连接两车的过道，并能适应车辆运行的线路要求。渡板、踏板组成采用三片式结构，由两侧踏板、中间渡板及连杆机构组成。踏渡板组成如图 2-3-9 所示。

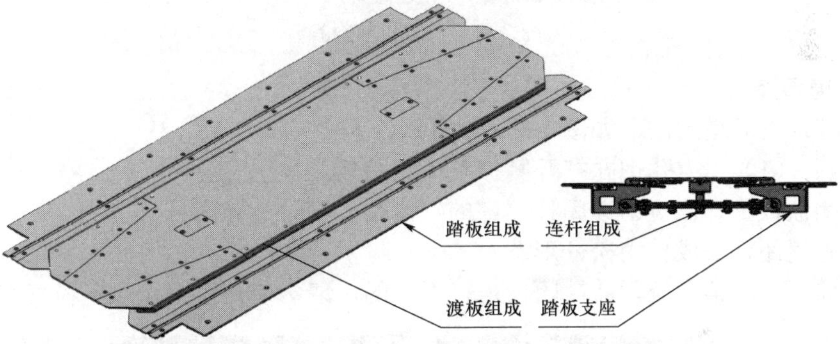

图 2-3-9　踏渡板组成

三、贯通道检查作业

1. 作业前准备

作业工具准备：四角钥匙、锁闭手柄、吸尘器、手电筒，如图 2-3-10 所示。

物料准备：无纺布少量。

作业前准备：准备好必要的安全防护用品，做好必要的防护措施。尽量在无电的情况下进行作业。

(a) 四角钥匙　(b) 锁闭手柄　(c) 吸尘器　(d) 手电筒

图 2-3-10　作业前工具准备

2. 外观检查

作业内容：贯通道检查，如图 2-3-11 所示。

作业步骤：检查确认贯通道外观无损伤，上下裙边无严重破损，贯通道锁闭良好。

图 2-3-11　贯通道检查

3. 贯通道清洁

作业内容：贯通道清洁，如图 2-3-12 所示。

作业步骤：（1）用方孔钥匙打开侧护板锁闭盖板；

（2）锁闭盖板打开后拉出锁闭杆上部的锁闭销，同时拉锁闭杆头；

（3）此时锁闭杆头成自由松开形态。

注意事项：锁闭销未拉开前锁闭杆是打不开的，请勿使劲拉出，以免拉杆变形。

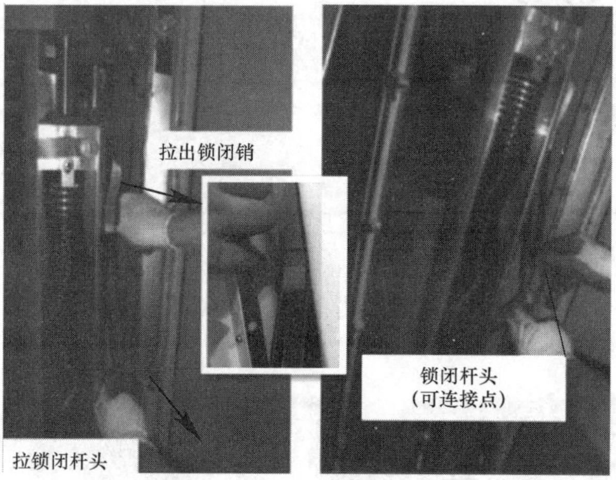

图 2-3-12　贯通道清洁

4. 贯通道侧墙检查 Ⅰ

作业内容：贯通道侧墙部分检查。

作业步骤：（1）将解锁手柄从储藏袋内取出，插入锁闭杆头部；

（2）向下推动锁闭杆，直到固定销到达相应位置。

注意事项：慢慢并有控制地向下推动手柄，由于转轴机构中间有弹簧机构和弹簧回复力的存在，在下推手柄时务必到位，否则手柄有回弹伤人的可能性。

贯通道侧墙检查Ⅰ如图 2–3–13 所示。

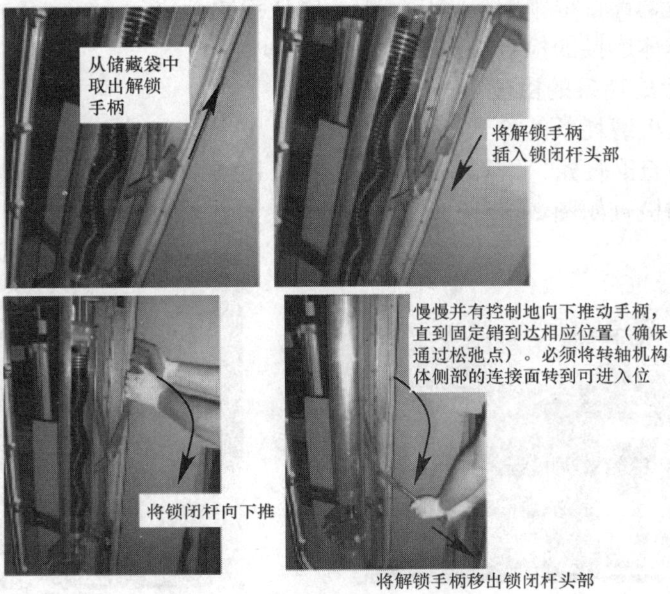

图 2–3–13　贯通道侧墙检查Ⅰ

5. 贯通道侧墙检查Ⅱ

作业内容：贯通道侧墙部分检查。

作业步骤：（1）转轴机构转出，将侧护板与机构上的螺栓松开，打开侧护板，开始检查；

（2）一共 2 处，上、下部各一个 M6 沉头螺栓用于连接。

贯通道侧墙检查Ⅱ如图 2–3–14 所示。

6. 贯通道渡板与转轴机构的检查与清洁

作业内容：贯通道渡板与转轴机构的检查与清洁。

作业步骤：（1）检查确认部件完好，内侧墙无断裂、无损坏；

（2）打开下部渡板，用吸尘器清洁灰尘；

（3）检查转轴机构的回复弹簧，确认无损坏、无断裂。

贯通道渡板与转轴机构的检查与清洁如图 2–3–15 所示。

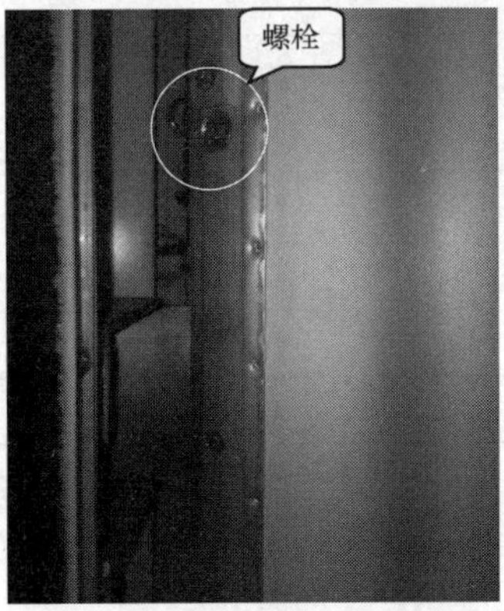

图 2–3–14　贯通道侧墙检查Ⅱ

图 2–3–15　贯通道渡板与转轴机构的检查与清洁

7. 贯通道折棚及其与车体连接的检查

作业内容：折棚及其与车体连接的检查。

作业步骤：检查螺钉框锁闭机构压锁板，确认锁闭到位。

折棚及其与车体连接的检查如图 2–3–16 所示。

8. 贯通道踏板磨耗条的检查

作业内容：踏板磨耗条的检查。

作业步骤：检查磨耗条，磨耗到铆钉则更换磨耗条。

踏板磨耗条的检查如图 2–3–17 所示。

图 2–3–16　折棚及其与车体连接的检查

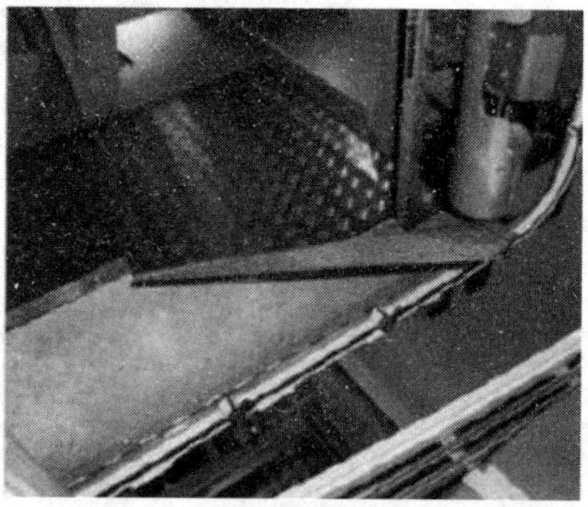

图 2–3–17　踏板磨耗条的检查

任务工作单

计划：依据轨道交通车辆贯通道检修作业内容，模拟轨道交通车辆贯通道检修情境，设计检修作业方案	
1. 学生了解轨道交通车辆贯通道检修作业情境，各小组依据不同作业环节进行资料学习。 2. 指导教师依据检修作业内容进行分组，分配各组的作业内容。各组完成检修作业内容准备工作，制定本组作业计划并进行讨论	
一、作业任务单	
任务情境：贯通道检修作业	
作业过程	任务内容
1	作业准备：司机室放禁动牌，司机室头部放红闪灯
2	作业前准备
3	外观检查
4	贯通道清洁
5	贯通道侧墙检查 Ⅰ
6	贯通道侧墙检查 Ⅱ
7	贯通道检查与清洁
8	折棚及其与车体连接的检查
9	踏板磨耗条的检查
二、个人计划	

<table>
<tr><th colspan="2">决策：确认完成轨道交通车辆贯通道检修作业计划</th></tr>
<tr><td colspan="2">小组成员进行任务分工，分小组讨论每位成员完成的任务。每组选派一位成员在各组交流任务实施计划，每位成员完善任务实施计划</td></tr>
<tr><td>小组成员</td><td>任务分工</td></tr>
<tr><td></td><td></td></tr>
<tr><td></td><td></td></tr>
<tr><td></td><td></td></tr>
<tr><td></td><td></td></tr>
<tr><td colspan="2">小组内讨论的结果：

小组间讨论的结果：

任务执行过程中出现的问题及应急情况的处理：</td></tr>
<tr><th colspan="2">实施：完成轨道交通车辆贯通道检修作业相关工作</th></tr>
<tr><td colspan="2">一、总结教师发放的任务情境所需要的资料
根据任务情境，完整记录任务情境实施过程，小组成员互检任务实施正确性，将记录的内容提交给指导教师，请求给予指导、评价。
任务情境实施过程记录：

二、完成指导教师提出的补充问题</td></tr>
</table>

任务评估

<table>
<tr><td colspan="3">检查与评价</td></tr>
<tr><td colspan="3">一、知识与技能掌握情况评价参考标准</td></tr>
<tr><td>评价标准</td><td colspan="2">评价权重（80%）</td></tr>
<tr><td>1. 掌握轨道交通车辆贯通道结构组成</td><td colspan="2">10</td></tr>
<tr><td>2. 掌握轨道交通车辆贯通道检查作业内容</td><td colspan="2">15</td></tr>
<tr><td>3. 会对轨道交通车辆贯通道进行检查作业</td><td colspan="2">55</td></tr>
<tr><td>4. 作业工具使用规范</td><td colspan="2">10</td></tr>
<tr><td>5. 遵守纪律，作业过程符合安全规范要求</td><td colspan="2">10</td></tr>
<tr><td colspan="3">二、综合素质评价参考标准</td></tr>
<tr><td>评价标准</td><td colspan="2">评价权重（20%）</td></tr>
<tr><td rowspan="4">能协同开展工作，准确、清晰地进行信息沟通</td><td colspan="2">不及格</td></tr>
<tr><td colspan="2">及格</td></tr>
<tr><td colspan="2">良好</td></tr>
<tr><td colspan="2">优秀</td></tr>
<tr><td rowspan="4">分工合理，能进行标准化作业</td><td colspan="2">不及格</td></tr>
<tr><td colspan="2">及格</td></tr>
<tr><td colspan="2">良好</td></tr>
<tr><td colspan="2">优秀</td></tr>
<tr><td colspan="3">三、思政要素评价参考标准</td></tr>
<tr><td>评价依据</td><td colspan="2">评价权重
（一票否决）</td></tr>
<tr><td>严守作业规范，具有高度的安全意识，严格遵照作业标准完成任务，精益求精、认真履职</td><td>不合格</td><td>合格</td></tr>
</table>

任务四　轨道交通车辆转向架检修

任务目标

1. 知识目标

- 掌握轨道交通车辆转向架的类型；
- 掌握转向架的主要组成；
- 掌握典型转向架的结构特点。

2. 技能目标

- 能够准确识别转向架的部件;
- 能够准确判断转向架部件的工作状态;
- 能够按要求完成转向架的部件状态检查。

学习活动建议

学习活动	内容	建议学时
自学内容及相关知识点	1. 我国铁路客车转向架的发展 2. 我国铁路货车转向架的发展	课前
计划	根据任务目标，结合转向架的结构特点、检修要点及检修注意事项，完成转向架状态检查作业	课中（6 学时）
决策	通过小组交流及教师指导，正确分工	
实施	根据转向架的具体型号与结构，完成转向架部件状态的检查	
	正确填写检修单据，小组成员互检后提交指导教师评估	
检查与评价	完成自我评价、小组评价、教师评价	
完善与拓展	拓展学习其他型号转向架状态检查作业的相关知识与技能	课后

任务相关知识点

一、转向架概述

转向架的作用是保证车辆灵活、安全平顺地沿钢轨运行和通过曲线；可靠地承受作用于车辆的各种力量并传给钢轨：缓和车辆和钢轨的相互冲击，减少车辆振动，保证足够的运行平稳性和良好的运行质量；通过可靠的制动机构，使车辆具有良好的制动效果。

转向架的主要功能包括以下 5 个方面的内容。

（1）承受转向架以上各部分的质量。

（2）保证必要的黏着，并把轮轨接触处产生的轮轴牵引力传递给车架、车钩，以牵引列车前进。

（3）缓和线路不平顺对车辆的冲击，保证车辆具有较好的运行平稳性和稳定性。

（4）保证车辆顺利通过曲线。

（5）产生必要的制动力，以便使车辆在规定的制动距离内停车。

二、转向架的基本组成

转向架的结构一般包括：轮对、轴箱装置、构架、弹簧悬挂装置、牵引驱动装置（在动力转向架上安装）、制动装置、中心牵引装置等。

（一）轮对

轮对是车辆上与钢轨相接触的部分，由左右两个车轮压装在同一根车轴上。轮对直接向钢轨传递重量，通过轮轨之间的黏着产生牵引力和制动力，并通过车轮的回转实现车辆在钢轨上的运行（平移）。轮对与轴箱装置密切相关，轴箱装置是连接构架和轮对的活动关节，它除了保证轮对进行回转运动外，还能通过轮对适应线路不平顺等条件，相对于构架上下、左右和前后运动。

轮对承担车辆全部载荷，引导车辆沿着钢轨高速运行，同时还承受着从车体、钢轨传来的力；轮对应能适应车辆直线运行，同时又能顺利通过曲线，还应具备必要的抵抗脱轨能力，保证安全性。

轮对在设计时，应具备以下基本要求。

（1）应有足够的强度，以保证在容许的最高速度和最大载荷下安全运行；

（2）应在强度足够和保证一定使用寿命的前提下，使其质量最小，并具有一定弹性，以减小轮轨之间的相互作用；

（3）应具备阻力小和耐磨性好的优点，这样在运行中只需要较小的牵引动力，同时能提高使用寿命；

（4）应适用于车辆直线运行，同时又能顺利通过曲线，还应具备必要的抗脱轨能力。

轨道交通车辆轮对分为动力轮对和非动力轮对，动力轮对上通常装有牵引大齿轮（或齿轮箱），如图 2–4–1 所示。

(a) 动力轮对　　(b) 非动力轮对

图 2–4–1　轨道交通车辆轮对类型

1. 车轴

车轴在运用过程中，主要承受 4 类载荷，如车辆自重及载重引起的垂向静载荷；因线路不平顺等原因引起车辆振动而产生的垂向动载荷；由车辆上的风力和离心力等引起的横向载荷；因横向载荷引起的轴颈上的垂向附加载荷。由于车轴各部位承受的载荷不同，各部位截面直径都不相同。

目前，车轴一般采用阶梯形，按照制动方式可分为非盘形轮对车轴及盘形轮对车轴。非盘形轮对车轴和盘形轮对车轴分别如图 2–4–2、图 2–4–3 所示。

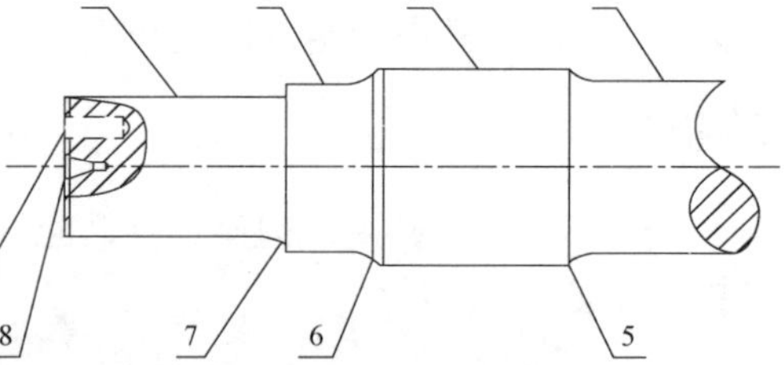

1—轴颈；2—防尘板座；3—轮座；4—轴身；5—轮座后肩圆弧；6—轮座前肩圆弧；7—轴颈后肩圆弧；8—中心孔；9—轴端螺栓孔

图 2–4–2　非盘形轮对车轴

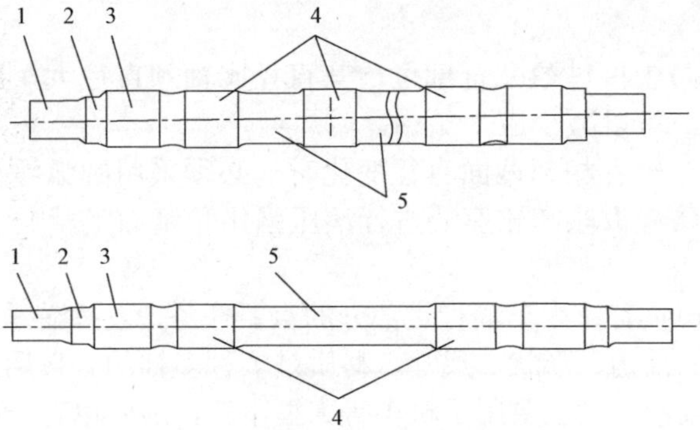

1—轴颈；2—防尘板座；3—轮座；4—制动盘座；5-轴身

图 2-4-3　盘形轮对车轴

车轴按照动力装置划分，可分为动力车轴与非动力车轴，动力车轴上配有大齿轮（或齿轮箱）轮座。动力车轴和非动力车轴分别如图 2-4-4、图 2-4-5 所示。

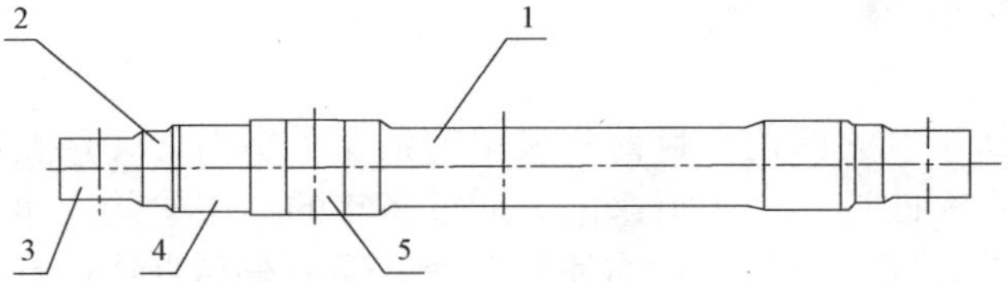

1—轴身；2—防尘板座；3—轴颈；4—轮座；5—齿轮座

图 2-4-4　动力车轴

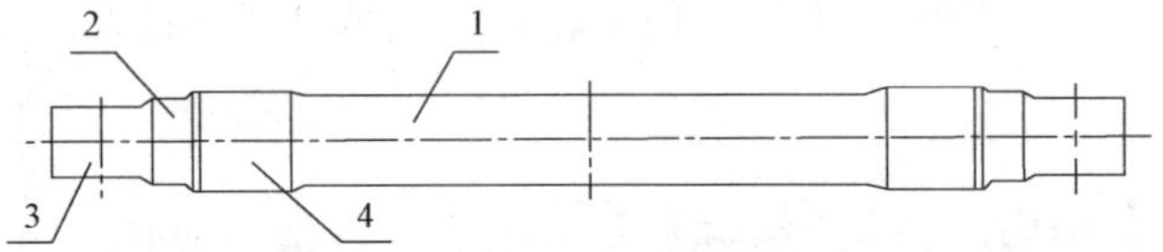

1—轴身；2—防尘板座；3—轴颈；4—轮座

图 2-4-5　非动力车轴

1）轴颈

轴颈用以安装滚动轴承，它负担着车辆重量，并传递各方向的静、动载荷。

2）轮座

轮座是车轴与车轮配合的部位，也是车轴受力最大的部位。为了保证轮轴之间有足够的压紧力，应采取过盈配合。同时为了便于轮轴压装，减少应力集中，轮座外侧（靠防尘板座侧）应有一个圆锥形引入段，其小端直径比大端直径要小 1 mm 左右。

3）轴身

轴身是两轮座的连接部分，该部位受力较小。

4）中心孔

中心孔在车轴端面的中心部位，为便于轮对在车床上进行卡装而设，也作为加工和校准车轴的基准。

5）轴端螺栓孔

轴端螺栓孔为安装轴端压板螺栓而设，轴端压板的作用是防止滚动轴承内圈从轴颈上窜出。

6）防尘板座

防尘板座为车轴与防尘板过盈配合部位，其直径比轴颈直径大，比轮座直径小，是轴颈与轮座的中间过渡部位，可以减少应力集中。

为减少应力集中，车轴各相邻截面直径变化时，必须采用圆弧缓和过渡。为了提高车轴的疲劳强度，对轴颈、防尘板座和轮座要进行滚压强化和精加工。

2. 车轮

车轮同车轴一样，担负着作为车辆行走部分的重要任务，发挥着承载、导向、传递制动力和牵引力等作用。车轮的结构、形状、尺寸、材质是多种多样的。按用途来分，车轮一般可分为整体轮和轮毂轮。轮毂轮一般主要用于机车等大型车轮，国外也有一些铁路车辆采用带箍车轮的，还有一些专利设计车轮，如“弹性车轮”“消音车轮”等也采用了分体车轮。整体轮按其材质可分为整体铸钢轮和整体辗钢轮。

辗钢车轮是用圆锭和圆坯经过热成形、热处理及机加工等流程制造而成的，铸钢车轮是用钢水直接浇铸而成的。整体辗钢车轮在综合性能、力学性能、金属利用率和使用寿命方面均优于铸钢车轮。铸钢车轮具有质量稳定、踏面耐磨性好、生产成本低及安全可靠等优点，但其塑性、韧性等指标小于辗钢车轮。

1）踏面

踏面是车轮与钢轨接触的部位。目前常采用的踏面类型为 LM 磨耗型踏面，该种踏面是在锥形踏面的基础上不断改进、完善得来的。通过多年的运用检验，事实证明，磨耗型踏面可明显减少轮轨之间的磨耗，延长车轮的使用寿命，保证车辆直线运行的横向稳定性，改善列车通过曲线的性能。

2）轮辋

轮辋是车轮沿踏面圆周的厚度部分，是车轮运行过程中磨耗部位；轮辋内、外侧面都属于车轮轮辋。

3）辐板

辐板是轮辋与轮毂的连接部分。辐板有 S 型辐板与直辐板两种。

车轮结构与辐板如图 2-4-6 所示。

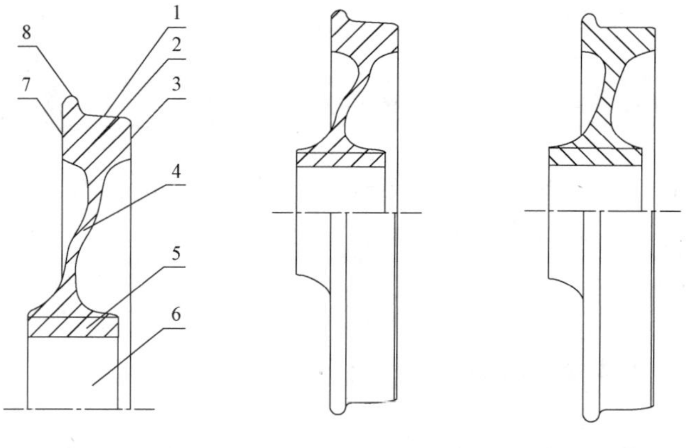

(a) 车轮结构　(b) S型辐板　(c) 直辐板

1—踏面；2—轮辋；3—轮辋外侧面；4—辐板；5—轮毂；6—轮毂孔；7—轮辋内侧面；8—轮缘

图 2-4-6　车轮结构与辐板

4）轮毂

轮毂位于车轮中央，与辐板相连。

5）轮毂孔

轮毂孔是车轮与车轴相配合的接触面。

6）轮缘

轮缘是车轮踏面上靠内侧的凸起部分，用于保持车轮在钢轨上运行，使车辆转弯并防止其脱轨。

车轮各组成部位都有一定的形状及尺寸要求（如车轮轮径、轮辋厚度、轮缘厚度及高度等尺寸，踏面、辐板等形状），每个尺寸或形状发生变化，都将极大地影响车轮的强度及使用性能，如图 2-4-7 所示。车轮的基本尺寸及磨耗程度有以下参数规定。

（1）基点。

基点是距轮辋内侧面 70 mm 处踏面滚动圆上的点。

（2）轮径。

车轮直径（轮径）即为基点圆的直径。

一般 21 t、25 t 轴重货车大多采用 840 mm 直径车轮，27 t、30 t 轴重货车及客车车辆一般采用 915 mm 直径车轮。

（3）轮缘厚度。

距车轮踏面滚动圆 12 mm 高处所测得的值为轮缘厚度，如在图 2-4-7 中，轮缘厚度为 32 mm。

（4）轮缘高度。

轮缘高度是轮缘最高点与车轮踏面滚动圆之间的距离。车轮投入运用必然会产生磨耗，磨耗导致踏面形状发生改变，其中轮缘厚度逐渐变薄，轮缘高度逐渐变大。

（5）轮辋厚度。

轮辋厚度是轮辋内侧面和内径面交线到车轮踏面滚动圆的径向距离。车轮经过磨耗与踏面旋修，轮辋厚度会逐渐减小，直至车轮报废。

（6）轮辋宽度。

轮辋宽度是轮辋内侧面与外侧面之间的距离。轮辋宽度尺寸决定了车轮和钢轨的搭接量，只有选取足够的轮轨搭接量，才能保证轮对不脱轨，但轮辋过宽，又将增加车轮自身重量，因此，必须选择合适的轮辋宽度尺寸。

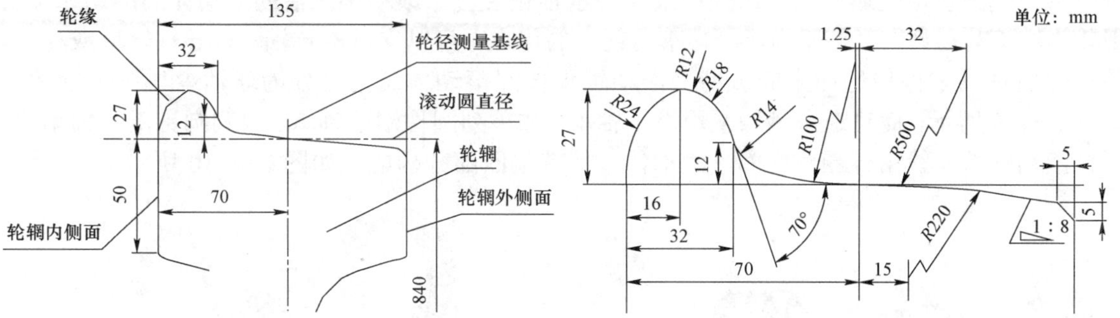

图 2-4-7 车轮尺寸示意图

在地铁、轻轨车辆上有时采用分体车轮，又称弹性车轮，常见的弹性车轮结构如图 2-4-8 所示。这种车轮在轮心与轮箍之间装有橡胶弹性元件，使车轮在空间三维方向上具有一定的弹性。弹性车轮减小了簧下重量，减小了轮轨之间的作用力，以缓和冲击，减小轮轨磨耗，降低噪声，改善车轮与车轴的运用条件，提高列车运行平稳性。

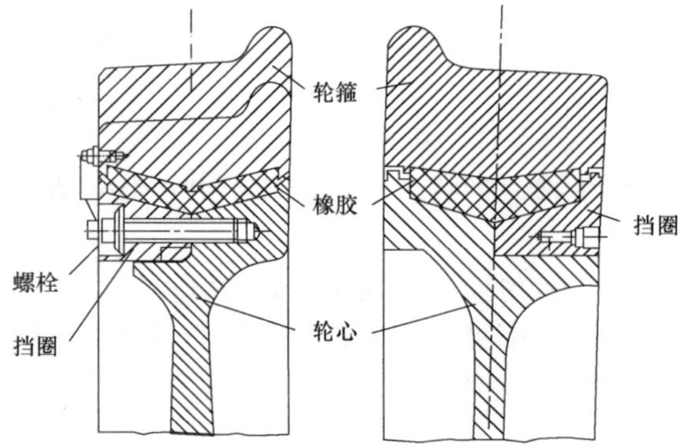

图 2-4-8　常见的弹性车轮结构

弹性分体车轮具有以下明显的优点。

（1）垂向弹性可明显降低车轮垂向加速度。早在 1933 年，希施费尔德（Hirschfeld）就对橡胶弹性车轮的垂向冲击加速度进行了研究，研究结果表明：当完全刚性的车轮在刚性道床的轨道上运行时（通常轻轨线路或地铁线路的混凝土道床是很硬的）冲击加速度很高，但只要存在一个不大的静挠度时，该冲击加速度就会迅速下降。只要在静载荷作用下能有 2 mm 左右的垂向静挠度，车轮垂向冲击加速度就可以降到合理的程度，并能有效保护钢轨、车轮、轴承和轴悬式牵引电机。

（2）橡胶弹性车轮能显著降低噪声。当车速为 60 km/h 时，橡胶弹性车轮的噪声比刚性车轮的低。特别值得指出的是，橡胶弹性车轮在降低曲线噪声方面具有明显效果。根据德国汉堡地铁试验结果，橡胶弹性车轮在曲线区间可减少噪声 20～22 dB（A）。

（3）橡胶弹性车轮可明显减少轮缘磨耗。由于橡胶弹性车轮具有轴向弹性，使通过曲线及道岔时轮缘刚性贴靠钢轨滑行的情况受到了弹性约束，摩擦力及其造成的轮缘磨耗大大降低（最大可降低 40%）。

（二）轴箱装置

轨道车辆上套在轴颈上的部件，简称轴箱装置。轴箱装置是轨道交通车辆的重要组成部分，其主要作用是连接轮对与构架，传递牵引力、横向力和垂直力，实现轮对与构架间的垂直运动和横向运动。

轴箱的主要功能如下。

（1）轴箱将轮对的旋转运动转变为列车在钢轨上的平动；

（2）轴箱是一系悬挂装置定位基础；

（3）轴箱支撑构架及以上部件的重量，传递垂向力；

（4）轴箱传递牵引力和制动力；

（5）轴箱是速度信号采集部位。

目前我国轨道交通车辆全部使用滚动轴承轴箱装置。滚动轴承借助滚动体的滚动摩擦实现传力和滚动，具有摩擦阻力小、功率消耗小的优点，可以支承旋转轴，引导轴转动或移动，并承受由轴或零件传递而来的载荷。滚动轴承按照滚动体类型可分为球轴承与滚子轴承，如图 2-4-9 所示，而轨道车辆均采用滚子轴承，如单列圆柱滚子轴承、双列圆锥滚子轴承等。

滚动轴承一般由外圈、内圈、滚动体、保持架四部分构成，如图 2-4-10 所示。

(a) 球轴承　(b) 滚子轴承

图 2-4-9　滚动轴承

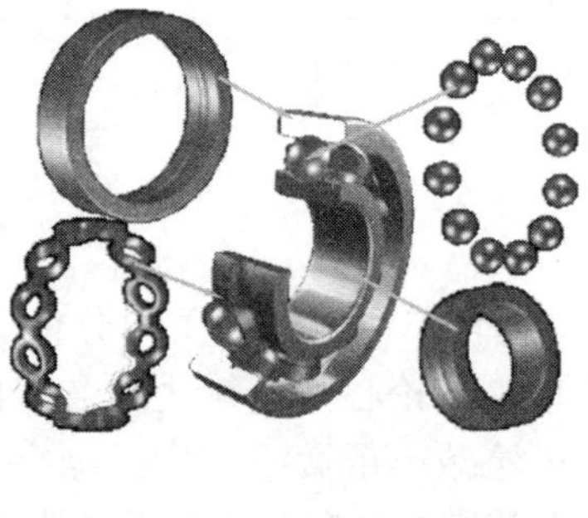
图 2-4-10　滚动轴承的组成

轴承组成部件的基本作用如下。

（1）内圈：用于和轴颈过盈配合，内圈的内径为滚动轴承的重要技术指标。

（2）外圈：用于支承零件。

（3）滚动体：用于滚动接触，分为滚子滚动体、球滚动体等。

（4）保持架：将滚动体分开，保证滚动体的正常工作。

滚动轴承轴箱装置的结构跟随转向架的形式而有所不同，所用轴承的类型也不同。常见的类型有金属迷宫式圆柱滚子轴箱装置（见图 2-4-11）及圆锥滚子轴承轴箱装置（见图 2-4-12）。

金属迷宫式圆柱滚子轴箱装置由轴箱体、防尘挡圈、前盖、压板等组成，其中前盖、压板与橡胶迷宫式轴箱装置通用。

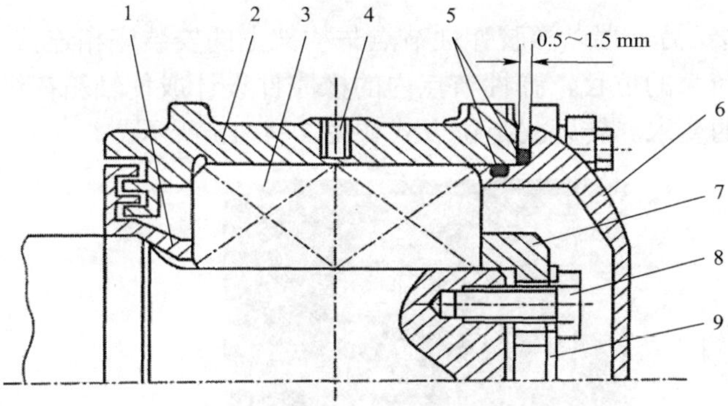

1—防尘挡圈；2—轴箱体；3—圆柱滚子轴承；4—轴温报警器安装孔；5—密封圈；6—前盖；7—压板；8—压板螺栓；9—防松片

图 2-4-11　金属迷宫式圆柱滚子轴箱装置

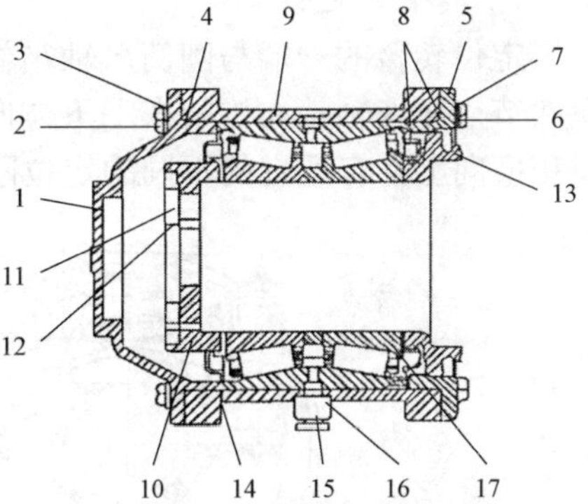

1—前盖；2—螺栓；3—垫圈；4—密封圈；5—后盖；6—螺栓；7—垫圈；8—密封圈；9—轴箱体；10—压板；11—螺栓；12—防松片；13—后挡；14—密封圈；15—润滑器；16—注油装置；17—轴承内圈

图 2-4-12　圆锥滚子轴承轴箱装置

金属迷宫式圆柱滚子轴箱装置的轴箱体后端不设轴箱耳，因为没有后盖，而设有迷宫槽，与防尘挡圈迷宫槽配合起密封作用，并在后端筒内设有台阶，用于支承轴承外圈。轴箱体如图 2-4-13 所示。

防尘挡圈（见图 2-4-14）安装在车轴防尘板座上，与车轴过盈配合，外圆设有迷宫槽，与轴箱体上的迷宫槽配合。轴箱后部的密封是靠轴箱与防尘挡圈形成很小间隙的迷宫槽配合。从而起到密封作用，为无接触式密封。

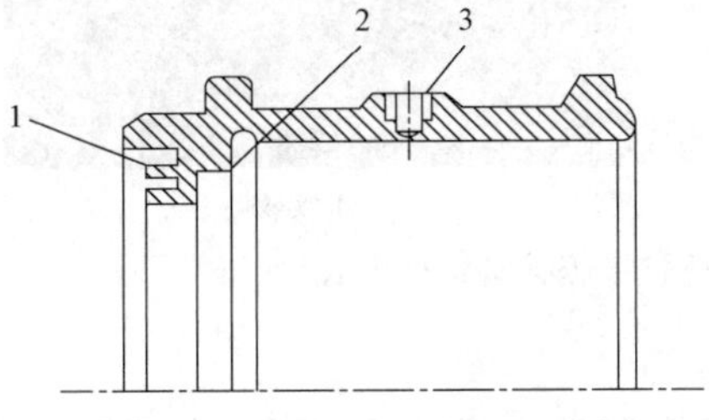

1—迷宫；2—台阶；3—轴温报警器安装孔

图 2-4-13　轴箱体

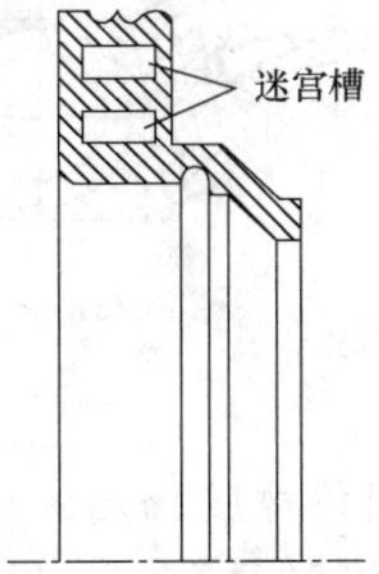

图 2-4-14　防尘挡圈

某些转向架采用的轴承为双列圆锥滚子自密封式轴承，1、3、5、7 位安装速度传感器，

2、8位安装接地装置，4、6位为菱形轴箱盖。圆锥滚子轴承轴箱装置由前盖、螺栓、密封圈、后盖、轴箱体、压板、防松片、后挡、润滑器、注油装置和轴承内圈等组成。

约束轮对与构架之间相对运动的机构，称为轴箱定位装置，由于轴箱相对于轮对在左右、前后方向的间隙很小，故约束轮对相对运动的装置也称为轴箱定位。

对于轴箱定位装置的基本要求如下。

（1）在纵向与横向上具有弹性刚度；

（2）结构可靠，性能稳定；

（3）无磨耗或者少磨耗；

（4）检修方便。

轴箱定位装置有多种结构形式，城市轨道交通车辆上常见的有以下几种。

1）转臂式定位

定位转臂的一端与圆筒形轴箱体固接，另一端以橡胶弹性节点与构架上的安装座相连接，弹性节点允许轴箱与构架在上下方向有较大的位移，弹性节点内的橡胶件设计成使轴箱在纵向和横向上具有适宜的不同的定位刚度的要求。转臂式定位方式如图2-4-15所示。

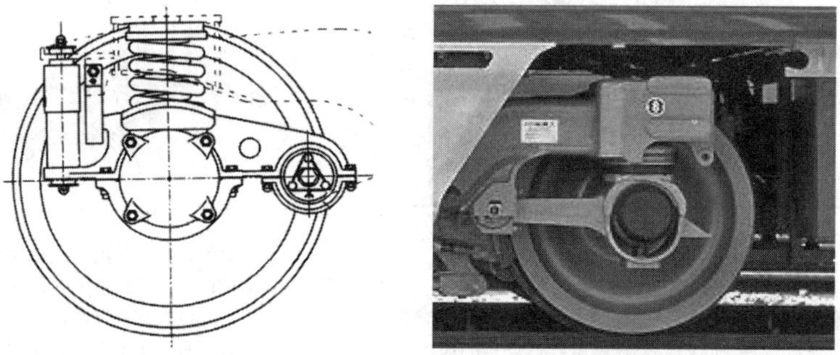

(a) 示意图　　(b) 实物图

图2-4-15　转臂式定位方式

2）层叠式橡胶弹簧定位

橡胶弹簧的垂向刚度较小，使轴箱相对构架有较大的上下方向位移，而它的纵、横向有适宜的刚度，以实现良好的弹性定位。层叠式橡胶弹簧定位方式如图2-4-16所示。

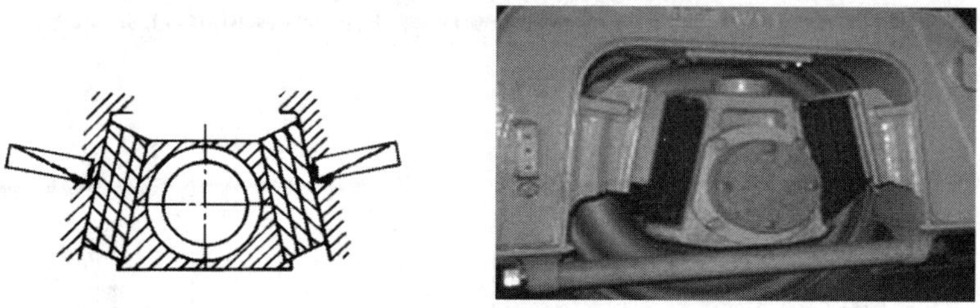

(a) 示意图　　(b) 实物图

图2-4-16　层叠式橡胶弹簧定位方式

3）层叠圆锥橡胶轴箱定位

层叠圆锥橡胶具有三向轴向特性，且其横向弹性可通过在圆周上开切口来调整。在垂向载荷作用下，橡胶主要受剪切变形，如图2-4-17所示。层叠圆锥橡胶轴箱定位装置具有无摩擦磨损、质量轻、结构简单，吸收高频振动和减少噪声等优点。

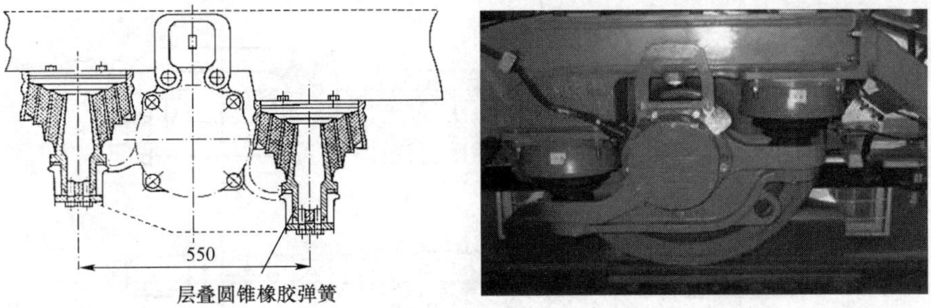

（a）示意图　　（b）实物图

图 2-4-17　层叠圆锥橡胶轴箱定位方式

（三）构架

构架是转向架的基础，它把转向架的零部件组成一个整体。所以它不仅承受、传递载荷及作用力，而且它的结构、形状和尺寸都应满足零部件组装的要求。构架是转向架的骨架，用以联系（安装）转向架各组成部分和传递各方向的力，并用来保持车轴在转向架内的位置。

构架一般由左、右侧梁和一个或几个横梁（或端梁）等组成。侧梁是构架的主要承载梁，是传递垂向力、纵向力和横向力的主要构件、侧梁还用来确定轮对位置。侧梁上设有踏面单元制动器、一系弹簧、二系弹簧等部件的安装座。各部件安装座的安装孔都经过精确定位，从而保证了所有部件组装后的转向架运行性能。

横梁保证构架在水平面内的刚度，保持各轴的平行及承托牵引电机等部件。

构架上还设有中心座安装座、轴箱吊框、制动吊座、高度控制阀座、抗侧滚扭杆座、减振器座和止挡等，用于安装相关设备。

转向架构架设计必须遵循以下原则。

（1）必须全面考虑构架与有关零部件的相互关系，合理布置结构。构架各梁应尽可能设计成等强度梁，以保证获得最大强度和最小自重。

（2）构架各梁的布置应尽可能对称，以简化设计和制造。各梁本身及各梁组成构架时，必须注意减少应力集中。除了保证强度外，应合理设计构架的刚度，使其具有一定的柔性。

（3）部分尺寸精度要求较高，使一些部件安装具有较高的定位精度，如轮对定位，使转向架达到较高的运行性能。

（4）结构经过设计，具有足够高的强度，承受并传递牵引力、制动力、车体质量，以及各种冲击、振动，保证列车运行安全。

（5）焊缝的结构尺寸和布置应选择合理，并注意消除焊接应力。

因为制造工艺与结构形式的不同，构架的形式多种多样，现列举几种常见的构架类型。

1. 广州地铁 1 号线转向架构架

广州地铁 1 号线转向架构架由左、右两根侧梁，一根或几根横梁及前后端梁组焊而成。没有端梁的构架称为开口式构架；有端梁的构架称为闭式构架。

侧梁是构架的主要承载梁，是传递垂向力、纵向力和横向力的主要构件。侧梁还用来确定轮对位置。横梁和端梁（设有端梁时）用来保证构架在水平面内的刚度，使两轴平行并承托牵引电机等。

构架上还设有空气弹簧座、中心座安装座、轴箱吊框、电机安装座、齿轮箱吊座制动装置吊座、牵引杆安装座、高度调整阀座、抗侧滚扭杆座、减振器座和止挡座等，用于安装相关设备。广州地铁 1 号线转向架构架如图 2-4-18 所示。

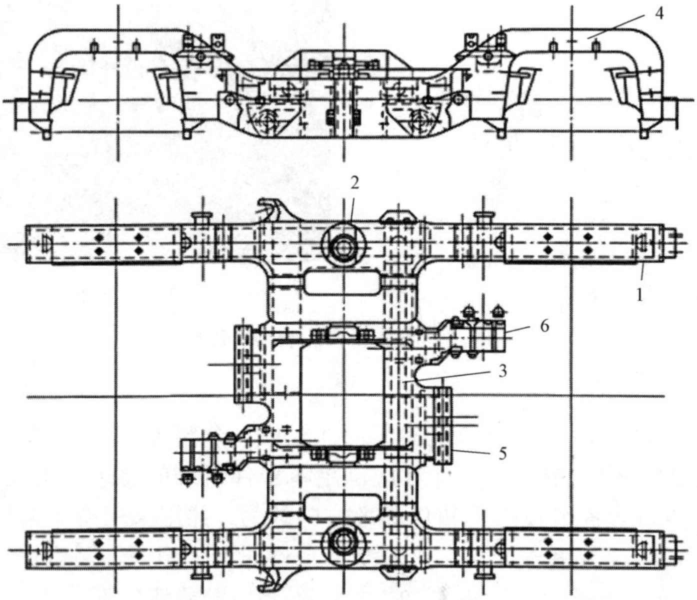

1—侧梁；2—空气弹簧座；3—横梁；4—导框；5—电机安装座；6—齿轮箱吊座

图 2-4-18　广州地铁 1 号线转向架构架

2. 南京地铁 1 号线转向架构架

南京地铁 1 号线转向架构架为 H 型，主要结构包括两根侧梁和一根由钢结构焊接而成的横梁，南京地铁 1 号线动车转向架构架如图 2-4-19 所示，构架上设置各类安装座，拖车转向架构架与动车转向架构架基本相同，但未设置齿轮箱及电机安装座。

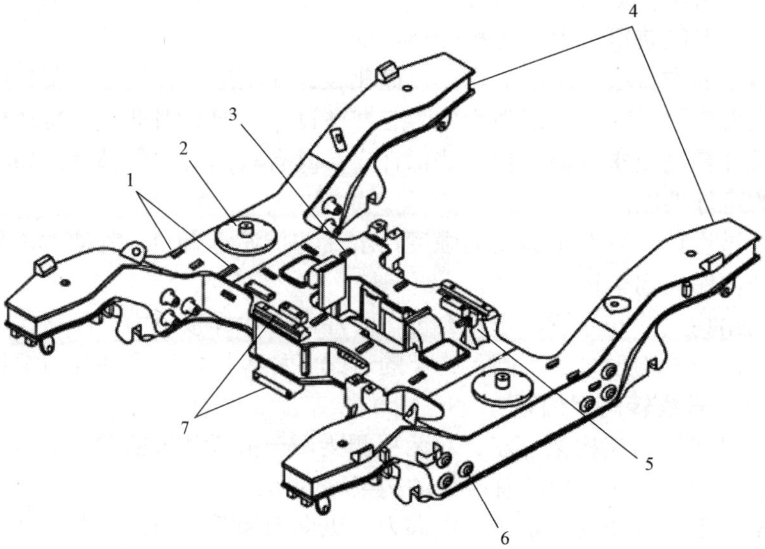

1—空气管路固定座；2—空气弹簧座；3—横梁；4—侧梁；5—减振器安装座；6—制动单元安装座；7—电机安装座

图 2-4-19　南京地铁 1 号线动车转向架构架

（四）弹簧悬挂装置

为减少线路不平顺和轮对运动对车体产生的各种动态的影响，转向架在轮对与构架或构架与车体（摇枕）之间，设有弹簧悬挂装置。前者称为轴箱悬挂装置，后者称摇枕（或中央）悬挂装置，也可称一系悬挂装置和二系悬挂装置。一系悬挂装置用来保证一定的轴重分配，缓和线路不平顺对车辆的冲击，并保证车辆运行平稳性。它包括轴箱弹簧、垂向减振器和轴箱定位装置等。二系悬挂装置用以传递车体与转向架间的垂向力和水平力，使转向架在车辆通过曲线时能相对于车体回转，并进一步减缓车体与转向架间的冲击振动，同时必须保证转向架安全平稳。它包括二系弹簧、各方向减振器、抗侧滚装置等。

1. 弹簧

车辆上采用的弹簧装置种类很多，弹簧按照材质可以分为钢弹簧、橡胶元件、空气弹簧。

1）钢弹簧

钢弹簧主要包括叠板弹簧、螺旋弹簧、环弹簧等，另外，组合使用的弹簧，可多个、多种弹簧组合在一起，有的串联使用，有的并联使用。在轨道交通车辆上通常采用簧条截面为圆形的圆柱螺旋弹簧，又称为圆簧，如图 2-4-20 所示。

钢弹簧具有以下特点。

（1）制造简单；

（2）环境适应性强；

（3）故障少、方便检修。

钢弹簧由于质量大，减振效果单一，在高速铁路列车上与城市轨道交通车辆上使用得越来越少，但仍然作为一系悬挂的减振弹簧使用。

2）橡胶元件

橡胶元件主要应用于轨道交通车辆上的定位装置、连接装置，以及衬套、止挡等部位，其具有以下特点。

（1）形状自由；

（2）可避免金属件之间的磨耗，安装、拆卸简便，无需润滑，有利于维修，降低成本；

（3）可减轻自重；

（4）在减振以及隔声性上有良好的效果；

（5）可以得到较大的弹性变形。

橡胶元件的缺点是耐高温、耐低温和耐油性能差，易老化，但随着工业技术的发展，橡胶的性能正在被改进与优化。橡胶弹簧如图 2-4-21 所示。

图 2-4-20　圆柱螺旋弹簧

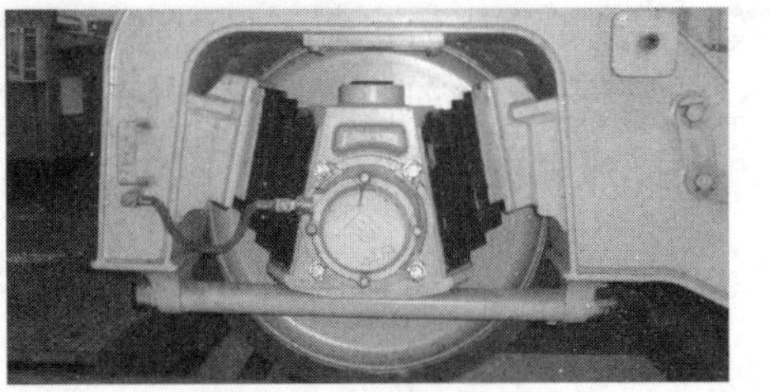

图 2-4-21　橡胶弹簧

3）空气弹簧

城市轨道交通车辆以及高速铁路列车均采用空气弹簧作为二系悬挂，因为空气弹簧系统具有以下特点。

（1）空气弹簧的刚度随载荷而改变，使空、重车不同状态的运行平稳性接近；

（2）空气弹簧和高度控制阀并用，可保持地板面距轨面的高度不变；

（3）同一空气弹簧可以同时承受三维方向的载荷；

（4）在空气弹簧本体和附加空气室之间装调有适宜的节流孔，可以代替垂向安装的液压减振器；

（5）空气弹簧具有良好的吸收高频振动和隔音性能。

空气弹簧系统的附属阀件及管路较多，使成本增大，且检修复杂。空气弹簧系统主要由空气弹簧本体、附加空气室、高度控制阀、差压阀及滤尘器等组成。

空气弹簧装置系统如图 2-4-22 所示，列车主风管（1）的压力空气经过 T 形支管（2）、截断塞门（3）、滤尘止回阀（4）进入储风缸（5），再经纵贯车底的空气弹簧主管向两端转向架上的空气弹簧供气。转向架上的空气弹簧管路与其主管用软管（6）接通，压力空气再经高度控制阀（7）进入附加空气室（10）和空气弹簧（8）本体。

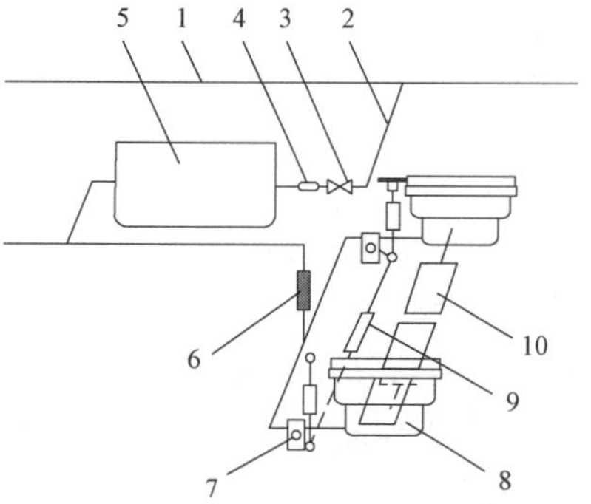

1—主风管；2—T 形支管；3—截断塞门；4—滤尘止回阀；5—储风缸；6—软管；7—高度控制阀；8—空气弹簧；9—差压阀；10—附加空气室

图 2-4-22　空气弹簧装置系统

目前轨道交通车辆基本全部采用自由膜式空气弹簧，如图 2-4-23 所示。

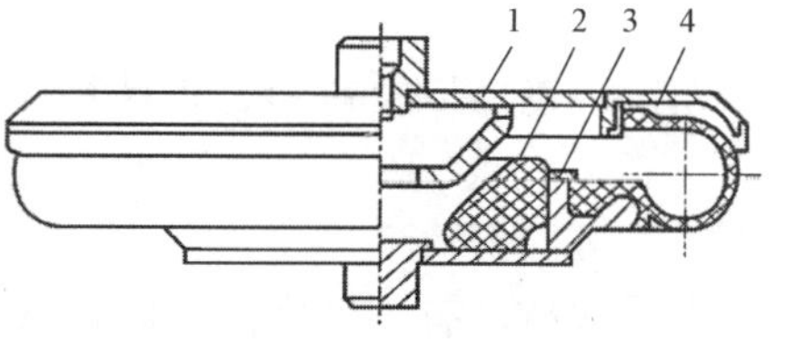

(a) 示意图

(b) 实物图

1—上盖板；2—橡胶垫；3—下盖板；4—橡胶囊

图 2-4-23　自由膜式空气弹簧

自由膜式空气弹簧可以减轻橡胶囊的磨耗，延长使用寿命。它本身的安装高度比较低，可以明显降低车辆地板面距轨面的高度。自由膜式空气弹簧质量轻，并且其弹性特性可以通过改变上盖板边缘的包角，加以适当调整，使弹簧具有良好的负载特性。所以，空气弹簧被广泛地应用于客车车辆上以提高乘坐舒适度。

2. 减振装置

轨道交通车辆为了适应高速、安全、平稳、舒适的运行要求，大量采用了各型油压减振器，用于改善车辆的垂向、横向特性和抑制转向架的蛇行运动。

1）油压减振器

油压减振器主要是利用液体黏滞阻力所做的负功来吸收振动能量。油压减振器的优点在于它的阻力是振动速度的函数，其特点是振幅的衰减量与幅值的大小有关，振幅大时衰减量也大，反之亦然。油压减振器的缺点是结构复杂、维修比较困难、成本较高及受外界温度影响等。油压减振器如图 2-4-24 所示。

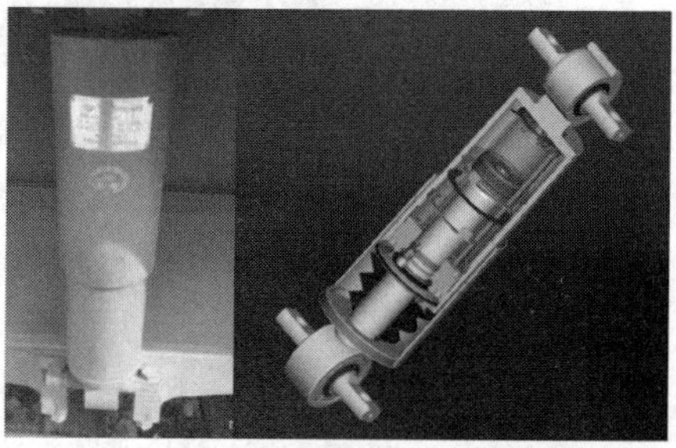

图 2-4-24　油压减振器

2）抗侧滚扭杆

轨道车辆为了改善垂向动力学性能，克服转向架的二系弹簧刚度较低而导致车辆在运动中侧滚幅度加大的缺点，在转向架中增设了抗侧滚扭杆装置。

抗侧滚扭杆装置由扭杆、杠杆、连杆、轴承、垫圈等组成。当车体发生侧滚时，一根连杆向上运动，另一根连杆向下运动，这时带动扭臂的一头分别向上和向下运动即作用于扭杆一个力矩，使得扭杆发生扭转变形，扭杆产生的反力矩抵抗车体侧滚，从而改善车体侧滚性能。抗侧滚扭杆装置如图 2-4-25 所示。

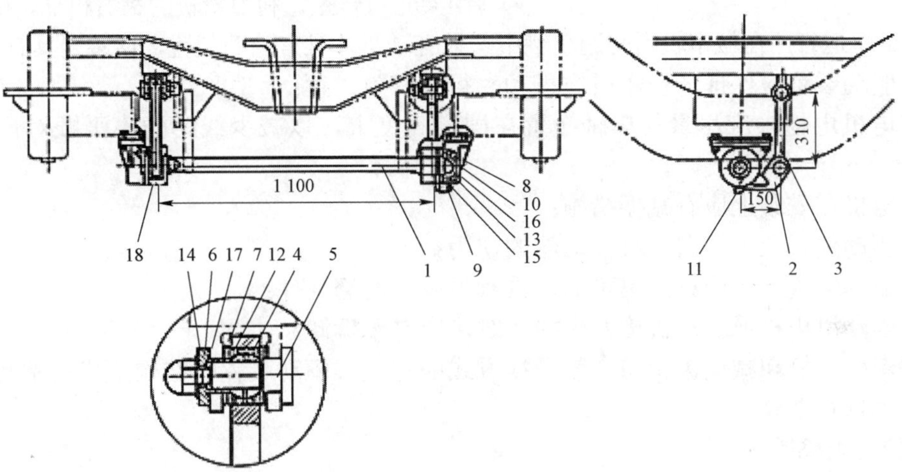

1—扭杆；2—杠杆；3—连杆；4—关节轴承；5—销轴；6—销套；7—防尘体；8—向心球轴承；9—轴承座；10—轴承座盖；11—键；12—挡圈；13—垫圈；14—垫圈；15—毛毡密封圈；16—挡圈；17—O 形密封圈；18—油杯

图 2-4-25 抗侧滚扭杆装置

（五）牵引驱动装置

高速列车车辆以及城市轨道交通车辆普遍采用了无摇枕结构的转向架。由于没有摇枕，车体直接坐落于空气弹簧上，必须靠牵引连接装置来实现摇枕的功能，因此牵引连接装置应具备以下功能。

（1）连接车体和转向架，并能使转向架相对于车体灵活回转；

（2）传递牵引力和制动力，同时允许二系弹簧垂向和横向柔软动作；

（3）纵向及横向具有适当的弹性，以衰减转向架纵向和横向的冲击振动。

通常情况下，垂直力主要由各种形式的旁承来传递，而纵向力和横向力则由牵引装置传递。车体与转向架间的牵引连接装置有多种形式，基本类型有“牵引销（或心盘）+旁承”和“无牵引销（或心盘）+旁承”两种。牵引销+旁承的连接类型在城市轨道交通车辆上运用得十分广泛。

1. 中央牵引装置

中央牵引装置通过 Z 形布置的双牵引拉杆将构架横梁与中心架（中间浮动梁）在纵向上连接起来，同时中间架上的中心孔与安装在车底架下面的中心销（中央牵引销）配合传递转向架与车体间的纵向力。而横向力除了依靠空气弹簧的横向刚度传递外，主要是通过弹性侧挡与中心销导架侧面接触来传递。

中央牵引装置具有以下特点。

（1）相对于中心销呈中心对称布置（Z 形布置）的两个牵引杆，其一端与中心架（浮动

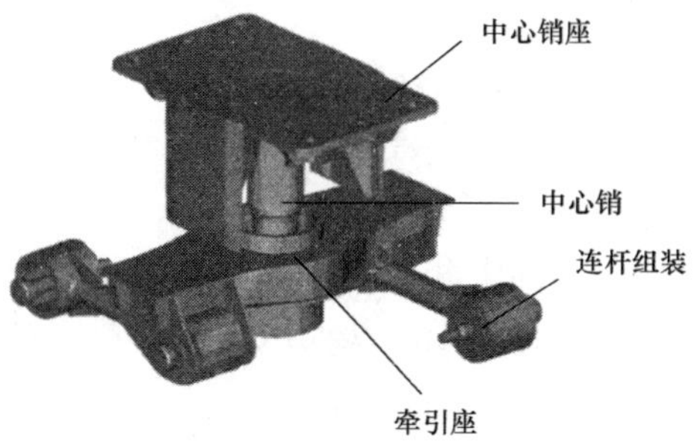

图 2-4-26 牵引杆呈 Z 形布置

梁）相连，另一端与构架相连。该牵引杆传递纵向力（牵引力或制动力），如图 2-4-26 所示。

（2）为了限制车体与转向架之间的横向位移，在中心销导架与构架之间装有橡胶横向止挡，该横向弹性止挡可传递横向力。橡胶空气弹簧传递垂向载荷（左右各一个）。

2. 驱动装置

驱动装置的作用是将牵引电机的扭矩有效地转化为转向架轮对转矩，利用轮轨的黏着机理，驱使机车或动车沿着钢轨运行，在城市轨道交通车辆中，只有动车才具有驱动装置，该装置具有以下特点。

（1）驱动装置应保证能使牵引电机功率得到有效发挥；

（2）电机电枢轴应尽量与车轴布置在同一高度上，以减少线路的不平顺对齿轮的动作用力；

（3）电机在安装上应有减振措施；

（4）驱动装置应不妨碍小直径动轮的使用；

（5）驱动装置本身应该简单可靠，具有最少量的磨耗件；

（6）当牵引电机或驱动机构发生损坏时，应易于拆卸。

根据牵引电机和减速齿轮箱安装悬挂方式的不同，驱动装置的结构形式通常有轴悬式、架悬式、体悬式之分。

1）轴悬式驱动

轴悬式驱动装置如图 2-4-27 所示。

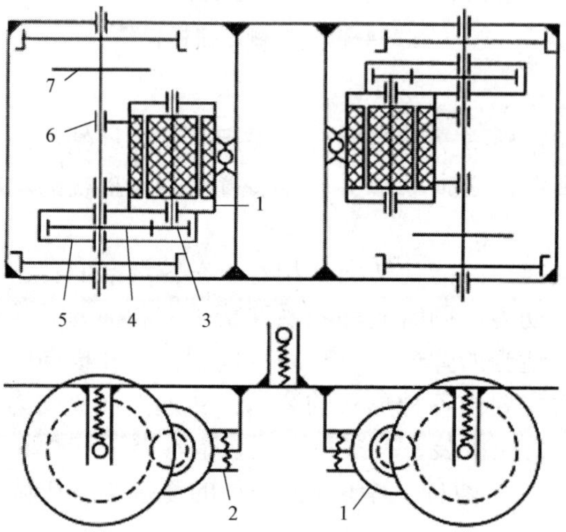

1—牵引电机；2—电机弹性悬挂；3—驱动小齿轮；4—大齿轮；5—齿轮箱；6—爪型轴承；7—制动盘

图 2-4-27 轴悬式驱动装置

轴悬式驱动又分为刚性轴悬式驱动方式与弹性轴悬式驱动方式。

刚性轴悬式驱动装置如图 2-4-28 所示。牵引电机的一端通过两个抱轴瓦（或轴承）支承在车轴上，另一端通过一根弹性吊杆悬吊于构架的横梁或端梁上，形成所谓的三点支撑。而齿轮箱除了同样通过两个抱轴承支承在车轴上外，其靠近电机一侧则用螺栓与电机壳体固定在一起，由电机壳体提供第三点支撑。这样，除了满足齿轮箱的三点稳定支撑要求外，还能保证大、小牵引齿轮啮合过程的良好随动性和平稳性。

刚性轴悬式驱动装置具有以下特点。

（1）结构简单，检修方便；

（2）簧下“死”质量大——电机质量之一半属簧下“死”质量；

（3）牵引电机、轴承和牵引齿轮等工作条件恶劣；

（4）由于其驱动扭转弹性很差，往往造成集电器过载甚至损坏。

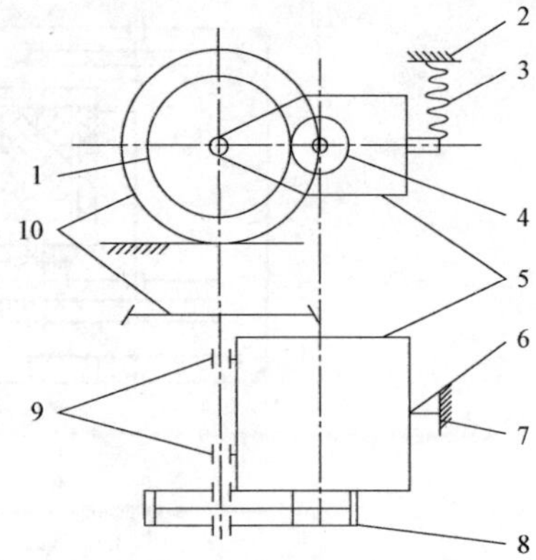

1—大齿轮；2—构架；3—弹性吊挂；4—小齿轮；5—牵引电机；6—弹性吊挂；7—构架；8—齿轮箱；9—抱轴承；10—轮对

图 2-4-28 刚性轴悬式驱动装置

与刚性轴悬式驱动机构相比，弹性轴悬式驱动机构只是在车轴和电机抱轴承间加了一根空心轴，而该空心轴两端通过弹性元件（六连杆机构及橡胶关节）与左右车轮相连，而大齿轮与空心轴固结在一起，如图 2-4-29 所示。

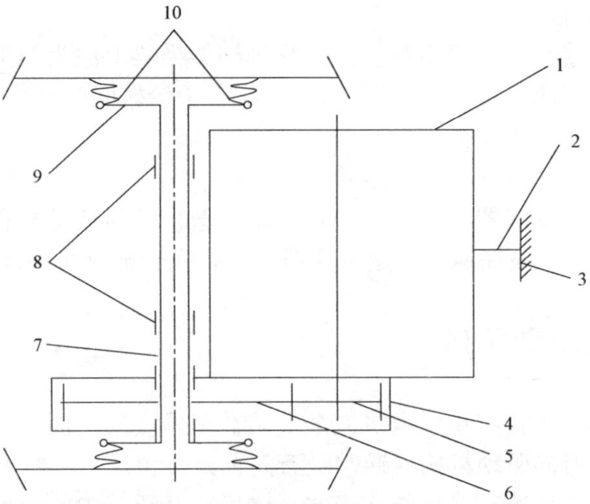

1—牵引电机；2—弹性吊挂；3—构架；4—齿轮箱；5—小齿轮；6—大齿轮；7—空心车轴；8—抱轴承；9—连杆机构；10—弹性橡胶元件

图 2-4-29 弹性轴悬式驱动装置

与刚性轴悬式驱动机构基本相同，弹性轴悬式驱动机构只是轮轨动作用力经弹性元件缓冲后再传给齿轮和电机，结构较为复杂。

2）架悬式驱动

所谓架悬式，实际上是指将牵引电机整个悬挂在构架上，其全部质量由转向架构架承担，不再与车轴发生直接的联系，而驱动扭矩则通过一套灵活的机构（驱动机构）传递给车轴（或车轮）。

牵引电机通过螺栓连接完全固定于构架横梁上，牵引电机的输出扭矩经挠性浮动齿式联轴节传递给主动小齿轮，并通过齿轮的啮合将扭矩传递到从动大齿轮，进而驱动轮对旋转。架悬式驱动机构如图 2-4-30 所示。

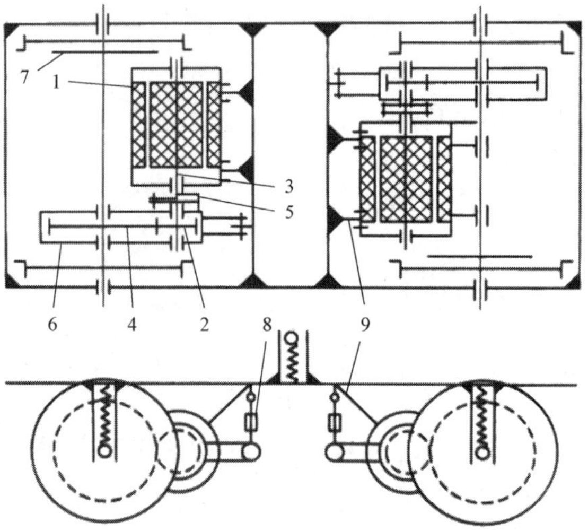

1—牵引电机；2—小齿轮；3—驱动轴；4—大齿轮；5—挠性联轴器；6—齿轮箱；
7—制动盘；8—齿轮箱吊挂装置；9—电机吊挂

图 2-4-30　架悬式驱动机构

架悬式驱动装置具有以下特点。

（1）簧下“死”质量小（电机质量全部悬挂于构架横梁上成为簧上质量，但牵引齿轮和齿轮箱之质量的一半仍然属于簧下“死”质量），减小了轮轨间的动作用力；

（2）改善了牵引电机的工作条件；

（3）牵引齿轮的工作条件并未得到改善；

（4）与刚性轴悬式驱动装置相比，结构稍复杂，但与其他架悬式和体悬式装置相比，结构要简单得多（从日本新干线高速列车运行实践来看，完全能满足最高运行速度 300 km/h 左右的要求）；

（5）拆装简单，检修维护方便。

3）体悬式驱动

所谓体悬式，实际上是指将牵引电机完全安装在车体底架下面，其全部质量都由车底架承担，而驱动扭矩则由万向驱动机构（通常是万向轴）来传递。

牵引电机体悬式驱动装置有多种结构形式，这里仅介绍其中的一种。体悬式驱动机构如图 2-4-31 所示，牵引电机完全放置于（悬挂于）车体底架下面，通过万向轴将牵引电

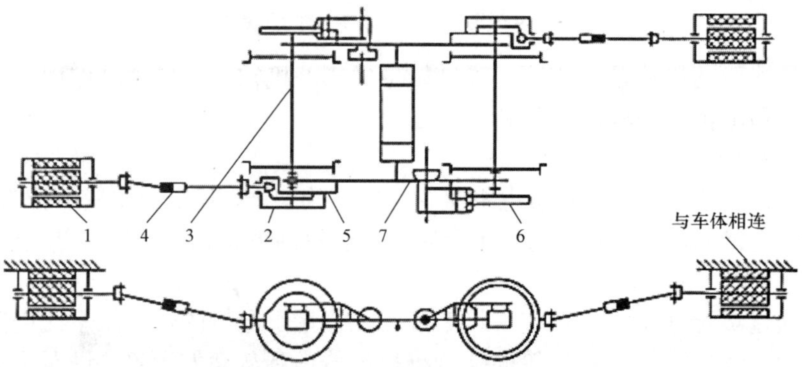

1—牵引电机；2—齿轮传动装置；3—轮轴；4—连杆轴；5—传动支撑；6—制动盘；7—制动装置

图 2-4-31　体悬式驱动机构

机扭矩传递给安装在车轴上的齿轮传动装置，并且采用一对圆锥齿轮（伞齿轮）作为牵引齿轮，以实现万向轴和车轴之间的直角传动。而齿轮箱一端通过吊杆弹性悬挂于构架的侧梁（或横梁），另一端则借助滚动轴承抱在轮对车轴上。

万向轴在传递驱动扭矩的同时，能较好地补偿牵引电机与车轴齿轮箱之间各个方向的相对运动。

该万向轴驱动的体悬式驱动装置具有以下特点。

（1）牵引电机完全放置于（悬挂于）车体之上，可进一步减轻转向架质量（特别是转向架的回转转动惯量），提高转向架高速运行时的平稳性和稳定性；同时，充分改善了牵引电机的工作条件；

（2）车轴周围空间得到释放，有利于安装其他设备（如基础制动装置）；

（3）牵引齿轮的工作条件与轴悬式相同，并未有所改善；

（4）万向轴和圆锥齿轮传动系统的传动效率有所降低；

（5）万向轴的制造工艺要求很高；

（6）整个驱动装置结构复杂。

三、典型转向架结构

下面以 CR400AF 动车组转向架为例说明转向架的结构及组成。

CR400AF 动车组转向架采用两轴无摇枕轻量化结构，LMA 踏面，车轮直径为 920 mm（新轮），固定轴距为 2 500 mm。转向架主要由构架组成、轮轴组成、一系悬挂、轴箱组成、二系悬挂、牵引传动耦合组件（仅动车）、转向架相关检测装置、转向架附件（排障器）、辅助增黏装置（撒砂装置、踏面清扫）和制动夹钳及其配套组件等构成。CR400AF 动车转向架结构如图 2-4-32 所示，CR400AF 拖车转向架结构如图 2-4-33 所示。

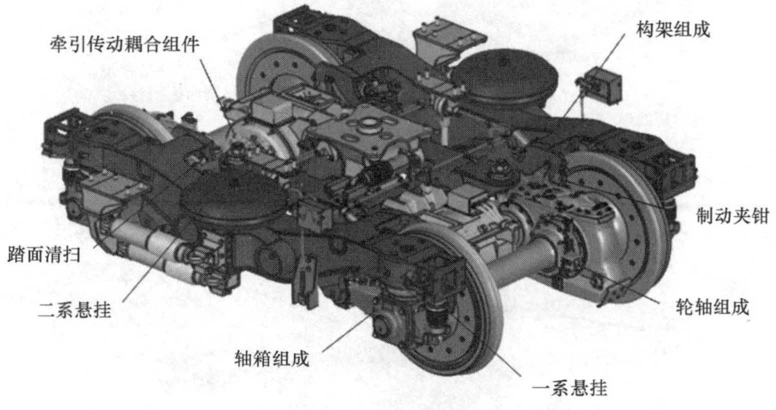

图 2-4-32　CR400AF 动车转向架结构

（一）构架

CR400AF 动车组转向架构架组成作为转向架及附件的支撑结构，承载、传递各作用力及载荷，同时结构、形状、尺寸满足一系悬挂及轮对轴箱组成、驱动装置、基础制动装置等系统部件的组装要求。

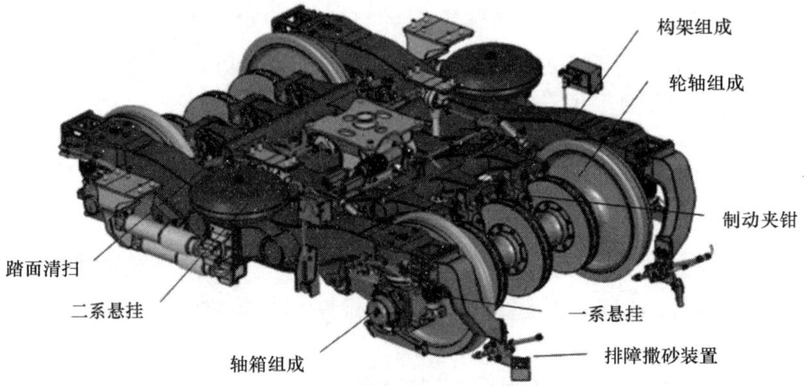

图 2-4-33　CR400AF 拖车转向架结构

转向架构架分为动车构架、拖车构架，主体均为 H 型焊接结构，由两侧梁、横梁、纵向辅助梁、空气弹簧支承梁及其他焊接附件构成。构架两侧为对称的箱型侧梁，侧梁外侧为空气弹簧支撑梁，两侧梁间通过两根无缝钢管横梁连接组成，横梁中部设有两箱型纵向辅助梁，在横梁上焊接有各功能吊座结构。动车构架上有电机吊座、齿轮箱吊座及牵引拉杆座，同时侧梁上焊接有轮盘制动吊座；拖车构架上有轴盘制动吊座、牵引拉杆座。构架材料主要为耐候钢板和钢管。CR400AF 动车构架组成如图 2-4-34 所示，CR400AF 拖车构架组成如图 2-4-35 所示。

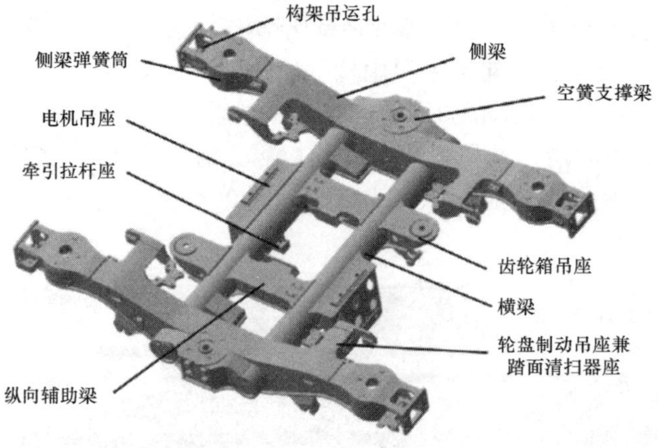

图 2-4-34　CR400AF 动车构架组成

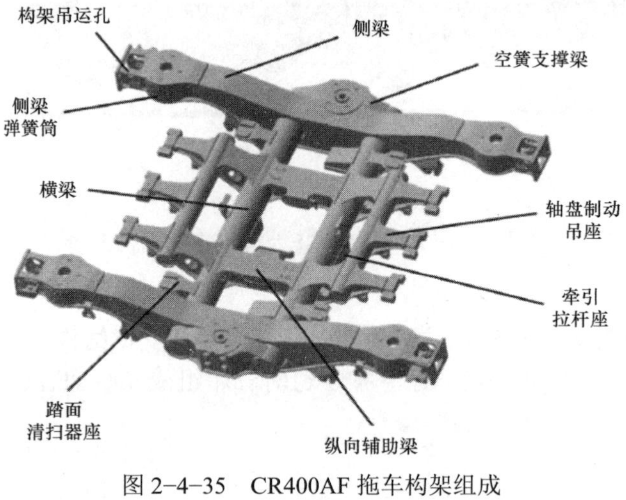

图 2-4-35　CR400AF 拖车构架组成

（二）轮对

轮对组成包括车轮、车轴、制动盘、齿轮箱（仅 M 车）等。车轴均为空心结构，内孔直径为 30 mm，可对其进行超声波探伤；车轮新轮直径为 920 mm，磨耗到限直径为 850 mm。动车车轴安装齿轮箱，拖车车轴上安装轴装制动盘。动车车轮为直腹板结构，并通过螺栓两侧安装轮装制动盘，拖车车轮为直腹板结构，并安装有降噪板或降噪块以减少轮轨噪声。CR400AF 动车轮对、CR400AF 拖车轮对分别如图 2-4-36、图 2-4-37 所示。

图 2-4-36　CR400AF 动车轮对

图 2-4-37　CR400AF 拖车轮对

（三）轴箱装置

一系悬挂及轴箱组成采用轴箱转臂式定位结构，由轴箱体、轴箱轴承、轴箱弹簧、一系垂向减振器、定位节点等组成。轴箱体上部为双圈螺旋钢弹簧，前端与构架间设置垂向减振器以吸收振动能量，后部通过橡胶定位节点与构架连接。CR400AF 轴箱及定位装置如图 2-4-38 所示。

图 2-4-38　CR400AF 轴箱及定位装置

轴箱体采用铸钢材质，为分体式结构，上下箱体通过螺栓连接，可拆除下箱体后更换轮对。轴箱轴承采用自密封结构，转臂式轴箱定位。轴箱端部设置有速度传感器、接地装置等安装结构，不同轴位安装的部件不同。轴箱与构架间设有提吊装置，可起到吊装轮对作用，同时可以防止构架异常抬升。

（四）二系悬挂

二系悬挂是转向架支撑和连接车体的装置，由空气弹簧、中心销、牵引拉杆、横向减振器、抗蛇行减振器、抗侧滚扭杆装置、自动高度调整装置及横向止挡等部件构成。其主要功能为支撑车体、传递牵引力、提供转向架回转力矩等。同时，中心销上设有整体起吊吊耳，能够满足转向架整体起吊的要求。CR400AF 二系悬挂部件组成如图 2-4-39 所示。

图 2-4-39　CR400AF 二系悬挂部件组成

（五）牵引驱动装置

牵引驱动装置由齿轮箱、联轴节和牵引电机组成，仅动车设置。齿轮箱的作用是对牵引电机的高速旋转进行减速，传动给车轴。牵引驱动装置由箱体、大齿轮、小齿轮、轴承、悬吊装置、通气装置、接地装置、油面计等构成。齿轮箱设置 4 个实时温度传感器，实时监测齿轮箱大小端轴承的温度。联轴节的作用是将轴箱弹簧以上的主电机输出轴和轴箱弹簧以下的齿轮箱小齿轮轴连接，准许相对运动同时传递驱动力。CR400AF 牵引驱动装置如图 2-4-40 所示。

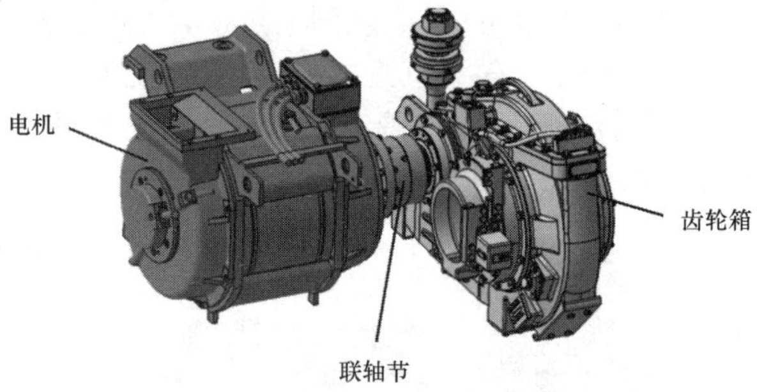

图 2-4-40　CR400AF 牵引驱动装置

（六）基础制动装置

制动夹钳及其配套组件包括制动夹钳、制动盘及闸片，动、拖车均采用三点吊挂式制动夹钳，制动盘采用铸钢材料。动车配置 2 轴盘/轴，拖车配置 3 轴盘/轴，闸片采用弹性浮动结构、粉末冶金材料。CR400AF 基础制动装置如图 2-4-41 所示。

图 2-4-41　CR400AF 基础制动装置

（七）附件

1. 排障（撒砂）装置

头尾车 1 轴安装有排障（撒砂）装置，撒砂排障装置与撒砂装置的安装臂完全相同，仅在托架安装排障板部分存在差异。撒砂喷嘴底部距离轨道上平面 65～75 mm，排障板底部距轨面上平面 20～35 mm。CR400AF 排障装置安装示意图如图 2-4-42 所示。

2. 接地装置

为避免电流通过齿轮箱或轴箱轴承而造成电蚀，在动车转向架及拖车转向架上均设置接地装置，动车采用齿轮箱接地，拖车采用轴端接地。CR400AF 接地装置如图 2-4-43 所示。

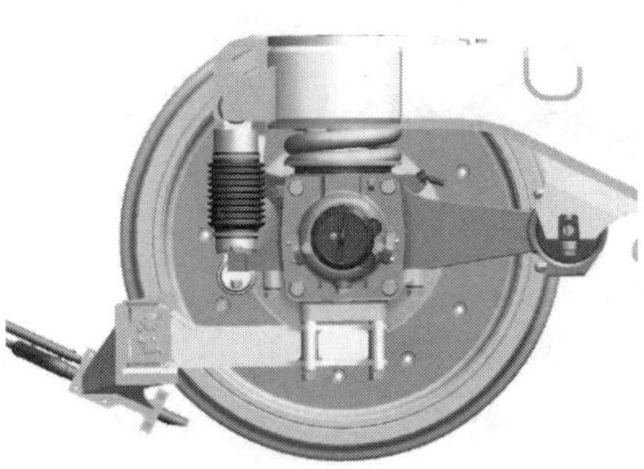

图 2-4-42　CR400AF 排障装置安装示意图

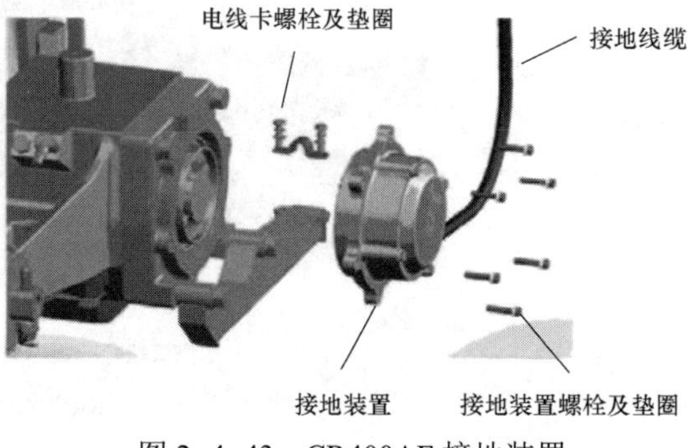

图 2-4-43　CR400AF 接地装置

3. 踏面清扫装置

转向架设置了踏面清扫装置，以增加轮轨黏着。踏面清扫装置的形式为直动式。踏面清扫装置通过连接器加压后，活塞杆被顶出，设置在活塞头端的研磨子触抵车轮的踏面。缓解时，在复位弹簧作用下，活塞杆及研磨子复位。研磨子托架的连接销由防振橡胶支撑，吸收车轮的倾斜，以防止研磨子的偏磨耗并减轻振动。CR400AF 踏面清扫装置如图 2-4-44 所示。

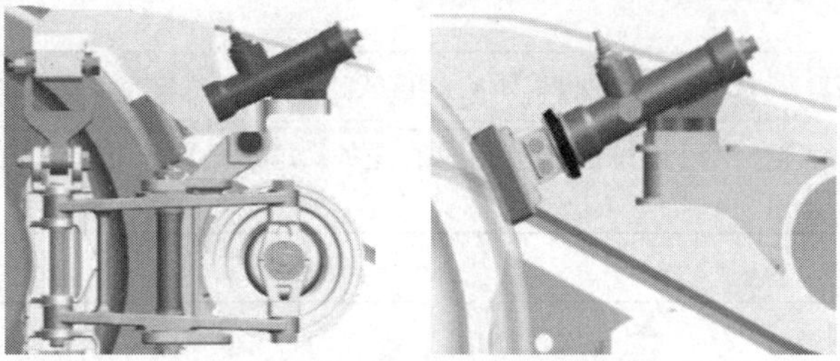

图 2-4-44　CR400AF 踏面清扫装置

四、转向架技术检查

以动力转向架为例，检查 1 个转向架的所有部件状态，规定时间为 15 分钟以内，所需工具有手电筒、安全号志、记录笔。

对转向架进行技术状态检查前应确定车辆已经处于停放制动状态，做好个人防护，插设防护信号。自 1 位端向 2 位端逆时针方向检查：牵引电机及挠性轴接头、齿轮箱、制动夹钳装置、单元制动缸装置、制动盘、轮对、转向架构架、轴箱、轴箱定位及减振装置、传感器、接地线、抗侧滚扭杆装置、各部安装螺栓、横向止挡、差压阀、高度调整阀、空气弹簧装置、横向油压减振器、中央牵引装置、转向架配线配管、供风管路。

检查各组件、配件有无缺损、破损，功能是否正常，在检查过程中，若遇孔盖，应打开检查，检查后应将孔盖恢复。

任务工作单

计划：根据任务情境制定转向架技术检查作业方案	
学生了解轨道交通转向架技术检查任务情境，各小组成员汇总转向架技术检查作业所需要的资料，根据任务单的要求，确定完成任务所需准备的材料，制定完成任务的计划并准备讨论	
一、作业任务单	
任务情境：某日某时，××动车所内 CR400AF 动车组进行一级修，地勤机械师对 CR400AF 动力转向架部分进行状态检查作业	
作业过程	任务情境
1	设置防护信号
2	检查转向架电机及传动装置
3	检查轮对状态
4	检查轴箱及弹性定位装置
5	检查转向架构架状态
6	检查中央悬挂装置
7	检查牵引装置

8	撤除防护信号
9	填写检查记录单

二、个人计划

决策：确认完成××动车所 CR400AF 转向架状态检查作业计划

小组成员进行任务分工，分小组讨论每位成员完成的任务。每组选派一位成员在各组交流任务实施计划，每位成员完善任务实施计划

小组成员	任务分工

小组内讨论的结果：

小组间讨论的结果：

任务执行过程中出现的问题及应急情况的处理：

实施：××动车所 CR400AF 转向架状态检查计划

一、总结教师发放的任务情境所需要的信息

根据任务情境，完整记录任务情境实施过程，小组成员互检任务实施正确性，将记录的内容提交给指导教师，请求给予指导、评价。

任务情境实施过程记录：

二、完成指导教师提出的补充问题

任务评估

<table>
<tr><td colspan="3">检查与评价</td></tr>
<tr><td colspan="3">一、知识与技能掌握情况评价参考标准</td></tr>
<tr><td>评价标准</td><td colspan="2">评价权重（80%）</td></tr>
<tr><td>1. 能够准确识别转向架的各部件</td><td colspan="2">20</td></tr>
<tr><td>2. 能够掌握转向架的各部件的工作状态</td><td colspan="2">10</td></tr>
<tr><td>3. 会对转向架各部件进行技术检查</td><td colspan="2">30</td></tr>
<tr><td>4. 能够准确描述转向架各部件的故障状态</td><td colspan="2">20</td></tr>
<tr><td colspan="3">二、综合素质评价参考标准</td></tr>
<tr><td>评价标准</td><td colspan="2">评价权重（20%）</td></tr>
<tr><td rowspan="4">能协同开展工作，准确、清晰地进行信息沟通</td><td colspan="2">不及格</td></tr>
<tr><td colspan="2">及格</td></tr>
<tr><td colspan="2">良好</td></tr>
<tr><td colspan="2">优秀</td></tr>
<tr><td rowspan="4">分工合理，能进行标准化作业</td><td colspan="2">不及格</td></tr>
<tr><td colspan="2">及格</td></tr>
<tr><td colspan="2">良好</td></tr>
<tr><td colspan="2">优秀</td></tr>
<tr><td colspan="3">三、思政要素评价参考标准</td></tr>
<tr><td>评价依据</td><td colspan="2">评价权重
（一票否决）</td></tr>
<tr><td>严守铁路法律法规，具有高度的安全意识，严格遵照作业标准完成任务，精益求精、认真履职</td><td>不合格</td><td>合格</td></tr>
</table>

任务五　轨道交通车辆车钩检修

任务目标

1. 知识目标

- 掌握车钩缓冲装置的基础知识；
- 掌握柴田式密接式车钩的结构及工作原理；
- 掌握 Scharfenberg 型密接式车钩的结构及工作原理；
- 掌握 BSI-COMPACT 型密接式车钩的结构及工作原理；
- 掌握 25T 型客车用密接式车钩的结构及工作原理。

2. 技能目标

- 能够准确识别密接式车钩的部件；

- 能够准确判断车钩的连接状态；
- 能够按要求完成密接式车钩的部件状态检查。

学习活动建议

学习活动	内容	建议学时
自学内容及相关知识点	1. 车钩缓冲装置的发展 2. 车钩缓冲装置在轨道车辆上的应用情况	课前
计划	根据任务目标，结合密接式车钩的结构特点、检修要点及检修注意事项，完成车钩状态检查作业	课中（4 学时）
决策	通过小组交流及教师指导，正确分工	
实施	根据车钩的具体型号与结构，完成车钩部件状态的检查	
	正确填写检修单据，小组成员互检后将结果提交指导教师评估	
检查与评价	完成自我评价、小组评价、教师评价	
完善与拓展	拓展学习其他型号车钩状态检查作业的相关知识与技能	课后

任务相关知识点

一、车钩基础知识

车钩的作用是实现机车和车辆或车辆和车辆之间的连挂，以及传递牵引力及冲击力，并使车辆之间保持一定的距离。缓冲器是用来缓和列车运行及调车作业时车辆之间的冲撞，吸收冲击动能，减小车辆相互冲击时所产生的动力作用。

按照连接方式，车钩可分为自动车钩和非自动车钩。自动车钩不需要人工参与就能实现连接，非自动车钩则要由人工完成车辆之间的连接。我国轨道交通车辆目前均采用自动车钩。

自动车钩又可分为两种基本类型：非刚性车钩和刚性车钩。

非刚性车钩允许两个相连接的车钩在垂直方向上有相对位移，当两个车钩的纵轴线存在高度差时，连接着的两钩呈阶梯形状，并且各自保持水平位置。刚性车钩不允许两相连接车钩在垂直方向彼此存在位移，但是在水平方向可产生少许转角，如果在车辆连接之前两车钩的纵向轴线高度存在偏差，那么在连挂后，两车钩的轴线处在同一直线上并呈倾斜状态。两车钩的尾端采用销接，从而保证了两连挂车辆之间的位移和偏角。非刚性车钩示意图如图 2-5-1 所示，非刚性车钩实物图如图 2-5-2 所示。

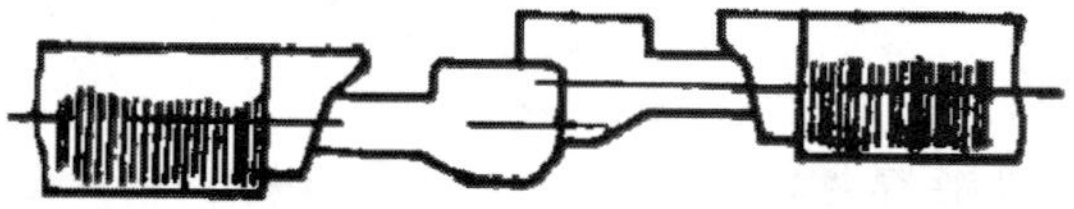

图 2-5-1　非刚性车钩示意图

图 2-5-2　非刚性车钩实物图

刚性车钩减小了两连接车钩之间的间隙，从而大幅度降低了列车运行中的纵向冲动，提高了列车运行的平稳性，同时也降低了车钩零件的磨耗和噪声。另外，刚性车钩有可能同时实现车辆间的气路和电路的自动连接。非刚性车钩结构较简单，强度高，重量轻，与车体的连接较为简单。刚性车钩示意图如图 2-5-3 所示，刚性车钩实物图如图 2-5-4 所示。

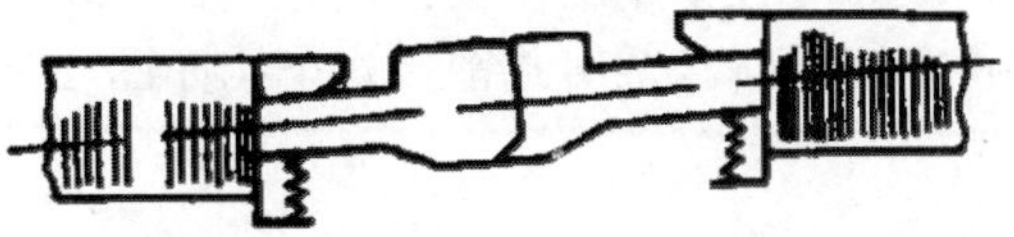

图 2-5-3　刚性车钩示意图

图 2-5-4　刚性车钩实物图

我国普速铁路的客车、货车一般均采用非刚性的自动车钩，对于高速列车和城市的地铁、轻轨车辆则应采用刚性的自动车钩，即密接式车钩。密接式车钩在连挂后，没有上下和左右的移动，而且纵向间隙也限制在很小的范围之内（约 1～2 mm）。这对提高列车运行平稳性、降低车钩零件的磨耗和噪声均有重要意义。本任务只介绍密接式车钩的类型及基本参数。

密接式车钩缓冲装置按功能的不同可分为三种类型，即全自动车钩、半自动车钩和半永久车钩（也称半永久拉杆），其均属于密接式车钩。

全自动车钩可以实现机械、气路和电路的完全自动连挂、自动解钩或人工解钩。

半自动车钩的机械和气路的连接机构与作用原理基本上与全自动车钩相同，可以实现自动连挂和解钩或人工解钩，但是电路必须靠人工连接和分解，以方便检修作业。

半永久车钩（牵引杆）的机械、气路和电路的连接和分解都需要人工操作，但一般只有在进行架修以上的作业时才进行分解。

下面以苏州地铁 4 号线为例说明三种功能不同车钩的应用情况，其列车编组形式为 4 动 2 拖 6 辆编组。

=Tc−Mp−M+M−Mp−Tc=

其中=：全自动车钩；

−：半永久车钩；

+：半自动车钩；

Tc 车：带司机室的拖车车辆；

Mp 车：带受电弓的动车；

M 车：不带受电弓的动车车辆。

密接式车钩按照其结构有以下几种常见的类型。

第一种为日本新干线高速列车上所采用的柴田式密接式车钩，我国北京地铁车辆的车钩即属此列。

第二种为 Scharfenberg 型密接式车钩，常见于欧洲国家所制造的地铁、轻轨及高速列车上，德国制造的上海地铁车辆装用这种车钩。本任务将详细介绍此种车钩缓冲装置。

第三种为德国的 BSI−COMPACT 型密接式车钩。

第四种为我国 25T 型客车上使用的密接式车钩，目前部分动力集中型动车组也装用此类车钩。

二、柴田式密接式车钩

1929 年日本工程师提出了密接式车钩的设计方案，1931 年完成了研制和现车试验，1932

年开始在日本新造电动列车上使用。柴田式密接式车钩缓冲装置由密接式车钩、橡胶缓冲器、风管连接器、电气连接器和风动解钩装置等部分组成。该型车钩的机械部分主要由钩头、钩舌、解钩风缸、钩身、钩尾等部分组成。钩头为带一平面的凸圆锥体，侧面是带有凹孔的钩身。

车辆连挂时，依靠两车钩相邻钩头上的凸锥和凹锥孔相互插入，起到紧密连接作用，同时自动将两车之间的电路、空气管路接通，并起到缓和连挂中车辆间的冲击作用。在两车分解时，亦可自动解钩，并自动切断车辆间的电路和空气通路。柴田式密接式车钩如图 2-5-5 所示。

车钩的连挂与分解作用如图 2-5-6 所示。

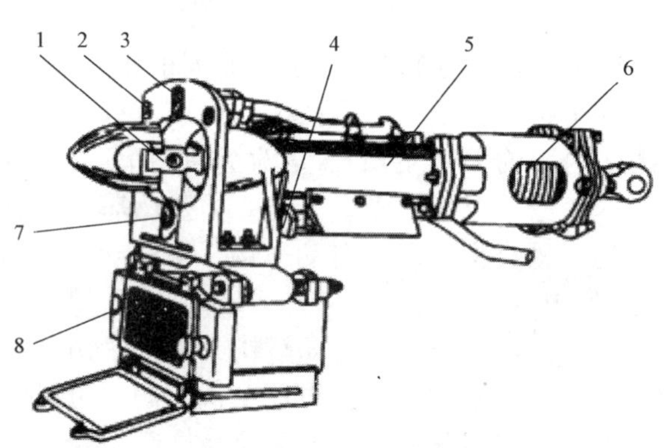

1—钩舌；2—解钩风管连接器；3—总风管连接器；4—截断塞门；
5—钩身；6—缓冲器；7—制动风管连接器；8—电气连接器

图 2-5-5 柴田式密接式车钩

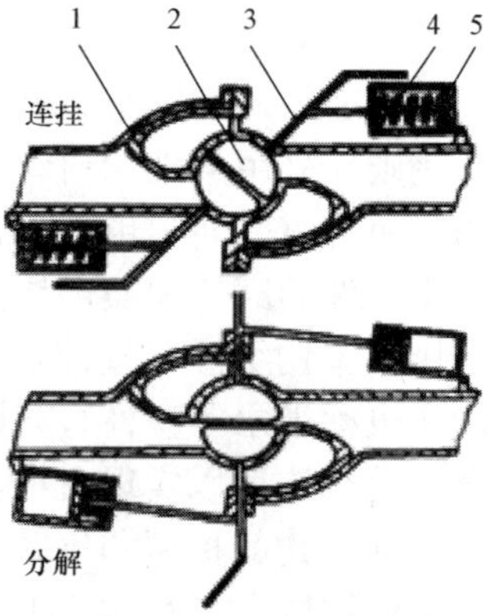

1—钩头；2—钩舌；3—解钩杆；
4—弹簧；5—解钩风缸

图 2-5-6 车钩的连挂与分解作用

两钩连挂时，凸锥插进对方相应的凹锥孔中。这时凸锥的内侧面在前进中压迫对方的钩舌转动，使解钩风缸的弹簧受压，钩舌沿逆时针方向旋转 40°，当两钩连接面相接触后，凸锥内侧面不再压迫对方的钩舌，此时由于弹簧的作用，使钩舌顺时针方向旋转恢复到原来的状态，即处于闭锁位置。

要使两钩分解，需由司机操纵解钩阀，压缩空气由总风管进入前车（或后车）的解钩风缸，同时经解钩风管连接器送入相连挂的后车（或前车）解钩风缸，活塞杆向前推并带动解钩杆，使钩舌逆时针方向转动至开锁位置，此时两钩即可解开。如果采用手动解钩，只要用人力推动解钩杆，也能使钩舌转动至开锁位置实现两钩的分解。

三、Scharfenberg 型密接式车钩

Scharfenberg 型密接式车钩是德国人 Karl Scharfenberg 在 1903 年发明的，在欧洲铁路和城市轨道交通中已经成为标准配置，该车钩可以自动地将列车实施机械、气动和电气连接。其主要由钩头、钩体、电力连接器、风管连接器、尾部橡胶弹性弹簧活节、中心调整装置、钩头电加热装置和金属压溃管组成。车钩头本体的上部设有一个凸出的锥头，下部设有凹陷的锥孔，锥孔的口边设有可转动的半圆形钩舌块，钩舌块装置在解钩杆的前端，解钩杆铰呈杠杆式接在车钩头本体上，复位弹簧连接在解钩杆的铰轴和车钩头本体之间，可控制解钩杆的转动，解钩杆的尾部设有解钩环，拉动解钩环可带动解钩杆动作。使之具有待挂、闭锁、解钩三个作用状态，车钩头的中部设有转块式钩舌结构，具有结构简单、体积小、质量小、

操作方便、抗冲击载荷高等优点，广泛应用于动车组、城市轨道交通车辆上，例如 CRH1 型动车组，CRH5 型动车组，CRH3 型动车组，上海地铁，广州地铁，深圳地铁等。Scharfenberg 型密接式车钩结构如图 2–5–7 所示。

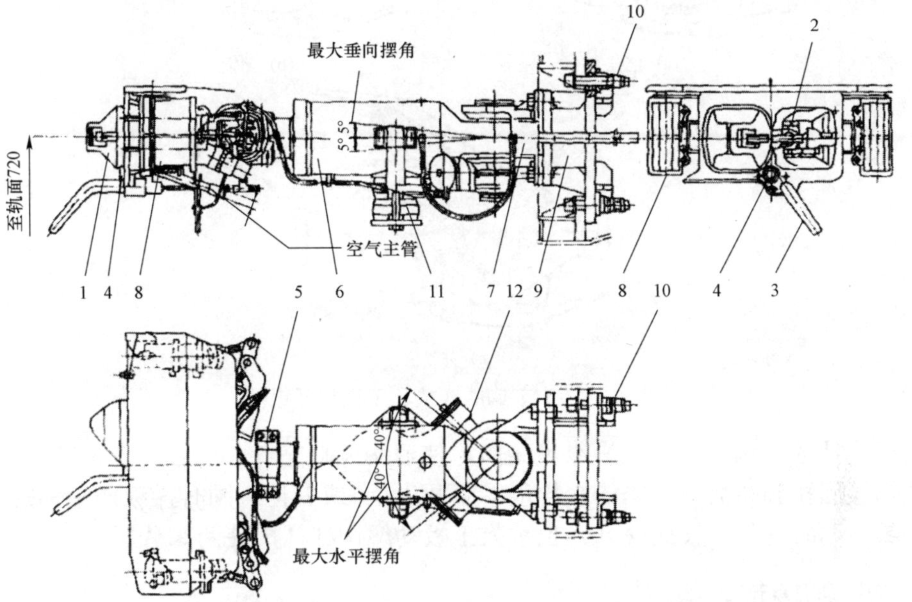

1—钩头凸锥；2—钩锁连接杆；3—导向杆；4—主风管连接器；5—对开连接套筒；6—环弹簧缓冲器；7—支撑座；8—电气连接箱；9—钩尾冲击座；10—过载保护连接套筒；11—垂向支承；12—对中装置

图 2–5–7　Scharfenberg 型密接式车钩结构

四、BSI–COMPACT 型密接式车钩

BSI–COMPACT 型密接式车钩由德国制造，在欧洲、巴西等许多国家的地铁、轻轨车辆、城郊列车上广泛应用，在车钩的钩头壳体设有凸锥体和凹锥孔，在凸锥内侧面配备有用于车钩机械连接的锁栓，在凸锥体外侧设有解钩杠杆，钩头也被用来作为空气管路连接器和电气连接箱的支撑体，这种车钩也具有待挂、闭锁、解钩三个作用状态。

这种车钩在凸锥的内侧面配备有用于车钩机械连接的锁栓，锁栓由高强度钢制成，置于钩头前端的套筒中，利用弹簧使其保持正常位置。在凸锥体的外侧设有解钩杠杆，它与气动的（或液压的）解钩控制装置相连接。BSI–COMPACT 型密接式车钩如图 2–5–8 所示。钩头也被用来作为空气管路连接器和电气连接箱的支承体。

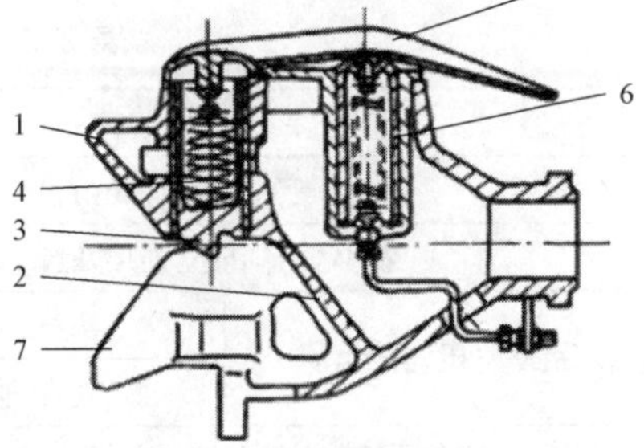

1—凸锥体；2—凹锥孔；3—锁栓；4—锁栓定位弹簧；5—解钩杠杆；6—解钩风缸；7—导向杆

图 2–5–8　BSI–COMPACT 型密接式车钩

这种车钩也有待挂、闭锁和开锁三个位置。车钩的连挂、闭锁和开锁位如图 2–5–9 所示。

当两钩连挂时，两钩的锁栓侧面相互挤压，压缩各自的定位弹簧，直至两锁栓的“鼻子”彼此咬合，弹簧回复原位，达到两钩连挂闭锁。

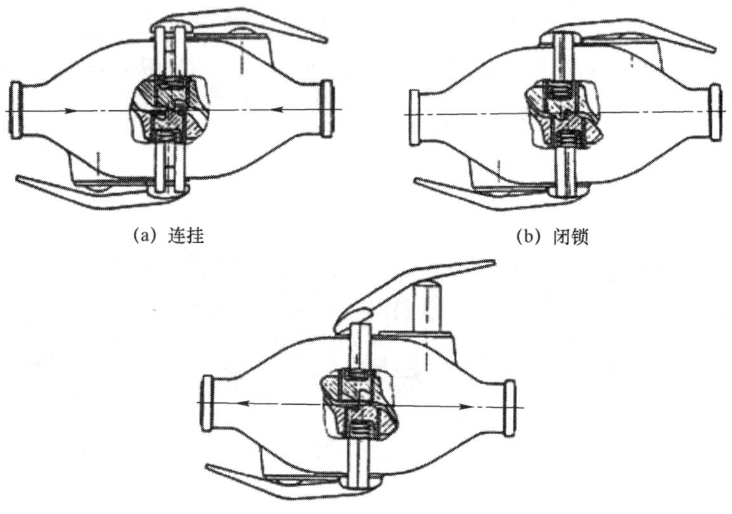

(a) 连挂　(b) 闭锁

(c) 开锁位

图 2–5–9　车钩的连挂、闭锁和开锁位

欲将两连挂的车钩分解，应操纵电磁阀，使解钩风缸充气，风缸活塞顶起解钩杠杆，将一个钩的锁栓回拉到与另一个钩的锁栓能够脱开为止，或者也可同时操纵两个钩的解钩风缸，使两钩的锁栓同时动作，彼此脱开。也可人工扳动解钩杠杆，使两钩分解。

五、25T 密接式车钩

中国中车四方车辆研究所有限公司研制的密接式车钩缓冲装置从 1999 年开始在铁路动车组上运用。实际运行中的平稳性测试表明，采用密接式钩缓装置可以大大减小不同工况下的列车纵向加速度，并基本消除纵向冲动现象，列车的纵向动力学性能与 25K 提速客车相比有了质的提高。

为了采用既有技术提高提速客车的纵向动力学性能，中国中车四方车辆研究所有限公司从 2003 年底开始，在原有动车组用密接式钩缓装置技术的基础上，研制铁路提速客车用密接式钩缓装置。

（一）主要技术参数

25T 密接式车钩技术参数如表 2–5–1 所示。

表 2–5–1　25T 密接式车钩技术参数

主要参数及结构		25T 密接式车钩
车钩连挂间隙/mm		≤1.5
最小整体抗拉强度/kN		2 000
组装后最大相对转角/°	在水平面内	≥±17
	在垂直面内	≥±4
车钩回转中心至连接面长度/mm		11.5
整体长度/mm		88
整体质量/kg		75
缓冲器初压力/kN		≤30
缓冲器阻抗力/kN		≤800
缓冲器容量/kJ		≥30
缓冲器行程/mm		≤73

（二）车钩结构

25T 密接式车钩主要由连挂系统、缓冲系统、安装吊挂系统三部分构成。密接式车钩的结构如图 2–5–10 所示。

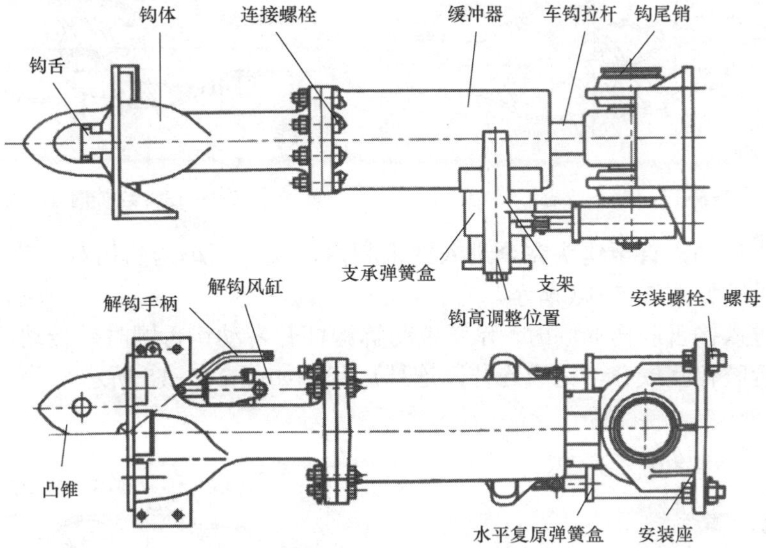

图 2–5–10　密接式车钩的结构

连挂系统由钩体、钩舌、曲柄解钩手柄、连接螺栓螺母、解钩风缸、防尘装置、支座等组成，如图 2–5–11 所示。

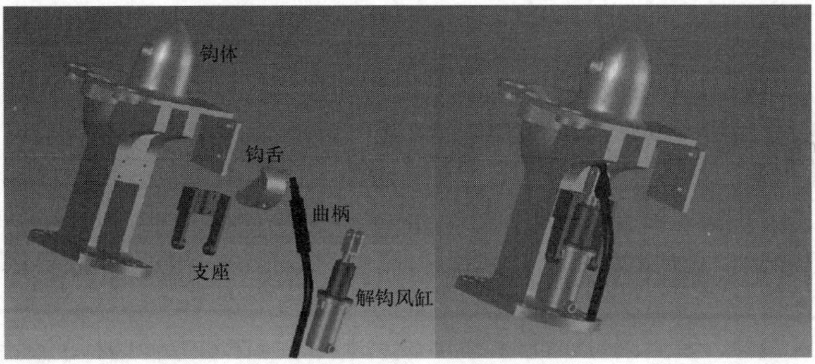

图 2–5–11　连挂系统组成

车钩自动连挂系统的主要作用是实现车钩自动连接和分解；提速客车用密接式钩缓装置连挂系统只完成机械连挂功能。

1. 连挂

两车连挂时，凸锥插入对侧车钩凹锥内，凸锥内侧面压迫对方，半圆钩舌沿逆时针方向转动 40°，并压缩解钩风缸弹簧。两钩连接到位后，车钩连接面相互接触，两钩钩舌在解钩风缸弹簧作用下恢复原位，车钩处于闭锁状态。

自动车钩连挂前的准备状态如图 2–5–12 所示，此时，解钩杆、钩舌和弹簧均处于自然状态。

当需要连挂时，对应的两车辆相互靠近，或其中的某一车辆向另一车辆移动靠近，在车钩的钩头斜端面与另一车钩的钩舌接触的同时，推压钩舌使其逆时针方向转动，连挂时车钩状态如图 2–5–13 所示。

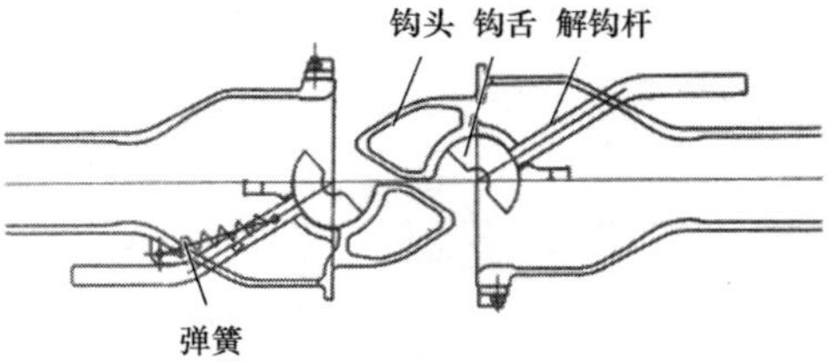

图 2–5–12　准备状态

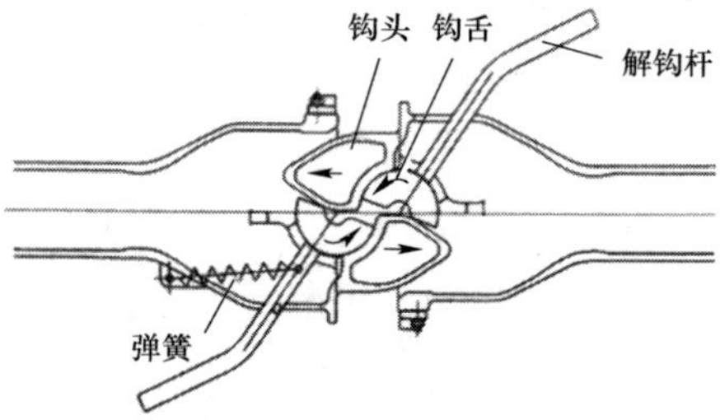

图 2–5–13　连挂时车钩状态

车辆进一步移动，直至钩头完全进入钩舌腔内，此时两车钩的相对运动停止。连挂时钩头完全进入钩舌腔如图 2–5–14 所示。

钩头完全进入钩舌腔内的同时，弹簧拉动解钩杆并带动钩舌顺时针转动，待转动停止后，球形钩舌和钩舌腔相互嵌套，完成连挂。连挂后状态如图 2–5–15 所示。

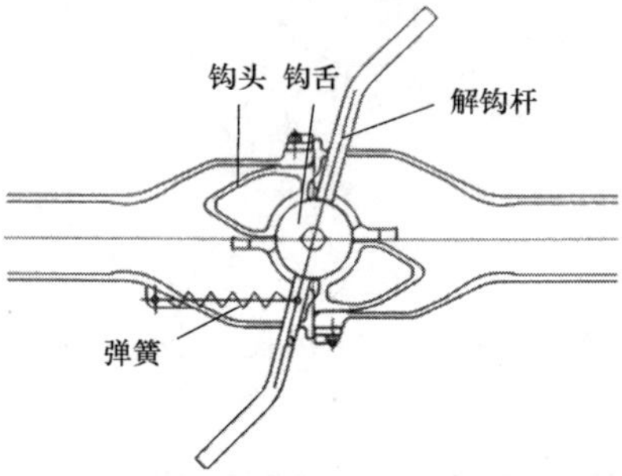

图 2–5–14　连挂时钩头完全进入钩舌腔

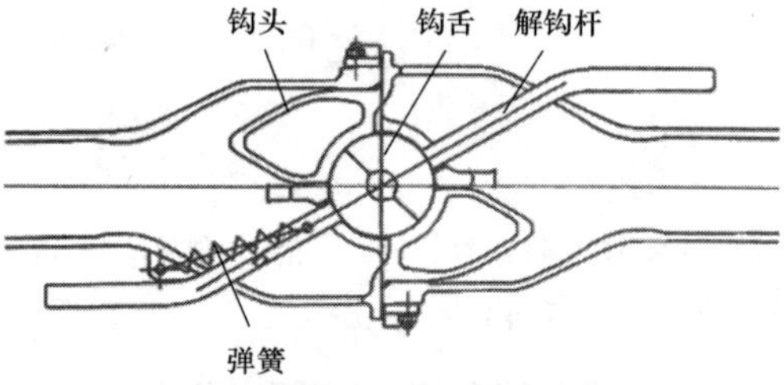

图 2–5–15　连挂后状态

车钩锁闭后具有“车钩连挂密接后，解钩杆在复位弹簧拉力作用下自动回到连挂位置，半圆形钩舌与钩舌腔相互嵌套，两车钩完全密接”等特点。

2. 解钩

当需要摘挂时，钩舌锁放在解钩位。按图 2–5–16 所示箭头方向拉解钩杆（通过向解钩风缸充气由风缸推动，当然也可手拉，采用手动拉解钩杆的车钩属于半自动车钩），使车钩处于解钩前的准备状态。

继续拉动解钩杆，直到限位，此时钩舌锁会自然地挂在对方解钩杆的凸台上，解钩杆被固定，呈解钩状态。解钩过程如图 2–5–17 所示。

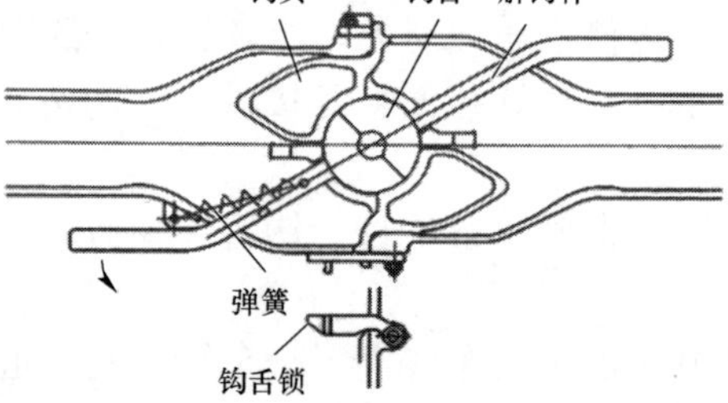

图 2–5–16　准备解钩

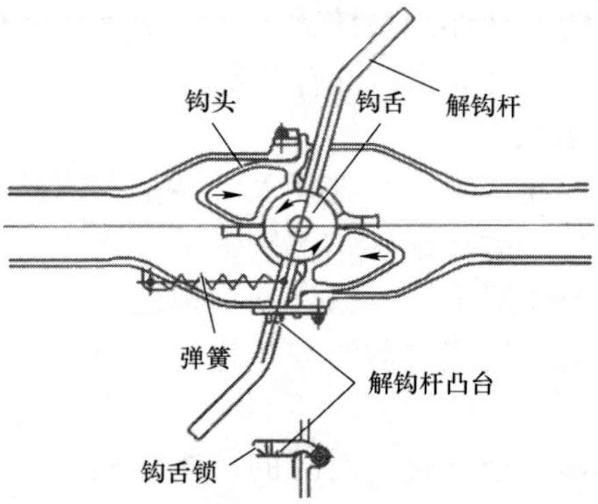

图 2–5–17　解钩过程

车辆后退，逐步释放车钩，通过车辆的后退，钩舌锁从对方的解钩杆上自然分离，车辆不断后退直到车钩完全脱开。解钩完成如图 2-5-18 所示。

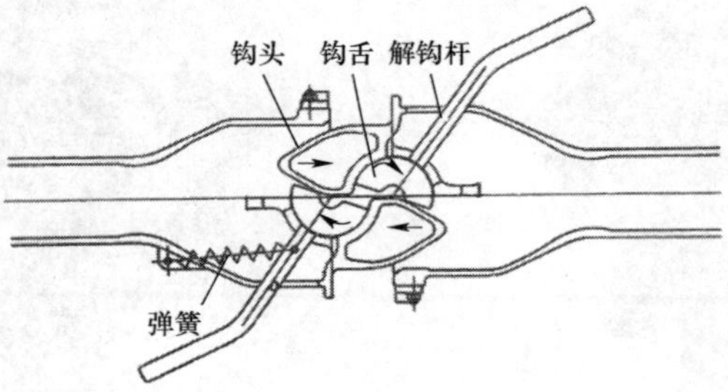

图 2-5-18　解钩完成

六、密接式车钩的三种类型

（一）全自动车钩

1. 机械钩头部分

机械车钩内部有钩舌、连挂杆、回复弹簧等，机械连挂系统工作状态有待连挂位（同时也是锁定位）和全开位两种。

连挂时两车钩相互撞击，钩舌等机构发生顺时针旋转，在两钩相互连挂过程中，对方钩体的凸锥推动本钩钩舌等连挂机构旋转到最大角度，到达全开位，然后在回复弹簧的作用下迅速回复到锁定位，到达完全连挂后车钩连挂机构的位置状态。Scharfenberg 全自动车钩如图 2-5-19 所示，Scharfenberg 全自动车钩钩头部分如图 2-5-20 所示。

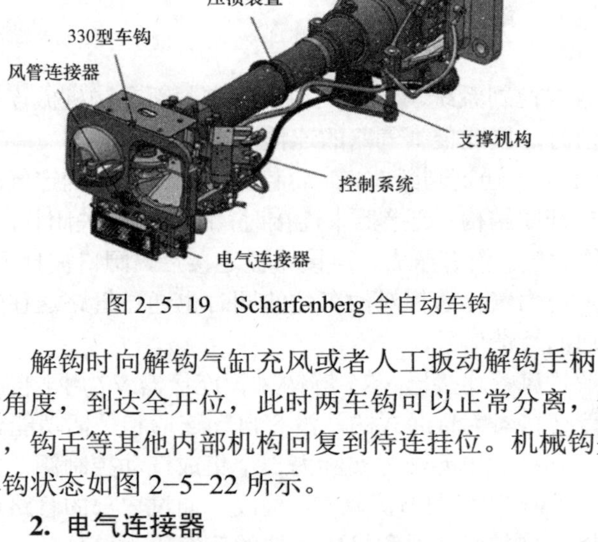

图 2-5-19　Scharfenberg 全自动车钩

图 2-5-20　Scharfenberg 全自动车钩钩头部分

解钩时向解钩气缸充风或者人工扳动解钩手柄，使钩体内部的钩舌及其他机构旋转到最大角度，到达全开位，此时两车钩可以正常分离，然后释放解钩手柄，在回复弹簧力的作用下，钩舌等其他内部机构回复到待连挂位。机械钩头连挂状态如图 2-5-21 所示，机械钩头解钩状态如图 2-5-22 所示。

2. 电气连接器

电气连接器是执行列车之间电路自动连通和分解的功能模块，随机械钩头的自动连挂和解钩作用，实现两列车电气线路的自动连挂和分离。电气连接器如图 2-5-23 所示。

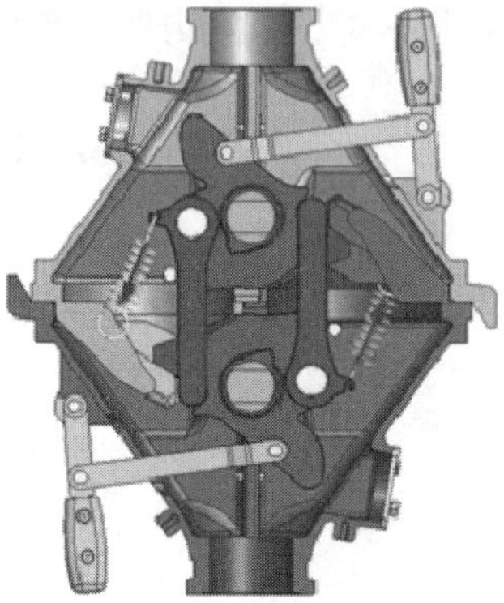

图 2–5–21 机械钩头连挂状态

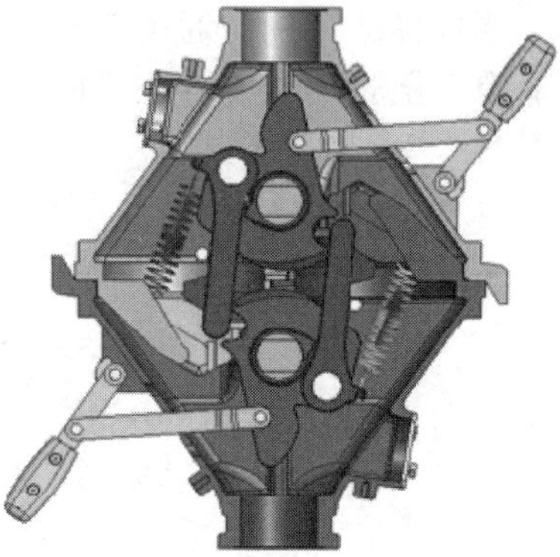

图 2–5–22 机械钩头解钩状态

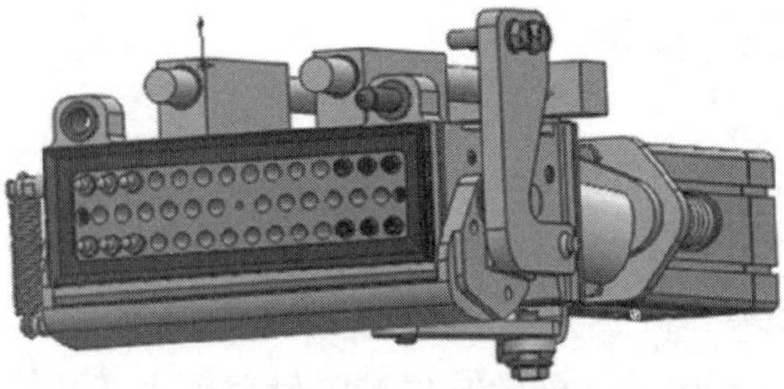

图 2–5–23 电气连接器

当车钩处于待连挂状态时，电气连接器在推送气缸的作用下，处于回缩状态，电气连接器防雨前盖正常关闭。

当车钩连挂时，首先完成机械车钩的连挂，机械车钩连挂完成后，触发电气连接器的连挂，气缸将电气连接器向前推出，同时电气连接器防雨前盖打开，电气连接器连挂面紧靠在一起实现连挂。

当车钩分解时，首先进行电气连接器的分解，电气连接器在气缸的作用下回退，同时电气连接器防雨前盖关闭，然后进行机械车钩的分解。

3. 集成式控制系统

全自动车钩设有基于二位五通阀的集成式控制系统，通过控制系统来判断车钩机械连挂和气路连通的反馈，并将反馈转变为输入信号，以此控制气路的连挂与分解。

气路连接反馈部分集成在 MRP 阀的 V1 上，通过判断 V1 前后腔体有无压力来确定气路部分是否连通，V1 是主风管连接器，具有自开闭结构，连接器未连接时，阀口处于关闭状态，阀体后端腔体有压力气体时，前端腔体通往大气，没有压力，连接器被连接后，阀口被打开，阀体后端腔体内的压力气体到达阀体前端，压力气体通往对面车体的同时也通过管路送往气动控制单元，使气动控制单元得到气路连通的反馈信号。

全自动钩缓装置连挂系统钩体上装有解钩风管连接器 V7。解钩风管连接器 V7 用于自动解钩操作时的解钩供风管路连接，解钩风管连接器为直通式的，没有自动连通和关闭功能。

气动控制原理图如图 2–5–24 所示。气动控制单元部分实际为一个集成气动控制阀，主要由手动截止阀 V2 和 V5、两位五通阀 V3、V4 和单向节流阀 V6 构成，通过内部的管路连接，形成逻辑控制关系。气动控制单元在接收到气路连通和机械连挂的反馈压力信号时，改变压力气体方向，将压力气体送往推送风缸 C2 后端，使电气车钩推出连挂；在接收到解钩压力信号时，改变压力气体方向，将压力气体送往推送风缸前端，使电气车钩缩回。气动控制单元通过内部的单向节流阀 V6，可以控制电气推送风缸的排气速度，从而控制电气车钩的推出速度，使电气车钩能够以设计的速度推出进行连挂，避免因速度过快导致电气车钩损坏。在电气车钩需要检修及手动操作时，气动控制单元能够通过手动截止阀将控制系统隔离，人工进行电气车钩连挂与分解的操作，为检修提供方便。

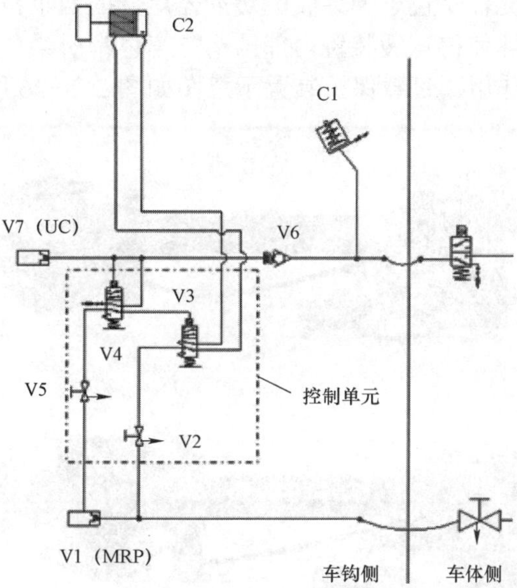

V1—主风管连接器；V2—手动截止阀；V3—单气控两位五通阀；V4—单气控两位五通阀；V5—手动截止阀；V6—单向阀；V7—解钩风管连接器；C1—解钩风缸；C2—推送风缸

图 2-5-24　气动控制原理图

电路连挂反馈部分由串联的两位五通阀 V3 和 V4 与推送机构构成。在进行全自动车钩解钩时，推送机构压缩 V3 和 V4，使 V3 和 V4 处于压缩位，连通通往解钩风缸的气路。因为 V3 和 V4 为串联状态，所以只有在 V3 和 V4 都被压缩时才能连通解钩气路。在电气车钩连挂时，电路连挂反馈功能可确保机械连挂不会被气动解钩，只有在确认电气车钩缩回时才能进行气动解钩。

4. 缓冲装置

缓冲装置由压溃管和缓冲器组成，当钩缓装置受到牵引或压缩时，载荷通过车钩头与压溃管传递至缓冲器牵引杆，牵引杆将带动内筒及拉压转换板对缓冲器进行压缩，从而吸收纵向冲击能量。

全自动钩缓装置的压溃装置采用膨胀式压溃管。压溃管具有较大的能量吸收能力，当列车在运行或连挂过程中发生碰撞，钩缓装置受到的纵向载荷大于设定值时，压溃管就发生作用产生塑性变形，最大限度吸收冲击能量，以达到保证车上人身安全和保护车辆设备的目的。压溃装置上部设置了一个触发判断的指示销，当压溃管触发时，指示销被剪断，由此来判断压溃管触发。图 2-5-25 为膨胀式压溃装置。

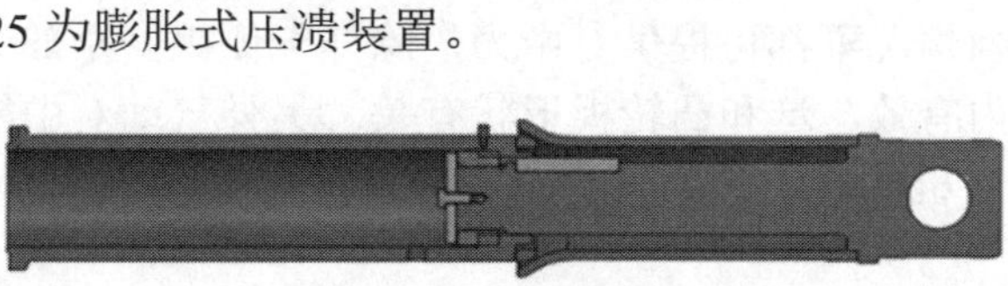

图 2-5-25　膨胀式压溃装置

在正常使用中，钩缓装置在牵引工况时，牵引载荷会通过压溃装置内部的刚性连接来传递，变形元件不受影响；在压缩工况时，钩缓装置载荷远低于压溃装置设定值，变形元件不发生动作，压缩能量由缓冲器来吸收。

5. 过载保护装置

过载保护装置的关键元件是位于弹性胶泥缓冲器尾部的四个拉断螺栓，其作用是通过四个拉断螺栓自身的断裂破坏使得钩缓装置内部结构与车体牵引梁分离，从而使受冲击车辆的防爬器和车体吸能区发挥作用。过载保护装置示意图如图 2–5–26 所示。

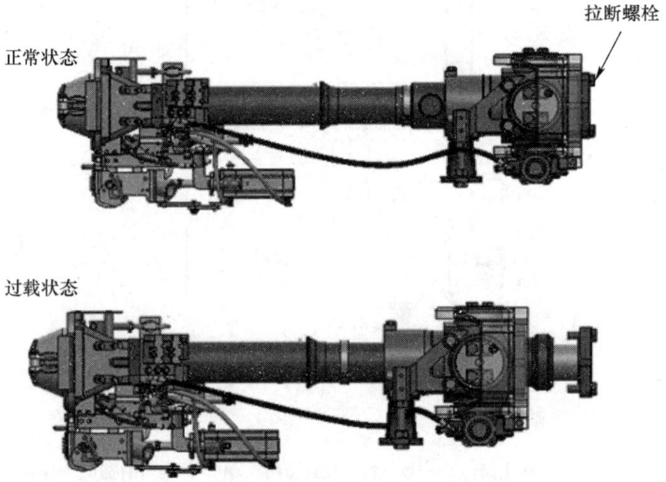

图 2–5–26　过载保护装置示意图

图 2–5–27　拉断螺栓

当钩缓装置受到的冲击载荷大于拉断螺栓设计的触发力值时，拉断螺栓（见图 2–5–27）会发生破坏断裂，导致端盖与缓冲器壳体分离，缓冲器芯子及压溃管会滑入缓冲器壳体内部，即车钩头向后方退行，实现过载功能。

6. 对中装置

常见的车钩对中方式有两种：机械对中（以碟簧变形为主提供对中力）和气动对中（通过气体压力提供对中力）。

两种不同对中方式的相同点是两种形式最后都是把碟簧力或者气体压力通过活塞传递到凸轮板上。

两种不同对中方式的不同点如下。

（1）气动对中在单钩状态下有效，车钩连挂后气动对中作用失效，一般会在前端通过一个控制阀来控制其状态，在单钩状态下可以随时取消其对中，便于维修，但这也是一个故障点，一旦漏气失去对中功能则需要车辆下线或者采取某种手段以保证车钩不会来回摇摆。

（2）机械对中在任何情况下都可提供对中力，除非一侧碟簧全部失效。气动对中和机械对中都在一定对中角度内有效，这和凸轮板形状有关。另外气动对中能否达到最大角度还受到车辆提供的气压控制；机械对中效果只和碟簧是否损坏有关。对中装置原理如图 2–5–28 所示。

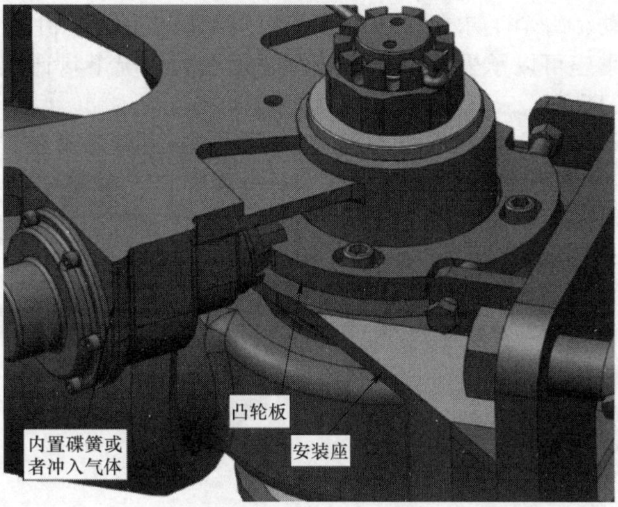

图 2-5-28　对中装置原理

（二）半自动车钩

半自动车钩的连挂系统同全自动车钩相比，机械钩头部分及缓冲系统与全自动车钩类似，采用了外带解钩杆解钩方式，取消了气动解钩功能，其安装吊挂系统具有自动对中功能及自撑功能。半自动车钩结构图如图 2-5-29 所示。

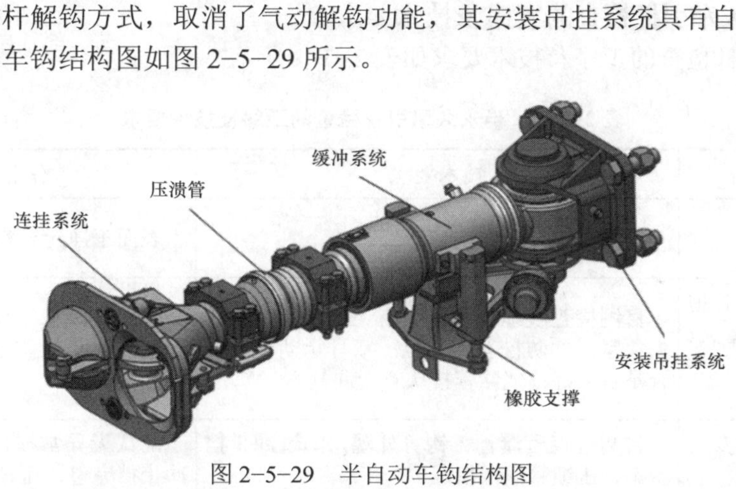

图 2-5-29　半自动车钩结构图

带压溃装置半永久车钩和带缓冲器半永久车钩的连挂由专用的连接卡环通过 4 个专用螺栓连接，可以保证连接环节完全消除纵向间隙。连接及分解操作由人工完成。连接卡环结构可靠，安装方便，拆卸也非常容易。连接卡环如图 2-5-30 所示。

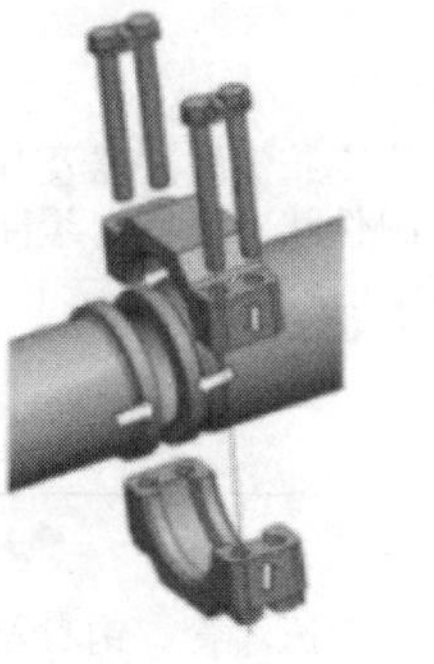

图 2-5-30　连接卡环

（三）半永久牵引杆

半永久牵引杆取消了风路和电路的连接，风路和电路的连接只能依靠手动连接，不同种类的车辆所安装的半永久牵引杆的结构可能有所不同，但连接原理是一致的。

半永久牵引杆用于同一单元内车辆之间的编组，使之编组成单元。列车单元在运行过程中一般不需要分解，通常只在维修时才分解。当两车连挂时即形成刚性连接，连接间隙最小，垂向运动和转动也很小。这样的连接形式可以保证在列车出轨时，车辆之间仍然可以保持相对位置，预防车辆重叠和颠覆，减少列车启动及制动时的冲动。每个半永久牵引杆上均有贯穿道支承座，用于车辆运行过程和解钩之后支承贯穿道。支承座可以承受车辆正常运行时超员的情况下贯通道所承受的载荷。半永久牵引杆如图 2–5–31 所示。

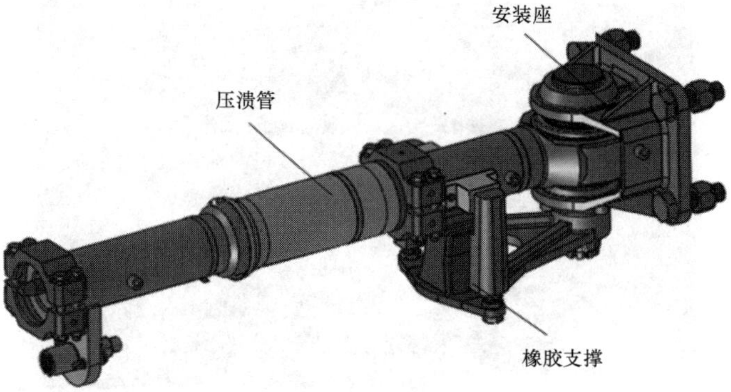

图 2–5–31　半永久牵引杆

七、密接式车钩技术状态检查

（一）半永久牵引杆检查的工序及技术要求

半永久牵引杆检查的工序及技术要求如表 2–5–2 所示。

表 2–5–2　半永久牵引杆检查的工序及技术要求

检查内容及工序	技术要求	作业标准
初步清洁	（1）用乐泰 7070 进行清洁； （2）用无纺布擦拭车钩表面	表面干净无异物
检查半永久牵引杆抱箍、气路管接头和管夹、电缆，接地线状态及各紧固件等	目测检查线缆、线缆夹有无异常、有无缺失；紧固件防松有无错位；双耳止动垫片贴合是否良好；气路管接头有无漏气	无异常损伤，使用测漏剂检查有无漏气；确认防松标记无错位，卡环润滑良好
检查压溃管、钩身及橡胶件	目测检查压溃管、钩身外观，防过冲止挡状态，压馈管润滑情况	确认无异常损伤，无变形，防过冲止挡完整，压馈管润滑良好
检查胶泥缓冲器及其紧固件状态，润滑缓冲器牵引杆裸露处	（1）检查缓冲器牵引杆裸露处外观、润滑状态； （2）目测固定螺栓和双耳止动垫片状态； （3）使用工装测量卡环与外挡环螺母的间隙	（1）确认缓冲器牵引杆裸露处润滑良好，无掉漆； （2）确认胶泥缓冲器固定螺栓防松标记无错位，双耳止动垫片贴合良好； （3）卡环与外挡环螺母的间隙在测量工装标准范围（45～105 mm）内
检查压溃管、钩身及橡胶件，并润滑压溃管	（1）先用无纺布、乐泰 7070 清洁，清洁后用 TOP 2000 润滑压溃管； （2）检查电缆线、风管、压溃管防过冲止挡； （3）疏通抱箍圆孔	确认无异常损伤，无变形；确认防过冲止挡完整，压溃管润滑良好
润滑卡环孔及车钩旋转轴	（1）先用无纺布、乐泰 7070 清洁； （2）清洁后用 TOP 2000 润滑卡环、转轴	（1）确认润滑状态良好； （2）确认下部卡环孔未堵塞

（二）全自动车钩状态检查的工序及技术要求

全自动车钩状态检查的工序及技术要求如表 2–5–3 所示。

表 2–5–3　全自动车钩状态检查的工序及技术要求

检查内容及工序	技术要求	作业标准
初步清洁	（1）用乐泰 7070 进行清洁； （2）用无纺布擦拭车钩表面； （3）目视检查钩头锥体配合的滑动表面有无明显破损，钩头表面是否有一层润滑油	确认表面干净，无异物，润滑良好
检查全自动车钩抱箍、电缆、气路管接头和管夹、接地线状态及各紧固件等	（1）检查线缆、线缆夹有无异常、有无缺失；紧固件防松有无错位，双耳止动垫片贴合是否良好；气路管接头有无漏气； （2）检查二位五通阀和其他气路管的密封性，将漏点测试剂均匀喷涂在阀体连接处、各气路管接口处，检查各部位是否有明显气泡产生	（1）确认线缆、线缆夹无异常、无缺失，紧固件无错位，双耳止动垫片贴合良好，卡环润滑良好，使用测漏剂检查无漏气； （2）确认无漏气
检查压溃管、钩身及橡胶件，并润滑压溃管	（1）目测检查压馈管钩身、防过冲止挡； （2）压馈管内涂抹一层油脂将其覆盖	（1）确认无异常损伤，无变形，确认压溃管状态良好； （2）确认润滑良好
检查风管连接器、解钩管连接器，并清洁风管连接器、解钩管连接器及电气连接器的导向杆	（1）目测检查有无异常损伤，密封圈有无损坏，连接器及导向杆是否干净，有无异物； （2）检查电气连接器手动推送功能，将 V2 阀隔离，操作电气连接器手动推送装置，手动打开电器连接器盒	（1）确认各连接器状态良好，位置正确； （2）确认电气连接器可以手动推出，电器连接器盒可以手动打开
检查解钩手柄功能、钩舌及拉簧状态，润滑工作部位	拉动拉绳，转动钩舌联动；检查钩舌和拉簧有无损伤，检查润滑钩头工作部位	确认转动灵活，钩舌联动正常，润滑良好，部件上形成均匀油脂薄膜
检查内置拉断式钩缓装置及其紧固件状态	目测内置拉断式钩缓装置固定螺栓	确认防松标记无错位，双耳止动垫片贴合良好
检查软管外观及管接头的密封性	目测气管连接，耳听有无漏气声	确认气管连接良好，无漏气声
润滑钩头凸凹锥、连挂杆、钩舌的工作部位，以及电气连接器导向锥及翻盖转臂	（1）用 TOP 2000 润滑钩头锥体配合的滑动表面及钩头零件； （2）用 TOP 2000 润滑钩头钩锁中心枢轴支承套，润滑钩板凹槽； （3）用 TOP 2000 润滑电气连接器转动部件； （4）用 TOP 2000 润滑电气连接器手动推送装置活动部件； （5）用 TOP 2000 润滑推送气缸的外部弹簧	确认润滑良好
润滑卡环孔、胶泥缓冲器和车钩旋转轴	先用无纺布、乐泰 7070 清洁，清洁后用 TOP 2000 润滑卡环、转轴	确认润滑状态良好，下部卡环孔未堵塞
检查车钩表面、凸锥和凹锥的防腐涂层	（1）目测车钩表面、凸锥和凹锥的防腐涂层有无破损，有无生锈现象； （2）对破损涂层用砂纸打磨至平整； （3）使用油漆对破损面进行修补	确认涂层无损坏

（三）半自动车钩状态检查的工序及技术要求

半自动车钩状态检查的工序及技术要求如表 2–5–4 所示。

表 2–5–4　半自动车钩状态检查的工序及技术要求

检查内容及工序	技术要求	作业标准
初步清洁	（1）用乐泰 7070 进行清洁； （2）用无纺布擦拭车钩表面	确认表面干净无异物
检查半自动车钩抱箍、电缆、气路管接头和管夹、接地线状态及各紧固件等	目测检查线缆、线缆夹有无异常，有无缺失，紧固件防松有无错位，双耳止动垫片贴合是否良好；检查气路管接头有无漏气	确认无异常损伤，防松标记无错位，卡环润滑良好；管接头使用测漏剂检查确认无漏气
检查压溃管、钩身及橡胶件，并润滑压溃管	（1）目测检查压馈管钩身、防过冲止挡； （2）压馈管内涂抹一层油脂将其覆盖	（1）确认无异常损伤，无变形，压溃管状态良好； （2）确认润滑良好
检查胶泥缓冲器状态	（1）检查缓冲器牵引杆裸露处外观、润滑状态； （2）目测固定螺栓和双耳止动垫片状态	（1）确认缓冲器牵引杆裸露处润滑良好，无掉漆； （2）确认胶泥缓冲器固定螺栓防松标记无错位，双耳止动垫片贴合良好
检查软管外观及管接头的密封性	（1）检查软管外观有无破损、鼓包；耳听连接处有无漏气声； （2）将漏点测试剂均匀喷涂在各气路管接口处，检查各部位是否有明显气泡产生	确认无异常损伤，无漏气
检查两车钩连挂指示器状态	目测检查两车钩指示器状态是否重合	确认红色指示槽互相重合，无错位现象
润滑卡环孔、胶泥缓冲器和车钩旋转轴	（1）用乐泰 7070 进行清洁； （2）用无纺布擦拭表面； （3）轮滑环孔、胶泥缓冲器和车钩旋转轴	确认卡环孔、胶泥缓冲器和车钩旋转轴状态良好

任务工作单

计划：根据任务情境制定车钩状态检查作业方案	
学生了解车钩状态检查作业任务情境，各小组成员汇总车钩状态检查作业所需要的资料，根据任务单的要求，确定完成任务所需要准备的材料，制定完成任务情况的计划并准备进行讨论	
一、作业任务单	
任务情境：某日某时，××地铁××车辆段检修工对全自动密接式车钩进行状态检查作业	
作业过程	任务情境
1	设置防护信号
2	初步清洁
3	检查全自动车钩抱箍、电缆、气路管接头和管夹、接地线状态及各紧固件等
4	检查压溃管、钩身及橡胶件，并润滑压溃管
5	检查风管连接器、解钩管连接器，并清洁风管连接器、解钩管连接器及电气连接器的导向杆

6	检查解钩手柄功能、钩舌及拉簧状态，润滑工作部位
7	检查内置拉断式钩缓装置及其紧固件状态
8	检查软管外观及管接头的密封性
9	润滑钩头凸凹锥、连挂杆、钩舌的工作部位，以及电气连接器导向锥及翻盖转臂
10	润滑卡环孔、胶泥缓冲器和车钩旋转轴
11	检查车钩表面、凸锥和凹锥的防腐涂层
12	撤除防护信号
13	填写记录单

二、个人计划

决策：确认完成××地铁××车辆段全自动密接式车钩状态检查作业计划

小组成员进行任务分工，分小组讨论每位成员完成的任务。每组选派一位成员在各组交流任务实施计划，每位成员完善任务实施计划

小组成员	任务分工

小组内讨论的结果：

小组间讨论的结果：

任务执行过程中出现的问题及应急情况的处理：

实施：××地铁××车辆段全自动密接式车钩状态检查作业

一、总结教师发放的任务情境所需要的信息

根据任务情境，完整记录任务情境实施过程，小组成员互检任务实施正确性，将记录的内容提交给指导教师，请求给予指导、评价。

任务情境实施过程记录：

二、完成指导教师提出的补充问题

任务评估

<table>
<tr><td colspan="3">检查与评价</td></tr>
<tr><td colspan="3">一、知识与技能掌握情况评价参考标准</td></tr>
<tr><td>评价标准</td><td colspan="2">评价权重（80%）</td></tr>
<tr><td>1. 能够准确识别车钩缓冲装置的各部件</td><td colspan="2">20</td></tr>
<tr><td>2. 能够掌握车钩的各工作状态</td><td colspan="2">10</td></tr>
<tr><td>3. 会对车钩缓冲装置部件进行检查</td><td colspan="2">30</td></tr>
<tr><td>4. 能够准确描述车钩各部件故障状态</td><td colspan="2">20</td></tr>
<tr><td colspan="3">二、综合素质评价参考标准</td></tr>
<tr><td>评价标准</td><td colspan="2">评价权重（20%）</td></tr>
<tr><td rowspan="4">能协同开展工作，准确、清晰地进行信息沟通</td><td colspan="2">不及格</td></tr>
<tr><td colspan="2">及格</td></tr>
<tr><td colspan="2">良好</td></tr>
<tr><td colspan="2">优秀</td></tr>
<tr><td rowspan="4">分工合理，能进行标准化作业</td><td colspan="2">不及格</td></tr>
<tr><td colspan="2">及格</td></tr>
<tr><td colspan="2">良好</td></tr>
<tr><td colspan="2">优秀</td></tr>
<tr><td colspan="3">三、思政要素评价参考标准</td></tr>
<tr><td>评价依据</td><td colspan="2">评价权重
（一票否决）</td></tr>
<tr><td>严守铁路法律法规，具有高度的安全意识，严格遵照作业标准完成任务，精益求精、认真履职</td><td>不合格</td><td>合格</td></tr>
</table>

任务六　轨道车辆制动控制装置检修

任务目标

1. 知识目标

- 掌握制动控制装置的基本结构；
- 理解电空转换阀、中继阀等核心阀件的基本作用。

2. 技能目标

- 掌握制动控制装置的基本结构；
- 会进行制动控制装置检修的规范操作；
- 能够识别制动控制装置中的各阀件。

学习活动建议

学习活动	内容	建议学时
自学内容及相关知识点	1. 轨道车辆制动系统的基本构成 2. 轨道车辆制动系统的基本工作原理 3. 轨道车辆制动的类型及发展趋势	课前
计划	根据任务目标，结合制动系统检修流程、检修要点及检修注意事项，正确分组，选择检修工具	课中（4 学时）
决策	通过小组交流及教师指导，正确分工	
实施	根据具体制动控制装置的情况，严格按照流程完成制动控制装置检修作业	
	正确填写检修单据，小组成员互检后提交指导教师评估	
检查与评价	完成自我评价、小组评价、教师评价	
完善与拓展	拓展学习其他类型制动控制装置检修作业的相关知识与技能	课后

任务相关知识点

一、制动系统简介

动车组制动系统是一个能提供强大制动能力并能更好地利用黏着的复合制动系统，其包含多个子系统，主要有电制动系统、空气制动系统、防滑装置和制动控制系统等。动车组由于采用的是电空混合制动，因此动车组制动系统是由电制动和空气制动两种方式复合而成的，而对于空气制动，则分为风源系统、基础制动、制动控制系统三部分。

动车组的制动类型按照功能可以分为以下几种。

（一）常用制动

常用制动是保障列车正常运营时所施加的制动方式，作用比较缓和，冲击较小，制动力较小，低级位时一般只有电制动施加。常用制动一般分为若干个级位，也有无级控制的。

常用制动最重要的作用就是服务于载客运营，因此保障制动的舒适性是其最重要的特性。常用制动都有冲击控制，一般限制制动减速度的变化率不高于 0.75 m/s^3，列车可以平稳减速。同时常用制动也会最大限度地利用电制动，起到环保节能的作用，但是在制动安全性方面，常用制动不够安全，当列车由于安全问题需要进行制动停车时，一般不会采用常用制动。

（二）快速制动

快速制动是列车出现紧急情况，需要立即停车时所施加的制动，制动系统会在制动能力范围内施加最大的制动力，一般也为电空混合制动。快速制动的核心特点是保障列车在最短距离内停车。

（三）紧急制动

紧急制动为列车处于紧急情况下所施加的制动，与快速制动类似，但是紧急制动的作用方式是单独的气路，作为制动冗余的安全保障，同时紧急制动只有空气制动，无电制动。紧急制动被认为是列车运行安全的最后一道屏障。

（四）保持制动

保持制动是保障列车在站台停靠以及起动时不溜车所设置的一种制动方式。

当站台有一定坡道，列车停靠时如果不施加制动就会有后溜的风险。设置保持制动后，列车停靠站台，自动会施加保持制动，一直到列车起动，施加牵引，并且牵引力达到一定程度，保持制动才会自动缓解，保障列车起步时不会出现后溜。

（五）停放制动

停放制动是保障列车在库长时间停放不溜车所设置的一种制动方式。停放制动可以利用专门的弹簧停放装置使基础制动装置动作，也可将铁靴放在车轮踏面下阻止列车运行，从而起到停放制动的作用。

二、制动控制装置结构

制动控制装置是整个制动系统的核心控制部件，其核心作用是根据制动指令，计算并控制产生相应的空气压力，输出至基础制动装置。不同类型的轨道车辆，在制动指令的形式、制动力计算的方法、空气压力的调节方式上存在一些差异。CRH380AL 动车组制动控制装置布置如图 2-6-1 所示。

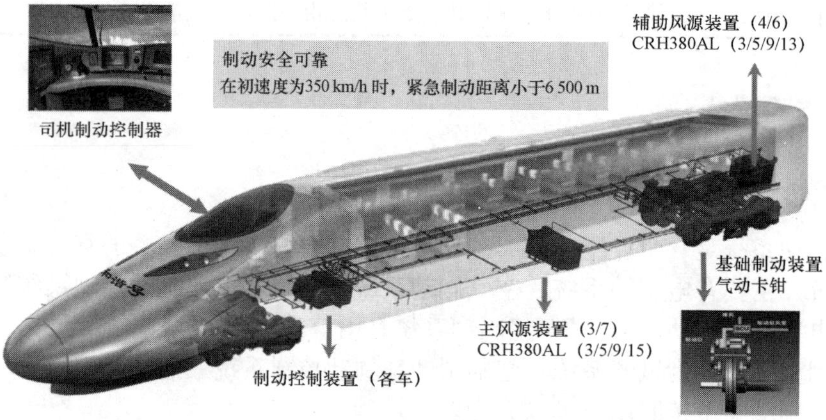

图 2-6-1　CRH380AL 动车组制动控制装置布置

动车组制动控制装置主要分为 3 部分：气动制动控制模块、电子制动控制模块、风缸模块。

气动制动控制单元（PBCU）主要包括电空转换阀、中继阀、电磁阀、调压阀等，主要实现气路的控制。从风源系统输入压缩空气，然后根据电气的制动指令，变换产生相对应压力的压缩空气，并放大流量保证与基础制动装置的匹配。

电子制动控制单元（EBCU）的主要作用是解析该制动指令，同时参照列车此时的运行速度、车重信息，来计算此时列车需要施加多少制动力，然后再根据电制动的能力，确定是否需要补充空气制动，以及补充多少空气制动，并以电气信号形式输出至电空转换阀。同时 EBCU 还具有制动系统监控诊断、防滑控制等功能。

风缸模块主要包括总风缸、制动风缸和控制风缸，主要存储动车组各系统所需的压缩空气。

（一）外观结构

CRH380A 动车组制动控制装置外观如图 2-6-2 所示。制动控制装置安装在动车组车下设备舱中，图中 A 为安装孔，通过该孔制动控制装置吊挂在车辆底架下。图中 B 为风缸模块，包括总风缸和制动风缸，两个风缸集成在一起。图中 C 为下护板，该下护板与动车组设备舱下护板平齐，用于保护上部风缸模块、制动控制模块等设备。图中 D 为 3 个蝶形的排水旋塞，用于检修人员定期排出各风缸中可能存在的积水。图中 E 为控制风缸，用于为动车组各控制系统提供压缩空气。图中 F 为制动控制模块，包括气动控制模块和电子控制模块，都集成在密封箱中。

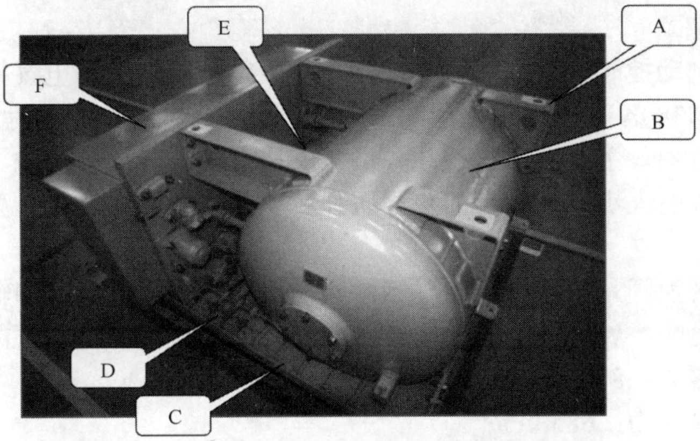

A—安装孔；B—风缸模块；C—下护板；D—3 个蝶形的排水旋塞；E—控制风缸；F—制动控制模块

图 2-6-2　CRH380A 动车组制动控制装置外观

（二）制动控制模块

制动控制模块的内部结构如图 2-6-3 所示，其包含 A 区、B 区、C 区 3 个部分。A 区为气动制动控制模块，包括电空转换阀、中继阀、调压阀、截断塞门、压力开关，以及背后的气路板等部件；B 区为电子制动控制模块，核心是 EBCU，还包含一些对外的电气连接器；C 区为与车辆连接的管路接口，包括 MR 总风接口、BC 制动压力接口、UB 紧急制动压力接口、AS 空簧压力接口等。

图 2-6-3　制动控制模块的内部结构

制动控制模块内部各气动阀件的名称如图 2-6-4 所示。

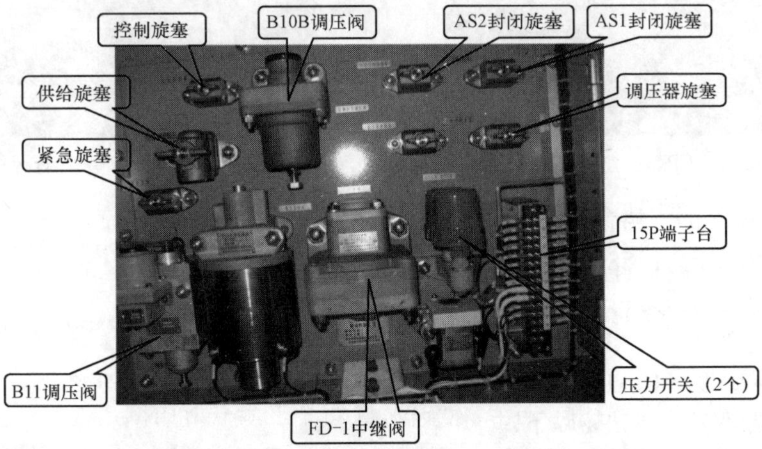

图 2-6-4　制动控制模块内部各气动阀件的名称

（三）电空转换阀

电空转换阀是制动控制气路中的核心阀件，其核心功能是根据电气指令信号来实现对空气压力的调节。CRH380A 动车组中采用的是模拟式电空转换阀，型号为 EPLA。电空转换阀安装在制动控制装置中，主要由电磁线圈、供气阀和供排气阀杆等构成。通过改变线圈中的电流，可控制电磁力的大小，使输出的空气压强实现无级调节。EPLA 型电空转换阀外形如图 2-6-5 所示。

EPLA 型电空转换阀是一种专用电磁阀，其输入量（线圈电流）和输出量（空气压力）的数值都是连续变化的，属于模拟型控制部件。EPLA 型电空转换阀的主要参数如下。

（1）最高使用压力：880 kPa；

（2）最高输出侧压力：685 kPa；

（3）输入电流：0～650 mA。

（四）中继阀

中继阀是一种流量放大阀，其只具备流量放大作用，不具备压力调节的功能。正常情况下，中继阀会将接收到的电空转换阀或紧急电磁阀输出的压力信号进行流量放大，然后输出至制动缸，实现制动的施加。同时中继阀有排气功能，能够将制动缸中多余的压缩空气排出，实现制动缓解功能。

根据结构不同，中继阀分为单膜板和双膜板两种。目前 CRH380A 动车组采用的是双膜板结构，型号为 FD-1；而在其他动车组中均采用的是单膜板结构。FD-1 型中继阀外形如图 2-6-6 所示。

图 2-6-5　EPLA 型电空转换阀外形

图 2-6-6　FD-1 型中继阀外形

FD-1 型中继阀的规格参数如下。

（1）最高使用压力：880 kPa；

（2）最高输出侧压力：700 kPa；

（3）上升灵敏度：30 kPa 以下；

（4）供给灵敏度：10 kPa 以下；

（5）排气灵敏度：15 kPa 以下。

三、制动控制装置检查操作

制动控制装置检查操作如表 2-6-1 所示。

表 2-6-1　制动控制装置检查操作

作业过程	各站任务情境
1	1. 作业前准备； 2. 作业工装：无； 3. 作业工具：手电筒、棘轮扳手； 4. 作业材料：无； 5. 注意事项： （1）作业人员在维修作业期间应遵守各种安全规定； （2）作业人员必须始终穿着带有橡胶鞋底的绝缘鞋，并穿戴所从事工作要求的防护服和携带其他与人身安全相关的装备等
2	作业准备： （1）清单中的工具和作业材料； （2）插设安全防护号志
3	断电检查： （1）检查下护板周边外观状态是否良好，有无破损，有无裂纹； （2）检查制动控制装置外观状态是否良好，安装螺栓是否紧固良好，防松标记有无错位； （3）检查空气管路接口外观有无异常，用手感觉各配管有无漏气； （4）检查总风管、制动管等各空气管路外观有无异常，手感接口有无漏气； （5）目视检查主风缸、供给风缸、控制风缸本体、配管外观有无异常，耳听检查是否漏气； （6）目视检查安全阀铅封状态是否良好； （7）目视检查制动控制装置配线外观是否良好、有无破损，配线连接器安装状态是否良好，有无松动； （8）打开制动控制装置盖板； （9）检查阀类、调压器、气压开关的外观有无异常、安装状态是否良好，有无松动，防松标记有无错位，用手感觉各部件有无漏气； （10）检查端子排安装状态是否良好，各接线端子连接是否良好，有无松动
4	上电检查： （1）将主控钥匙拧到 ON，制动手柄拔取到快速位。列车 DC 110 V 正常上电； （2）紧急制动缓解，首先保证司机制动手柄位于“快速”位，然后按下“紧急制动缓解”按钮并持续 4 s 以上，此时查看 MON 屏，确认无紧急制动
5	作业完成：作业完毕后，应做到“工完料净场地清”

任务工作单

计划：根据任务情境制定制动控制装置检修作业方案
1. 学生了解制动控制装置检修作业任务情境，各小组成员汇总不同检修作业方式所需要的具体资料。 2. 指导教师随机指定各小组要完成的任务情境，分配不同修程下检修人员的具体操作。各组根据任务工作单的要求，以列表方式提出进一步要搜集的信息，确定完成任务所需要准备的材料，制定完成任务情境的计划并准备进行讨论

一、作业任务单

任务情境：轨道车辆制动控制装置检修

作业过程	任务内容
1	作业前准备
2	断电检查。检查制动控制装置、各风缸、各阀件的外观及安装状态，连接器、配线、端子排的连接状态等
3	上电检查，检查制动系统上电后的工作状态
4	作业完成：作业完毕后，应做到“工完料净场地清”

二、个人计划

决策：确认完成制动控制装置检修作业工作计划

小组成员进行任务分工，分小组讨论每位成员完成的任务。每组选派一位成员在各组交流任务实施计划，每位成员完善任务实施计划

小组成员	任务分工

小组内讨论的结果：

小组间讨论的结果：

任务执行过程中出现的问题及应急情况的处理：

实施：完成制动控制装置检修作业相关工作

一、总结教师发放的任务情境所需要的资料

根据任务情境，完整记录任务情境实施过程，小组成员互检任务实施正确性，将记录的内容提交给指导教师，请求给予指导、评价。

任务情境实施过程记录：

二、完成指导教师提出的补充问题

任务评估

<table>
<tr><td colspan="3">检查与评价</td></tr>
<tr><td colspan="3">一、知识与技能掌握情况评价参考标准</td></tr>
<tr><td>评价标准</td><td colspan="2">评价权重（80%）</td></tr>
<tr><td>1. 熟悉制动控制装置各主要设备的名称</td><td colspan="2">10</td></tr>
<tr><td>2. 会按照顺序进行制动控制装置外观的基本检查</td><td colspan="2">50</td></tr>
<tr><td>3. 会进行车辆基本上电操作</td><td colspan="2">20</td></tr>
<tr><td>4. 会进行紧急制动缓解操作</td><td colspan="2">20</td></tr>
<tr><td colspan="3">二、综合素质评价参考标准</td></tr>
<tr><td>评价标准</td><td colspan="2">评价权重（20%）</td></tr>
<tr><td rowspan="4">能协同开展工作，准确、清晰地进行信息沟通</td><td colspan="2">不及格</td></tr>
<tr><td colspan="2">及格</td></tr>
<tr><td colspan="2">良好</td></tr>
<tr><td colspan="2">优秀</td></tr>
<tr><td rowspan="4">分工合理，能进行标准化作业</td><td colspan="2">不及格</td></tr>
<tr><td colspan="2">及格</td></tr>
<tr><td colspan="2">良好</td></tr>
<tr><td colspan="2">优秀</td></tr>
<tr><td colspan="3">三、思政要素评价参考标准</td></tr>
<tr><td>评价依据</td><td colspan="2">评价权重
（一票否决）</td></tr>
<tr><td>严守铁路法律法规，具有高度的安全意识，严格遵照作业标准完成任务，精益求精、认真履职</td><td>不合格</td><td>合格</td></tr>
</table>

任务七　轨道交通车辆制动系统的基本操作

任务目标

1. 知识目标

- 掌握 EBCU 的基本结构和功能；
- 了解防滑系统的基本构成。

2. 技能目标

- 会进行紧急制动缓解操作；
- 会进行制动故障代码读取等基本操作；
- 会进行防滑自检操作。

学习活动建议

学习活动	内容	建议学时
自学内容及相关知识点	1. 电子制动控制单元 2. 电子制动控制单元操作	课前
计划	根据任务目标，结合制动系统基本操作流程及注意事项，正确分组、选择检修工具	课中 （2 学时）
决策	通过小组交流及教师指导，正确分工	
实施	根据具体制动系统基本操作的情况，严格按照流程完成制动系统操作作业	
	正确填写检修单据，小组成员互检后提交指导教师评估	
检查与评价	完成自我评价、小组评价、教师评价	
完善与拓展	拓展学习其他类型制动系统基本操作作业的相关知识与技能	课后

任务相关知识点

一、电子制动控制单元

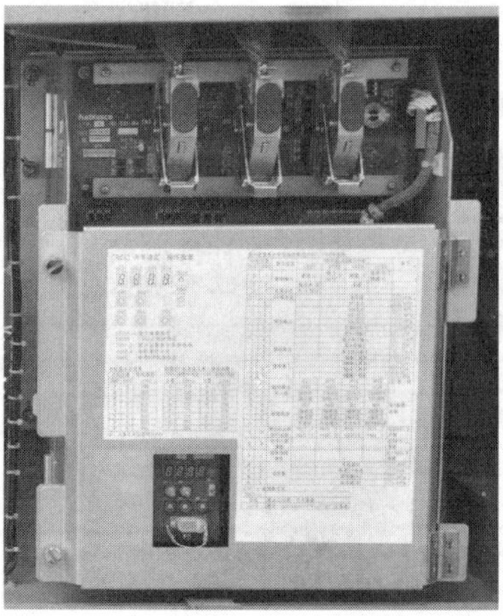

图 2–7–1　EBCU

电子制动控制单元（electronic brake control unit，EBCU）安装在各车制动控制装置内，用于制动力的计算和控制。另外 EBCU 还具有滑行控制功能。对空气制动滑行使用防滑阀控制各轴，对电制动滑行通过调节再生请求来进行滑行轴的再黏着控制。

EBCU 安装在制动控制装置内的气路板上。通过气路板的压力端口提供各种空气压力、再由压力传感器进行空电转换。

EBCU 内部印刷电路板根据不同的功能分为六块，即电源板（PS）、主板（CPU）、接口板（I/F）、通信板（MRC3）、防滑板（SKID）和显示板（DSP）。这些印刷电路板通过制动控制器前面的连接器（CN1、CN2、CN3）与车辆安装侧连接。EBCU 如图 2–7–1 所示。

二、电子制动控制单元操作

在制动控制器前面配有各种开关及 LED 显示器。根据这些开关的切换来设定控制内容，并在 LED 显示器上显示控制信息，以确认动作状况等。操作非常便利。

EBCU 供电后，LED5 闪烁。这表示 EBCU 状态正常。

设定 SW1= ‘0’、SW2= ‘0’（通常位置）后，制动控制器检测出故障时，将在 LED2～LED4 上交替显示 ‘Err’ 及 ‘故障代码’。若要消除此 ‘Err’，在 SW1=9、SW2=9 位置上清除故障存储。

EBCU 开关布置如图 2–7–2 所示。

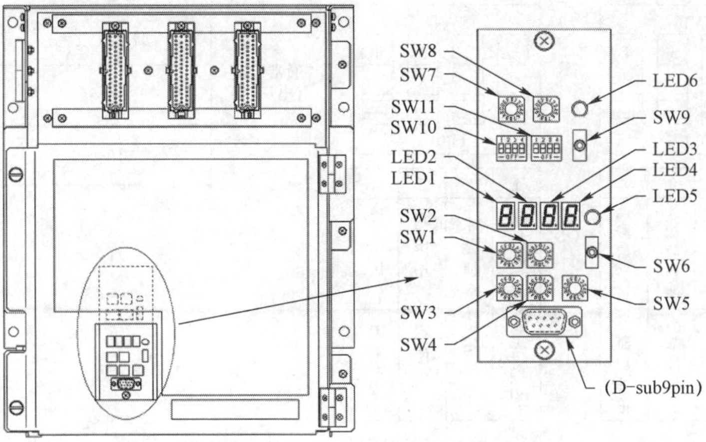

图 2-7-2　EBCU 开关布置

（一）旋转开关、滑动开关的设定

用制动控制器前面的 SW3～SW5、SW10、SW11，可以设定表 2-7-1、表 2-7-2 和图 2-7-3 所示的控制内容。

表 2-7-1　旋转开关 SW3、SW4

旋转开关位置		车轮直径/mm
SW3	SW4	
7	9	790
8	0	800
8	1	810
8	2	820
8	3	830
8	4	840
8	5	850
8	6	860

表 2-7-2　旋转开关 SW5

SW5 位置	耐雪 EP 电流/mA（BC 压力参考值/kPa）	SW5 位置	耐雪 EP 电流/mA（BC 压力参考值/kPa）
0	203（20）	8	227（56）
1	206（25）	9	230（61）
2	209（29）	A	233（65）
3	212（34）	B	236（70）
4	215（38）	C	236（70）
5	218（43）	D	236（70）
6	221（47）	E	236（70）
7	224（52）	F	236（70）

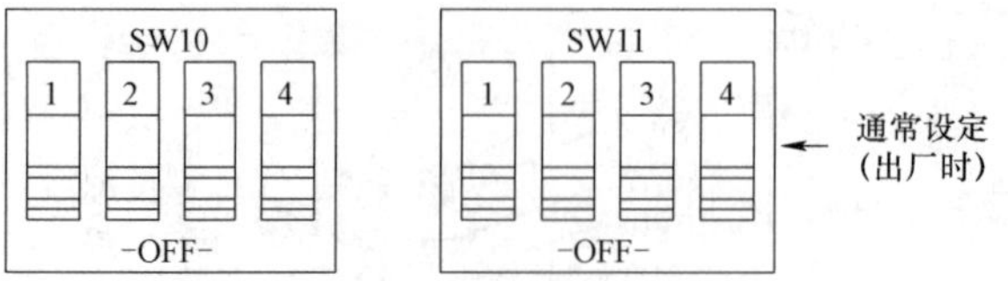

减速度设定	SW112
100%	ON
105%	OFF

SW10

	1	2	3	4
ON	模拟空车	模拟定员	无故障检测	无滞后补正
OFF	通常控制	通常控制	有故障检测	有滞后补正

SW11

	1	2	3	4
ON	模拟输出	减速度设定	未使用	未使用
OFF	通常控制		未使用	未使用

图 2-7-3　滑动开关 SW10、SW11

（二）LED 显示器的标识内容

通过制动控制器前面的显示器（参照 LED1～LED4），可以确认控制状态、故障状况等。用旋转开关 SW1、SW2 可以切换显示器的标示内容。

三、防滑控制系统

目前国内轨道车辆大量使用的微机式防滑控制系统，主要由速度传感器、滑行控制器和防滑电磁阀构成，防滑控制系统基本结构如图 2-7-4 所示。

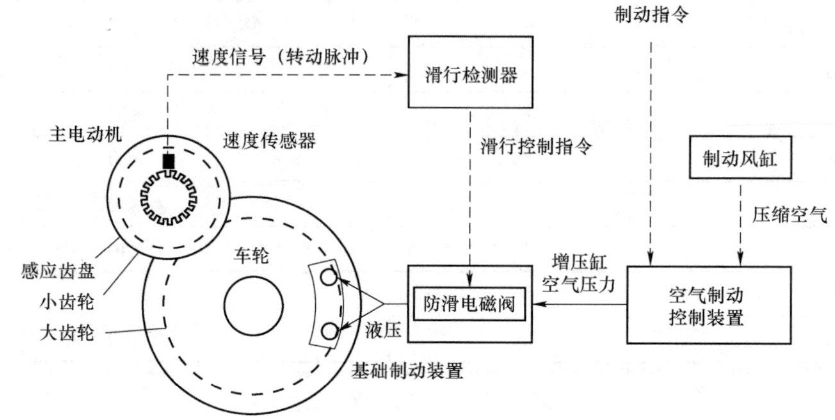

图 2-7-4　防滑控制系统基本结构

（一）速度传感器

速度传感器用于检测各个轴的旋转速度，是车辆进行防滑检测的数据来源。

速度传感器一般采用的是非接触式的传感器，当车轴转动时，检测线圈上会产生正比于车轮轴速的电脉冲信号。

感应齿盘和永久磁铁之间存在间隙。由于永久磁铁的存在，这个间隙中会产生感应磁力线。当感应齿盘随着车轴开始转动时，感应齿盘的齿将不停地切割感应磁力线，从而在感应线圈中产生一个同频率的电脉冲信号。这组信号经过调理后被送到防滑器控制单元，再根据感应齿盘的齿速就可以得到该组轮对的旋转速度。采用同样的方式可以获得所有轮对的转速。

（二）滑行检测器

滑行检测器接收各轴速度传感器信号，计算车辆速度。然后根据各轴速度进行滑行检测的指标判断，判定各轴是否产生滑行。若滑行，将会根据滑行的控制策略输出相应的控制信号至防滑电磁阀，降低滑行轴车轮的制动力，进行防滑控制。

（三）防滑电磁阀

当某轴产生滑行时，防滑阀在滑行控制器的控制下，产生排气、保压和充气等动作，使得制动缸的气压产生相应的变化，从而调整该轴的制动力，达到滑行控制的目的。防滑阀由保压阀（HV）和排气阀（RV）两个电磁阀组成，通过两个电磁阀的不同状态构成排气、保压、充气这 3 种正常工作状态。

四、紧急制动缓解操作

在司机室将主控钥匙拧到 ON，制动手柄从“拔取”位转到“快速”位，列车正常上电。

确认列车总风压力值超过 780 kPa。列车总风压力值如图 2–7–5 所示。

确认司机制动手柄位于“快速”位，然后按下“紧急制动缓解”按钮并持续 4 s 以上。司机制动手柄操作如图 2–7–6 所示。

图 2–7–5　列车总风压力值

图 2–7–6　司机制动手柄操作

查看 MON 屏显示，确认紧急制动已缓解。

五、制动信息读取操作

拨动 EBCU 上拨码开关，使 SW1=0、SW2=0，此时如果有故障，LED1～LED4 上将显示故障代码。EBCU 拨码开关如图 2–7–7 所示。

拨动 EBCU 上拨码开关，使 SW1=0、SW2=1，此时 LED1 显示紧急制动状态（如有紧急制动显示 U），LED2 显示牵引状态（如有牵引显示 P），LED3 显示耐雪制动状态（如有耐雪制动显示 S），LED4 显示常用及快速制动状态（显示 0～7、E）。

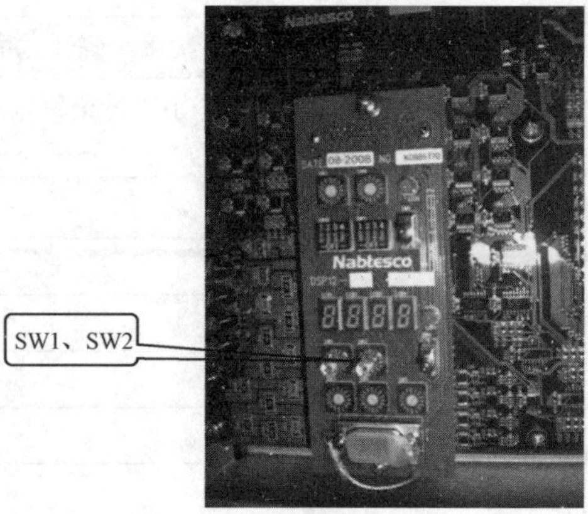

图 2–7–7　EBCU 拨码开关

拨动 EBCU 上拨码开关，使 SW1=1、SW2=1，此时 LED1～LED4 显示 EP 阀电流值。

拨动 EBCU 上拨码开关，使 SW1=1、SW2=2，此时 LED1～LED4 显示 BC 压力值。

拨动 EBCU 上拨码开关，使 SW1=1、SW2=3，此时 LED1～LED4 显示 MR 压力值。

六、滑阀自检

拨动 EBCU 上拨码开关，使 SW1=4、SW2=0，SW6 向上，实行防滑阀输出回路自检。1

至 4 轴防滑阀应依次排风，八段数码管可直接显示，共循环动作两个周期。

自检完成后，拨动 EBCU 上开关，使 SW1=0、SW2=0。

关闭 EBCU 盖板。

任务工作单

计划：根据任务情境制定制动系统基本操作作业方案	
1. 学生了解制动系统基本操作任务情境，各小组成员汇总不同检修作业方式所需要的具体资料。 2. 指导教师随机指定各小组要完成的任务情境，确定不同修程下检修人员的具体操作。各组根据工作单上的要求，以列表方式提出进一步要搜集的信息，确定完成任务所需要准备的资料，制定完成任务情境的计划并准备进行讨论	
一、作业任务单	
任务情境：轨道交通车辆制动系统基本操作作业	
作业过程	任务内容
1	作业前准备
2	紧急制动缓解操作
3	制动信息读取操作，拨动 EBCU 上的拨码开关，使得 LED1～LED4 分别显示 EP 阀电流值、BC 压力值、MR 压力值等信息
4	防滑阀自检操作
5	作业完成：作业完毕后，应做到“工完料净场地清”
二、个人计划	

决策：确认完成制动系统操作作业相关工作计划	
小组成员进行任务分工，分小组讨论每位成员完成的任务。每组选派一位成员在各组交流任务实施计划，每位成员完善任务实施计划	
小组成员	任务分工
小组内讨论的结果： 小组间讨论的结果： 任务执行过程中出现的问题及应急情况的处理：	

实施：完成制动系统操作作业相关工作
一、总结教师发放的任务情境所需要的资料 根据任务情境，完整记录任务情境实施过程，小组成员互检任务实施正确性，将记录的内容提交给指导教师，请求给予指导、评价。 任务情境实施过程记录： 二、完成指导教师提出的补充问题

任务评估

<table>
<tr><td colspan="3">检查与评价</td></tr>
<tr><td colspan="3">一、知识与技能掌握情况评价参考标准</td></tr>
<tr><td>评价标准</td><td colspan="2">评价权重（80%）</td></tr>
<tr><td>1. 会进行车辆基本上电操作</td><td colspan="2">10</td></tr>
<tr><td>2. 会进行紧急制动缓解操作</td><td colspan="2">20</td></tr>
<tr><td>3. 会进行紧急制动信息读取操作</td><td colspan="2">40</td></tr>
<tr><td>4. 会进行防滑阀自检操作</td><td colspan="2">30</td></tr>
<tr><td colspan="3">二、综合素质评价参考标准</td></tr>
<tr><td>评价标准</td><td colspan="2">评价权重（20%）</td></tr>
<tr><td rowspan="4">能协同开展工作，准确、清晰地进行信息沟通</td><td colspan="2">不及格</td></tr>
<tr><td colspan="2">及格</td></tr>
<tr><td colspan="2">良好</td></tr>
<tr><td colspan="2">优秀</td></tr>
<tr><td rowspan="4">分工合理，能进行标准化作业</td><td colspan="2">不及格</td></tr>
<tr><td colspan="2">及格</td></tr>
<tr><td colspan="2">良好</td></tr>
<tr><td colspan="2">优秀</td></tr>
<tr><td colspan="3">三、思政要素评价参考标准</td></tr>
<tr><td>评价依据</td><td colspan="2">评价权重（一票否决）</td></tr>
<tr><td>严守铁路法律法规，具有高度的安全意识，严格遵照作业标准完成任务，精益求精、认真履职</td><td>不合格</td><td>合格</td></tr>
</table>

任务八　轨道交通车辆空调装置检修

任务目标

1. 知识目标

- 掌握轨道交通车辆空调装置基本结构；
- 掌握轨道交通车辆空调装置各部件功能。

2. 技能目标

- 掌握检查、清洁、更换轨道交通车辆空调机组部件的方法；
- 了解轨道交通车辆空调机组常见故障。

学习活动建议

学习活动	内容	建议学时
自学内容及相关知识点	1. 了解空调装置的作用 2. 了解不同轨道交通车辆空调装置的结构	课前
计划	根据任务目标，熟悉空调装置结构，熟悉空调装置各部件的功能，掌握空调机组制冷剂处理作业方法，掌握轨道交通车辆空调机组部件检查、清洁、更换作业方法	课中 （4 学时）
决策	通过小组交流及教师指导，正确分工	
实施	严格按照作业方法完成空调机组制冷剂处理作业，完成空调机组部件检查、清洁、更换作业	
	正确填写检修单据，小组成员互检后提交指导教师评估	
检查与评价	完成自我评价、小组评价、教师评价	
完善与拓展	了解轨道交通车辆空调机组常见故障	课后

任务相关知识点

一、轨道交通车辆空调装置的作用、基本组成与类型特点

1. 作用

轨道交通车辆空调装置是用来提高车辆乘坐舒适性的设备。通过调节客室空气的温度、湿度、流速、洁净度等参数，保持车内的空气清洁，以提高乘客的乘坐舒适度。

2. 基本组成

轨道车辆空调装置一般是由空气冷却系统、通风系统、加热系统、加湿系统及自动控制系统五大部分组成的，实现对客室空气除尘、冷却、加热、加湿、减湿等处理，实现客室空气参数符合规定标准。

根据车辆类型的不同及所在地区的实际情况，加热系统和加湿系统在部分车辆上没有装配。

3. 类型特点及应用

目前，轨道交通车辆空调装置有多种类型，应用于不同轨道交通车辆车型。

（1）按安装方式的不同，目前轨道交通车辆空调装置有单元式和分体式空调装置之分。单元式空调装置是指空调的组成部件集中于一个箱体内，组成一个完整的单元后安装在车顶。送风道布置在车内顶棚的中央或两侧，电气控制柜位于乘务员室内。这种形式结构紧凑、制冷量大、质量小、管路短、不易泄漏，不占用车下空间。单元式空调装置是较为常见的轨道车辆空调装置类型。

分体式空调装置即空调的组成部件没有集中在一个箱体，而是分开安装在不同的箱体。一部分置于车顶，另一部分置于车底，用铜管将各设备连接起来，组成封闭的循环系统。送风道布置在车内顶棚中央，其上均匀地设置送风口。电气控制柜位于乘务员室内。这种形式使车辆重心降低，但因体积大，拆装困难，检修不方便，而且制冷管路长，接头多，容易产生泄漏。分体式空调装置在少量轨道交通车辆车型装配。

（2）按制冷压缩机的不同，目前轨道交通车辆空调装置的压缩机有全封闭、半封闭、开启式之分。目前轨道交通车辆空调装置均采用全封闭结构压缩机，其具有密封性好、噪声小、体积小的优点，但是不易拆卸，维修困难。按工作方式压缩机分为活塞式、螺杆式、涡旋式等。目前部分车型使用活塞式压缩机。活塞式压缩机属于往复型，尽管具有技术上成熟，装置系统比较简单，能适应较广阔的压力范围和制冷量要求，热效率较高，单位耗电较少等优点，但是存在结构复杂，易损件多，维修工作量大，输气受限制，输气不连续，振动大等缺点。许多车型采用结构简单，体积小、质量小，运行平稳，噪声振动小，容积效率高，可靠性高的螺杆式、涡旋式回转型压缩机。

（3）按使用制冷剂的不同，目前轨道交通车辆空调装置的制冷剂有 R22、R134a 以及 R407c 之分。R22 氟利昂制冷剂属于过渡性使用的范畴，R134a、R407c 等混合制冷剂逐渐替代氟利昂制冷剂。

二、轨道交通车辆空调装置系统组成

（一）空气冷却系统

1. 工作过程

空气冷却系统利用物质相变产生吸热和放热效应，消耗外功将车辆客室热量排向车外，使得客室温度保持在一定的范围内。目前轨道交通车辆普遍采用蒸发压缩制冷原理实现这一功能。

蒸发压缩制冷空气冷却系统主要由压缩机、蒸发器、膨胀阀和冷凝器四部分及辅助设备组成，并用管道连接成一个封闭的循环系统。通过制冷剂在系统内循环流动，消耗外功不断从液态变成气态的过程，将热量从温度较高的客室排向温度较低的车外，完成客室空气冷却。

整个空气冷却系统分为蒸发过程、压缩过程、冷凝过程和节流过程。空气冷却系统工作过程如图 2–8–1 所示。

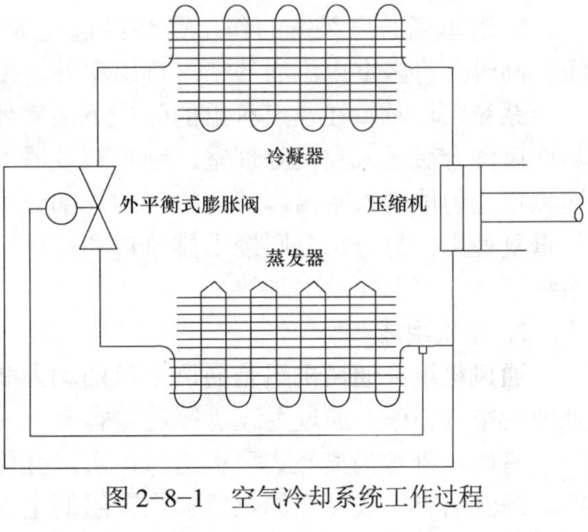

图 2–8–1　空气冷却系统工作过程

蒸发过程：低温低压的以液态为主的气液两相的制冷剂进入蒸发器，吸收客室热量后，变成完全气态的低温低压的制冷剂蒸气，流入压缩机。

压缩过程：低温低压的制冷剂蒸气进入压缩机，消耗外界能量，制冷剂蒸气被压缩成高温高压的制冷剂蒸气，流入冷凝器。

冷凝过程：高温高压的制冷剂蒸气，流入冷凝器，向车外排出热量后变成中温高压的制冷剂液体，流入节流装置。

节流过程：中温高压的制冷剂液体，流入节流装置，经过节流后又变成低温低压的以液态为主的气液两相的制冷剂后流入蒸发器。

制冷剂在封闭的系统中循环，则可以保证客室气温在较低的范围。

2. 结构组成

（1）压缩机：将来自蒸发器的低温低压的制冷剂气体压缩成高温、高压的气体，并送往冷凝器。

（2）蒸发器：低温、低压的气液混合制冷剂在蒸发器内蒸发，当车内循环空气和新鲜空气混合后，通过蒸发器时进行热交换。这时，空气的热量被蒸发器内的制冷剂吸收，温度降低。

（3）冷凝器：高温高压的制冷剂气体，通过冷凝器时，在外界空气的强制冷却下，变成中温高压的制冷剂液体。

（4）节流装置：轨道交通车辆采用热力膨胀阀或者毛细管，实现节流降压功能。其中膨胀阀还可以调节制冷剂流量。

为保证空气冷却系统正常工作，整个系统还有一些辅助设备。

油分离器：位于压缩机排出端与冷凝器之间。其作用是把制冷剂中混入的润滑油分开，防止润滑油进入制冷系统。

储液器：位于冷凝器下面。其作用是储存制冷剂，稳定制冷剂循环量，可根据负荷变化来调节蒸发器内供液量的变化；对供液管起液封作用，防止气体进入蒸发器；当系统大修或对蒸发器、冷凝器进行检修时，可储存系统中的制冷剂。

干燥过滤器：安装于氟利昂系统的液体管路上，位于膨胀阀与冷凝器之间。其作用是消除制冷剂中的水分和机械杂质。

气液分离器：位于蒸发器出口处。其作用是将制冷剂蒸气与制冷剂液体进行分离。

（二）风系统

1. 工作过程

轨道车辆通风系统的作用是将经过处理的空气输送和分配到客室并获得合理的气流组织，同时还将客室内污浊的空气排出室外，使室内的空气参数满足设计的要求。

系统工作时，在通风机组的作用下，室外新鲜空气经新风口吸入车内，经滤尘器过滤并与回风混合后送入空气处理室。经过蒸发器冷却或者由电预热器预热，送入主风道，再由各送风口均匀地送入室内。室内空气的一部分，经回风口、回风道被通风机吸入作为再循环空气重复使用；另一部分则经由排风口和排风扇排出车外。目前轨道车辆采用机械强迫式通风系统。

2. 结构组成

通风机组：通风机组是通风系统的动力装置，其作用是吸入车外新风和室内回风，并将处理后空气加压，通过主风道等送入客室。

室内风机常为离心式风机送风，可以强化制冷剂在蒸发器中的蒸发过程，并将经蒸发器冷却降温的空气或经电加热器加热升温的空气送入车内。室外风机常用轴流式风机，用于强化制冷剂在冷凝器中的凝结放热过程。

吸风口：也称新风口或进风口。一般布置在装有通风机端的车门上部，或者车端壁上部和车顶上部。吸风口上装有百叶窗和网格，用以防止杂物及雨雪进入车内。吸风口的内侧装有调节机构，以便调节新风量，同时在通风机停止运转时，也便于关闭吸风口。

空气过滤器：装在空气处理室的前面。用于过滤空气中各种灰尘和杂质，同时避免灰尘积聚在换热器表面，影响换热器的传热效果。

主风道：将经过空气冷却器或预热器处理后的空气输送到客室内。

送风口：分配进入车内的空气。送风口处一般都装有送风器，它不但可以使送风均匀，实现室内气流分布合理、温度均匀，而且还可以根据室内具体要求，调节送风量的大小。

回风口及回风道：抽取室内再循环空气。客车上的回风口往往设置在客室端壁下部，采用集中回风方式。

排风口：向车外排出客室内多余的空气。

（三）加热系统

加热系统可以对送入车内的新鲜空气进行预热，还可以对车内空气进行补偿加热。目前轨道车辆采用电热采暖方式。电加热器由电热元件和框架组成，在使用时与通风机实现电气联锁，与制冷机实现电气互锁。

（四）加湿系统

加湿系统可以适当提高车内空气的相对湿度。目前轨道交通车辆采用电极式加湿器。

（五）自动控制系统

自动控制系统可以实现空调机组运行自动化，并起到保护空调机组的作用。自动控制系统主要有以下元器件。

（1）温度控制器：可执行温度保护功能或者按温度信号执行温度调节功能。

（2）压力控制器：常采用自动复位的高压压力开关和低压压力开关。当制冷系统的压力异常高/低时，高/低压开关动作，停止压缩机的运转，保护制冷系统。

（3）压差继电器：压缩机润滑油泵排、吸两端的压差低于某一调定值时，自动切断压缩机电路，起到保护压缩机的作用。

（4）电磁阀：位于冷凝器与膨胀阀之间，与压缩机一起运行。当压缩机开启时，电磁阀开启，反之关闭。用来控制制冷剂的流动，以防压缩机停止运行时，湿蒸气进入压缩机，再次启动时造成液击现象。

（5）截止阀/球阀：安装于制冷设备和管路，其作用是关闭制冷回路，以便进行系统诊断和更换部件。

（6）单向阀（止回阀）：位于压缩机排气管或液体管或低压气管，阻止制冷剂逆向流动。

（7）安全阀：一般安装在压缩机高压端，在必要时旁通高低压部分，实现高压安全保护，也常装在冷凝器或储液器等设备上，以避免容器内压力超高。

（8）视液镜：位于储液器和干燥过滤器之间，用于观察制冷剂液体流动情况。

三、轨道交通车辆空调装置总体结构

（一）KLD29 型单元式客车空调机组主要部件

以铁路客车常用的 KLD29 型车顶单元式客车空调机组为例，说明典型轨道交通车辆空调机组总体结构。KLD29 型空调机组使用的制冷剂为 R22。KLD29 型空调机组结构如图 2–8–2 所示。

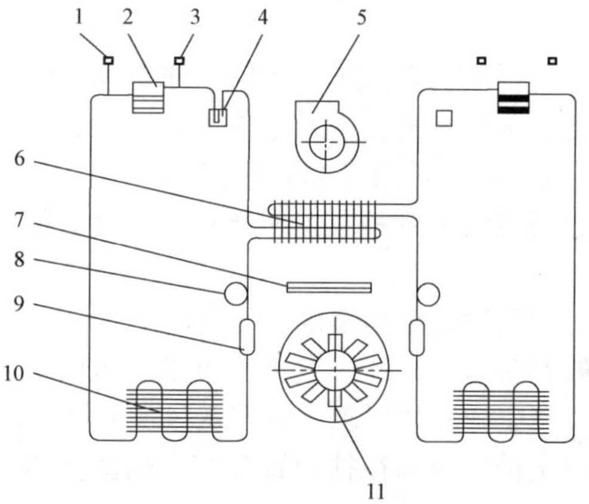

1—高压开关；2—压缩机；3—低压开关；4—气液分离器；
5—通风机；6—蒸发器；7—电加热器；8—毛细管；
9—干燥过滤器；10—冷凝器；11—冷凝风机

图 2-8-2　KLD29 型空调机组结构

（1）制冷压缩机：2 台全封闭活塞式制冷压缩机。电机、压缩机构及供油系统组装在同一个密封的机壳内。压缩机通过橡胶减振器安装在空调器箱体内。制冷压缩机的作用是将来自蒸发器的低温、低压的 R22 气体压缩成高温、高压的气体，并送往冷凝器。

（2）室内侧通风机（离心风机）：1 台双轴直连多叶片式离心风机。室内侧通风机可以强化制冷剂在蒸发器中的蒸发过程，并将经蒸发器冷却降温的空气或经电加热器加热升温的空气送入车内。

（3）室外侧通风机（轴流式风机）：1 台直联轴流式风机。室外侧通风机为直联轴流式风机，风机的叶轮安装在立式电机上，并采用防水结构。室外侧通风机用于强化制冷剂在冷凝器中的凝结放热过程。

（4）室内换热器（蒸发器）：1 台铜管套铝散热片的直接蒸发式空气冷却器。室内换热器即蒸发器，为铜管套铝散热片的直接蒸发式空气冷却器，一个蒸发器用于两个制冷循环回路。低温、低压的气液混合制冷剂在蒸发器内蒸发，当车内循环空气和新鲜空气混合后，通过蒸发器时进行热交换。这时，空气的热量被蒸发器内的制冷剂吸收，温度降低。

（5）室外换热器（冷凝器）：2 台铜管套铝散热片风冷冷凝器。室外换热器为风冷冷凝器，其结构形式与蒸发器相同。高温、高压的 R22 气体，通过冷凝器时，在外界空气的强制冷却下，变成高温（约 50 ℃）、高压的制冷剂液体。

（6）电加热器：1 台不锈钢框架式结构电加热器。带不锈钢绕片的电热管固定在框架内。框架上装有温度继电器和温度熔断器，起到防火保护的作用。其作用主要是为了给送入车内的新鲜空气预热。电加热器的结构为不锈钢框架式结构，带不锈钢绕片的电热管固定在框架内。框架上装有温度继电器和温度熔断器，起到防火保护的作用。电热元件采用优质电热丝绕成螺旋形，保持在不锈钢管的中心，其周围坚固地填满导热性能好的绝缘粉末。电热丝通电后其电能可以全部转变为热，并迅速地通过管表面散热。

（7）毛细管：内径极小的细长铜管，当高压液体制冷剂流经这组高阻力管时，起到节流、降压的作用。

（8）2 个气液分离器：将来自蒸发器的制冷剂气体与未蒸发的液体分离，只将气体的制冷剂送给压缩机。

（9）2 个干燥过滤器：将滤网固定在容器内，并封入干燥剂，过滤制冷剂中的残余杂质，吸取制冷剂中的残留水分。

（10）高压压力开关：当制冷系统的压力异常高时，高压开关动作，停止压缩机的运转，保护制冷系统。高压开关的复位方式是自动复位。

（11）低压压力开关：当制冷系统的压力异常低时，低压开关动作，停止压缩机的运转，保护制冷系统。低压开关的复位方式也是自动复位。

（12）低温保护器：蒸发器吸入的空气温度很低时动作，压缩机停止工作。在室内换热器吸入的空气温度很低时，会引起室内换热器的表面结霜，有可能导致压缩机损伤。所以，当室内换热器吸入的空气温度低于 18 ℃时，低温保护器就会动作，停止压缩机的工作。

（13）过电流继电器：当压缩机电机超负荷或缺相运转时，触点断开使电磁接触器开路，保护压缩机。过电流继电器用来保护压缩机。当压缩机电机超负荷或缺相运转时，压缩机的工作电流将超过规定值，这时，过电流继电器的触点断开，使电磁接触器开路，起到保护压缩机的作用。

（二）典型的铁路客车通风系统

如图 2-8-3 所示，在通风机组的作用下，室外新鲜空气经进风口进入车内，首先经滤尘器过滤，然后经过蒸发器冷却或者由电预热器预热，送入主风道，再由各送风口均匀地送入室内。室内空气的一部分，经回风口 7、回风道再被通风机吸入作为再循环空气重复使用；另一部分则经由排风口和排风扇排出车外。

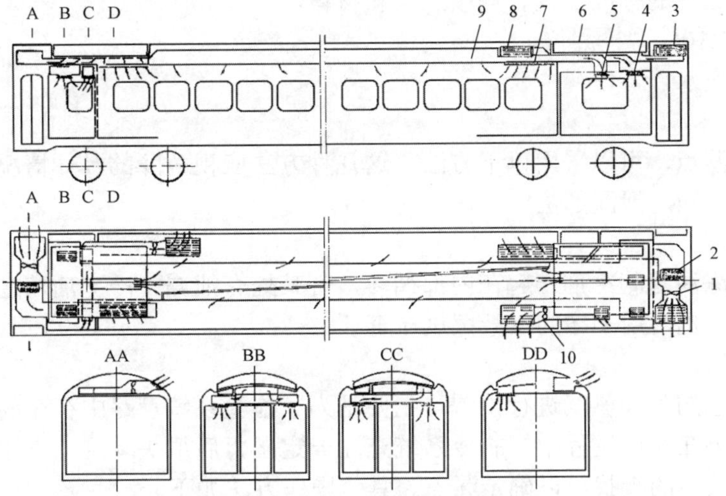

1—通风机；2—加热器；3—吸风口；4—送风口；5—排风吸入口；6—空调装置；7—回风口；8—排风口；9—风道；10—排气扇

图 2-8-3 典型的铁路客车通风系统

降温：车内的循环空气及由新风道引入的新鲜空气，由机组的通风机吸入，在蒸发器前混合，通过蒸发器得到冷却，并由机组出风口送入车顶通风道各格栅，向车内吹出冷风。在制冷系统连续工作下使车内温度逐渐降低，并由温度调节器自动调节车内空气温度。

升温：车内的循环空气及由新风道引入的新鲜空气，由机组的通风机吸入电加热器前混合，通过电加热器加热后，由通风机送入车内风道各格栅，向车内送出热风，使车内温度逐渐上升，并由温度调节器自动调节车内空气温度。

四、轨道交通车辆空调装置部件检查、清洁及更换作业方法

（一）制冷剂处理

1. 回收制冷剂

标准工具：适合的标准工具。

专用工具：扁口钳、压力表、截止阀、截管器、制冷剂专用回收和充注机。

消耗品：钎焊焊条。

操作程序：

（1）打开冷凝盖板。

（2）在工艺管距管口约 50 mm 处，使用扁口钳将工艺管局部密封（注意不要掐断）。

（3）使用截管器去除工艺管末端，钎焊连接截止阀。

（4）将氟回收机的出口与氟回收瓶相连，将氟回收机的进口与氟回收机相连。

（5）打开处于中压侧工艺管（液管电磁阀旁）与氟回收机进口之间的截止阀。

（6）启动氟回收机。

（7）待仪表显示回收完成，关闭氟回收机。

（8）关闭处于中压侧工艺管与氟回收机进口之间的截止阀。

（9）断开中压侧截止阀与氟回收机的进口的连接。

（10）断开氟回收机的出口与氟回收瓶的连接。

2. 制冷剂泄漏检查

标准工具：适合的标准工具、焊接工具和材料。

专用工具：H10G 型检漏仪。

消耗品：肥皂水。

操作程序：

为了定位泄漏点，可以采用以下方法。这几种方法应视故障的具体情况来采用，也可以配合使用，以尽快确定泄漏部位。

（1）外观检漏。

制冷系统冷冻油随制冷剂一起在内部循环，若某处有泄漏，冷冻油随之漏出，因此从外观上可看出油迹。也可用干净的白纸擦拭检查。

（2）压力检漏。

通过充注适当的干燥氮气进行检漏，主要是为了检验系统管路中存在的较大漏点及虚焊产生的漏点。如果在充压过程中，制冷系统充注一定压力后很快降压，表明制冷系统一定有泄漏，必须进行具体的查找，以确定漏点。具体操作方法如下。

① 在系统高压工艺管侧安装压力表。

② 在系统低压工艺阀处接氮气充注管，确认接头无松动、无泄漏，连接完好，开启低压工艺阀及氮气瓶，注入干燥氮气，直至压力表指针稳定显示在 1.62 MPa 后，关闭氮气瓶和低压工艺阀，轻敲各管路接头。

③ 保压要求。机组连续保压在 48 h 以上，详细记录保压 24 h 和 48 h 后的相关数据（包括记录时间、温度、压力等）。

④ 判定标准。24 h 后检查$|P_1-P_0|\leqslant 0.2$ MPa；若温度差值超过 10 ℃时，计算$|P_0'-P_0|=\Delta P\leqslant 0.2$ MPa；48 h 后检查$|P_1-P_0|\leqslant 0.2$ MPa；若温度差值超过 10 ℃时，计算$|P_0'-P_0|=\Delta P\leqslant$ 0.2 MPa。

注：$P_0'=P_1$

P_0'——依公式推算复查时相对于 T_0 之系统压力；

P_0——保压起始时系统压力；

P_1——保压复查时系统压力（24 h、48 h 均记作 P_1）；

T_0——保压起始时环境温度；

T_1——保压复查时环境温度。

计算值在偏差范围内即确认系统无泄漏，若计算值超出偏差范围，则需要放掉系统内的氮气，寻找泄漏点。

（3）肥皂水检漏。

这是一种最普通的检漏方法，将肥皂水用毛笔或泡沫塑料涂于被检处进行仔细观察，若有气泡出现即表明该处有泄漏。这种泄漏的前提是空调机组内有残留制冷剂。

（4）检漏仪检漏。

制冷系统内部若仍有一定压力的制冷剂而又有泄漏时，可用检漏仪检漏。

卤素检漏仪是一种电子式检漏仪器。适用于空调器的检漏。卤素检漏仪比较灵敏，有的灵敏度可达 5 g/a 以下。当检测到有制冷剂的泄漏时这种仪器会发出蜂鸣报警。使用时，仪器的探口移动速度不大于 50 mm/s。被检部与探口间的距离应为 3～5 mm。由于灵敏度较高，故电子检漏不适宜在有卤素物质和其他烟雾污染的环境中使用。卤素检漏仪如图 2-8-4 所示。

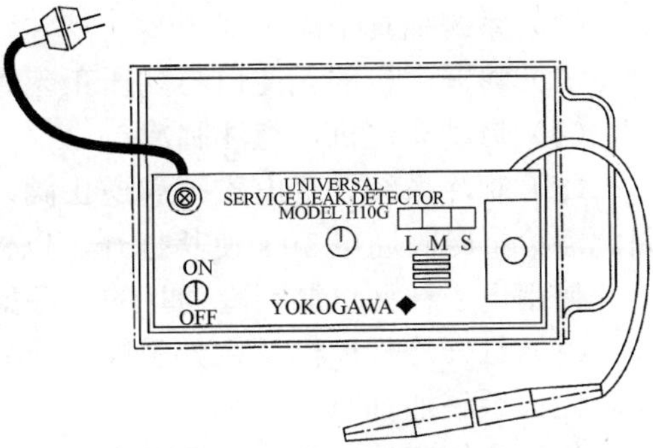

图 2-8-4　卤素检漏仪

（5）浸水检漏。

浸水检漏适用于制冷部件的检漏，如压缩机的检漏，在压缩机大修组装以后，向其内部充入氮气（压力 0.8～1.0 MPa）后置于水槽中检漏。

水槽内的水必须干净透明，能见度好，在被检物浸入水中后一定要等表面平静后再进行观察，若有气泡冒出即表明该处是漏点。

3. 制冷系统抽真空

抽真空时将内部的残余气体抽出，排除内部的湿气和不凝结气体，为充注制冷剂创造条件。抽真空也是一种对制冷系统进行检漏的方法，若在抽真空过程中制冷系统一直达不到所要求的真空度，表明系统还有泄漏的可能。

标准工具：适合的标准工具、焊接工具和材料。

专用工具：真空泵、扁口钳、压力表、截止阀、截管器、真空度检测仪、制冷剂专用回收和充注机。

消耗品：钎焊焊条。

操作程序：

（1）抽真空时，打开冷凝风机及冷凝盖板。

（2）用抽真空管将中、低压工艺管与真空泵相连。

（3）将低压侧的工艺管与真空度检测仪相连。

（4）打开高压侧工艺管与真空泵之间的截止阀。

（5）启动真空泵，对系统进行抽真空。

（6）抽真空 12 h 后，关闭真空泵，1 min 后，查看真空度检测仪的读数，若读数小于 470 microns（μmHg），为合格，否则须继续抽真空操作。

（7）停泵 30 min 后，查看真空度检测仪的读数，若读数小于 500 microns，为合格，否则说明系统可能有泄漏点，需进行检漏操作。

（8）停泵 60 min 后，查看真空度检测仪的读数，若读数小于 530 microns，为合格，否则说明系统可能有泄漏点，需进行检漏操作。

4. 充注制冷剂

标准工具：适合的标准工具。

专用工具：真空泵、扁口钳、压力表、截管器、制冷剂专用回收和充注机。

消耗品：钎焊焊条。

操作程序：

使用充注机时的程序如下。

（1）打开冷凝风机及冷凝盖板。

（2）系统抽真空。

（3）将充注机的充注口与高压工艺管相连。

（4）启动充注机，充注制冷剂。

（5）制冷系统设有电磁阀和逆止阀，仅从高压侧充注制冷剂，则低压侧不会有制冷剂，因此需给电磁阀通电 10 s 使其打开，以便低压压力开关复位接通。

使用电子秤称重加制冷剂时的程序如下。

（1）打开冷凝风机及冷凝盖板。

（2）系统抽真空。

（3）将氟瓶的出口与机组高压工艺管相连。

（4）把电子秤放在机组顶部，称制冷剂瓶的质量，此时，制冷剂瓶必须倒置，保证制冷剂以液态形式加入空调系统中。

（5）为系统充注制冷剂。

（6）制冷系统设有电磁阀和逆止阀，仅从高压侧充注制冷剂，则低压侧不会有制冷剂，因此需给电磁阀通电 10 s 使其打开，以便低压压力开关复位接通。

注意：制冷剂充注后应静置 10～20 min，然后进行开机运转。

（二）空调机组各部件检查与清洁

1. 空调机组安全检查

操作程序如下。

（1）检查机组各回路连接器是否紧固到位、有无松动。

（2）检查机组接地是否正常。

（3）检查各盖板螺栓有无松动。

（4）检查机组外观有无明显缺陷。

（5）通电运转，检查各部件启动顺序是否正常、运转是否正常。

2. 检查蒸发风机

标准工具：毛刷、护目镜、防水防护手套、防水工作服、压缩空气。

消耗品：干净的抹布、清洁剂。

操作程序如下。

（1）打开室内大盖板。

（2）检查设备固定螺栓（参考 SPM08）。

（3）检查并紧固接线盒及接线端子（参考 SPM19）。

（4）检查轴承（参考 SPM13）。

（5）检查电机轴和叶片，如有松动，将其紧固。

（6）用压缩空气清洗风机叶片，必要时用软毛刷和清洗剂清洗。

（7）如果电机有明显损坏，须更换电机以防发生故障，如有必要，更换蒸发风机。

（8）盖上室内大盖板，恢复机组。

（9）换下的风机，如是轴承发生故障，则更换轴承。

3. 检查冷凝风机

标准工具：油漆刷、扳手、防水防护手套。

消耗品：防锈漆。

操作程序如下。

（1）打开冷凝风机。

（2）检查冷凝风机的油漆是否有脱落现象，如有必要，使用防锈漆刷在油漆脱落的部位，防止生锈。

（3）检查设备固定螺栓。

（4）检查并紧固连接器。

（5）检查轴承。

（6）检查电机轴和叶片，如有松动，将其紧固。

（7）用压缩空气清洗风机叶片，必要时用软毛刷和清洗剂清洗。

（8）盖上冷凝风机，试运转冷凝风机，检查风机有无异音，如有必要，更换冷凝风机。

（9）换下的风机，如是轴承发生故障，则更换轴承。

4. 检查电加热器

标准工具：100 V 兆欧表、万用表、真空吸尘器。

操作程序如下。

（1）打开室内侧盖板。

（2）用高压风清除电加热器上的灰尘。

（3）检查电加热紧固件是否有松动。

（4）用欧姆表检查绝缘电阻，电阻值必须大于 2 MΩ。

（5）如果绝缘电阻值低于 2 MΩ，检查老化的绝缘电阻，必要时进行修理。

（6）检查电加热器的温度继电器动作是否正常，如动作异常则更换。

（7）检查电加热器的熔断保险是否熔断，如熔断（用万用表量阻值时线路不通）则更换。

5. 检查压缩机

标准工具：必要的标准工具。

操作程序如下。

（1）打开冷凝风机。

（2）检查设备的固定螺栓。

（3）使用湿抹布清洁压缩机表面。

（4）使空调机组“全冷”运转。

注意：在通电前要提醒车顶的工作人员注意防护，不要接触转动部件和高温部件。

（5）在空调机组正常供电的情况下，如果压缩机出现异常声响、异常振动，同时电流明显偏大，则需接入高低压力表，对压缩机进行全面检查。在检查确定压缩机异常后，对压缩机进行更换。

（6）盖上冷凝风机，恢复机组。

6. 检查干燥过滤器

标准工具：必要的标准工具。

操作程序如下。

（1）打开冷凝盖板。

（2）开机运行系统。

注意：为机组通电前要提醒工作人员注意防护。

（3）检查干燥过滤器进口和出口的温度，如果相差 10 ℃以上，则说明干燥过滤器有堵塞现象，需进行更换（参考 SPM27）。

（4）盖上冷凝盖板。

7. 检查风机轴承

标准工具：适合的标准工具。

操作程序如下。

（1）打开室内大盖板。

（2）连接机组电源，开机试运行。

注意：在检查过程中，因为没有盖板的保护，必须特别小心。

（3）如果风机运转时轴承发生尖锐的噪声，表示轴承缺少润滑油。

（4）如果出现明显的异常噪声，则表示球轴承发生故障或出轨。

（5）在这两种情况下，必须更换轴承。

（6）将修复的风机装回空调机组，固定好风机安装螺栓并涂打好防松线。

（7）盖上各盖板。

8. 检查高、低压压力开关

标准工具：必要的标准工具。

专用工具：硬纸板、手提电脑、管路焊接工具。

操作程序如下。

高压压力开关检查：

（1）打开冷凝盖板；

（2）检查设备的固定螺栓；

（3）将手提电脑与控制盘上的 KPC 相连；

（4）将硬纸板裁剪成与冷凝器大小一致，覆盖在左右冷凝器上；

（5）使机组全冷运行，如果机组运行 10 min 之内，手提电脑监控程序显示高压故障，则证明高压压力开关工作正常；

（6）如果机组运行时间超过 20 min，仍没有报告高压故障，则停机，断电，在高压侧检修口处接入高压压力表，重新运转机组，监视高压表读数，如果超过 2.9 MPa 仍没有报告压力故障，则需要更换一级高压压力开关；

（7）如果高压压力开关在系统压力达到 2.9 MPa 时一级高压压力开关保护动作，则继续监视压力表读数，如果压力低于 2.4 MPa，机组仍不启动，也需更换一级高压压力开关；

（8）去除硬纸板，断开手提电脑与控制盘的连接，去除高压压力表（若有必要），恢复系统；

（9）盖上盖板。

低压压力开关检查：

（1）打开冷凝风机；

（2）检查设备的固定螺栓；

（3）将手提电脑与控制盘上的 KPC 相连；

（4）使用硬纸板遮挡出风口 60%的出风面积；

（5）使机组全冷运行，如果机组运行 20 min 之内，手提电脑监控程序显示低压故障，则证明低压压力开关工作正常；

（6）如果机组运行时间超过 30 min，仍没有报告低压故障，则断电，停机，在低压侧检修口处接入低压表，重新运转机组，监视低压表读数，如果低于 0.1 MPa 仍没有报告压力故障，则需要更换低压压力开关；

（7）如果低压压力开关在系统压力低于 0.1 MPa 时有保护动作，则继续监视压力表读数，如果压力高于 0.2 MPa，机组仍不启动，也需更换低压压力开关；

（8）去除硬纸板，断开手提电脑与控制盘的连接，去除低压压力表（若有必要），恢复系统；

（9）盖上盖板。

9. 检查制冷循环系统泄漏

标准工具：适合的标准工具、焊接工具和材料。

专用工具：H10G 型检漏仪。

消耗品：肥皂水。

操作程序如下。

（1）系统运行的检查。

① 检查视液镜指示并确认颜色。

② 比较其颜色与标签上的参照颜色。

③ 如果湿度指示器的颜色为“警告”色或“湿”色，则表示系统中的水分过多。

“警告”色：更换干燥过滤器。

“湿”色：更换干燥过滤器，使系统运行 8 h。

重复进行湿度指示器检查，如果还是显示“湿”色，进行系统抽空，并重新充注。

（2）寻找制冷剂泄漏的位置。

（3）完全回收制冷剂。

（4）使用钎焊焊开所有与视液镜连接的铜管，使用湿抹布遮挡可能会被火焰影响的区域，以免其他部件受损。

（5）清理安装位置，安装新的视液镜。

（6）焊接新的视液镜与系统管路的各个连接口。

注意：在操作过程中，注意及时密封系统的管路，管路不得长时间暴露于空气中。

（7）系统检漏、抽空、充注制冷剂。

10. 清洁混合风滤网

标准工具：适合的标准工具、软毛刷、护目镜、防水手套、防水工作服、洁净的压缩空气。

消耗品：中性清洁剂、清水。

操作程序如下。

（1）打开室内小盖板。

（2）向上抽出混合风滤网。

（3）拿下滤网支撑，取出滤料。

（4）使用加有中性清洁剂的水，清洁回风滤网中的滤料。

（5）将滤料放在空气中自然干燥后待用。

（6）滤料重新安装回风滤网后装入机组。

（7）滤料清洗 3～4 次后，更换新的备件。

（8）恢复机组。

11. 清洁新风滤网

标准工具：适合的标准工具、软毛刷、护目镜、防水手套、防水工作服、洁净的压缩空气。

消耗品：中性清洁剂、清水。

操作程序如下。

（1）通过新风滤网上的把手向上均匀用力，将新风滤网从新风格栅中取出。

（2）使用压缩空气和水清洁新风滤网。

（3）重新安装新风滤网。

（4）当金属滤网太脏时可使用中性清洗剂，若脏堵不能彻底清洁时，更换新的新风金属滤网。

（5）恢复机组。

12. 清洁冷凝器和蒸发器

标准工具：软毛刷、护目镜、防水手套、防水工作服。

专用工具：高压热水清洗机、用于修理翅片的专用调片器。

消耗品：专用清洁剂（中性）、洁净抹布。

警告：空调系统必须断电并且确定机组不会突然或自动地启动。

操作程序如下。

用水直接向冷凝器（沿气流反方向）喷射，同时用毛刷清除沉积的污垢。

用同样的方法清理蒸发器及与其邻近的冷凝后的气流流经的区域，以免灰尘堆积在表面散发味道。

（1）检查表面的洁净状况，清除大的障碍物。

（2）任何与换热器相邻且“干涉”换热器清理的元件都要被拆除，这个规则同样适用于任何与正在进行清理操作的设备相“干涉”的设备元件。

（3）拆下冷凝盖板。

（4）打开室内大盖板及冷凝风机。

（5）用软毛刷清除换热器表面的污垢。必须使用软毛刷清理以免损坏换热器的翅片，直至清除所有的树叶、羽毛等。

注意：*清洗时不要让杂物在换热器上大范围地移动，以免引起大面积的损坏。*

（6）打开高压清洗机，选择热水挡，设置水温为 70 ℃，清洁剂浓度为 2.0%或 3.0%。

（7）使用喷头以 90° 方向向上和向下清洗换热器表面。

（8）关闭清洁机 5 至 15 min，使清洁剂慢慢地发挥效力。

（9）将清洁机设置成热水挡（清水，无清洁剂）。

（10）用清水彻底漂净换热器，目视检查有没有残余，必要时重复漂洗。

（11）然后用冷水（无清洁剂）重复漂洗程序，直到换热器和翅片完全没有清洁剂残留。

（12）换热器清洗完毕后，清洗机组支撑架上的残留污垢。

（13）用专用调片器修理弯曲的翅片。

（14）安装空调机组各盖板。

（三）空调机组各部件更换

1. 更换毛细管

标准工具：适合的标准工具。

专用工具：胀管器、割管器、制冷剂回收和充注机。

备件：毛细管组件（含分液头和毛细管）。

消耗品：钎焊焊条。

操作程序如下。

（1）打开室内大盖板。

（2）完全回收系统的制冷剂。

（3）使用湿抹布遮挡可能被火焰影响的区域，以避免其他部件受损。

（4）焊下毛细管组件。

（5）安装新的毛细管组件。

（6）为系统充注制冷剂。

（7）盖好盖板。

2. 更换干燥过滤器

标准工具：必要的标准工具、焊接工具和焊料。

专用工具：制冷剂回收和充注机。

备品：干燥过滤器。

消耗品：湿抹布、钎焊焊条。

操作程序如下。

（1）打开冷凝盖板。

（2）完全回收制冷剂。

（3）松开干燥过滤器固定器的安装螺栓。

（4）使用钎焊打开干燥过滤器与相邻铜管的接口，拆下原部件。注意使用湿抹布遮挡可能会被火焰影响的区域，以免其他部件受损。

（5）清理安装位置。

（6）焊上新的干燥过滤器。

注意：安装时要按干燥过滤器上的箭头方向安装，不得装反；新干燥过滤器打开后，要尽快焊到管路中，以免吸收过多的空气中的水分。

（7）固定好干燥过滤器固定器的安装螺栓并涂打好防松线。

（8）系统检漏、抽真空、充注制冷剂。

（9）盖好盖板。

3. 更换单向阀

标准工具：必要的标准工具、焊接工具和焊料。

专用工具：制冷剂回收和充注机。

备件：单向阀。

消耗品：钎焊焊条。

操作程序如下。

（1）打开冷凝风机。

（2）完全回收制冷剂。

（3）卸下固定单向阀的紧固件。

（4）使用钎焊焊下单向阀，使用湿抹布遮挡可能会被火焰影响的区域，以免其他部件受损。

（5）焊接新的单向阀与系统管路的连接口。

注意：在操作过程中，注意单向阀的箭头，应与制冷剂流向一致。

（6）安装固定单向阀的紧固件。

注意：在操作过程中，注意及时密封系统的管路，不得长时间暴露于空气中。

（7）检漏、抽真空、充注制冷剂。

（8）盖好盖板。

4. 更换新风风阀和回风风阀

标准工具：适合的标准工具。

备件：新风风阀、回风风阀。

操作程序如下。

（1）打开盖板。

（2）松开风阀固定螺栓。

（3）断开风阀连接器，拆除电机的接线。

（4）安装新的风阀，制作相应的连接器接头，插接连接器。

（5）从控制回路连接器处测量风阀通断。

（6）检查正常，盖好盖板。

5. 更换气液分离器

标准工具：必要的标准工具、焊接工具和焊料。

专用工具：制冷剂回收和充注机。

操作程序如下。

（1）打开冷凝风机。

（2）完全回收制冷剂。

（3）松开气液分离器固定螺栓。

（4）使用钎焊焊开所有与气液分离器连接的铜管，使用湿抹布遮挡可能会被火焰影响的区域，以免其他部件受损。

（5）清理安装位置，安装新的气液分离器，紧固气液分离器固定螺栓并涂打防松标记。

（6）焊接新的气液分离器与系统管路的各个连接口。

注意：安装时要注意气液分离器的进出气的连接；在操作过程中，注意及时密封系统的管路，管路不得长时间暴露于空气中。

（7）检漏、抽真空、充注制冷剂。

（8）盖好盖板。

6. 更换冷凝风机

标准工具：必要的标准工具。

备件：冷凝风机。

消耗品：尼龙扎带、护套。

操作程序如下。

（1）打开机组的冷凝风机。

（2）剪开固线架上的尼龙扎带。

（3）断开轴流风机连接器。

（4）拆下冷凝风机的接地线。

（5）拆下安装合页的开口销及销轴，从空调机组上拆下冷凝风机。

（6）使用 500 V 兆欧表测量准备安装的冷凝风机绝缘电阻。

① 将风机任一根引出线与兆欧表的一端相连。

② 将兆欧表的另一端与风机外壳的金属部分连接。

③ 测试绝缘电阻，不小于 2 MΩ 为合格。

（7）安装好新冷凝风机，插好销轴及开口销，并检查风机开启是否顺畅。

（8）制作相应的连接器插头，插接连接器。

（9）连接并用尼龙扎带固定好冷凝风机接线连接器。

（10）使用扎带将电线束与固线架固定。

（11）盖上轴流风机，开机试运行，确认冷凝风机的转向与风机上的箭头方向一致，若转向与箭头指向相反，则须调整冷凝风机的相序。

（12）恢复机组。

7. 更换电加热器

标准工具：必要的标准工具。

备件：电加热器。

操作程序如下。

（1）打开机组室内腔大盖板。

（2）拔开电热连接器。

（3）松开电加热器的安装螺栓，从空调机组拆下电加热器。

（4）使用 1 000 V 兆欧表测量准备安装的电加热器绝缘电阻。

① 将电加热主回路任一根引出线与兆欧表的一端相连。

② 将兆欧表的另一端连接在风机外壳的金属部分。

③ 测试绝缘电阻，不小于 2 MΩ 为合格。

（5）固定好新电加热器安装螺栓并涂打好防松线。

（6）连接电加热连接器。

（7）盖上盖板，开机试运行，确定电加热器运行良好。

（8）恢复机组。

8. 更换蒸发风机

标准工具：必要的标准工具。

备件：蒸发风机。

消耗品：尼龙扎带、护套。

操作程序如下。

（1）打开机组的室内大盖板。

（2）打开蒸发风机接线盒盖。

（3）拆除两台蒸发风机的电线，并将电线及旋紧件一同从接线盒内抽出。

（4）拆除蒸发风机接地线。

（5）松开蒸发风机的安装螺栓。

（6）从空调机组拆下蒸发风机。

（7）使用 500 V 兆欧表测量准备安装的蒸发风机绝缘电阻。

① 将风机任一根出线与兆欧表的一端相连。

② 将兆欧表的另一端与风机外壳的金属部分连接。

③ 测试绝缘电阻，不小于 2 MΩ 为合格。

（8）固定好新蒸发风机安装螺栓并涂打好防松线。

（9）使用适合的护套包裹电线束（如原电线上护套无损坏，可不用更换）。

（10）连接新蒸发风机电线，固定好接线盒盖安装螺栓并涂打好防松线。

（11）开机试运行，确认通风机的转向与风机上的箭头方向一致，若转向与箭头指向相反，则须调整通风机的相序。

（12）盖上室内大盖板，恢复机组。

9. 更换压缩机

标准工具：必要的标准工具、焊接工具和焊料。

专用工具：制冷剂回收和充注机。

备件：压缩机。

消耗品：湿抹布、钎焊焊条。

操作程序如下。

（1）打开冷凝风机。

（2）完全回收制冷剂。

（3）使用气焊拆下压缩机及其上方的所有管路及可能会对更换压缩机有阻碍的管路。

注意：使用气焊时注意对附近的线缆进行防护，以免烫伤、烧损。

（4）拆下压缩机的安装螺栓、抱箍和减震器。

（5）拆开压缩机接线盒盖并拆下压缩机的连接电线。

（6）将旧压缩机拆离机组。

（7）清理安装位置。

（8）使用 500 V 兆欧表测量准备安装的压缩机绝缘电阻。

① 将压缩机任一根引出线与兆欧表的一端相连。

② 将兆欧表的另一端连接在压缩机外壳的金属部分。

③ 测试绝缘电阻，不小于 2 MΩ 为合格。

（9）吊装新的压缩机到安装位置。

（10）安装新的压缩机减震器。

（11）固定好压缩机的紧固螺栓并涂打好防松线。

（12）为压缩机接线，先使用护套包裹电线，再使用扎带捆扎在固线架上，固定好接线盒的紧固螺栓并涂打好防松线。

（13）安装并焊接管路。

（14）系统检漏、抽真空、充注制冷剂。

（15）试运行机组。

（16）盖上冷凝风机，恢复机组。

10. 更换冷凝器和蒸发器

标准工具：焊接工具和焊接材料、胀管器、钳子、截管器、小刀。

专用工具：制冷剂回收和充注机、专用调片器。

备件：冷凝器、蒸发器。

消耗品：湿抹布、钎焊焊条。

操作程序如下。

1）更换冷凝器

（1）打开冷凝盖板。

（2）回收所有制冷剂。

（3）松开冷凝器的安装螺母。

（4）使用湿抹布遮挡可能被火焰影响的部位，以免造成其他部件的损坏。

（5）使用气焊焊开冷凝器的入口和出口。

注意：系统中可能还残留压力，当心火焰喷出伤人。

（6）拆下冷凝器。

（7）清洁冷凝器安装位置。

（8）安装新的冷凝器，固定好冷凝器的安装螺栓并涂打好防松线。

（9）把冷凝器的入口和出口与系统相连并焊接。

（10）检查系统是否泄漏。如有泄漏，重新焊接冷凝器进口和出口。

（11）系统抽真空。

（12）为每个系统充注制冷剂。

（13）如有必要，使用调片器修复变形的冷凝器翅片。

（14）盖好盖板。

2）更换蒸发器

（1）打开室内大盖板。

（2）回收所有制冷剂。

（3）抽出混合风滤网。

（4）拆下蒸发器上方左右密封板。

（5）松开蒸发器下方的安装螺母。

（6）使用湿抹布遮挡可能被火焰影响的部位，以免造成其他部件的损坏。

（7）使用气焊焊开蒸发器的入口和出口。

注意：系统中可能还残留压力，当心火焰喷出伤人。

（8）拆下蒸发器。

（9）清洁蒸发器安装位置。

（10）安装新的蒸发器，固定好蒸发器的安装螺栓并涂打好防松线。

（11）把蒸发器的入口和出口与系统相连并焊接。

（12）检查系统是否泄漏。如有泄漏，重新焊接冷凝器进口和出口。

（13）系统抽真空。

（14）为每个系统充注制冷剂。

（15）如有必要，使用调片器修复变形的冷凝器翅片。

（16）安装混合风滤网，盖上盖板，恢复系统。

11. 更换风机轴承

标准工具：适合的标准工具。

专用工具：加热炉、烧杯。

消耗品：加热油、K3N 润滑油、甲苯、工业乙醇。

操作程序如下。

（1）如果风机运转时轴承发生尖锐的噪声，一般表示缺润滑油。如果出现明显的异常噪声，则表示球轴承发生故障或出轨。在这两种情况下，如果轴承松动，必须拆下进行检查，并润滑。

（2）打开电机盖，拆出电机转子。

（3）根据下列步骤拆下轴承。

① 使用适当的拔轮器卡住轴承内圈，将轴承缓慢拆卸下来。

② 拆卸后，取下轴承的保护板和垫圈。

③ 使用甲苯和工业乙醇（2:1）的混合液清洗轴承。

（4）清洗完毕后，测量轴承的内径、轴承内外圈的间隙，检查其旋转时的状态。如果轴承状态良好，将 K3N 润滑油涂抹在其两侧，然后装上保护板和垫圈。

（5）安装轴承。

① 撕下新轴承外表面和内圈的防锈膜，确保其所有表面均干净。

② 把润滑油涂抹在轴承轴上。

③ 可使用木槌轻击轴承内圈，或用铜棒垫在轴承上，缓缓将轴承固定在电机轴的轴径。

注意：不可直接锤击轴承。

④ 如果安装轴承十分困难，可将轴承放在油槽中加热到高出室温 70 ℃，但是不应超过 120 ℃。

注意：不要用火直接加热轴承。

12. 更换高、低压压力开关

标准工具：必要的标准工具、焊接工具和材料。

专用工具：制冷剂回收和充注机。

备件：高压压力开关、低压压力开关。

消耗品：湿抹布、钎焊焊条。

操作程序如下。

（1）打开冷凝风机及室内大盖板。

（2）拆下一级高压（ACB−QB33）、二级高压（ACB−QB36）和低压开关的固定器。

（3）将一级高压、二级高压和低压压力开关线，从对应侧室内腔接线盒中拆下，拆除线缆固定扎带。

（4）完全回收制冷剂。

（5）使用湿抹布遮盖可能会被火焰影响的地方，以免损坏其他部件。

（6）使用气焊将一级高压、二级高压和低压压力开关焊下。

（7）焊上新的一级高压、二级高压和低压压力开关。

（8）固定好一级高压、二级高压和低压压力开关固定器的安装螺栓并涂打好防松线。

（9）制作高、低压压力开关的连接器接头，接线连接，线束外包裹合适的护套，固定线束。

（10）系统检漏、抽真空、加氟。

（11）线束过墙处涂抹密封胶。

（12）盖好盖板。

13. 更换电磁阀

标准工具：必要的标准工具、焊接工具和焊料。

专用工具：制冷剂回收和充注机。

消耗品：钎焊焊条。

操作程序如下。

（1）打开冷凝风机及冷凝盖板。

（2）如果电磁阀线圈损坏，则进行以下操作。

① 卸下固定电磁阀线圈的紧固件。

② 拆除电磁阀电线。

③ 安装新的电磁阀线圈。

④ 固定电磁阀线圈紧固件，涂打防松标记。

⑤ 规整电线。

（3）如果电磁阀阀体损坏，则进行以下操作。

① 完全回收制冷剂。

② 卸下固定电磁阀线圈的紧固件。

③ 卸下电磁阀线圈。

④ 焊下电磁阀阀体。

⑤ 焊接新的电磁阀体与系统管路的连接口。

⑥ 安装新的电磁阀线圈。

⑦ 固定电磁阀线圈紧固件，涂打防松标记。

⑧ 规整电线。

注意：在操作过程中，注意及时密封系统的管路，管路不得长时间暴露于空气中。

（4）检漏、抽真空、充注制冷剂。

（5）盖上冷凝风机盖板及冷凝盖板，恢复机组。

任务工作单

计划：根据任务情境制定空调装置制冷剂处理，部件检查、清洁及更换作业方案	
1. 学生了解空调装置制冷剂处理，部件检查、清洁及更换作业任务情境，各小组成员汇总任务工作单中不同作业内容所需要的具体资料。 2. 指导教师随机指定各小组要完成的任务情境，分配完成不同作业内容的具体操作。根据任务工作单上的要求，以列表方式提出进一步要搜集的信息，确定完成任务所需要准备的资料，制定完成任务情境的计划并准备进行讨论。 一、作业任务单	
任务情境1：轨道交通车辆空调机组制冷剂处理作业	
作业过程	任务内容
1	回收制冷剂
2	制冷剂泄漏检查
3	制冷系统抽真空
4	充注制冷剂
任务情境2：轨道交通车辆空调机组部件检查、清洁作业	
作业过程	任务内容
1	空调机组安全检查
2	检查蒸发风机
3	检查冷凝风机
4	检查电加热器
5	检查压缩机
6	检查干燥过滤器
7	检查风机轴承
8	检查高、低压压力开关
9	检查制冷循环系统泄漏
10	清洁混合风滤网
11	清洁新风滤网
12	清洁冷凝器和蒸发器
任务情境3：轨道交通车辆空调机组部件更换作业	
作业过程	任务内容
1	更换毛细管
2	更换干燥过滤器
3	更换单向阀
4	更换新风风阀和回风风阀
5	更换气液分离器

6	更换冷凝风机
7	更换电加热器
8	更换蒸发风机
9	更换压缩机
10	更换冷凝器和蒸发器
11	更换风机轴承
12	更换高、低压压力开关
13	更换电磁阀

二、个人计划

任务情境 1 计划：

任务情境 2 计划：

任务情境 3 计划：

决策：确认空调装置制冷剂处理，部件检查、清洁及更换作业工作计划

小组成员进行任务分工，分小组讨论每位成员完成的任务。每组选派一位成员在各组交流任务实施计划，每位成员完善任务实施计划

小组成员	任务分工

小组内讨论的结果：

小组间讨论的结果：

任务执行过程中出现的问题及应急情况的处理：

实施：完成空调装置制冷剂处理，部件检查、清洁及更换作业相关工作

一、总结教师发放任务情境所需要的资料

根据任务情境，完整记录任务情境实施过程，小组成员互检任务实施正确性，将记录的内容提交给指导教师，请求给予指导、评价。

任务情境实施过程记录：

二、完成指导教师提出的补充问题

任务评估

<table>
<tr><td colspan="3">检查与评价</td></tr>
<tr><td colspan="3">一、知识与技能掌握情况评价参考标准</td></tr>
<tr><td>评价标准</td><td colspan="2">评价权重（80%）</td></tr>
<tr><td>1. 掌握空调装置基本结构</td><td colspan="2">10</td></tr>
<tr><td>2. 掌握空调装置各部件功能</td><td colspan="2">10</td></tr>
<tr><td>3. 掌握空调制冷剂处理作业方法</td><td colspan="2">20</td></tr>
<tr><td>4. 掌握空调装置部件检查、清洁作业方法</td><td colspan="2">20</td></tr>
<tr><td>5. 掌握空调装置部件更换作业方法</td><td colspan="2">20</td></tr>
<tr><td colspan="3">二、综合素质评价参考标准</td></tr>
<tr><td>评价标准</td><td colspan="2">评价权重（20%）</td></tr>
<tr><td rowspan="4">能协同开展工作，准确、清晰地进行信息沟通</td><td colspan="2">不及格</td></tr>
<tr><td colspan="2">及格</td></tr>
<tr><td colspan="2">良好</td></tr>
<tr><td colspan="2">优秀</td></tr>
<tr><td rowspan="4">分工合理，能进行标准化作业</td><td colspan="2">不及格</td></tr>
<tr><td colspan="2">及格</td></tr>
<tr><td colspan="2">良好</td></tr>
<tr><td colspan="2">优秀</td></tr>
<tr><td colspan="3">三、思政要素评价参考标准</td></tr>
<tr><td>评价依据</td><td colspan="2">评价权重
（一票否决）</td></tr>
<tr><td>严守铁路法律法规，具有高度的安全意识，严格遵照作业标准完成任务，精益求精、认真履职</td><td>不合格</td><td>合格</td></tr>
</table>

任务拓展

在完成指导教师指定作业任务的情况下，根据专业方向及就业情况开展以下知识拓展。

（1）了解轨道交通车辆空调机组常见故障的内容。

（2）了解轨道交通车辆空调机组常见故障的分辨方法。

（3）了解轨道交通车辆空调机组常见故障的处理措施。

任务相关拓展知识点

轨道交通车辆空调机组常见故障原因分析与处理方案如表 2-8-1 所示。

表 2–8–1　轨道交通车辆空调机组常见故障原因分析与处理方案

序号	故障内容	故障原因	故障的分辨方法	处理措施
1	不出风	（1）离心风机的配线		
		① 连接器处断线	查看电路接通情况	修理
		② 配线处螺栓松弛	查看电路接通情况	拧紧
		（2）电机烧损或断线	测线圈电阻	更换电机
		（3）控制线路及电器故障	检查电路及电器元件	修理或更换
2	风量小	（1）风机电机反转	检查风机转向	调换相线
		（2）蒸发器结霜或结冰	检查（目视）	开启风机，解冻化霜
		（3）蒸发器散热片脏堵	检查（目视）	清洗
		（4）风道等处漏泄或堵塞	检查	修理
		（5）风机叶片积垢	检查	修理
		（6）空气过滤网堵塞	检查过滤网	清洗滤网
3	不冷	（1）压缩机电机不转		
		① 电机断线、烧损	测定线圈电阻	更换压缩机
		② 高压压力开关动作	见第 7 项	修理或更换
		③ 低压压力开关动作	见第 8 项	
		④ 配线端子安装松弛，造成虚接	检查	重新紧固压接
		⑤ 空调控制箱电器件不良	检查电气件	更换部件
		⑥ 过、欠压继电器动作	电源电压过高或过低	调整供电电压
		⑦ 接触器、中间继电器线圈烧毁或触头故障	检查元件	修理或更换
		⑧ 压缩机故障	检查压缩机	修理或更换
		⑨ 冷凝风机电机的热继电器动作	检查电机电流	修理或更换
		（2）压缩机运转		
		① 制冷剂漏泄	① 室内吸入和排出空气温度相同	修理制冷循环系统
			② 蒸发器回气管温度过高	
			③ 压缩机电流小	
		（3）涡旋压缩机反转	压缩机声音异常	调换相序

续表

序号	故障内容	故障原因	故障的分辨方法	处理措施
4	制冷量不足	（1）室内、外热交换器积满脏物	检查	清扫
		（2）蒸发器结冰	检查（目视）	开启风机，解冻化霜
		（3）温度调节器设定温度过高或动作不良	检查	调整或修理
		（4）少量制冷剂漏泄	测定运转电流，进行判定	修理制冷剂循环系统
		（5）制冷剂充注过多	电流过大	将制冷剂少量排出
		（6）风量不足	见第 2 项	
		（7）室外高温时新风量过大	（1）新风温度传感器偏差	校验、更换
			（2）新风调节执行器故障	修理或更换
			（3）控制新风调节执行器的电气元件故障	修理或更换
5	新风量不足，客室内空气浑浊	（1）新风调节门关闭	（1）新风调节执行器故障	修理或更换
			（2）控制新风调节执行器的电气元件故障	修理或更换
		（2）新风调节门开度偏小	（1）新风温度传感器偏差	校验、更换
			（2）新风调节执行器故障	修理或更换
			（3）控制新风调节执行器的电气元件故障	修理或更换
		（3）新风滤网堵塞	检查（目视）	清洗滤网
6	异音、异振	（1）通风机电机球轴承异常	检查风机的平衡性	修理风机
		（2）通风机不平衡		
		（3）紧固部位松弛	检查各紧固部位	拧紧
		（4）涡旋压缩机反转		调换相序
7	高压开关动作	（1）冷凝器脏堵	检查室外热交换器	清扫
		（2）制冷剂充注过多	电流过大	将制冷剂少量排出
		（3）冷凝风机反转	检查	
		（4）排气管道堵塞	检查	
		（5）室外通风机不转		
		① 电机烧损	测定线圈电阻是否平衡	更换电机
		② 电机的球轴承损伤	检查	更换电机轴承
		（6）空气或不凝性气体混入系统中		重新“做”制冷系统

续表

序号	故障内容	故障原因	故障的分辨方法	处理措施
8	低压开关动作	（1）制冷剂漏泄	压缩机电流小	修理制冷剂循环系统，充入制冷剂
		（2）吸入空气温度太低	蒸发器结霜	在合适温度下开启制冷验证
		（3）风量不足	见第 2 项	处理
		（4）低压管路堵塞	检查	抽空制冷剂，重“做”制冷系统
		（5）蒸发器散热片堵塞	检查	清扫蒸发器
9	不暖	（1）电加热配线		
		① 连接器内部断线	查看导通情况	修理
		② 接线盒内配线松脱	查看导通情况	压紧
		（2）温度开关故障	检查工作温度，在常温下触点闭合，70 ℃以上触点断开	更换部件
		（3）室内通风机停转	见第 1 项	
		（4）温度熔断器熔断	调查熔断原因	更换配件
10	热量不足	室外低温时新风量过大	（1）新风温度传感器偏差	校验、更换
			（2）新风调节执行器故障	修理或更换
11	漏水	（1）回风口漏水		
		① 排水口堵塞	检查	清扫
		② 安装不良密封垫处渗水	检查	进行正确安装
		③ 车顶或机组底部涂密封胶处渗水	检查	涂密封胶
		（2）出风口漏水	蒸发器或滤尘网脏堵	清洗蒸发器或滤尘网

项目三

轨道交通车辆牵引系统检修

项目要点

1. 熟知轨道交通车辆受电弓结构及作用；

2. 熟知轨道交通车辆车顶高压设备（主断路器、避雷器、互感器、隔离开关）结构及作用；

3. 熟知轨道交通车辆司机室牵引控制设备结构及作用；

4. 熟知轨道交通车辆牵引控制电气柜设备结构及作用；

5. 熟知轨道交通车辆牵引系统整体架构和功能。

项目任务

1. 轨道交通车辆受电弓运用；

2. 轨道交通车辆受电弓检修；

3. 轨道交通车辆车顶高压设备运用；

4. 轨道交通车辆车顶高压设备检修；

5. 轨道交通车辆牵引装置检修；

6. 轨道交通车辆司机室检查。

项目实施

任务一　轨道交通车辆受电弓检修

任务目标

1. 知识目标

- 掌握受电弓结构及各主要部件作用；
- 掌握受电弓的工作原理；
- 掌握受电弓一级修检修流程和检修标准。

2. 技能目标

- 熟练操作受电弓升降并能准确、快速指认各部件；
- 能独立完成受电弓一级修。

学习活动建议

学习活动	内容	建议学时
自学内容及相关知识点	1. 受电弓结构 2. 受电弓气路组成部件 3. 受电弓动作原理	课前
计划	根据任务目标，结合受电弓基本知识点，通过理论知识学习，掌握受电弓的结构、功能和工作原理。通过分组实践，完成受电弓一级修，掌握检修流程和检修标准	课中（4 学时）
决策	通过小组交流及教师指导，正确分工	
实施	根据具体受电弓的情况，教师结合实训设备对受电弓基本知识进行讲解，对预习中的疑难点进行解答。教师通过实操演示讲解检修流程和检修标准，小组成员结合学习的知识和技能，严格按照流程完成受电弓检修任务	
检查与评价	完成自我评价、小组评价、教师评价	
完善与拓展	拓展学习其他型号受电弓运用作业的相关知识与技能	课后

任务相关知识点

受流装置是从固定的供电线路中将电能引入可移动的轨道交通车辆中的装置，目前主要有从第三轨受流的集电靴和从接触网受流的受电弓这两种受流装置。第三轨供电（见图 3–1–1）因为不适合进行高压供电，目前主要应用于地铁列车，集电靴（见图 3–1–2）使用得也较少。轨道交通车辆广泛使用的受流装置是各种型号的受电弓。

不同场景、不同车型对受电弓的技术要求并不相同，导致受电弓种类多样，型号繁多，其中高速受电弓技术要求最高，整体结构相对最复杂，需要掌握的知识和技能也最多。因此本任务主要以高速受电弓为例来讲解，在拓展任务中再介绍其他具有代表性的受电弓。

图 3–1–1　第三轨供电

图 3–1–2　集电靴

一、轨道交通车辆受电弓的基础知识

1. 受电弓的分类与应用

受电弓按照升降机构的结构可以分为双臂式受电弓、单臂式受电弓和垂直式受电弓等。其中单臂式受电弓因为结构简单、维护方便、故障率较低且故障后不易导致接触网被牵扯等

优点而受到最广泛的应用。双臂式受电弓和单臂式受电弓如图 3–1–3 所示，垂直式受电弓如图 3–1–4 所示。

(a) 双臂式受电弓　　(b) 单臂式受电弓

图 3–1–3　双臂式受电弓和单臂式受电弓

图 3–1–4　垂直式受电弓

单臂式受电弓按照升降的原理可以分为弹簧式受电弓和气囊式受电弓，弹簧式受电弓整体结构比较笨重，现在已经很少使用了，目前轨道交通车辆大量应用的是以气囊作为升弓装置的受电弓。弹簧式受电弓和气囊式受电弓如图 3–1–5 所示。

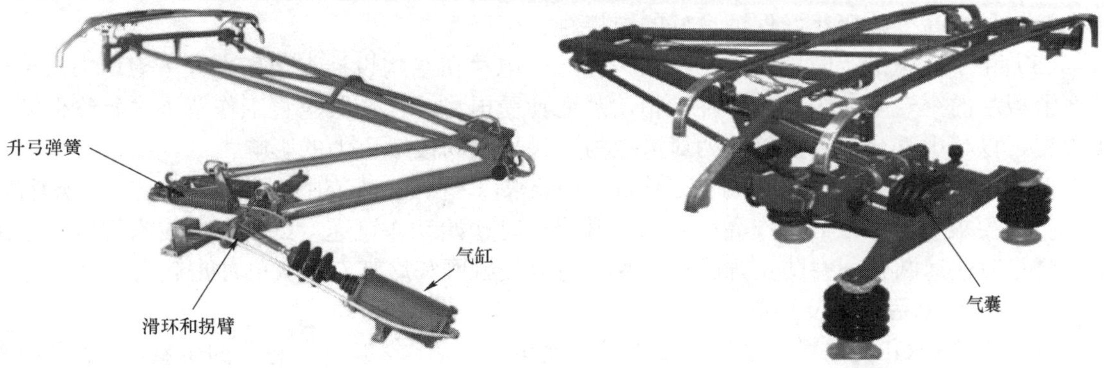

(a) 弹簧式受电弓　　(b) 气囊式受电弓

图 3–1–5　弹簧式受电弓和气囊式受电弓

受电弓按照弓头结构可以分为单滑板受电弓和双滑板受电弓。

单滑板受电弓质量轻、惯性小，列车高速运行时弓头空气阻力小，高速振动状态下不会发生变形及破坏，可通过主动控制优化接触力，有效降低弓网磨耗。其主要用于高速列车。

双滑板受电弓提高了与接触线接触的可靠性，但是弓头质量略大，高速时空气阻力偏大，通过控制单元调节气囊压缩空气压力，大多不具备主动控制功能，非高速列车多采用双滑板受电弓。单滑板受电弓和双滑板受电弓如图 3-1-6 所示。

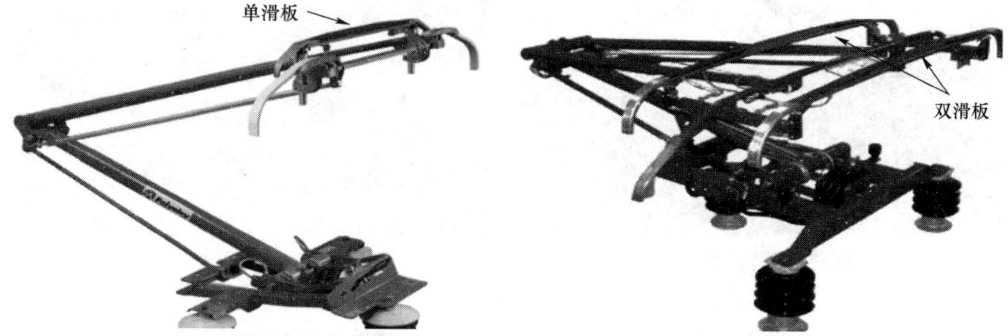

(a) 单滑板受电弓　　(b) 双滑板受电弓

图 3-1-6　单滑板受电弓和双滑板受电弓

2. 对高速受电弓的要求

受电弓靠滑动接触而受流，其性能的优劣直接影响轨道交通车辆工作的可靠性。高速列车速度快，对受电弓性能提出的要求也更严苛，用于高速列车的受电弓应满足以下基本要求。

（1）受电弓的滑板与接触导线之间要保持恒定的接触压力，以实现比常规受电弓更为可靠的连续电接触。受电弓的滑板与接触导线之间的接触压力不能过大或过小。因此，受电弓的结构应保证滑板与接触导线在规定的受电弓工作高度范围内保持恒定不变且大小合适的接触压力。

（2）与常规受电弓相比，要尽可能减轻受电弓运动部分的质量，以保证与接触导线有可靠的电接触。运行中，受电弓将随着接触导线高度的变化而上下运动；在高速条件下，这种运动更为频繁，从而直接影响滑板与接触导线之间接触压力的恒定。由于接触压力除与接触网的结构、性能有关外，还与受电弓的静态特性有关，因此对于高速受电弓，除必须保证机械强度和刚度外，减轻受电弓运动部分的质量，减小运动惯性，这样才能使受电弓滑板迅速跟上接触导线高度的变化，保证良好的电接触。

（3）由于高速运行时空气阻力很大，因此受电弓在结构设计上要作充分考虑，力求使作用在滑板上的空气阻力由别的零件承担，从而使受电弓滑板在其垂直工作范围内始终保持水平位置，以减小甚至消除空气阻力对滑板与接触导线间接触压力的影响。

（4）滑板的材料、形状、尺寸应适应高速的要求，以保证良好的接触状态及更高的耐磨性能。

（5）要求受电弓在其工作高度范围内升降弓时初始动作迅速，终了动作较为缓慢，以确保在降弓时快速断弧，并防止升降弓时受电弓对接触网和底架有过大的冲击载荷。

3. 高速受电弓结构及组成

法维莱 CX-GI 受电弓为了满足复兴号高速运行的需求，减轻了弓头的质量，便于和接触网更有效地接触，通过风洞实验和 3D 动力实验台优化了高速下空气动力学性能，采用了计算机控制的专用气动控制单元等。在这些新技术的帮助下，使得该受电弓具有更低的接触网线磨损，更低的离线概率，更低的维护成本等优点。高速受电弓组成如图 3-1-7 所示。

受电弓底架通过绝缘子安装在车顶上，由气囊组成的气动平衡系统进行控制。该气囊的压力空气由气动控制单元提供，在压力空气作用下气囊膨胀推动导板，通过凸轮及弹性连接轴作用在下臂的铰链处，从而使受电弓根据设定速度升弓。气囊组成的气动平衡系统如图 3-1-8 所示。

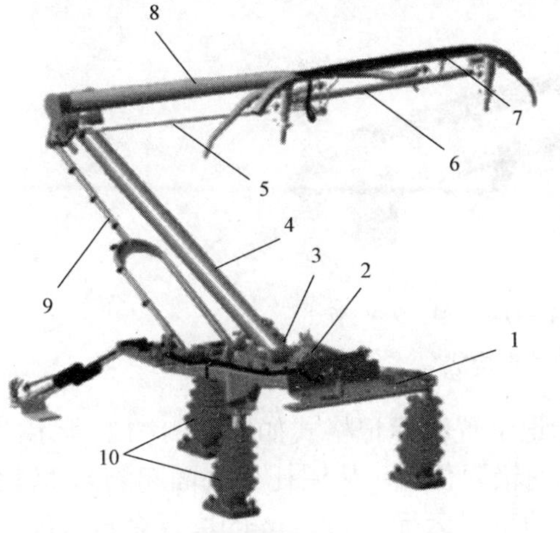

1—底架；2—气囊；3—阻尼器；4—下臂；5—上导杆；
6—弓头；7—碳滑板；8—上臂；9—下导杆；10—绝缘子

图 3-1-7　高速受电弓组成

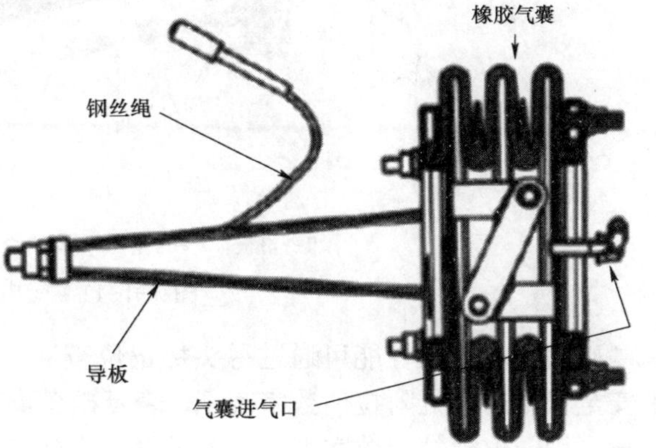

图 3-1-8　气囊组成的气动平衡系统

阻尼器安装在底架和下臂之间，是一种用于提供运动阻力，耗减运动能量的装置。受电弓阻尼器可调节和缓冲下臂转动，从而实现受电弓减震和缓冲。受电弓阻尼器阻尼特性设计为不对称式的，拉伸和压缩行程刚开始力比较小，到一定位置时阻尼突然增大，使得在升弓和降弓的行程末端缓冲作用尤为明显，确保受电弓升降过程先快后慢，阻尼器如图 3-1-9 所示。

下臂、下导杆、上臂和上导杆组成四连杆框架机构。上臂和下臂长度固定，能将弓头的电导通到底架，是电能的主要传递通道，同时也是升降弓作用力的主要传递机构。合理调整上下导杆的长度可以保证弓头上下运动的轨迹垂直，同时上下导杆长度也限制了受电弓上下臂的张开角度，即决定了受电弓的最大升弓高度，框架垂直运动示意图如图 3-1-10 所示。

图 3-1-9　阻尼器

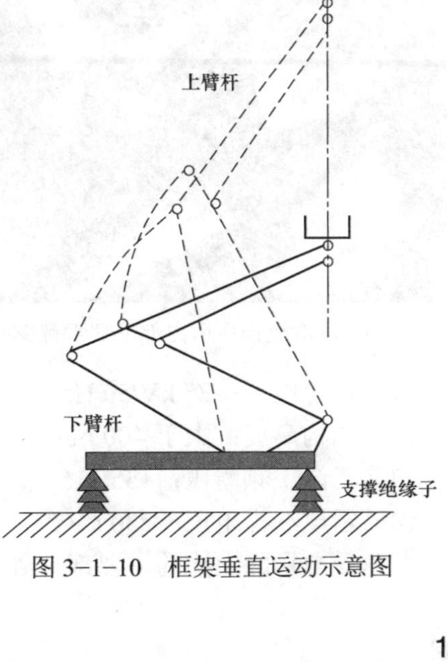

图 3-1-10　框架垂直运动示意图

弓头减轻了质量，优化了结构，只有一个碳滑板，滑板支架安装在两个弹簧盒上方，通过弓头支架和上臂连接。运行过程中弓头保证滑板接触面水平，通过弹簧盒缓冲滑板受到的冲击力。受电弓弓头构成如图 3-1-11 所示。

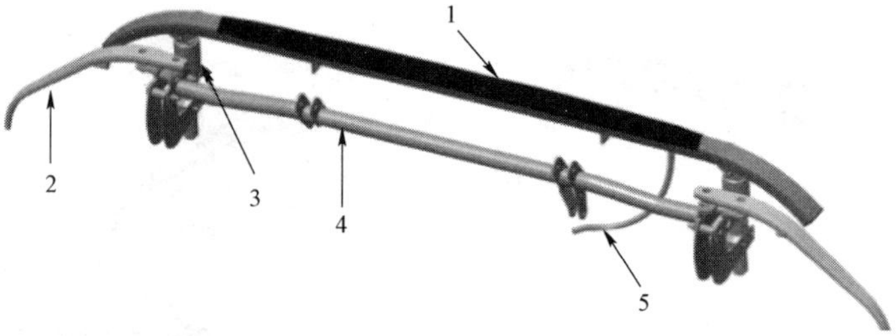

1—滑板；2—弓角；3—弹簧盒；4—弓头支架；5—气管

图 3-1-11　受电弓弓头构成

碳滑板的参数性能可通过弓头标记位查阅。标记位置和标记格式如图 3-1-12 所示，其中安全极限用两位阿拉伯数字表示，表示碳条磨耗的极限位置（从铝托架底面起测）。磨耗余量限度用一位阿拉伯数字表示，表示供应商建议的动车组运行 4 400 km 的磨耗余量限度。材质标记用一位大写英文字母表示。A 表示纯碳材质，B 表示浸金属碳材质，C 表示多元碳化物材质，D 表示碳与铜组合碳材质，E 表示碳与碳纤维组合材质。

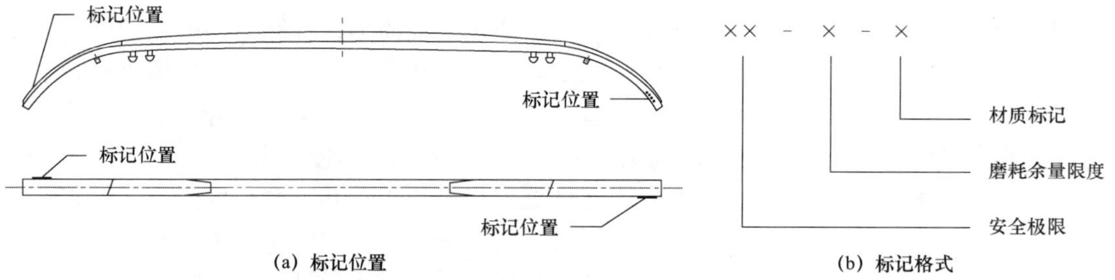

图 3-1-12　标记位置和标记格式

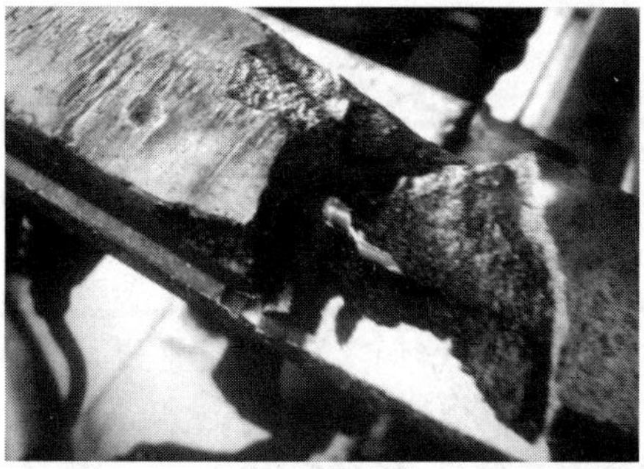

图 3-1-13　碳滑板损坏后内部毛细管裸露断裂

碳滑板内有毛细管，滑板磨耗到限或者断裂破损时都会导致内部的毛细管断裂，从而导致受电弓快速降弓，如图 3-1-13 所示。不同滑板磨耗限度不一样，一般按照碳条剩余高度不小于 5 mm 要求，滑板材质目前主要是浸金属碳材质，一般简称为碳滑板。

绝缘子用于受电弓的安装和支撑，保证安装时的机械强度及电气绝缘的要求。支撑绝缘子由绝缘体、上下嵌件组成。绝缘子材料为环氧聚酯类，嵌件为不锈钢材质。绝缘子主要技术参数如下。

（1）额定电压：25 kV/50 Hz。

（2）结构高度：大于 400 mm。

（3）干湿工频耐压：135/115 kV。

（4）雷电冲击电压：230 kV。

高速受电弓除上述的主要部件外，还有落弓位时用于缓冲和放置受电弓的橡胶止挡，用于轴承等机械连接部位导电的编织软线，用于输送压缩空气并承担电气绝缘的 APIM 装置，用于快速降弓的 ADD 阀等气路部件。

二、轨道交通车辆受电弓的工作原理

1. 受电弓控制阀板气路组成和主要功能

受电弓控制阀板由气路控制单元和电子控制单元组成，如图 3-1-14 所示。

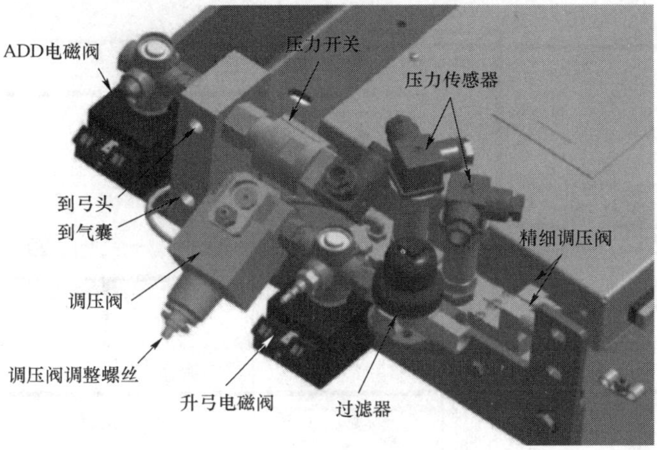

图 3-1-14　受电弓控制阀板组成

气路控制单元的主要功能如下。

（1）受电弓升降弓命令控制。

（2）受电弓升降弓速度控制。

（3）在额定静力下控制受电弓气囊内压力。

（4）过滤受电弓气动控制单元的压力空气。

（5）滑板泄漏故障时自动执行快速降弓。

（6）提供受电弓升降弓信息。

2. 受电弓气路控制原理

列车发出升弓指令，即传递一个高电平到达升弓电磁阀，电磁阀得电动作，气路导通，压缩空气经过过滤器、升弓电磁阀、调压阀到达气囊，气囊膨胀，使得受电弓升起。当列车发出降弓指令时，即将高电平降为低电平，升弓电磁阀失电复位，压缩空气被隔断，气囊剩余压缩空气经过升弓电磁阀排风口排出，受电弓在自重作用下降弓。升降弓速度通过选取控制阀板自带的升降弓缩堵的不同大小来进行控制。

调压阀可进行额定静态接触压力的调整，列车出厂前会调整到规定的额定值。当列车运行时，通过压力传感器检测气囊口的气压，将检测值送往电子控制单元，同时电子控制单元结合从列车控制单元获得的列车速度、运行方向、路况等信息在设定好的控制曲线上主动对气囊压力进行调节。如果调节需要增加压力，补气高频阀得电导通，调压阀调节压力增加，如果需要减小压力，排气高频阀得电导通，调压阀调节压力减小。

ADD 阀在正常运行时，两侧压强相同，处于截止位。当碳滑板断裂或者磨耗到限导致毛细管破损等故障时，毛细管漏气，气体流速增加，导致压强减小。ADD 阀两侧压差将 ADD 阀推至导通位，气囊中压缩空气通过 ADD 阀快速排向大气，在 2 s 内完成快速降弓。ADD 电磁阀正常运行时失电，处于截止位。当需要隔离 ADD 阀功能时，ADD 电磁阀得电，气路导通，将气源的压缩空气直接导通至 ADD 阀毛细管一侧，此时不管碳滑板毛细管是否漏气，ADD 阀毛细管一侧压强始终不小于另外一侧，ADD 阀将不会触发快速排气功能。ADD 电磁阀会关闭 ADD 功能，使用时一定要严格按照作业标准使用。压力开关用于监测受电弓升降弓的状态。受电弓气路控制原理如图 3-1-15 所示。

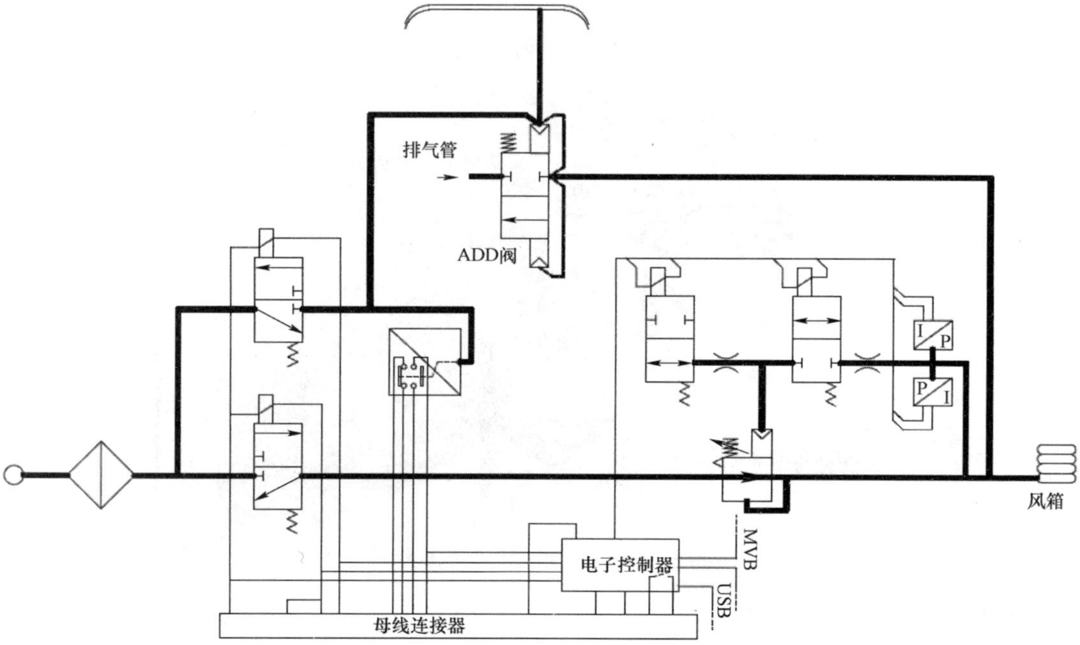

图 3-1-15　受电弓气路控制原理

三、轨道交通车辆受电弓的一级检修

1. 受电弓检修前准备

携带好必要的检修工具：手电筒、钢尺、锉刀、扳手、弹簧秤、试漏剂、秒表、粉笔、记号笔、无纺布，并对检修工具进行检查，确保工具可靠无损坏。正确穿戴安全防护用具，包括工作服、绝缘鞋、安全帽、安全绳。

受电弓检修作业前需要认真学习以下注意事项：① 作业人员在维修作业期间应遵守适用的作业指导书及各种安全规定；必须始终穿着带有橡胶鞋底的绝缘鞋，并穿戴所从事工作要求的防护服和携带其他与人身安全相关的设施等；② 作业前应确认安全防护号志已插设；③ 应注意尖锐角边可能造成绊倒、挤伤事故及皮肤割伤；④ 应在车顶防滑胶带上行走，注意脚下和两车风挡处空挡，防止滑倒、跌落摔伤；⑤ 作业时，脚下注意避开风管管路，防止造成管路损伤；⑥ 设备检查过程中注意压力容器爆炸伤害、高处坠落、机具伤害、触电伤害；⑦ 作业时严格按照对讲机呼唤应答制度进行呼唤应答。

受电弓登顶作业前需要进行车组状态确认：① 确认作业计划单的作业车组号及股道；② 确认作业股道接触网已断电，接地杆已挂；③ 确认防护号志已放置；④ 确认作业车已放电，受电弓降下，VCB 断开；⑤ 确认停放制动已施加，确认司机室禁动指示牌已放置，防止司机室人员误操作。

2. 受电弓静态检查

弓头检查：按压弓头动作顺畅，复位正常，无卡滞不平衡等现象。按压受电弓弓头中部，确认两个弹簧盒动作都正常，双手同时按压弓头两端，需要两端弹簧盒同时动作复位，不能只按压一侧的弹簧盒进行检查。确认弓头无损伤，安装紧固，防松标记无错位，紧固件无松动。

碳滑板检查：① 从碳条的上边缘测量至铝基板，碳滑板的高度≥5 mm。选取碳滑板中间位置、中间位置左侧 200 mm 位置、中间位置右侧 200 mm 位置，在这三个位置附近选取目测最薄的位置进行测量，取最小值为碳滑板高度，用粉笔将测量结果记录在受电弓上臂；② 对碳滑板进行声响检查，用扳手轻敲碳条，碳滑板内部无异常的碎裂声音；③ 检查碳滑板，若出现崩边角，用锉刀打磨至过渡圆滑。碳滑板的崩边角，不得大于图 3-1-16 所示情况，即碳滑板在厚度及宽度方向崩边不得超过总长的 40%，长度方向不得超过 100 mm；④ 碳滑板不得存在 1 处以上距离滑板边缘 200 mm 的侧面裂纹。碳滑板纵向不得有裂纹。碳滑板不得出现有电弧损伤且贯通至铝基板的细裂纹。

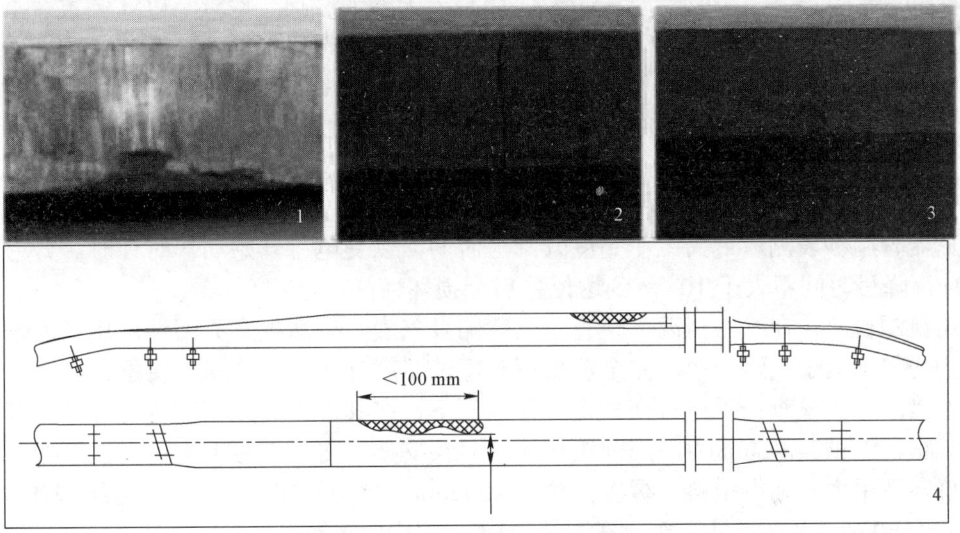

图 3-1-16　碳滑板崩边和裂纹

弓角检查：检查弓角外形，确认无损伤，用钢尺测量两个弓角磨损或裂缝不得超过 2 mm，如图 3-1-17 所示。（未磨损前 A 处厚度为 20 mm；B 处厚度为 19 mm）

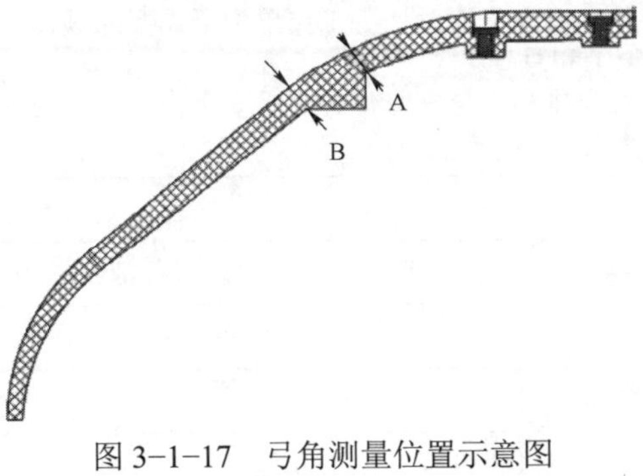

图 3-1-17　弓角测量位置示意图

上下臂和上下导杆检查：检查外观，确认无损伤，紧固件无松动，防松标记无错位，气路绑扎紧固。用手拉动导杆，确认紧固、无晃动。

编织软线检查：检查确认导电线的扎带完好，用手轻轻晃动导电线看两端安装是否紧固，防松标记有无错位。导电线破损不得超过总横截面积的 5%。

气囊检查：检查气囊的 8 个螺栓防松标记是否清晰，有无错位，安装是否紧固。气囊橡胶部件有无裂纹损伤，气囊不得出现深度超过 0.5 mm 或内部组织编织线露出的裂纹。

图 3-1-18　凸轮槽和钢丝绳

橡胶止挡检查：用手晃动，确认安装紧固，无明显损伤。

凸轮槽和钢丝绳检查：检查凸轮槽内油脂有无过多灰尘。检查凸轮槽内油脂是否充足。检查凸轮内钢丝绳，确认线股损坏数量不得超过 5 根。检查确认钢丝绳必须卡紧在凸轮槽内。凸轮槽和钢丝绳如图 3-1-18 所示。

底架和绝缘子检查：底架安装紧固无损伤，阻尼器无漏液破损，检查 APIM 装置，不得出现穿透性裂纹或碰撞痕，气路绑扎紧固。确认各螺栓防松标记无错位，安装紧固无松动，绝缘子伞裙无损伤。

3. 受电弓动态检查

升降弓动作检查：操作受电弓升降，升降过程应平稳、连贯、无卡滞，弓头无明显晃动。不拆阻尼器时用秒表测量最大工作高度升降弓时间，以受电弓开始动作时计时。升弓时间不大于 10 s，降弓时间不大于 10 s，到达位置后无损坏性冲击。

气路泄漏检查：在升弓情况下检查空气管路及气囊、碳滑板有无漏泄。用试漏剂检查，将试漏剂均匀喷涂于气路表面，完全覆盖后观察试漏剂有无气泡等漏气现象。

静态接触压力检查：受电弓在额定工作气压下，在其工作高度范围内进行升、降弓试验（带阻尼器），测试其静态压力，用弹簧秤钩住弓头支架，将受电弓滑板拉离接触网，确保弹簧秤垂直向下用力，不得歪斜。缓慢下拉约 400 mm，拉力不超过 100 N，再缓慢释放上升，拉力不低于 60 N。重复测量三次，三次结果均在范围内为合格。

任务工作单

计划：根据受电弓基础知识完成结构部件指认、气路原理讲解和一级检修	
1. 学生了解相关任务情境，各小组成员汇总任务工作单中所需要的具体材料，遵守安全作业规范，完成指定任务，并对任务过程进行记录和总结。 2. 指导教师对各小组任务进行安排和指导，监督各小组安全作业，协助各小组完成任务内容，并对各小组作业进行指导和点评	
一、作业任务单	
任务情景 1：识别受电弓主要部件，能准确指认各部件并讲解各部件作用	
作业过程	任务内容
1	弓头各部件指认和讲解
2	四连杆框架部件指认和讲解
3	底座部件指认和讲解
4	受电弓升降弓气路部件指认和升降弓原理讲解
5	受电弓快速降弓气路部件指认和原理讲解

任务情景 2：对受电弓进行一级检修	
作业过程	任务内容
1	检修前作业准备
2	弓头检查
3	碳滑板检查
4	弓角检查
5	上下臂和上下导杆检查
6	编织软线检查
7	气囊检查
8	橡胶止挡检查
9	凸轮槽和钢丝绳检查
10	底架和绝缘子检查
11	升降弓动作检查
12	气路泄漏检查
13	静态接触压力检查

二、个人计划

任务情境 1 计划：

任务情境 2 计划：

决策：确认受电弓结构部件指认、气路原理讲解和一级检修工作计划	
小组成员进行任务分工，组内讨论计划细节，完善计划，各小组交流作业计划，完善细节，教师进行点评讲解，确保计划的安全性	
小组成员	任务分工
小组内讨论的结果： 小组间讨论的结果： 任务执行过程中出现的问题及应急情况的处理：	

实施：完成受电弓结构部件指认、气路原理讲解和一级检修工作
一、总结受电弓基础知识和一级检修相关内容，完成任务。 根据作业要求，完整记录任务情境实施过程，小组成员互检任务实施正确性，将记录的内容提交给指导教师，请求给予指导、评价。 任务情境实施过程记录： 1. 选用的工具和安全防护用品： 2. 作业注意事项和车组确认事项： 3. 升降弓操作记录： 4. 高速受电弓主要部件及其原理： 5. 气路阀板部件及其原理： 6. 受电弓静态检修记录： 7. 受电弓动态检修记录： 二、实施过程中出现的问题和不足 三、实施总结

任务评估

检查与评价		
一、知识与技能掌握情况评价参考标准		
评价标准	评价权重（80%）	
1. 掌握受电弓结构及各主要部件作用	10	
2. 掌握受电弓气路的工作原理	10	
3. 准确、快速地识别受电弓各部件	10	
4. 掌握受电弓检修流程，能完成全部检修项目，没有遗漏	20	
5. 掌握受电弓检修标准，按照标准完成各项目的检查，没有参数错误	20	
6. 掌握各种检修工具的使用技能，通过摄像手电筒对全程进行记录	5	
7. 填写记录，完成任务后将设备恢复如初	5	
二、综合素质评价参考标准		
评价标准	评价权重（20%）	
能协同开展工作，准确、清晰地进行信息沟通	不及格	
	及格	
	良好	
	优秀	
分工合理，能进行标准化作业	不及格	
	及格	
	良好	
	优秀	
三、思政要素评价参考标准		
评价依据	评价权重（一票否决）	
严守铁路法律法规，具有高度的安全意识，安全防护措施到位，严格遵照作业标准完成任务，精益求精、认真履职	不合格	合格

任务拓展

1. DSA250 型受电弓

DSA250 型受电弓安装高度距轨面 5 300～6 500 mm，其间用特高压配线连接，最高运用速度为 250 km/h，受电弓安装自动降弓装置。轨道交通车辆正常运行时，采用单弓受流，另一台备用，处于折叠状态。

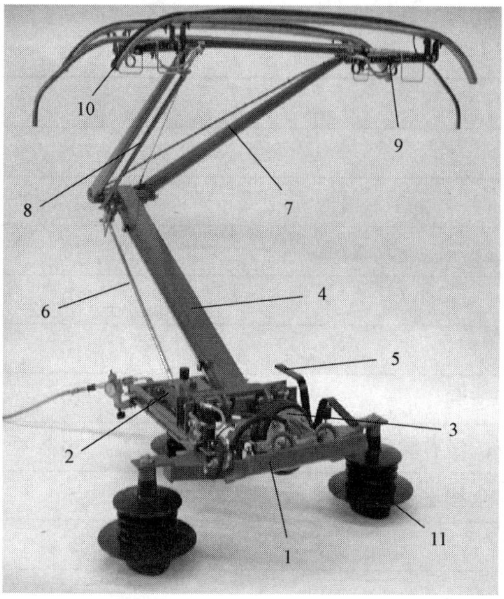

1—底架；2—阻尼器；3—升弓装置；4—下臂；5—弓装配；6—下导杆；7—上臂；8—上导杆；9—弓头；10—滑板；11—绝缘子

图 3-1-19　DSA250 型受电弓的构成

DSA250 型受电弓升弓装置安装在底架上，通过钢丝绳作用于下臂。下臂、上臂和弓头由较轻的铝合金材料结构设计而成，如图 3-1-19 所示。

滑板安装在 U 形弓头支架上，弓头支架垂悬在 4 个拉簧下方，两个扭簧安装在弓头和上臂间，这种结构使滑板在机车运行方向上移动灵活，而且能够缓冲各方向上的冲击，达到保护滑板的目的，如图 3-1-20 所示。

对于不同型号和不同速度等级的机车，受电弓的空气动力学性能可以通过安装弓头翼片来进行调节（选装）。

气动元件安装在位于底架的控制盒内，自动降弓装置可以监测到滑板的使用情况，如果滑板磨耗到限或受冲击断裂后，受电弓会迅速自动降下，防止弓网事故进一步扩大。

当重联运行时，一旦前弓因故自动降弓后，滑板监测装置可以通过 TCMS 系统，实现后弓的连锁降弓，从而保护后弓免受损坏。ADD 关闭阀置于车内，当受电弓自动降弓后，如果对接触网没有造成损坏，而且对受电弓性能没有影响时，可关闭 ADD 关闭阀，重新升起受电弓。更换滑板后，应重新启动 ADD 装置。

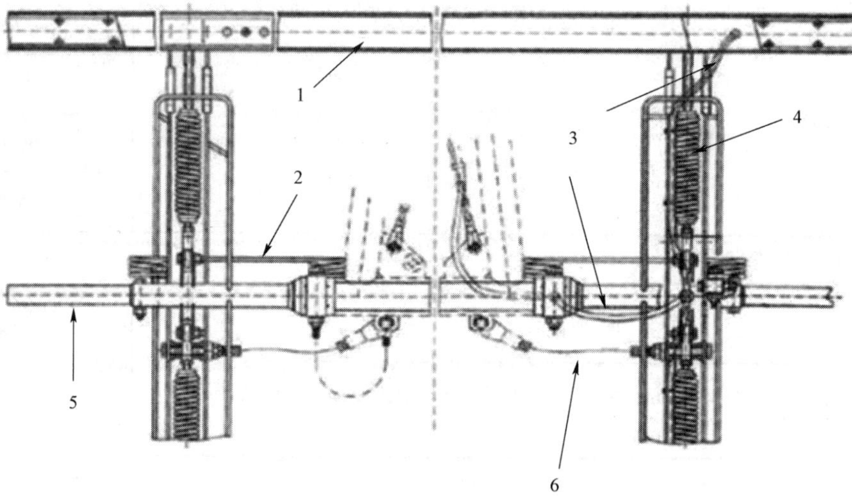

1—滑板；2—扭簧；3—导气管；4—拉簧；5—集电头；6—编导线

图 3-1-20　DSA250 型受电弓弓头的构成

2. DSA250 型受电弓技术参数

（1）型号：DSA250 型。

（2）设计速度：250 km/h。

（3）试验速度：250（1±10%）km/h。

（4）额定电压、电流：25 kV/1 000 A。

（5）标称接触压力：70 N（可调整）。

（6）升弓驱动方式：气囊装置。

（7）输入空气压力：0.4～1 MPa。

（8）升弓时间/降弓时间：不大于 5.4 s/不大于 4 s。

（9）静态接触压力为 70 N 时的标称工作压力：约 0.35 MPa。

（10）弓头垂直移动量：60 mm。

（11）材料。

① 滑板：整体钛滑板（铝托架、碳条）。

② 弓角：钛合金。

③ 上臂、下臂：高强度铝合金。

④ 下导杆：不锈钢。

⑤ 底架：低合金高强度结构钢。

（12）质量：约 113 kg（不包含绝缘子）。

3. DSA250 型受电弓工作原理

DSA250 型受电弓的升弓是由气动力驱动的，DSA250 型受电弓气动原理如图 3-1-21 所示。压缩空气通过电控阀经过滤器进入精密调压阀，精密调压阀用于调节受电弓接触压力，输出压力恒定的压缩空气，其精度偏差为±0.002 MPa。因为气压每变化 0.01 MPa 会使接触压力变化 10 N。精密调压阀在工作过程中，为保证输出压力稳定，溢流孔和主排气孔始终由压缩空气间歇性排出，属正常现象。

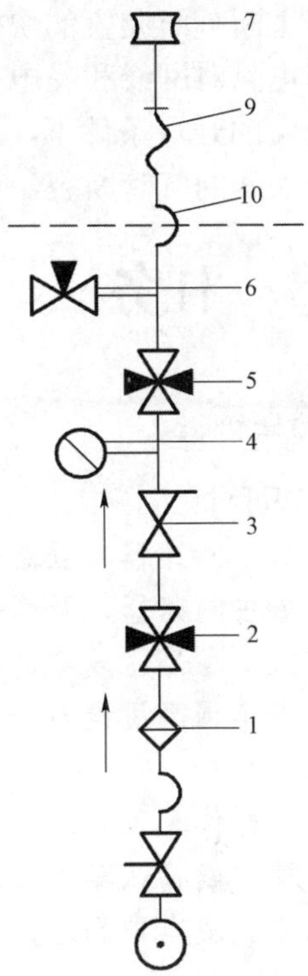

1—空气过滤器；2—单向节流阀（升弓）；3—精密调压阀；4—压力表；5—单向节流阀（降弓）；6—安全阀；7—升弓装置；8—电空阀；9—绝缘管；10—车顶界面

图 3-1-21　DSA250 型受电弓气动原理

压力表显示值仅作为参考，应以实测接触压力为准。单向节流阀用于调节升弓时间。如果精密调压阀出现故障，安全阀会起到保护气路的作用。精密调压阀运用中不得随意改变其动作值，为保证各种控制阀正常使用，应严格防止水和其他杂质渗入。（注意轨道交通车辆上部件管接头的密封，并及时检查清理空气过滤器。精密调压阀的更换应采用原厂配件）

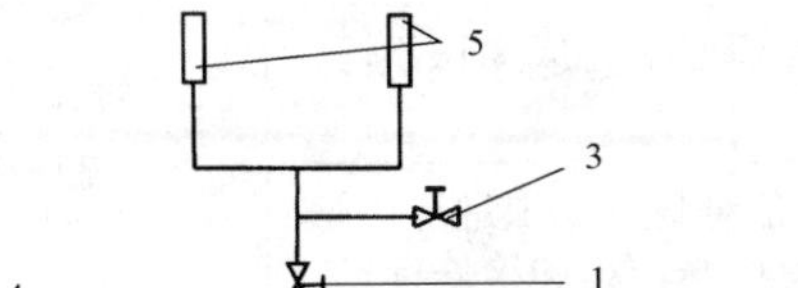

1—关闭阀；2—快速降弓阀；3—ADD 试验阀；4—升弓装置；5—滑板；6—电磁阀；7—压力开关

图 3-1-22　自动降弓装置（ADD）的工作原理

自动降弓装置（ADD）的工作原理如图 3-1-22 所示，经过调压后的压缩空气进入带有风道的滑板，如果滑板出现空气泄漏，达到一定的压力差值后，快速降弓阀动作，升弓装置中的气体会从快速降弓阀中迅速排出，从而实现自动降弓。

滑板若存在微小裂缝和少量的漏气，受电弓仍能升起，则属于正常允许范围，滑板可继续使用。

装有主断分断装置的受电弓，如果滑板受到冲击泄漏时，压差同时使得压力开关产生一个电信号传输给机车主断分断装置，机车控制盒会切断主断路器。同时切断电磁阀，停止供气，压缩空气会快速从机车主断分断装置的快排阀及受电弓的快速降弓阀排出，迅速降弓，这样可避免在下降的过程中电弧对网线和受电弓的损坏。

在正常的升弓条件下，压力开关有延时功能，延时设置时间约为 15～20 s。如果快速降弓阀和滑板间的气管断裂，自动降弓装置可以通过操作关闭阀（停止阀）停止使用。

任务二　轨道交通车辆车顶高压设备检修

任务目标

1. 知识目标

- 掌握主断路器、互感器、避雷器和隔离开关的结构及各主要部件的作用；
- 掌握主断路器、互感器、避雷器和隔离开关的工作原理；
- 掌握车顶高压设备的电路；
- 掌握车顶高压设备一级修的检修流程和标准。

2. 技能目标

- 熟练操作车顶高压设备；
- 快速准确指认车顶高压设备；
- 独立完成车顶高压设备一级修。

学习活动建议

学习活动	内容	建议学时
自学内容及相关知识点	1. 主断路器、互感器、避雷器和隔离开关的结构及各主要部件的作用 2. 主断路器、互感器、避雷器和隔离开关的工作原理 3. 车顶高压设备的电路原理	课前
计划	根据任务目标，结合主断路器、互感器、避雷器和隔离开关基本知识点，通过理论知识学习，掌握车顶高压设备的结构、功能和工作原理。通过分组实践，完成车顶高压设备一级修，掌握检修流程和标准	课中（4 学时）
决策	通过课前预习基础知识、教师讲解指导和小组交流互动完成知识学习，通过小组分工实践完成任务	
实施	根据具体车顶高压设备的情况，教师结合实训设备对基本知识进行讲解，对预习中疑难点进行解答。教师通过实操演示讲解检修流程和检修标准，小组成员结合学习的知识和技能，严格按照流程完成车顶高压设备检修任务	
检查与评价	完成自我评价、小组评价、教师评价	
完善与拓展	拓展学习其他型号车顶高压设备运用作业的相关知识与技能	课后

任务相关知识点

轨道交通车辆车顶高压设备多种多样，不同轨道交通车辆高压设备的安装位置也不一样，大部分选择安装在车顶部，但也有安装于专用高压设备箱内的。车顶高压设备主要包含受电弓、主断路器、互感器、避雷器和隔离开关，不同车辆根据实际应用需求会有增减，这里选择最常用的几个设备进行讲解，其中受电弓作为车顶高压设备中最复杂的设备已经在前置任务中完成了相关学习，这里主要介绍剩下的几个设备。高速动车组车顶高压设备技术先进，标准高，具有代表性，本任务将选择高速动车组 CRH380B 车型为例进行讲解。

一、轨道交通车辆车顶高压设备的基础知识

（一）主断路器

主断路器连接在受电弓与主变压器原边绕组之间，它是轨道交通车辆总的电源开关和总保护电器。当主断路器闭合时，轨道交通车辆通过受电弓从接触网上获得电能，若轨道交通车辆主电路和辅助电路发生短路、过载、接地等故障时，故障信号通过相关控制电路使主断路器自动断开，切断轨道交通车辆总电源，防止故障升级。

主断路器属于高压断路器的一种，按其灭弧介质可分为油断路器、空气断路器、六氟化硫断路器和真空断路器等。轨道交通车辆绝大部分采用的是真空断路器。

真空断路器是以真空作为绝缘介质和灭弧介质，利用真空耐压强度高和介质强度恢复快的特点进行灭弧。与空气断路器相比，真空断路器具有结构简单、工作可靠、分断容量大、动作速度快、绝缘强度高、整机检修工作量小等诸多优点，因而在轨道交通和电力工业中得到了广泛应用。

高速动车组典型的主断路器结构如图 3-2-1 所示，从上到下分为高压组件、中间绝缘组件和控制组件三个部分。

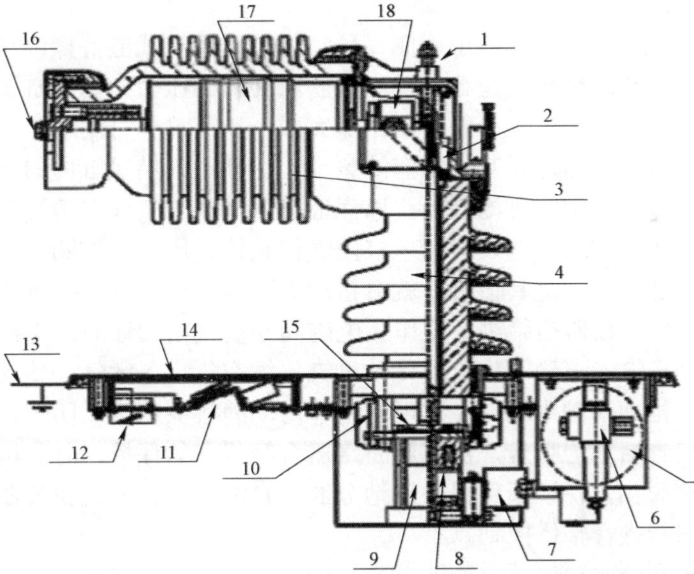

1—高压输出端 HV1；2—轴向稳定机构；3—水平绝缘子；4—垂直绝缘子；5—储风缸；6—调压阀；7—电磁阀；8—保持线圈；9—传动气缸；10—辅助联锁触头；11—控制单元；12—插座；13—车顶界面；14—底板；15—快速脱扣机构；16—高压输入端 HV2；17—真空管；18—触头压缩机构

图 3-2-1 高速动车组典型的主断路器结构

高压组件包括水平绝缘子、真空管和传动轴等。真空管安装于水平绝缘子内部，通过密封与大气隔离，真空管由动触头、静触头、波纹管和瓷质外罩等组成。金属波纹管的设置既可保持密封，又可使动触头在一定范围内移动，保证动、静触头在一定的真空度下断开。真空度是真空管最重要的参数之一，真空管的开断能力与真空度密切相关。真空管结构如图 3-2-2 所示。

图 3-2-2　真空管结构

中间绝缘组件包括垂直绝缘子和底板，以及安装于车顶与断路器之间的 O 形密封圈。垂直绝缘子安装在底板上用以提供 30 kV 的绝缘要求，同时绝缘操纵杆通过垂直绝缘子的轴向中心孔，连接电空机械装置和真空管的动触头。底板安装于车顶，O 形密封圈用以保证断路器与车顶之间的密封。

控制组件包括储风缸、调压阀、电磁阀、传动气缸、保持线圈等操纵控制部件。主断路器通过高压空气管路，在动触头快速合闸过程中获取必需的压力。储风缸要能够满足气源对断路器不供气的情况下，其残气至少能使断路器完成一次可靠分合闸动作。调压阀安装在断路器进气口与储风缸之间，通过对其气压值的整定，保证进入储风缸内的气压值符合主断要求，同时，调压阀上安装有空气过滤阀器，以保证进入储风缸气体的清洁与干燥。压力开关安装于储风缸上与调压阀相对一侧，与储风缸内气体相连，用以监控断路器合闸的最小气压值，当储风缸内气压低于其设定阈值时，就会自动断开，并通过低压控制线路将信息反馈给 110 V 控制单元，以使断路器拒绝进行操作。电磁阀控制气路的通断，电磁阀得电，储风缸的压缩空气进入传动风缸，电磁阀失电，传动风缸压缩空气排入大气。传动风缸把空气压力转化为机械作用力，推动动触头动作，实现真空管内动静触头的可靠闭合。保持线圈安装于气缸上部，通过对气缸活塞的吸合，实现对断路器合闸状态的保持。肘节机构用以实现真空断路器分闸时的快速脱扣，保证断路器快速地分断。110 V 控制单元安装在真空断路器底板下部，通过其对断路器进行整体控制。

主断路器的合闸和分闸动作原理如下。

（1）合闸操作只有在满足以下条件下，断路器才能闭合。

① 主断路器必须是断开的；

② 须有充足的气压；

③ 保持线圈必须处于得电状态。

主断路器工作原理如图 3-2-3 所示。

合闸步骤如下。

① 按合闸按键；

② 电磁阀得电，气路导通，压缩空气由储风缸经电磁阀流入传动气缸，推动活塞向上运动，主动触头随着活塞的移动而运动；

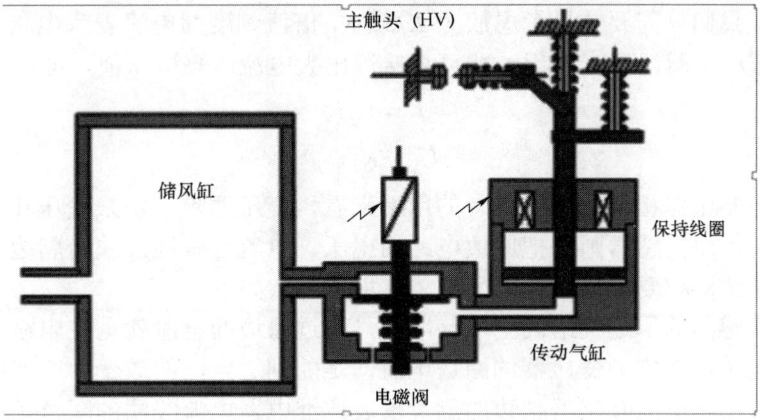

图 3-2-3　主断路器工作原理

③ 恢复弹簧压缩，主触头闭合，触头压力弹簧压缩；

④ 活塞到达行程末端，保持线圈吸合活塞，辅助联锁触头动作，控制单元接到主断闭合信号后控制电空阀失电，传动气缸内的压缩空气排出。主断路器合闸完成。

（2）分闸操作。

① 保持线圈失电，活塞在弹簧力作用下移动；

② 主触头打开，真空管灭弧，行程结束，活塞缓冲，主断路器分闸完成。

（二）高压互感器

在电力系统中，高电压和大电流是不能直接测量的，需要把高电压、大电流变换成低电压、小电流，再供给测量仪表及控制回路使用。互感器又称为仪用变压器，是电流互感器和电压互感器的统称。其能将高电压变成低电压、大电流变成小电流以便实现测量，以及提供自动控制设备的标准化控制信号，同时用来隔开高压系统，以保证人身和设备的安全。

互感器和变压器原理完全一样，如图 3-2-4 所示，电流互感器匝数少的原边绕组与待测电路串联，匝数多的副边绕组与电流表相连。当铁心未饱和时，互感器的电流比和电压比可以用下式来计算：

$$K_I = \frac{I_1}{I_2} \approx \frac{W_2}{W_1}$$

$$K_U = \frac{U_1}{U_2} \approx \frac{W_1}{W_2}$$

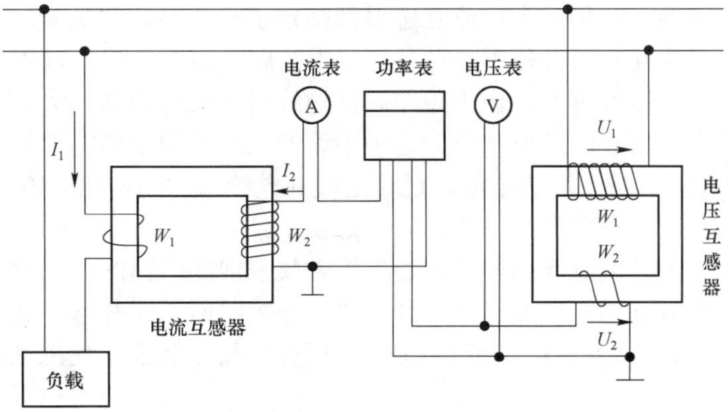

图 3-2-4　互感器作用原理

由此可见，我们只需要一只考虑放大 K_I 或 K_U 倍值刻度的电流表或电压表同一只专用的电流互感器或电压互感器配套使用，即可直接读出大电流或高电压值，即

$$I_1 = K_I I_2$$

$$U_1 = K_U U_2$$

互感器虽与变压器相似，但从两者的用途来看，变压器除了用来变压和有时变相外，主要用于传输电能，而互感器则是把原边电路的电压、电流准确地反映给副边电路。所以，它与电力变压器在结构和要求上都有所区别。其主要特点如下。

（1）电流互感器的原边绕组同主电路串联，通过原边的电流就是主电路的负载电流 I_1，与副边电流 I_2 无关；而电力变压器的原边电流却是随副边电流的改变而改变的。

（2）由于串接在电流互感器副边的测量仪表或继电器电流线圈的阻抗都很小，所以，电流互感器的正常工作状态接近于短路状态，这也是同变压器不同的。

电流互感器原边额定电流 I_{1e} 与副边额定电流 I_{2e} 之比称为互感器的额定电流比，即

$$K_e = \frac{I_{1e}}{I_{2e}} \approx \frac{W_2}{W_1}$$

式中：K_e ——额定电流比，标注在铭牌上；

W_1、W_2 ——原、副边绕组匝数。

电流互感器在运行中由于励磁和铁心损耗，需要很小一部分励磁电流，因而实测的原、副边电流比 K 就不能在各种负载下都等于额定电流比 K_e。如果实测的副边电流为 I_2，原边电流仍用 $K_e \cdot I_2$ 来计算，则计算结果与实际的原边电流 I_1 间就会存在误差，即

$$f_i = \frac{K_e I_2 - I_1}{I_1} \times 100\% = \frac{K_e - K}{K} \times 100\%$$

式中：K —— $K = I_1 / I_2$，实际电流比；

f_i —— 比差。

除了比差外，励磁电流还会引起原、副边电流的角差。角差是指实测的原边电流相量同反转 180° 后的副边电流相量间的夹角，用“分”来表示。

作为测量用的电流互感器，其比差和角差直接影响测量结果的正确程度，因此，比差和角差是这种互感器的最主要特性。比差和角差不但随原边电流的变化而略有改变，而且还随副边电路的负载阻抗 Z_2 的增大而增加。因此，同一电流互感器可能以几种不同的准确度级工作。为了限制误差范围，对每一个电流互感器都规定了一个额定的负载，并标注在铭牌上。所谓额定负载是指电流互感器误差不超过某一范围的副边最大负载，以“Ω”表示。

用于短路保护的电流互感器，由于短路时原边绕组中流过的电流大大超过额定电流，致使磁路饱和，误差大大增加。所以，作为这种用途的互感器的主要特性是饱和倍数，而不是角差。所谓饱和倍数，就是当原边电流超过额定值并继续增加到使比差恰等于负 10% 的原边电流同额定电流之比，用额定原边电流的倍数来表示。

如果由于某种原因，电流互感器的副边未接入仪表或继电器时，必须将互感器副边绕组短接，也就是说，电流互感器在使用时，其副边只能短路而不能开路。如果副边开路，则抵消一次侧线圈的安匝 $I_2 \cdot W_2$ 为零，此时，原边安匝全部用于激磁，使磁通增加，便会造成以下后果。

（1）铁心因强烈磁化而产生剩磁，增加测量误差。

（2）副边绕组出现很高的尖峰电压，危及工作人员的安全和测量仪表的绝缘。

（3）铁心的铁耗猛增而过热，甚至烧坏互感器。

为保证工作人员安全，还必须将电流互感器的外壳和副边绕组的一端可靠接地，以防原、副边绕组间绝缘一旦损坏，原边的高压窜入低压的副边，引起触电和仪表损坏。

CRH380B 型动车组车顶安装了一个电压互感器绕组与受电弓连接，用于测量和监视电网接触线的电压，电压互感器（25 kV/150 V/150 V）位于受电弓与主断路器之间，全车配置 2 台，如图 3-2-5 所示。

1—受电弓底架接线端子；2—电压互感器一次侧接线端子；3—电压互感器封装绝缘子

图 3-2-5　电压互感器

车顶安装一个过流电流互感器（500 A/ 1 A），接到主断路器后方，用于测量轨道车辆电流。车顶另外安装一个牵引电流互感器（250 A/1 A），接在主变压器之前，用于监测主变压器，测量主变压器的线电流。在主变压器箱中，主变压器下段安装有一个回流（接地）电流互感器（250 A/1 A），用于测量主变压器回流电流。轨道交通车辆最常见的电流互感器结构为穿心式，主电缆从互感器铁心中心穿过，作为原边绕组（1 匝）。副边绕组在铁心上，末端连接负载（如电流表）。穿心式电流互感器结构如图 3-2-6 所示，穿心式电流互感器实物如图 3-2-7 所示。

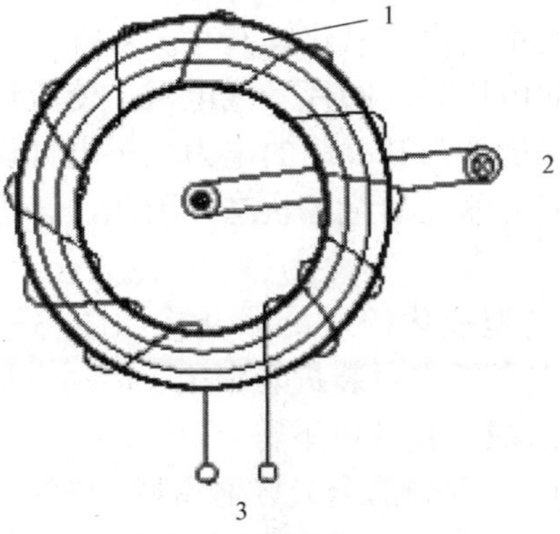

1—铁心；2—原边绕组（高压电缆）；3—副边绕组（接负载）

图 3-2-6　穿心式电流互感器结构

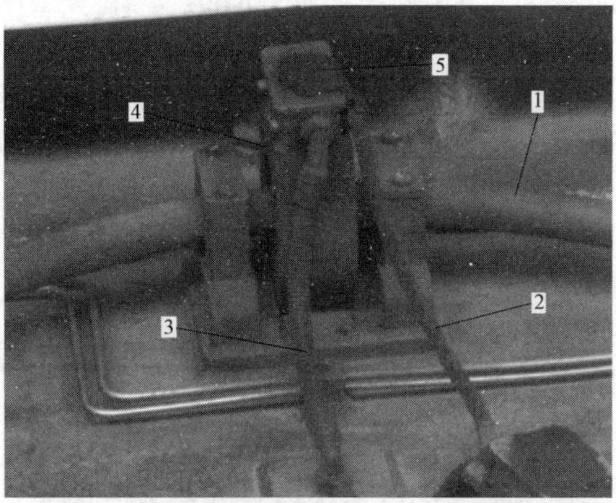

1—原边绕组（高压电缆）；2—接地线；3—副边绕组出线；4—铁心和副边绕组；5—接线盒

图 3-2-7　穿心式电流互感器实物

（三）避雷器

避雷器是一种限制过电压的保护装置，通常由火花间隙和非线性电阻组成，避雷器的工作原理如图 3-2-8 所示。它与被保护物并联，当出现的过电压危及被保护物时，避雷器放电，使高压冲击电流泄入大地，之后，它仍能恢复原工作状态，截止伴随而来的正常工频电流，使电路与大地绝缘。过电压越高，火花间隙击穿越快，从而限制了加于被保护物上的过电压。

击穿电压的幅值同击穿时间的关系称为伏–秒特性。为使避雷器能可靠地保护被保护物，避雷器的伏–秒特性至少应比被保护物绝缘的伏–秒特性低 20%～25%，如图 3–2–9 所示；另外，避雷器在放电时，应能承受耐热及机械应力等变化而本身结构不致损坏。

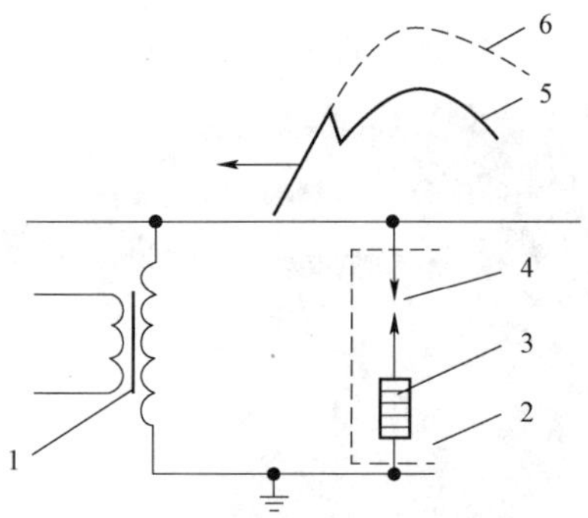

1—被保护变压器；2—避雷器；3—非线性电阻；
4—火花间隙；5—被限制的过电压波；
6—未被限制的过电压波

图 3–2–8　避雷器的工作原理

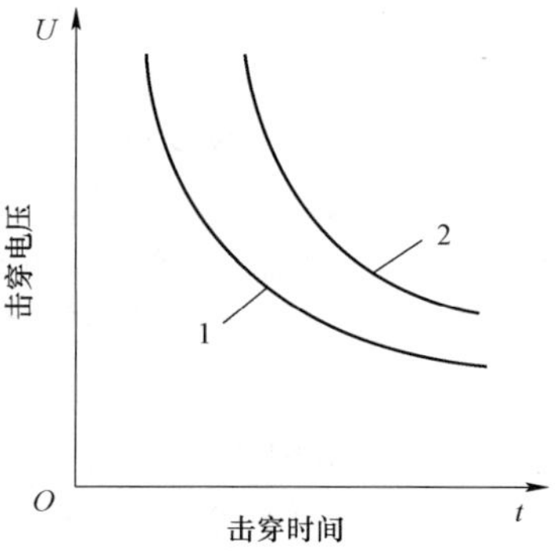

1—避雷器的伏秒特性；
2—被保护物绝缘的伏秒特性

图 3–2–9　避雷器的伏–秒特性与被保护物绝缘的伏秒特性

避雷器的主要类型有保护间隙、管形避雷器、阀形避雷器和氧化避雷器等。氧化锌避雷器是轨道交通车辆使用最普遍的一种，避雷器作为专用的过电压防护装置，其主要用于高压电气设备的绝缘，使之免受大气过电压和操作过电压的损害。

氧化锌避雷器的主要元件氧化锌阀片具有相当理想的伏–安特性（相当于稳压二极管的反向特性），其非线性系数为 0.025 左右。

氧化锌避雷器优异的伏–安特性可使氧化锌阀片在正常工作电压下呈高电阻，使流过阀片的电流非常小，且大部分为电容电流，这样小的电流不会烧坏氧化锌阀片，可视为绝缘体，从而实现无间隙。当系统出现超过某一电压动作值的电压时，阀片呈低电阻，使流过阀片的电流急剧增加，并将冲击电流迅速泄入大地，从而保护了与其并联的电力机车电气设备的绝缘。电压恢复到正常工作范围时，电流又非常小，避雷器又呈绝缘状态，因此，该避雷器不存在工频续流，也不影响系统的正常工作。

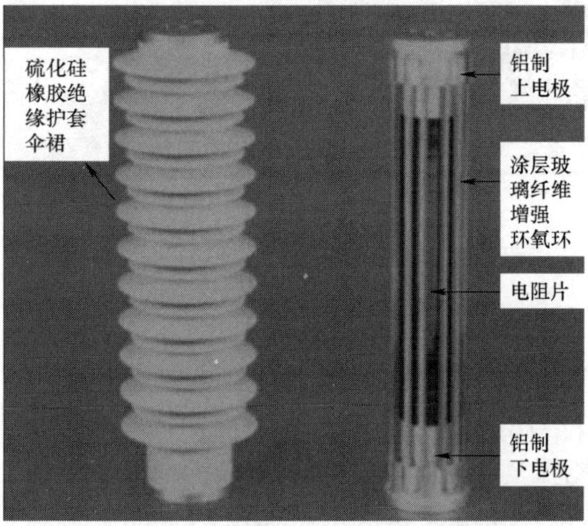

图 3–2–10　典型氧化锌避雷器结构

典型氧化锌避雷器结构如图 3–2–10 所示，它主要由封装护套伞裙、铝制电极、电阻片等组成，具有以下特点。

（1）理想的全天候避雷器。与放电间隙相比，其不存在间隙放电电压随气候变化而变化的问题。

（2）防污性能好，适用范围广。因为设计了防污型瓷套，保证了足够的爬电距离，故污秽不影响间隙电压，所以，在重污秽地区，其较传统避雷器有很大的优越性。

（3）防振性能好。对芯体采取了防振及加固措施，减少了各部件之间的相对位移，使芯体牢固地固定在瓷套内，适应了机车运行中振动频繁的要求。

（4）防爆性能好。使用了压力释放装置，在法兰侧面开一缺口，使气体定向释放。当避雷器在超负载动作或意外损坏时，瓷套内部压力剧增，使得压力释放装置动作，排出气体，从而保护瓷套不致爆炸，确保即使出现意外情况，车顶设备仍然完好，并能可靠运行。

（5）非线性系数好，阀片电荷率高，保护性能优越，它不但能抑制雷电过电压，而且对操作过电压也有良好的抑制作用。

（6）无续流，不存在灭弧问题，使地面变电站因机车引起的不明跳闸故障大为减少。

（7）体积小，质量小，通流容量大，抗老化能力强，运行寿命长。

轨道交通车辆的防雷主要采取避雷器和接地装置相配合的方式。在受电弓后直接安装避雷器会限制由接触网传入的瞬时过电压（如雷电的入侵）对列车电气设备的危害；在主断路器后也安装避雷器，能最大限度地减少网侧断路器开合时产生的瞬时过电压。

车内设备等接地保护。将配电保护地线、防雷接地、直流逻辑地线、静电地线、屏蔽地线、车体和设备的金属外壳进行电气连接，可保持所有接地的等电位。列车的每一节车厢通过两个接地电刷接地，同时，车与车之间通过车体上的两根电缆相互连接。避雷器具体技术参数可通过避雷器上的铭牌获得，如图 3-2-11 所示。

图 3-2-11 避雷器铭牌

（四）接地隔离开关

接地隔离开关安装在主断路器旁边的一个单独底座上，在不工作状态下隔离开关处于断开位置。当把手柄转到主断路器两端的接地触点时，手柄处于接地位置。接地隔离开关可以在车内手动操作，联锁装置确保只有当列车高压系统与接触网断开后才能起作用。接地隔离开关可防止断开电源后的用电设备上存在残余电荷，危及检修电工的安全，起放电作用。还可以防止断路器内部故障，不完全分闸，分闸后用电设备仍然带电，危及检修电工的安全。通过合上接地隔离开关，使上级断路器保护动作跳闸，从而起到保护人身安全的作用。

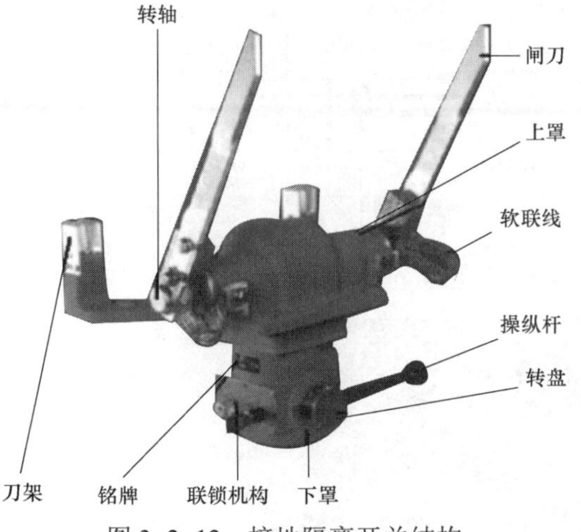

图 3-2-12 接地隔离开关结构

闸刀通过支架安装在轴上，而轴、曲柄组装、连接杆组装则组成一个传动机构，转动操纵杆，可使整个传动机构进行传动，进而使得轴带动闸刀旋转一定的角度。根据设计，在操纵杆从一端旋转 180° 到另一端时，闸刀也相应从“工作位”旋转 102° 到“接地位”或者从“接地位”旋转 102° 到“工作位”。而控制其是否能够转动的则是锁组装。锁组装共有 3 个锁，其中一个供蓝色钥匙使用，两个供黄色钥匙使用。仅在蓝色锁被蓝色钥匙打开后，操纵杆才能从“操作”位置旋转到“接地”位置。一旦旋转到“接地”位置，联锁机构就被带有黄色钥匙的锁锁在此位置，然后可把钥匙从锁中拔下来。接地隔离开关结构如图 3-2-12 所示。

（五）车顶隔离开关

车顶隔离开关属于保护装置，主要用于保护车辆高压电气设备，且当车辆高压电气设备发生故障时，能将故障部分隔离，维持车辆运行，隔离开关在正常情况下处于闭合状态。高压隔离开关不带灭弧装置，不具有开断电流的能力，因此，它的所有动作都必须在真空断路器处于分断状态时进行。车顶隔离开关是一个单极开关，在内部有气动部件。隔离开关刀头和刀架通过绝缘子安装在底座上。由气动部件驱动隔离开关刀头绕一个垂向轴转动，以实现主电路的导通和隔离。

图 3–2–13　车顶隔离开关

气动部件的动作缸通过电磁阀控制，在开关位置有两个控制阀，控制阀通过电脉冲信号触发控制隔离开关的动作方向。在正常运行的牵引状态要向气动部件提供持续的压缩空气，压缩空气从 MR 管中获得，列车在整备状态下通过辅助空气压缩机供风。车顶隔离开关如图 3–2–13 所示。

（六）车顶高压设备主电路

受电弓、断路器、互感器、避雷器和隔离开关组成的牵引系统车顶高压设备主电路如图 3–2–14 所示，车顶高压设备实物如图 3–2–15 所示。

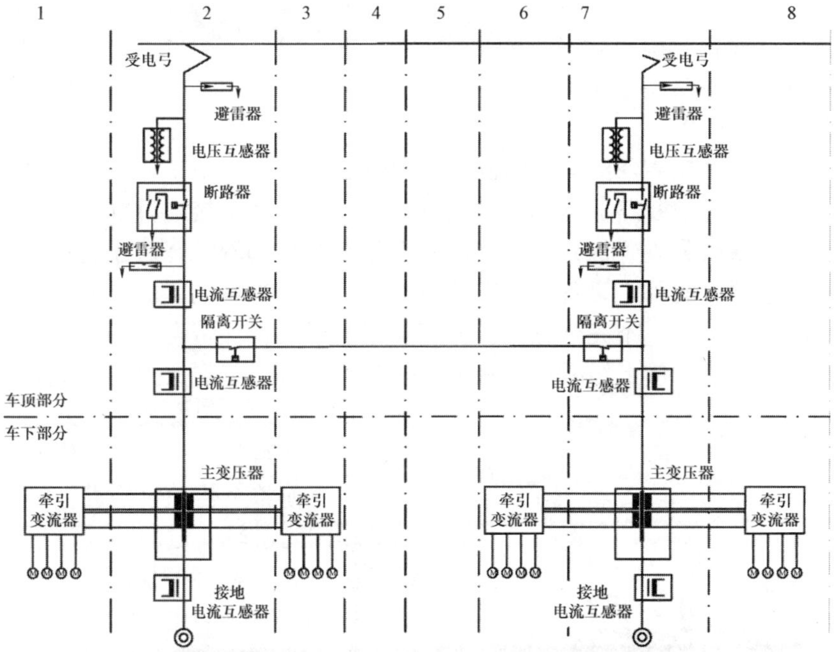

图 3–2–14　车顶高压设备主电路

图 3–2–15　车顶高压设备实物

二、轨道交通车辆车顶高压设备的检修

（一）车顶高压设备检修前准备

携带好必要的检修工具：手电筒、中性的清洁剂、软布、四角钥匙、毛刷、润滑脂、扭力扳手、套筒、无绒毛抹布、聚硅氧烷化合物、无纺布、丙酮、粉笔、记号笔，并对检修工具进行检查，确保工具可靠无损坏。正确穿戴安全防护用具，包括工作服、绝缘鞋、安全帽、安全绳。

进行车顶高压设备检修作业前需要认真学习以下注意事项：① 作业人员在维修作业期间应遵守适用的作业指导书及各种安全规定；必须始终穿着带有橡胶鞋底的绝缘鞋，并穿戴所从事工作要求的防护服和携带其他与人身安全相关的设施等。② 作业前应确认安全防护号志已插设。③ 应注意尖锐角边可能造成绊倒、挤伤事故及皮肤割伤。④ 应在车顶防滑胶带上行走，注意脚下和两车风挡处空挡，防止滑倒、跌落摔伤。⑤ 作业时，脚下注意避开风管管路，防止造成管路损伤。⑥ 设备检查过程中注意压力容器爆炸伤害、高处坠落、机具伤害、触电伤害。⑦ 作业时严格按照对讲机呼唤应答制度进行呼唤应答。

车顶高压设备登顶作业前需要进行车组状态确认：① 确认作业计划单的作业车组号及股道。② 确认作业股道接触网已断电，接地杆已挂。③ 确认防护号志已放置。④ 确认作业车已放电，受电弓降下，VCB 断开。⑤ 确认停放制动已施加，确认司机室禁动指示牌已放置，防止司机室人员误操作。

（二）主断路器检修

检查主断路器（主断），重点检查绝缘体陶瓷部分的状况（瓷漆应无裂开或损坏）和接地开关的接头。用中性的清洁剂和软布清理脏的部件。检查安装螺钉的防松标记有无错位，高压接头和接地接头如图 3-2-16 所示，如有错位须拆开检查，确认无异常后重新按规定力矩安装。各安装扭矩如下。

高压接头：67 N·m。

接地接头：50 N·m。

断路器固定螺钉：67 N·m。

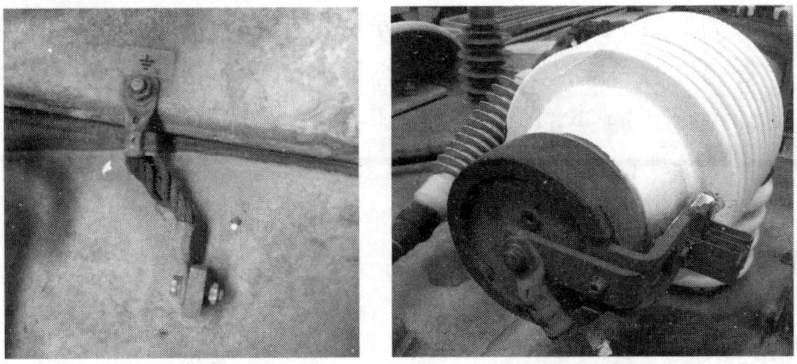

(a) 高压接头　　(b) 接地接头

图 3-2-16　高压接头和接地接头

检测主断路器气路。排空压力调节器，给供气电路施压，拧松翼形螺钉，直到冷凝水可以溢出。水流停止后，重新拧紧翼形螺钉，检查应无泄漏。主断路器气路翼型螺钉如图 3-2-17 所示。排空主断路器供风气缸，关闭 B20，主断路器气路 B20 塞门如图 3-2-18 所示，切断气缸的风源。拧松主断路器供风气缸的排风堵，排出余风后将其完全拆卸。排空内部积水。恢复 B20 塞门。（注意：在当年 11 月至第二年 3 月需进行空气管路排水，防止冷凝水结冰，导致气动元件运行故障）

检查空气管路密封：排空主断路器气动系统后，必须检查连接器密封情况、塞子密封情况。

图 3-2-17　主断路器气路翼型螺钉

图 3-2-18　主断路器气路 B20 塞门

（三）接地隔离开关检修

设备外观及安装状态良好，安装基座焊接部位不存在机械损伤，如裂纹、变形。开关刀座、刀无异常。各电缆接头外观及安装状态良好。螺栓紧固无缺失。各绝缘子无破损、无变形，本体无裂纹，绝缘子胴体部分无裂纹。各接地线安装紧固，导线的芯线无缺损。目视检查刀和主断路器接地点的磨损和清洁状况。

2 号作业人员：从司机室右后方控制柜中取出 A 钥匙，打开 02 车受电弓下方对应的车内顶板，在接地开关上插入 A 钥匙并转动，再转动接地闸刀手柄使接地开关动作，再将 B 钥匙拔出使接地开关锁住，保持现有状态；接着将 B 钥匙插入 07 车并转动，再转动接地闸刀手柄使接地开关转动，并拔出 C 钥匙，同样使接地开关动作并保持现有状态。检查接地开关互锁机构，确认外观状态良好。

1 号作业人员：在车顶观察接地开关闸刀动作，应正确滑入主开关的接地点。如果发现闸刀和主断接地点脏污，则必须用无绒毛抹布清洁并用 OLYT 730 Spec（Grassed 1-NBT400055P0001）润滑脂润滑。（注意：车内 2 号作业人员此时不能操作接地开关动作）

（四）车顶高压隔离开关检修

确认设备外观及安装状态良好，安装基座焊接部位不存在机械损伤，如裂纹、变形。开关刀座、刀无异常。各电缆接头外观及安装状态良好。螺栓紧固无缺失。各绝缘子无破损、无变形，本体无裂纹，绝缘子胴体部分无裂纹。各接地线安装紧固，导线的芯线无缺损。

1 号作业人员：登顶目视检查以下组件应无损坏。

① 闸刀；

② 盖和棒形绝缘子；

③ 接触弹簧；

④ 高挠性绞合电缆；

2 号作业人员：用扭矩扳手检查螺栓连接是否牢固，防松标记有无错位，若螺栓松动，则紧固后补打防松标记。

M10 螺栓的起动扭矩（A4 质量）：45 N・m。

M12 螺栓的起动扭矩（A4 质量）：75 N・m。

1 号作业人员：使用不起毛的布清洁闸刀和接触弹簧，并使用 Aseol Aquares EP 810-60 润滑脂润滑接触弹簧和闸刀。

（五）避雷器检修

设备外观及安装状态良好，安装基座焊接部位不存在机械损伤。开关刀座、刀无异常。

各电缆接头外观及安装状态良好，螺栓紧固无缺失，各绝缘子无破损、无变形，本体无裂纹，绝缘子胴体部分无裂纹。各接地线安装紧固，导线的芯线无缺损。登顶目视检查避雷器有无过载迹象，即凸缘上的灭弧孔处是否有黑点或烧灼点。使用干燥或轻微润湿的无绒毛抹布清洁避雷器的硅制挡板。

（六）高压互感器检修

确认设备外观及安装状态良好，安装基座焊接部位不存在机械损伤。开关刀座、刀无异常。各电缆接头外观及安装状态良好。螺栓紧固无缺失。各绝缘子无破损、无变形，本体无裂纹，绝缘子胴体部分无裂纹。各接地线安装紧固，导线的芯线无缺损。

检查高压电流互感器应无脏污。检查线路电流互感器的树脂表面有无裂缝或损伤。确认检查盖板的状态良好，防松标记清晰，无错位。用浸有硅酮的无纺布给树脂表面涂上薄薄的一层 Dow Corning MS4 聚硅氧烷化合物。

目视检查电压互感器树脂体有无裂纹，如树脂体出现损坏现象则有必要更换电压互感器。目视检查一次和二次端子（车内顶板内）有无损坏，并确保适当的一次和二次连接。目视检查线路电压互感器法兰与车体车顶表面之间的橡胶密封，应无破损或开裂并安装牢固。使用干燥或轻微润湿的无绒毛抹布清洁线路电压互感器。

任务工作单

计划：根据车顶高压设备基本知识完成设备指认、原理讲解和一级检修	
1. 学生了解相关任务情境，各小组成员汇总任务工作单中所需要的具体材料，遵守安全作业规范，完成指定任务，并对任务过程进行记录和总结。 2. 指导教师对各小组任务进行安排和指导，监督各小组安全作业，协助各小组完成任务内容，并对各小组作业进行指导和点评	
一、作业任务单	
任务情景 1：识别车顶高压设备，能准确识别各部件并讲解部件作用	
作业过程	任务内容
1	主断路器识别和原理讲解
2	高压互感器识别和原理讲解
3	避雷器识别和原理讲解
4	接地隔离开关识别和原理讲解
5	车顶隔离开关识别和原理讲解
任务情景 2：对车顶高压设备进行一级检修	
作业过程	任务内容
1	检修前作业准备
2	主断路器检修
3	接地隔离开关检修
4	车顶高压隔离开关检修
5	避雷器检修
6	高压互感器检修

二、个人计划

任务情境 1 计划：

任务情境 2 计划：

决策：确认识别车顶高压设备及一级检修作业计划内容	
对小组成员进行任务分工，组内讨论计划细节，完善计划，各小组交流作业计划，完善细节，教师进行点评讲解，确保计划的安全性	
小组成员	任务分工

小组内讨论的结果：

小组间讨论的结果：

任务执行过程中出现的问题及应急情况的处理：

实施：完成识别车顶高压设备及一级检修作业内容

一、总结车顶高压设备结构和工作原理相关内容，完成设备操作和讲解。

根据作业要求，完整记录任务情境实施过程，小组成员互检任务实施正确性，将记录的内容提交给指导教师，请求给予指导、评价。

任务情境实施过程记录：

1. 选用的工具和安全防护用品：

2. 作业注意事项和车组确认事项记录：

3. 主断路器分合闸操作记录：

4. 隔离开关分合操作记录：

5. 车顶高压设备原理讲解记录：

6. 主断路器检修记录：

7. 接地隔离开关检修记录：

8. 车顶隔离开关检修记录：

9. 互感器检修记录：

二、实施过程中出现的问题和不足

三、实施总结

任务评估

检查与评价

一、知识与技能掌握情况评价参考标准

评价标准	评价权重（80%）
1. 掌握车顶高压设备结构及工作原理	20
2. 准确、快速地指认车顶高压设备及其主要部件	10
3. 掌握车顶高压设备检修流程，能完成全部检修项目，没有遗漏	20
4. 掌握车顶高压设备检修标准，按照标准完成各项目的检修，没有参数错误	20
5. 掌握各种检修工具的使用技能，通过摄像手电筒对全程进行记录	5
6. 填写记录，完成任务后，设备恢复如初	5

<table>
<tr><td colspan="3">二、综合素质评价参考标准</td></tr>
<tr><td>评价标准</td><td colspan="2">评价权重（20%）</td></tr>
<tr><td rowspan="4">能协同开展工作，准确、清晰地进行信息沟通</td><td colspan="2">不及格</td></tr>
<tr><td colspan="2">及格</td></tr>
<tr><td colspan="2">良好</td></tr>
<tr><td colspan="2">优秀</td></tr>
<tr><td rowspan="4">分工合理，能进行标准化作业</td><td colspan="2">不及格</td></tr>
<tr><td colspan="2">及格</td></tr>
<tr><td colspan="2">良好</td></tr>
<tr><td colspan="2">优秀</td></tr>
<tr><td colspan="3">三、思政要素评价参考标准</td></tr>
<tr><td>评价依据</td><td colspan="2">评价权重
（一票否决）</td></tr>
<tr><td>严守铁路法律法规，具有高度的安全意识，严格遵照作业标准，精益求精、认真履职</td><td>不合格</td><td>合格</td></tr>
</table>

任务拓展

1. 主断路器

CB201 型真空主断路器，安装在轨道交通车辆底架下的高压设备箱内，是一种双断点的主断路器。

CB201 型真空断路器主要由三部分组成，CB201 型主断路器结构如图 3-2-19 所示。

（1）高压电流分断部分：由可开断交流电弧的真空开关管、静触头、动触头组成。动触头的操作由电空机械装置和合闸过程中的导向装置同时完成。

（2）隔离绝缘部分：由安装在底板上的支持绝缘子、内部的绝缘导杆、恢复弹簧、接触压力弹簧组成。绝缘导杆连接电空机械装置和动触头。

（3）电空机械装置（低压部分）：由空气管、压力开关、储风缸、调压阀、电磁阀、保持线圈、传动气缸及活塞组成。当空气压力达到一定值时压力开关闭合，压缩空气方能进入储气缸。储气缸内的调压阀用来调节储气缸内气压。

主要技术参数如下。

额定电压：AC 30 kV（瞬间最大电压 AC 31 kV）。

额定电流：AC 200 A。

额定频率：50 Hz。

额定开断容量：100 MV • A。

额定闭合电流：10 000 A。

额定瞬间电流：4 000 A（2 s）。

额定断路电流：3 400 A。

额定开断时间：≤0.06 s。

寿命次数：50 000 次。

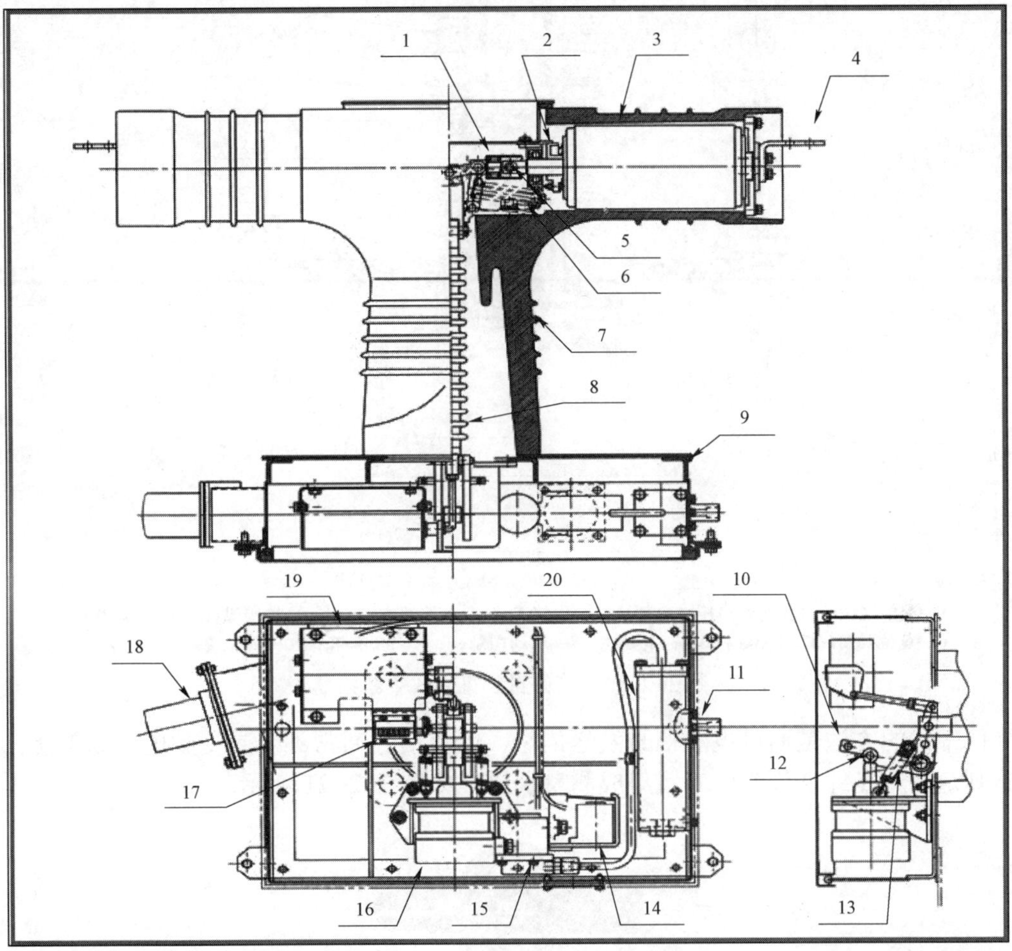

1—弹簧；2—集电子；3—真空管；4—主回路端子；5—连接销；6—断路器弹簧 A；7—支持绝缘瓷瓶；8—绝缘操纵杆；9—操纵机构箱；10—主操纵杆；11—供风口；12—投入滚柱；13—断路器弹簧 B；14—电磁阀；15—放大阀；16—操纵气缸；17—动作次数计；18—控制插头；19—辅助开关；20—空气罐

图 3-2-19　CB201 型主断路器结构

图 3-2-20 所示为整体封装直立式主断路器，额定开断容量为 440 MV · A，额定电流为 1 000 A，额定断路电流为 16 000 A，额定开断时间小于 0.025～0.06 s。

主断路器的合闸是通过控制电磁铁和其感应线圈的动作来完成的。

合闸时：电磁铁向 2 号操纵杆提供机械力。2 号操纵杆通过传动杆推动绝缘操纵杆（比率为 3）。施加的力约为 2 550 N，对于 9.1 mm 触点间隙的合闸速度为 0.5 m/s。

分闸时：当电磁铁断电时，复位弹簧将带动操纵杆，主触点分断。分闸速度约为 0.55 m/s。

在每个阶段中，辅助触点通过电气接口向列车监控系统通报主断状态。如果主触点被卡住，则由一个辅助触点提供信息。

2. 集成测量仪

集成测量仪，是将过去需要由多个独立组件共同保障的多种功能整合到一个一体装置中。由于列车电压高、电流大导致电磁环境恶劣，所有的电缆都易发生耦合干扰。电子装置的输入端受到这些干扰后会把这些干扰转变成错误的信号，并能造成有害操作或者测量参数误差。

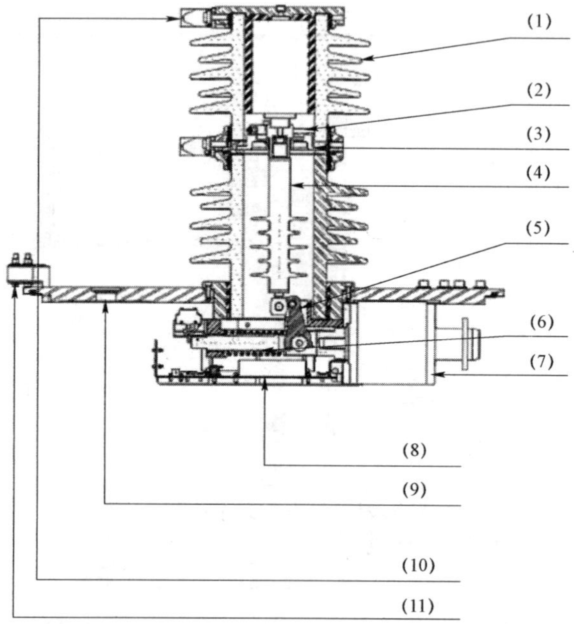

1—上部绝缘子（真空管模压在内部）；2—电气连接；3—连接支撑；4—绝缘操纵杆；5—传动杆；6—复位弹簧和 2 号操纵杆；7—电磁铁；8—移动控制板；9—38 ks 孔；10—接地夹；11—38 ks 夹

图 3-2-20　整体封装直立式主断路器

一个降低干扰的方法是通过电流信号发送信息，电流信号通常不容易受到电磁场干扰；另一个措施则是采用光纤来传输信号。集成测量仪原理如图 3-2-21 所示。

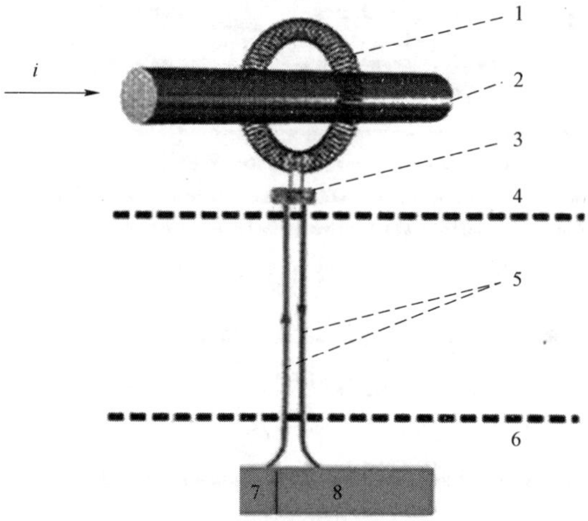

1—空心线圈；2—一次绕组；3—电子线路板；4—高压侧；5—光纤；6—低压侧；7—光源；8—二次处理系统

图 3-2-21　集成测量仪原理

集成测量仪直接产生许多与线电流和线电压成正比例的“电流模式”的独立信号。这些信号能被发送到离信号源很远的不同装置上，且没有干扰问题。同时由于集成测量仪中所有组件的集成，使系统整体体积减小了。紧凑设计保证了机械和电子的简化安装。为实现相同功能所必需的装置的减少，使得运行阶段列车的管理和维护更加简单。

线路电流传感器（TAL）是由 2 个单元组成的，都位于相同金属箱；它们通过一个光纤互相连接；与高压连接的单元由一个安培计式变压器组成，这里第二单元从光纤接收信号并提供一个模拟输出（总数量为 2 个信号，形成冗余）。也通过以前数字输出（用于线路电压通信）提供关于电流瞬时值的信息。

由传感器产生的 2 个模拟输出，用一个带有微处理器的 2 个电子模块来（冗余）处理。这些模块的任务是“牵引局部控制”。它们被称为 CLT 并且固定在车辆底架上的 HV 箱内，这些模拟输出的目的如下。

（1）检测在 AC 25 kV 线路供电的情况下由一个列车吸收电流的能力，目的是在相关控制台显示器上有效显示线路电流值。

（2）快速（在 100 ms 内）分闸相关电路主断路器实现最大电流保护；该保护是通过打开一个适合来中断电路的主断路器自身的控制电路继电器触点来生效的。当传感器 TAL 中电流循环出现峰值时该动作发生，在相关合闸的主断路器超过 4 s（目的是不考虑由于牵引变压器的电磁电流造成的插入峰值）的条件下，超过设定保护值。

（3）对于主断路器可能出现的故障（短路）进行诊断确认。

线路电压传感器（TPM）测量由受电弓收集的线路电压值并检查其频率特征。该传感器只在测量频率在 31～60 Hz 范围内和电压有效值超过 5 kV 时正确工作，由列车 24 V 蓄电池供电。测量结果通过光纤发送到一个电子设备。TPM 还与每个牵引变流器的牵引调整器（TCU）有接口：2 个诊断数字输出（总数为 4 个输出形成冗余）通知有关设备条件/故障；1 个有着瞬时线电压和电流的数字输出，以便于向能量计 IO 模块提供数据；8 个电气独立模拟输出，具有与线路电压的瞬时值成比例的 50 mA 电流信号。

通过以上这些功能线路电压传感器可达到以下目的。

（1）允许 5 个牵引变压器在输入阶段（4 象限）的操作。

（2）允许通过牵引控制装置（TCU）调整牵引力，像悬链线的功能一样。

（3）将线电压信号输入到保护系统。

（4）将线电压信号输入到能量计。

3. 复兴号动车组车顶高压设备

复兴号动车组车顶高压设备由受电弓、主断路器、接地保护开关、避雷器、高压隔离开关、电压互感器、电流互感器、高压电缆等组成。将除受电弓和网侧避雷器外的高压部件放置于集成高压设备箱内，CR400AF 型动车组高压设备箱安装于车下，CR400BF 型动车组高压箱安装于车顶。复兴号动车组车顶高压设备主电路如图 3-2-22 所示。

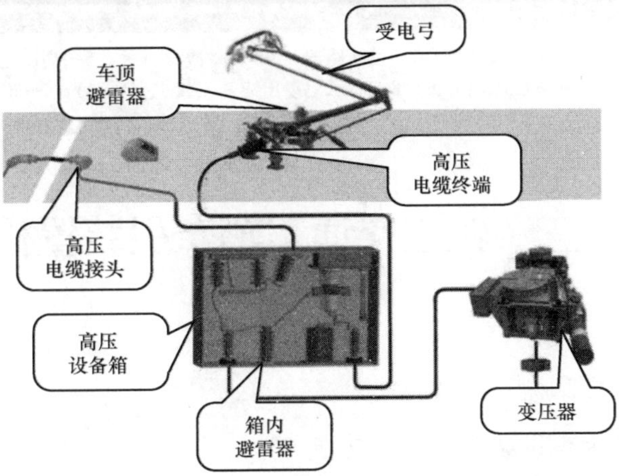

图 3-2-22　复兴号动车组车顶高压设备主电路

复兴号动车组车顶高压设备如图 3-2-23 所示。

图 3-2-23　复兴号动车组车顶高压设备

高压箱内集成主断路器（含接地开关）、电压互感器、电流互感器、隔离开关、避雷器。高压箱如图 3-2-24 所示。

1—高压电缆进线孔（接受电弓）；2—电流互感器；3—主断路器；4—接地隔离开关；5—高压电缆出线孔（接高压电缆接头）；6—避雷器；7—高压隔离开关；8—高压电缆出线孔（接主变压器）；9—电压互感器

图 3-2-24　高压箱

任务三　轨道交通车辆牵引装置检修

任务目标

1. 知识目标

- 掌握轨道交通车辆牵引装置结构、功能；
- 掌握轨道交通车辆牵引装置检测及日常检修方法。

2. 技能目标

- 掌握轨道交通车辆牵引装置日常检修方法；
- 会用相关工具、仪器进行轨道交通车辆牵引装置检测；
- 会填写检修工作单。

学习活动建议

学习活动	内容	建议学时
自学内容及相关知识点	1. 牵引变压器结构、功能、日常检修方法 2. 牵引变流器结构、功能、日常检修方法 3. 牵引电机结构、功能、日常检修方法	课前
计划	根据任务目标，结合轨道交通车辆牵引装置检修流程、检修要点及检修注意事项，正确分组、选择检修工具	课中（4 学时）
决策	通过小组交流及教师指导，正确分工	
实施	根据具体轨道交通车辆牵引装置的情况，严格按照流程完成轨道交通车辆牵引装置检修作业	
	正确填写检修单据，小组成员互检后提交指导教师评估	
检查与评价	完成自我评价、小组评价、教师评价	
完善与拓展	拓展学习其他轨道交通车辆牵引装置检修作业的相关知识与技能	课后

任务相关知识点

一、轨道交通车辆牵引装置概述

（一）传动方式与装置概述

1. 传动方式

所有的牵引传动系统大致分为两类，一类是非电力传动，另一类是电力传动。

非电力传动就是在能量转换的过程中没有电能的参与，比如蒸汽机车的传动方式，内燃机车的机械传动和液力传动都属于非电力传动。

电力传动就是将外界能源（如电力动力车）或本身产生的能源（如内燃动力车）通过一整套电能变换和传递装置，将电能转换为机械能，驱动动力车轮对牵引列车。这种电能变换和传动装置称为电传动装置。

目前国内城市轨道交通及高速列车的牵引传动系统绝大部分采用电力牵引传动方式。

2. 传动装置

一般习惯上以车载受电弓为分界点，受电弓以上为供电部分，包括接触网、牵引变电所等，受电弓以下部分为牵引传动装置部分，主要由受电弓、高压电器、牵引变压/变流器，以及牵引电机组成。

（二）轨道交通车辆电力牵引传动方式

按照电传动装置所采用的牵引电机的类型，电力系统牵引传动系统可分为两大类，一类是以直流牵引电机为动力的直流电传动方式；另一类是以交流牵引电机为动力的交流电传动方式。

1. 直流电传动

直流电传动根据其牵引供电系统的不同可分为直—直电传动和交—直电传动。

由于直流电机自身存在的无法避免的问题，直流电传动已经退出或者正在退出轨道交通车辆牵引电机的行列。

2. 交流电传动

交流电传动根据其牵引供电系统的不同可分为直—交电传动、交—交电传动、交—直—交电传动。其中交—交电传动是单相交流电源不经中间直流电路，直接变换为频率可调的三相交流电，供给三相交流牵引电机，目前此种传动方式在国内轨道交通车辆牵引系统中并未广泛使用。

1）直—交电传动

轨道交通通常以电力牵引为主，其中城市轨道交通由于其线路全部或大部分建设于城市内部，因此其供电一般采用 DC 750 V 和 DC 1 500 V 为主。

城市轨道交通车辆牵引传动系统一般由受电弓、高速断路器、线路接触器、直流连接电路、制动电阻电路、逆变电路、交流牵引电机组成。

2）交—直—交电传动

交—直—交电传动方式的特点是在交流电源和交流输出之间有一直流电路，动力车通过受电弓从接触网获得单相交流电源，经牵引变压器降压后由整流器转换为直流电源，然后以中间直流电路–LC 滤波和储能装置，送入逆变器，经变换后输出电压和频率可调整的三相交流电供给三相交流牵引电机使用。

当前国内运行的 CRH 系列、复兴号系列动车组均采用交—直—交电传动方式。

本文以 CRH380B 型动车组牵引装置为例进行讲解。

二、牵引变压器结构

（一）变压器简介

CRH380B 型动车组主变压器将 25 kV 的一次电压降至供 4 个牵引绕组使用的 1 847 V 的二次电压。此主变压器设计为适用于地板下装配的单相牵引变压器。变压器油箱为钢结构。冷却介质是矿物油，冷却是借助一个循环泵实现的。CRH380B 型动车组主变压器的设计寿命约为 30 年。牵引变压器如图 3–3–1 所示。

图 3–3–1　牵引变压器

（二）变压器结构

1. 变压器铁心

图 3-3-2　铁心柱和带框架的下磁轭

变压器铁心的计算和设计与 4 低压和 4 高压绕组的特点相符。铁心由 2 个轭架和 2 个柱构成（带有装好的绕组的柱）。铁心为冷轧、角钢制作的铁板，具有耐高温和绝缘表面。为降低损耗和噪声级，铁心片已进行了充分的堆叠和压制。为防止电容性负载，磁性铁心要接地。接地带由绝缘铜线构成，连接在铁心和压挤框架、油箱内侧之间，如图 3-3-2 所示。

2. 变压器绕组

绕组为分层型绕组，通过强制冷却以环层方式固定在铁心上。为防止绝缘材料长期运行后收缩，绕组已被充分烘干。不带铁心的绕组如图 3-3-3 所示。

3. 油箱、油箱盖和储油柜

油箱装配在列车底部。通过六个螺栓固定在列车框架上。油箱的结构设计适合承担活动部件的重量以及绝缘和冷却液等所有成分的重量。同时油箱还必须能够承受运转过程中的所有加速度。油箱组件的活动部件如图 3-3-4 所示。

图 3-3-3　不带铁心的绕组

图 3-3-4　油箱组件的活动部件

储油柜独立于油箱固定在列车的上部。为便于运输，储油柜使用螺钉固定在油箱盖上。储油柜和油箱是通过管道及连接器连在一起的。主变压器的储油柜如图 3-3-5 所示。

图 3-3-5　主变压器的储油柜

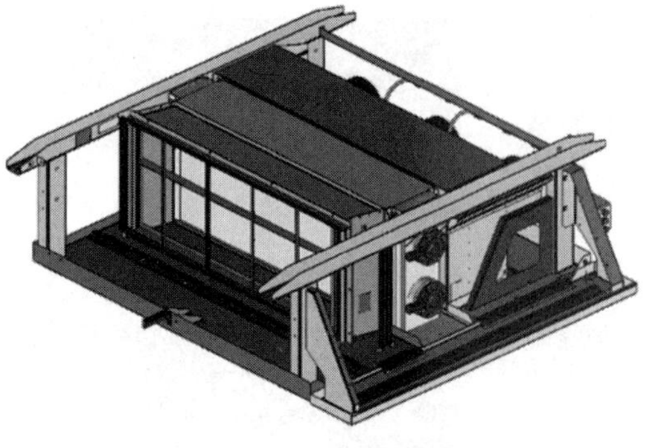

图 3-3-6　制冷装置

4. **变压器冷却单元**

冷却单元利用冷却风机通过空气过滤器沿垂直于车辆的走行方向从外部抽入冷却空气。热空气在穿过冷却器后朝着道床向下吹出，用于散发牵引变压器产生的热损耗。制冷装置如图 3-3-6 所示。

CRH380B 型动车组牵引变压器采用油冷+风冷的冷却方式。油箱中的热液被抽入冷却器中。冷却液通过另外一根管流回油箱中。为补偿冷却液的体积，油箱通过管子与储油罐连接起来。冷却系统工作原理如图 3-3-7 所示。

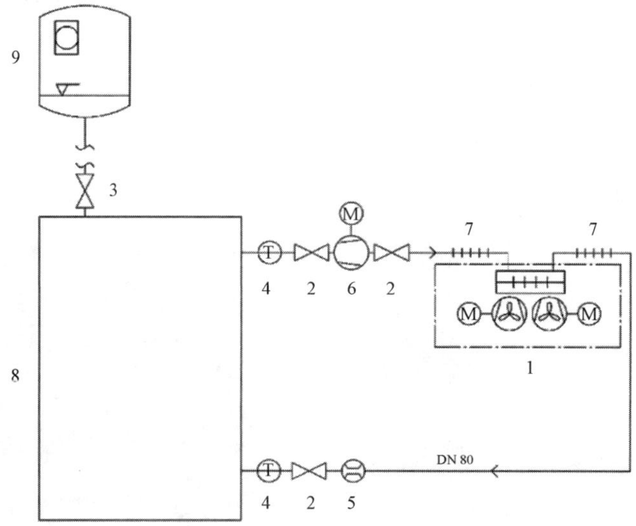

1—冷却设备；2—法兰叶；3—密封套管；4—PT100；5—流量计；6—油循环泵；7—补偿器；8—主变压器；9—膨胀油箱

图 3-3-7　冷却系统工作原理

5. **变压器油位计**

变压器油位计安装在列车车顶的膨胀室中。必须能通过膨胀室的观察窗观察变压器的油位。变压器油位计如图 3-3-8 所示。

图 3-3-8　变压器油位计

6. **变压器电流互感器**

高压绕组端子处的接地连接导通变压器电流互感器，此电流互感器没有一次端子，如图 3-3-9 所示。

7. **变压器油流量监视器**

变压器油流量监视器将监视油流的流量。此设备安装在油箱和冷却器之间的管子中，如图 3-3-10 所示。带一个转换触点的微动开关是由一个安装在油流中的旋转操纵杆操纵的。所需的开关点可以通过调节开关头盖板下的调整螺钉进行校正。

图 3–3–9　变压器电流互感器

图 3–3–10　变压器油流量监视器

8. 变压器温度传感器

变压器温度传感器配有两个热电阻温度计。每个温度计均置于填充了矿物油（仅 2/3）的温度计袋中。其中一个安装在从变压器油箱至冷却系统的管道中。另外一个则安装在从冷却系统至变压器油箱的管道中。热电阻温度计（见图 3–3–11）使用三个螺钉固定在温度计袋中。

保护功能：热电阻温度计用来记录矿物油的温度。测量温度的同时也是在间接地评估测量电流。测量电流取决于测量电阻的温度。

9. 变压器硅胶脱水吸湿器

变压器硅胶脱水吸湿器主要由夹在顶部和底板之间的玻璃杯组成。空气被吸入干燥剂中将湿气吸掉。当变压器中绝缘液的温度上升时，空气将通过变压器硅胶脱水吸湿器（见图 3–3–12）排出。干燥剂处于活动状态时为橘红色外表的水晶体，但随着吸收湿气的增加，将逐渐从底部开始变为灰白色。

图 3–3–11　热电阻温度计

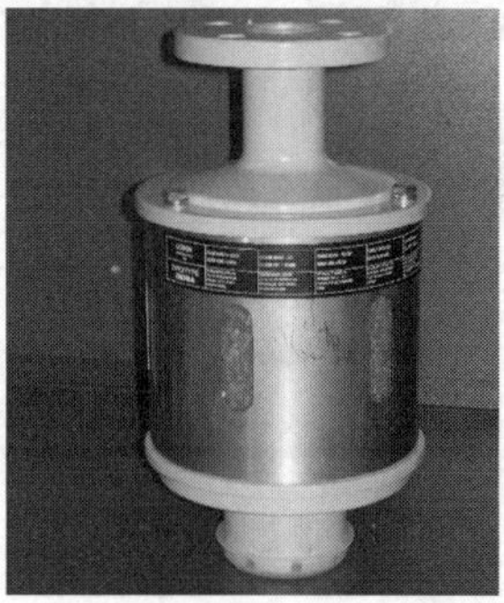

图 3–3–12　变压器硅胶脱水吸湿器

（三）变压器检修

1. 检查准备工作

（1）确保车组处于降弓断电、未接入辅助电源的状态。

（2）在车顶上作业前，接触网必须断电、接地并固定好，防止出现意外启用。此外，还必须遵守所有相关的安全规程。

（3）车顶作业前佩戴好降落保护安全设备（例如安全带）。

2. 对变压器进行检查和清洁

（1）如果低压 Pfisterer 插头连接器脏污，则应进行清理；

（2）如果高压 Pfisterer 插头连接器脏污，则应进行清理；

（3）如果变压器表面被矿物油污染，则可采用下列的清洁方法。

① 温和清洁：准备热水和普通家用的清洁剂，用刷子彻底清洁变压器表面。

② 强度清洁：使用氯基清洁剂，例如，丙酮，用软布沾上少许清洁剂对脏污表面进行清洗。随后立即用另外一块布进行清洁。

注意：进行此类清洁时必须十分小心谨慎，以防破坏变压器的漆涂层。通常应首先采用第一种方法，如果无效，再在小面积上采用第二种方法（强度清洁）以确认能否在不损坏漆层的情况下取得满意的效果。

3. 检查变压器膨胀油箱油位

（1）检查膨胀油箱上的棱型指示器，查看油位，应处在正常位置。变压器油位如图 3-3-13 所示。

（2）如出现油缺失，必须找出漏泄处并注满。

① 仅在变压器断电的情况下才能给变压器注油，确保所有的机组均已断电。

② 打开膨胀油箱中的加油法兰，打开圆盘阀。变压器膨胀油箱（在玻璃下面）如图 3-3-14 所示。

图 3-3-13　变压器油位

图 3-3-14　变压器膨胀油箱（在玻璃下面）

③ 使用桶式泵向储油柜中加油，注意油位，冷态下，不得将油加注超过+20 ℃标记。加满后将法兰关闭。

④ 在泵断电的情况下，为整套系统通风：检查并确认所有的圆盘阀均完全打开，打开储油柜中的管塞，打开气阀为瓦斯继电器通风直到油排出，无任何气泡。

4. 冷却设备检查

1）准备工作

车组降弓，按照高压设备作业防护办法先进行车组放电接地作业，断蓄电池。

2）检查冷却单元

① 检查管路连接接头、螺旋塞（螺旋塞位于冷却单元与变压器中间，冷却单元滤网侧，塞门上盖有一个橡胶帽。该塞门紧靠冷却单元的黄绿色接地线）等部位，应无牵引变压器冷却液泄漏。

② 检查防护网、进气口、出气口、冷却器和冷却电机等，应无阻碍气流的异物，清洁特别脏的组件。检查防护网有无污物。

5. 清洁

卸下防护网上所有 M8 螺栓，拆下防护网。

（1）空气过滤器清洁。

① 用吸尘器（工作压力≥0.2 bar，1 bar=100 kPa）去除污物（包括棉絮、纸屑、塑料膜等）。

② 用压缩空气顺管路方向由上向下进行清理。

③ 如有难以除去的油污等，使用高压水枪向表面及沿管路方向喷水（30 ℃～40 ℃清水加弱碱性清洗剂 1.0%～2.5%），清洁空气过滤器表面及通道，后用 6 bar 的压缩空气吹干。

（2）冷却器清洗维护。

① 卸下防护网上所有 M8 螺栓，拆下防护网。

② 拆下空气过滤器。

③ 冷却器清洁步骤如下。

- 使用工业吸尘器（工作压力≥0.2 bar）去除表面污物（包括棉絮、纸屑、塑料膜等）。
- 用 6 bar 压缩空气由上至下沿进风方向垂直于散热片进行逐层清理。
- 使用高压水枪沿垂直于散热片方向喷水雾，水温 30 ℃～40 ℃，喷嘴与散热片距离保持在 50～100 mm，调节水压（≤80 bar），使水能穿透整个通道，湿润清洁散热片。
- 向散热片吹 6 bar 的压缩空气，吹干翅片（合格标准：目视无异物）。

④ 安装空气过滤器、安装防护网。安装螺栓，涂抹润滑油，并用扭矩扳手施加 17.5 N•m 的扭矩，涂打放松标记。

（3）在清洁过程中，不能使用高压吸尘器清洁风扇叶轮，不得损坏冷却设备及其组件。

（4）恢复裙板并紧固。

（5）作业完毕，撤除接地。

6. 检查脱水吸湿器（位置同膨胀油箱）

（1）目视检查脱水吸湿器中的硅胶；如果水晶体有半数以上均变为了无色（水饱和），则整个水晶体必须使用新的橙色的硅胶替换。

（2）如果硅胶被矿物油污染，则硅胶必须全部更换。

三、牵引变流器结构

（一）牵引变流器简介

CRH380B 型动车组运行在交流 25 kV、50 Hz 的供电线路上，此供电电压通过列车上的车载变压器将输入电压转变为 1 850 V。每个列车包含四个牵引变流器箱。每个变流器箱包含两个四象限斩波器、一个三相 PWM 逆变器。牵引变流器如图 3-3-15 所示。

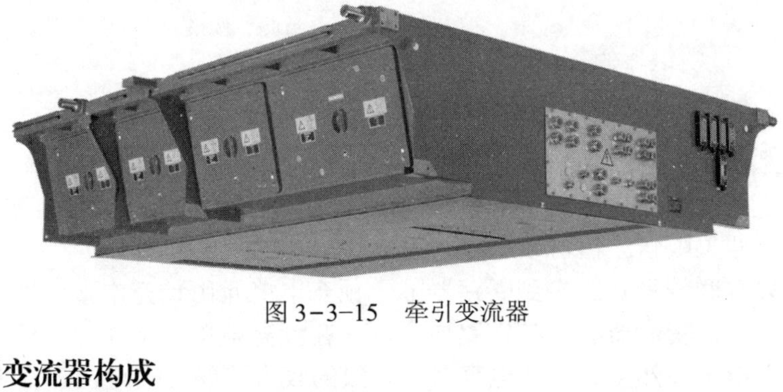

图 3-3-15　牵引变流器

（二）牵引变流器构成

牵引变流器的构成设备如表 3-3-1 所示。

表 3-3-1　牵引变流器的构成设备

编号	名称	数量	编号	名称	数量
1	整流器动力单元	2	12	电流检出器（CTU、CTV、CTW）	3
2	逆变器动力单元	1	13	交流电压检出器（CPT）	1
3	动力单元外置滤波电容器	1	14	直流电压检出器（DCPT）	2
4	逻辑装置	1	15	接地电流检出（GCT）单元	1
5	风机（CIBM）	3	16	电阻器单元（DRe、CHRe）	1
6	真空接触器（K）	2	17	电阻器单元（OVRe）	1
7	充电接触器（AK）	1	18	门极用电源	1
8	辅助电路断路器（AuxK）	2	19	逻辑装置用风扇单元（FAN）	1
9	过电压抑制电路（OVTr）单元	1	20	设备室内用风扇单元 A（FAN）	6
10	耐压试验连接器	2	21	设备室内用风扇单元 B（FAN）	1
11	电流检出器（ACCT）	2	22	波网	3

牵引变流器构成如图 3-3-16 所示。

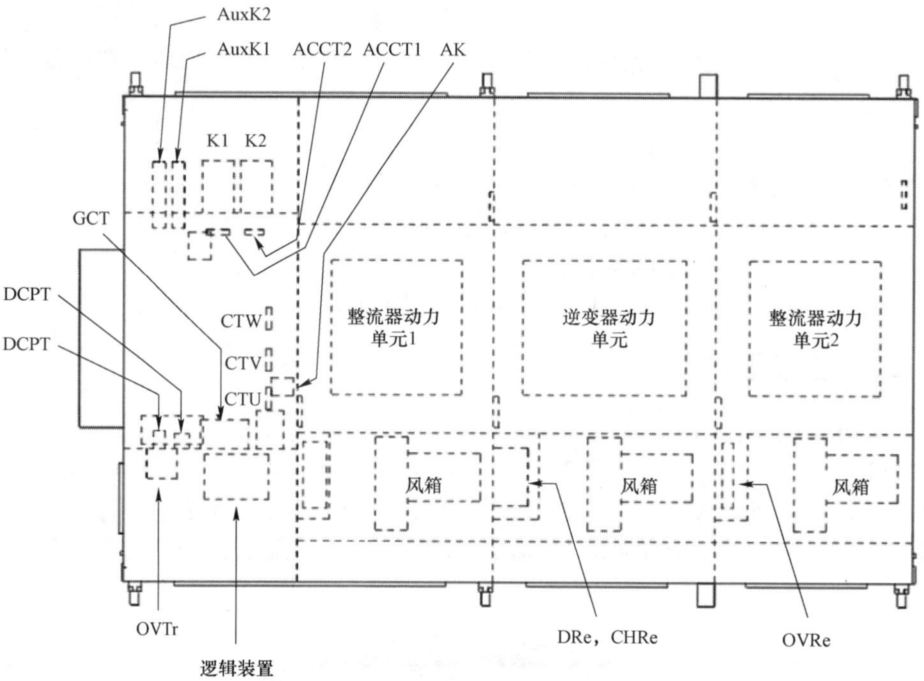

图 3-3-16　牵引变流器构成

（三）牵引变流器断路器和预充电装置

断路器位于变压器和变压器每个牵引绕组的输入控制器之间。此断路器有两个极，以便每个变流器的两个四象限斩波器可以一起开关。

预充电单元以并联的形式连接到断路器上。预充电单元由预充电接触器和电阻器构成。在变流器投入运行时，变流器的 DC 链路电容器先在预充电单元上充电，然后断路器闭合。这可降低如果输入电压突然接到空的电容器上导致的较大瞬间峰值电流。在 DC 链路电压达到理论终值的 95%以上后，断路器闭合。当它处于无电流条件下（例如主断路器打开）时，断路器才能断开，如图 3-3-17 所示。

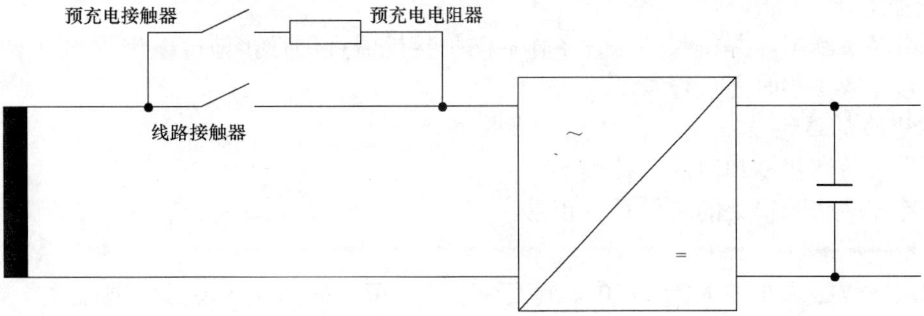

图 3-3-17　输入电路

（四）牵引变流器四象限斩波器

整流器包含两个并联的四象限变流器。每个四象限斩波器都包含两个整体半桥臂的相位模块。

四象限斩波器的任务是通过将各种单相输入电压转变为 DC 链路的直流电压，控制主链路和 DC 链路之间的能量流。在牵引及制动时，四象限斩波器电压 UST 和电流 IN 之间的相角是可以自由调整的。通过电压和电流之间相角的控制，可以获得四个运行象限。四象限斩波器如图 3-3-18 所示。

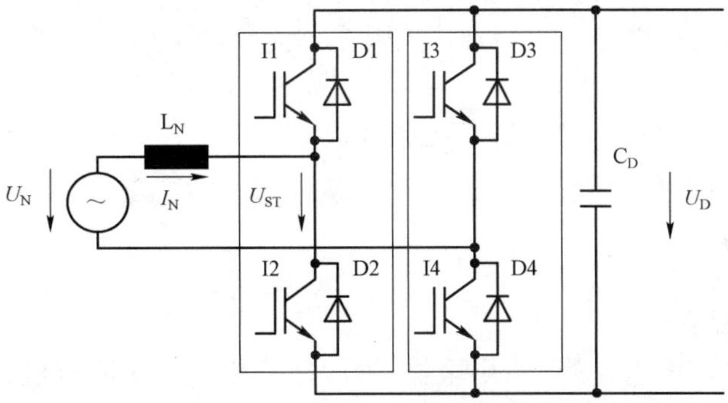

图 3-3-18　四象限斩波器

IGBTs 是可以用相对较高的转换频率开关的电子开关。

四象限斩波器电流和电压波形如图 3-3-19 所示。

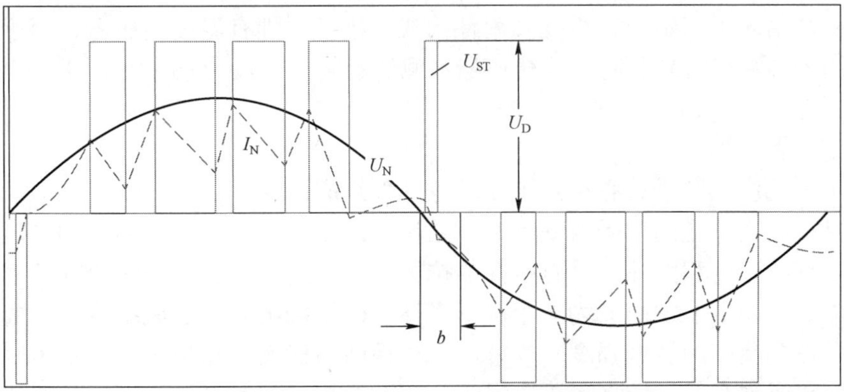

图 3-3-19　四象限斩波器电流和电压波形

（五）牵引变流器检修

1. 准备工作

动车组降弓断电，并按照高压设备作业防护接地流程进行接地放电作业。

动车组停放 1 小时之后检查。

2. 检查冷却单元

（1）牵引变流器冷却液液位检查。

检查冷却液膨胀箱处的液位是否正常。

（2）检查标准。

冷却液液位必须在−20 ℃～+20 ℃刻度线之间，可根据当前环境温度进行适当调整。

当冷却液液位低于−20 ℃刻度线时，需补注直至合格。

（3）在清洁过程中，不得损坏冷却设备及其组件。

（4）恢复裙板并紧固。

（5）检查冷却液体连接管路，应无损坏，冷却液体应无泄漏。

（6）检查所有盖板以保证所有密封条都正确就位，未破裂。

（7）检查四个水出口的密封，应仍能排出冷却水，如果脏了，要进行更换。

（8）检查牵引变流器内部区域：使用真空吸尘器清洁内部区域，注意不要使用任何溶剂擦拭。

（9）检查断路器：检查断路器触点，确认无腐蚀。

（10）检查接触器的灭弧室：检查确认灭弧室中无机械损坏或金属沉积，完毕后确认安装良好。

（11）检查辅助接触器：检查触点有无损坏。

（12）作业完毕，撤除接地。

四、牵引电机

（一）牵引电机简介

CRH380B 型动车组配有 16 台牵引电机，为四极三相异步交流电机。电机位于 EC01/EC08 和 IC03/IC06 车上，动力转向架的每个轮对都有牵引电机驱动，牵引电机安装在转向架上。牵引电机为强制风冷式，使用温度传感器进行电机的温度测量，以防止电机过热的情况出现。

（二）牵引电机结构

CRH380 型动车组牵引电机如图 3-3-20 所示。CRH380B 型动车组牵引电机为三相四级异步交流电机，由转子、定子、机壳及附件构成，定子内埋有温度传感器，用于过热保护和控制过程中的校准。同时安装有速度传感器和测速齿轮（见图 3-3-21），用于电机转向和转速的检测。

1. 定子

电机定子由机座、定子铁心和定子线圈等部件组成。

电机机座采用高质量的球墨铸铁制造，结构紧凑合理。机座内轴向冷却风道的散热筋，赋予机座非常高的强度和刚性，具有极高的抗振质量。定子铁心由绝缘冷轧硅钢板叠压，采用绝缘拉杆固定，使定子铁心成为一个圆形壳体。定子绕组为双层成型绕组，成型后嵌进定子槽中。为了得到足够的机械强度、良好的电气性能与优良的热稳定性，定子绕组用端箍固定，带绕组的定子铁心整体经真空压力浸漆（VPI）、旋转后热套进机座中，组成定子单元。

图 3-3-20　CRH380 型动车组牵引电机

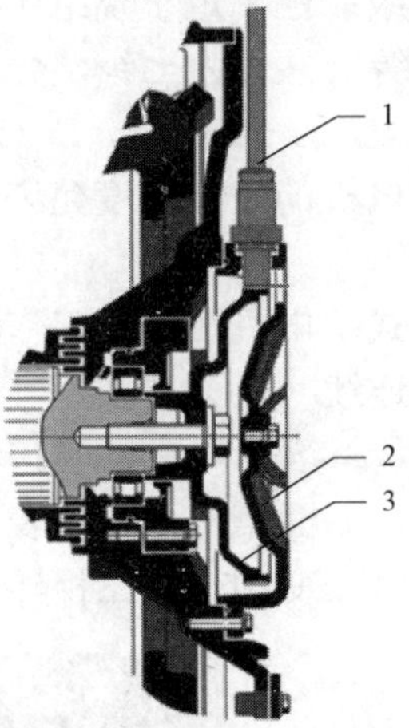

1—速度传感器；2—传感器盖；3—测速齿轮

图 3-3-21　速度传感器和测速齿轮

2. 转子

转子为鼠笼结构，由转轴、铁心、鼠笼绕组等部件组成。

转轴由高强度的锻造合金钢制成。绝缘冷轧硅钢板叠压组成的转子铁心及压板热套安装到转轴上。铜导条插入铁心槽内，在传动端和非传动端分别与铜合金端环铜焊在一起，形成鼠笼绕组。每端转子压板有一个圆形槽，将平衡块放置并紧固以保证转子动平衡。

3. 端盖

铝合金端盖装入定子机座的两侧，支撑转子。两端轴承分别压入钢质轴承盖内，并在端盖内用螺栓固定。

4. 轴承

转子在传动端由深沟球轴承、非传动端由圆柱滚子轴承支撑。

轴承用润滑脂润滑，可通过锥形注油嘴添加润滑脂，在传动端端盖、非传动端端盖底部集油孔内收集用过的润滑脂。

（三）牵引电机铭牌

额定功率：表示电机在额定工作状态下运行时转轴上输出的机械功率。用符号“P”表示，单位用“kW”或千瓦表示。

额定电流：表示电机在额定状态下运行时定子电路输入的线电流。用“Le”表示，单位是“安”或“A”。

额定电压：电机定子三相绕组规定应加的线电压值。用符号“Ue”表示，单位是“V”或“伏”。若铭牌上标有两个额定值，220/380 伏，这表示定子绕组作△连接时，其额定电压应是 220 伏，而作星形（Y）连接时，其额定电压应是 380 伏。

频率：频率是指电机定子绕组上的允许频率，国产异步电机的额定频率为 50 Hz，用符号“f”表示，单位为“Hz”或“赫兹”。

额定转速：铭牌上的转速是指电机在额定状态下的转速。用符号“n”表示，单位为“转/分”。

接线方法：电机在额定电压下，定子绕组的接线方法。一般有Y（星形）及△（三角形）两种接法。

绝缘等级：电机定子绕组所用的绝缘材料的等级，它表明电机所允许的最高工作温度。绝缘材料的等级共分为七级，分别是：

Y—90 ℃，A—105 ℃，E—120 ℃，B—130 ℃，F—155 ℃，R—180 ℃，C—180 ℃以上。

温升：电机的绕组温度允许高出周围环境温度的数值，也就是电机绕组温度与周围环境温度之差。

工作方式：电机在额定工作情况下，不同工作条件和情况允许的持续时间和周期。工作方式可分为连续（S1）、短时（S2）及断续（S3）三种。

防护等级：表示电机的防护能力，格式为 IP**（星号是两位数字，如 IP 44），IP 是防护的英文缩写，后面第一位数字表示防止固体物体进入内部的等级，第二位数值表示防止水进入内部的等级。变频调速三相异步电机铭牌如图 3-3-22 所示。

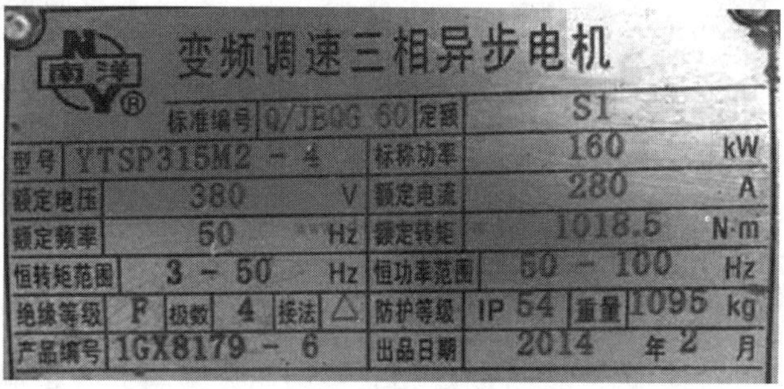

图 3-3-22　变频调速三相异步电机铭牌

（四）牵引电机检查

1. 牵引电机检查

（1）清洁牵引电机外侧，检查牵引电机是否有外观损坏，检查螺钉连接。

（2）检查牵引电机上的安装零件、螺栓、连接导线。

（3）检查电机是否有冷凝水。

2. 检查牵引电机轴承各部件

牵引电机注脂口如图 3-3-23 所示。

图 3-3-23　牵引电机注脂口

（1）将润滑脂注入口帽从锥形润滑脂注入口取下。

（2）润滑脂枪和润滑脂注入口必须干净；必须用不起毛的抹布擦拭。

（3）给轴承传动端（靠近联轴节一端）注入 30 g 润滑脂。

（4）给轴承非传动端注入 15 g 润滑脂（H3.5）。

（5）用润滑脂注入口帽密封润滑脂注入口。

任务工作单

<table>
<tr><th colspan="2">计划：根据任务情境制定牵引装置检修作业方案</th></tr>
<tr><td colspan="2">1. 学生了解相关任务情境，各小组成员汇总任务工作单中不同检修作业方式所需要的具体材料。
2. 指导教师随机指定各小组要完成的任务情境。根据工作单上的要求，以列表方式提出进一步要搜集的信息。确定完成任务所需要准备的资料。制定完成任务情境的计划并准备讨论</td></tr>
<tr><td colspan="2">一、作业任务单</td></tr>
<tr><td colspan="2">任务情境：轨道交通车辆已运用两天，进入一级修环节，接触网无电预作业</td></tr>
<tr><td>作业过程</td><td>任务内容</td></tr>
<tr><td>1</td><td>牵引变压器检查</td></tr>
<tr><td>2</td><td>牵引变流器检查</td></tr>
<tr><td>3</td><td>牵引电机检查</td></tr>
<tr><td colspan="2">二、个人计划</td></tr>
<tr><th colspan="2">决策：确认牵引装置检修工作计划</th></tr>
<tr><td colspan="2">对小组成员进行任务分工，分小组讨论每位成员完成的任务实施计划。每组选派一位成员在各组交流任务实施计划，每位成员完善任务实施计划</td></tr>
<tr><td>小组成员</td><td>任务分工</td></tr>
<tr><td></td><td></td></tr>
<tr><td></td><td></td></tr>
<tr><td></td><td></td></tr>
<tr><td></td><td></td></tr>
<tr><td colspan="2">小组内讨论的结果：

小组间讨论的结果：

任务执行过程中出现的问题及应急情况的处理：</td></tr>
</table>

实施：完成牵引装置检修作业相关工作
一、总结任务情境所需要的资料 根据任务情境，完整记录任务情境实施过程，小组成员互检任务实施正确性，将记录的内容提交给指导教师，请求给予指导、评价。 任务情境实施过程记录： 二、实施过程中出现的问题和不足 三、实施总结

任务评估

<table>
<tr><td colspan="3">检查与评价</td></tr>
<tr><td colspan="3">一、知识与技能掌握情况评价参考标准</td></tr>
<tr><td>评价标准</td><td colspan="2">评价权重（80%）</td></tr>
<tr><td>1. 牵引变压器外观检查</td><td colspan="2">12</td></tr>
<tr><td>2. 牵引变压器清洁</td><td colspan="2">12</td></tr>
<tr><td>3. 牵引变压器油箱检查</td><td colspan="2">8</td></tr>
<tr><td>4. 牵引变流器外观检查</td><td colspan="2">12</td></tr>
<tr><td>5. 牵引变流器清洁</td><td colspan="2">12</td></tr>
<tr><td>6. 牵引电机外观检查</td><td colspan="2">12</td></tr>
<tr><td>7. 检查牵引电机轴承各部件</td><td colspan="2">12</td></tr>
<tr><td colspan="3">二、综合素质评价参考标准</td></tr>
<tr><td>评价标准</td><td colspan="2">评价权重（20%）</td></tr>
<tr><td rowspan="4">作业前准备，包括检修内容对接、防护用品配置、工器具选用</td><td colspan="2">不及格</td></tr>
<tr><td colspan="2">及格</td></tr>
<tr><td colspan="2">良好</td></tr>
<tr><td colspan="2">优秀</td></tr>
<tr><td rowspan="4">工作态度积极，分工合理，能进行标准化作业</td><td colspan="2">不及格</td></tr>
<tr><td colspan="2">及格</td></tr>
<tr><td colspan="2">良好</td></tr>
<tr><td colspan="2">优秀</td></tr>
<tr><td rowspan="4">作业结束后，依照6S标准进行工位整理</td><td colspan="2">不及格</td></tr>
<tr><td colspan="2">及格</td></tr>
<tr><td colspan="2">良好</td></tr>
<tr><td colspan="2">优秀</td></tr>
<tr><td colspan="3">三、思政要素评价参考标准</td></tr>
<tr><td>评价依据</td><td colspan="2">评价权重
（一票否决）</td></tr>
<tr><td>严守铁路法律法规，具有高度的安全意识，严格遵照作业标准完成任务</td><td>合格</td><td>不合格</td></tr>
</table>

任务四　轨道交通车辆司机室检查

任务目标

1. 知识目标

- 掌握轨道交通车辆司机室结构及功能；
- 掌握轨道交通车辆典型低压控制电器结构及功能。

2. 技能目标

- 掌握轨道交通车辆司机室检查流程与方法；
- 掌握使用仪器与工具对司机室进行检查、测量、检修的方法；
- 熟悉对司机室典型控制电器进行操作的方法。

学习活动建议

学习活动	内容	建议学时
自学内容及相关知识点	1. 司机室结构及功能 2. 典型低压控制电器结构及功能 3. 司机室检查流程与方法 4. 典型控制电器操作方法	课前
计划	根据任务目标，结合司机室检修流程、检修要点及检修注意事项，正确分组、选择检修工具	课中（4 学时）
决策	通过小组交流及教师指导，正确分工	
实施	根据具体司机室的情况，严格按照流程完成司机室检修作业	
	正确填写检修单据，小组成员互检后提交指导教师评估	
检查与评价	完成自我评价、小组评价、教师评价	
完善与拓展	拓展学习其他型号司机室检修作业的相关知识与技能	课后

任务相关知识点

一、司机室概述

司机室设计为单人驾驶模式，司机操纵台在中央。

1. 司机室的主要功能

（1）在每列编组的两端分别设置一个司机室，由前端司机室实施动车组控制，另一个非工作的司机室则可用作乘务员室。两个司机室具有相同的结构与功能。

（2）司机室布置了动车组的主要操控设备，对全车进行牵引、制动控制，同时控制全动车组的空调、车门和广播等设备，检测动车组运行信息并进行故障诊断，保证动车组高速、准时、安全运行。

（3）司机室的设计，除了保证正常的功能性要求，还要尽可能地使整个司机室显得整洁、美观、平整、明快、舒适。

本任务以 CR400AF 型动车组司机室为例进行讲解。

2. 司机室特点

1）司机操作空间

司机室安装设备较多、设备结构复杂。为了拓展可利用空间，将气密隔墙至操纵台的空间设计为设备舱，安装布置了一些不常操作的设备，如气压开关管路等。

司机操纵台位于司机正前方，前窗玻璃的下方。左右对称布置矮边柜，在右柜司机方便操作部位设置第二操作区。司机室内行车过程中需要操作的设备全部布置在操纵台区域，非行车时司机操作的设备布置在第二操作区。

为了方便操作，而且也为了能扩大司机放脚处周围的面积，司机控制器采用小型化设计。操作手柄轴带动凸轮旋转，接通相应的触点，使对应的挡位线加压，向 TCMS 中央控制装置输出控制信号。

为了方便不同的人对列车进行操控，采用高度及前后位置可调整的司机座椅，司机座椅设在司机室中间靠近操纵台的位置。

为了使整个司机室显得更加宽敞明亮，司机室电气柜全部采用矮柜结构，分布在操纵台的左右两侧。

2）视野

中国标准动车组司机室的设计充分考虑了司机视野的开阔性；前窗坐姿视野符合 UIC651 标准要求，保证了司机视线开阔，如图 3-4-1 所示。

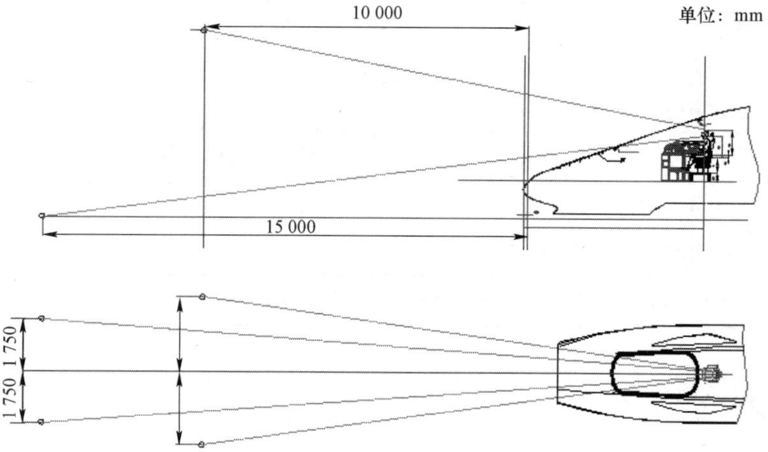

图 3-4-1　司机室前方视野分析

司机采用坐姿驾驶时，在高度方面可以观察到车钩前 15 m 地面信号及车钩前 10 m 距地面 6.3 m 高的信号；在水平方面可以观察到左右 2.5 m 的信号。

3）司控器

司控器（司机控制器、司机操纵器），是司机用来操纵动车组运行的主令控制器，即司机用来发出动车组运行过程中牵引、制动指令的主令控制设备。

司机控制器设置一个手柄。司控器手柄如图 3-4-2 所示。手柄采用可保持手的自然握持状态的设计方案，以使操作灵活自如，手柄的外表面平整光洁，保证司机的触觉舒适性。手柄设有“0”位（手柄垂直）、保持位、紧急制动位三个位置及牵引区域、制动区域两个区域。牵引区域设有分 2 级的牵引加速区域及分 2 级的牵引减速区域，牵引加速区域、牵引减速区域相对于保持位是自复位的。制动区域设有 7 级。手柄上设有防误动按钮，手柄从“0”位向前推向牵引区域时，必须按下手柄头部的按钮，从任何挡位向后拉向制动区域时，不需要按下按钮。

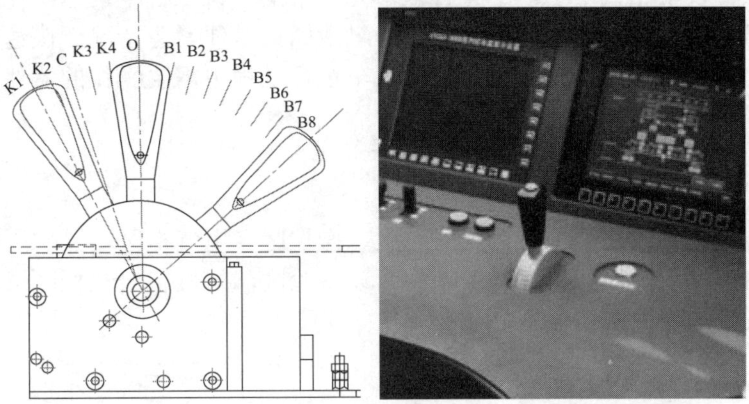

图 3-4-2　司控器手柄

4）司机室温度与空气

为满足司机室舒适度的要求，司机室除了从客室的空调装置吸入新鲜空气之外，司机室还单独设置空调装置和暖风机，实现司机室的制冷功能和制热功能。可以根据要求对空调装置及暖风机进行控制，从而保证司机室的温度和环境。

5）玻璃窗

司机室前窗玻璃为电热夹层安全玻璃，具有抗飞弹冲击、防飞溅、抗砾石、隔声、隔热性能，且玻璃内装有电加热装置，具有防霜、防冻性能，在最低环境温度下，能满足动车组运行的瞭望要求，且眩光不影响司机操纵。

司机室前窗安装有刮雨器、加热器及遮阳装置。使用防混浊的导电膜、通过加热传感器和冷凝器来控制温度，具有防止结霜、结冰的机能，保证了司机的瞭望要求。

另外，司机室侧窗采用有色玻璃加有色膜的结构，达到了遮光的目的。前窗上部非主视区，在车内侧贴有防晒膜。

6）照明环境

司机室内的照明通过顶板上的 LED 灯来实现。

7）低噪声环境

流线型的车头设计，以及前窗及侧窗采用适应曲面的窗户玻璃和与车体外板平滑的固定窗，为降低司机室噪声提供了技术保证。

8）安全保证

为保证司机室乘员的安全，司机室前窗结构充分考虑了鸟及道砟的冲撞。司机室材料均选用阻燃、低烟、无毒（低毒）、无卤的非延燃性材料或防火材料，电气设备、电线电缆等的绝缘性能优良。

司机经过头车通过台、司机室端门进入司机室。司机室与通过台之间安装有端门，门上设有安全锁，可由司机从内部锁闭。

9）仪表盘

仪表盘由主安装骨架、设备安装件和仪表盘装饰板构成。整个仪表盘采用主安装骨架安装设备外覆仪表盘装饰板的结构，便于进行设备检修及维护。

为了防止在显示器画面上形成光线反射，仪表盘上方设置具有遮阳功能的帽檐。

10）设备配合

司机室操纵台设备布置简洁，配置合理，充分采纳人机工程学理念。在操纵台右侧设置司机控制器，司机在操作过程中右手常握主操纵手柄，以便紧急情况下快速反应，实施列车制动。在操纵台左手能够操作的区域布置在列车运行过程中需要操作的器件。在司机脚边配置鸣笛用风笛开关及警惕脚踏开关。

二、驾驶设备

我们将司机室划分为三个区域：设备舱区、操控区、电气柜区。操控区位于司机室的中间，前窗玻璃的下方，操控区与气密墙之间为设备舱区，司机室电气柜区位于司机的左右两侧。司机室区域的划分如图 3-4-3 所示。

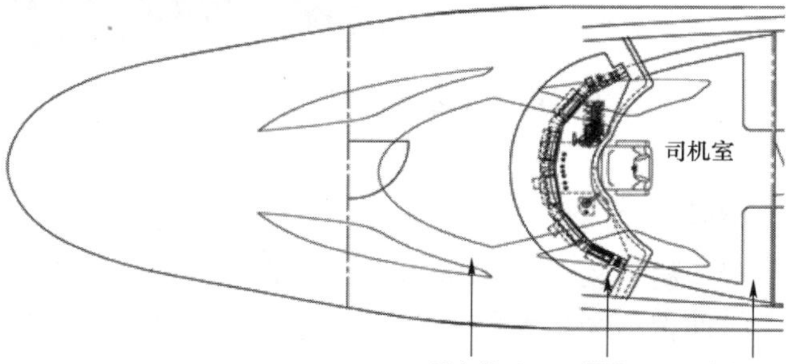

图 3-4-3　司机室区域的划分

（一）操控区

操控区主要包含操纵台和司机座椅两部分。操控区如图 3-4-4 所示。操纵台位于司机正前方，前窗玻璃的下方，由仪表盘、台面、下部中间台体、下部左台体、下部右台体组成。在操纵台上设置有通常需要或行驶期间需要使用的控制和指示元件。操纵台骨架上安装有司机控制器等，操纵台台面上安装有行车过程中重要的操作开关，操纵台前面的仪表盘上安装有 ATP 显示器、LKJ 显示器、TCMS 显示器、CIR 显示器等显示设备。

司机座椅下方设有设备箱，供日常的工具存放。

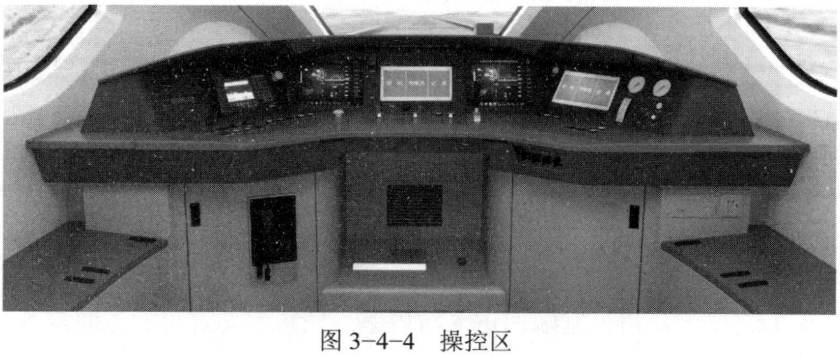

图 3-4-4　操控区

（二）电气柜区

司机室电气柜位于司机的左右两侧，驾驶列车所需的电子和电气、空气和机械的设备设于司机室电气柜中，设备组件按功能分组安装。一般将电气柜分为 4 部分：右前电气柜（见图 3-4-5）、右后电气柜（见图 3-4-6）、左前电气柜（见图 3-4-7）、左后电气柜（见图 3-4-8）。

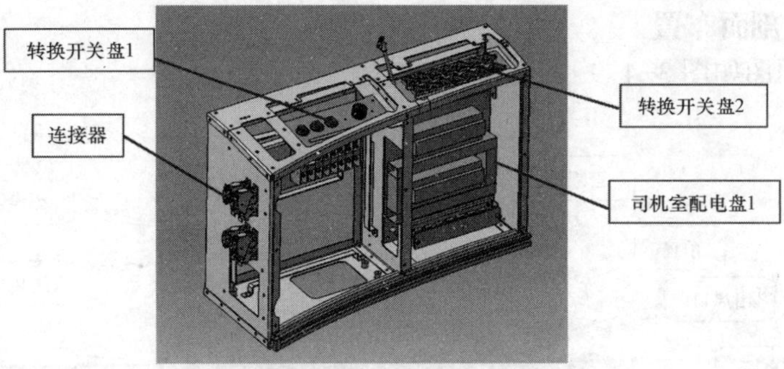

图 3-4-5　右前电气柜

右前电气柜主要布置了转换开关盘 1、转换开关盘 2、司机室配电盘 1、TB 端子排、连接器等电气元件。

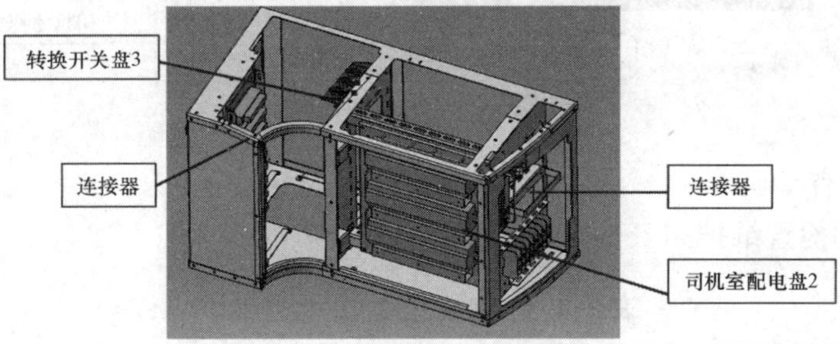

图 3-4-6　右后电气柜

右后电气柜主要布置了转换开关盘 3、接线端子排、司机室配电盘 2、连接器、司机室端子排。

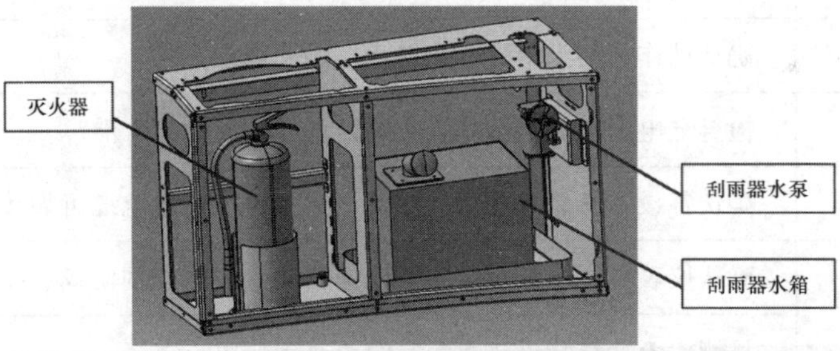

图 3-4-7　左前电气柜

左前电气柜主要布置了刮雨器水箱、刮雨器水泵、灭火器。

图 3-4-8　左后电气柜

左后电气柜主要布置了司机室配电盘 3、司机室辅助座椅、连接器、TB 端子排、接地开关盘、接地开关钥匙箱。

（三）司机室剖面布置

司机室的剖面图如图 3-4-9 所示。

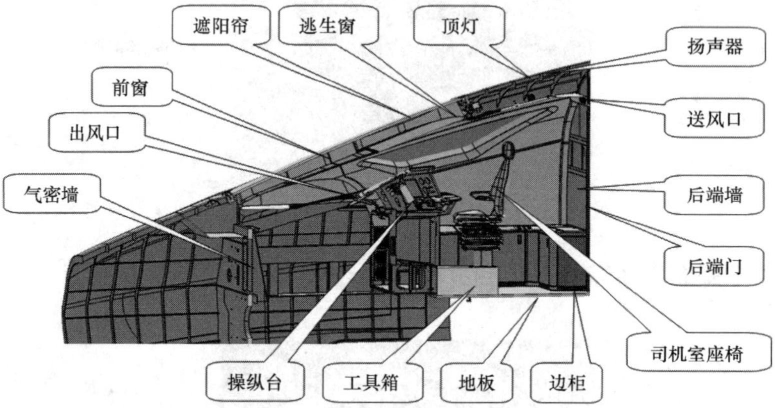

图 3-4-9　司机室的剖面图

（四）维修检查

司机室设备的检查维护如表 3-4-1 所示。

表 3-4-1　司机室设备的检查维护

外观	设备舱、操控区、电气柜内整洁，无异物，无铝屑、无铁屑或焊渣，无电器元件及电缆烧损异味
断路器	观察断路器外观有无破损，是否频繁动作
接触器	确认动作灵活无卡滞，主触点接触面烁点正常
继电器	检查继电器机械卡箍是否牢靠，动作应灵活无卡滞
各独立控制单元	确认各设备安装牢靠，无松动，无损害，接地电缆可靠接地
司机室内部配线及设备配线	确认仪表和指示灯安装牢固，无松动；表面无划伤或破裂
	目测检查接线端子排有无裂纹，有无变色
	目测检查接线端子有无裂纹，有无变色，防松标记有无松动
	确认电缆断股在范围内，电缆无破损或变色，配线规范，满足电缆弯曲半径要求，无抗磨现象
	确认各设备连接器插拔灵活，锁紧设备正常
绝缘要求	设备接线压线有绝缘处理，满足绝缘距离要求
	整车绝缘试验、耐压试验合格
电流电压检测	试验时，测试并记录负载电压电流，判断电路是否正确
温度检测	试验时，用红外线测温仪测量，记录观察端子、线路有无过热现象

三、司机室相关设施

（一）前组合灯

司机前窗玻璃下方左右两侧布置前照灯和标志灯；司机前窗玻璃上方设置前照灯。车辆在起动状态时，前照灯就会自动打开。车辆外部照明受司机室控制，当司机室方向开关置于前向时，白色运行灯自动点亮，另一侧车头红色运行灯自动点亮，激活一侧的车头远光灯、近光灯受司机控制。前照灯布置如图 3-4-10 所示。

图 3-4-10　前照灯布置

1. 安全操作

更换前组合灯部件时应断电操作，只有当更换完成，人员离开灯体后方可通电检测。

2. 控制和操作

前组合灯通过操纵台左侧前照灯拨键开关控制，当主控钥匙插入，方向开关置于前向时，若前照灯开关处于“远光”，远光灯亮，若前照灯开关处于“近光”，近光灯亮；头车白色标志灯亮，尾车标识灯亮。前组合灯控制拨键开关如图 3-4-11 所示。

图 3-4-11　前组合灯控制拨键开关

司机室开关盘上有前照灯强制开关，在主控钥匙未插入状态，需要强制点亮前照灯时，可强制性点亮前照灯。前照灯强制开关如图 3-4-12 所示。

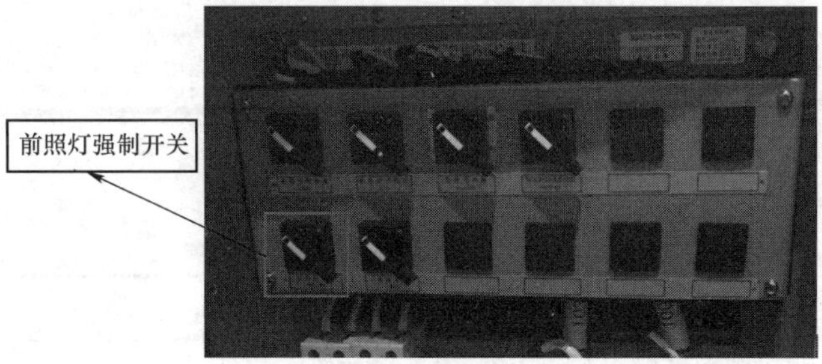

图 3-4-12　前照灯强制开关

3. 清洁、养护

前组合灯灯罩采用聚碳酸酯（PC）为材料，禁止使用有腐蚀性的溶剂清洗其表面。禁止用硬物擦洗灯罩表面，清洗时应使用干净的棉质织物结合清水清洗。

（二）风笛

风笛安装于头尾车，用于发声与警示，在车头前部左右两侧各安装一组，鸣笛以警示靠近的车辆。

1. 维护任务列表

（1）注意检查风笛表面及其内部不能有铁粉等其他杂物，如有杂物要及时予以清理。

（2）为了使风笛更好地发声，安装时应让喇叭中心与水平面向下偏移45°。

（3）管路安装时应注意管路管件应避免与风笛喇叭筒相接触，以避免车辆行驶时产生振动将喇叭筒损坏。

（4）经常检查喇叭筒内是否有较大的杂物。如果有应及时清除，以免影响其发声。

风笛无进行分解检查的必要。如有严重损坏时，可更换新品。

2. 日常检修说明

（1）外观检查，如风笛表面出现破损情况应及时更换。

（2）由于O形圈为易损件，无论磨损状况如何，使用年限为2年，应每隔2年更换一次。

（三）司机座椅

司机座椅结构如图3-4-13所示。

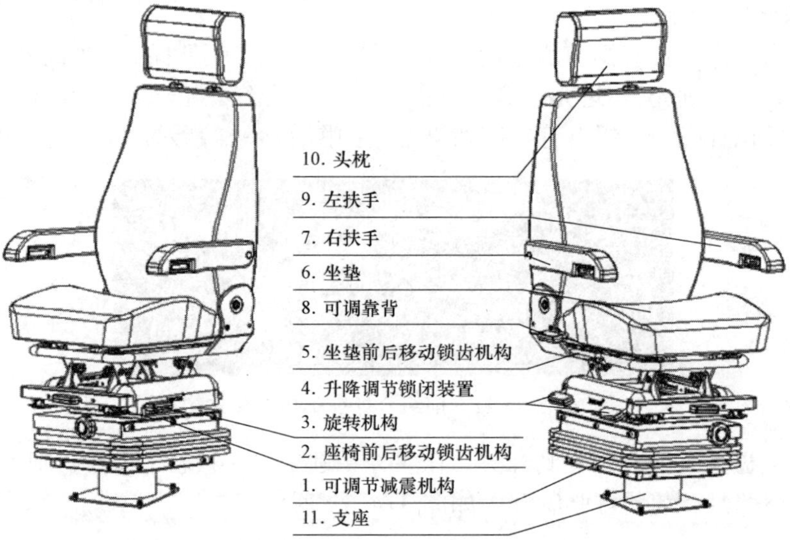

图3-4-13　司机座椅结构

1. 司机座椅功能和操作

司机座椅操作说明如表3-4-2所示。

表3-4-2　司机座椅操作说明

序号	名称	操作说明
1	支座	连接座椅与机车
2	体重调节手柄	司机使用座椅前，应根据自己的体重，用左手或右手旋转调节手柄至司机满意时，即可松开左手或右手，这样既可起到减振效果，又能减轻工作疲劳，司机应重视这一环节
3	旋转调节手柄	司机坐上座椅后，为了工作方便，需要将座椅转到某一角度时，可用右手提起旋转调节手柄，使其手柄与限位块分离，司机用蹬地的脚和腰部扭动的力就能将座椅旋转，当旋转到司机需要的角度时，右手松开该调节手柄，座椅在旋转力的作用下，自行定位。若需再改变方向时，再用右手提起手柄，重复上述动作即可完成360°的旋转（±30°、±90°、±180°±360°）并定位锁止

续表

序号	名称	操作说明
4	座椅前后移动调节手柄	前后移动调节手柄上的双箭头表示座椅可前后移动，右面向上箭头表示手柄可向上提起，即双固定锁打开。司机工作时，为方便工作，需要将座椅前后移动时，用右手轻提前后移动调节手柄，然后司机用脚蹬地，稍用力即可使座椅往前或往后移动，当移动到满意的位置时，司机的右手即可松开手柄，使其定位于这一位置
5	前、后升降调节手柄	司机坐上座椅后，为了工作的方便，需要调节座椅坐垫的前部高度时，只需用右手轻提“前升降”手柄后，利用司机本人的体重，座椅前沿在体重的作用下自然下降，当达到司机需要的高度时，即松开右手，此时，升降高度即自行锁定于这一位置。若需调节后升降时，司机用右手轻提“后升降”手柄，利用司机向后坐的力，即能使座椅下降。若需要升高座椅时，司机同样用右手轻提手柄，升降机构在弹簧的弹力作用下自动升高，松开右手即能定位
6	坐垫前后调节手柄	司机坐上座椅后需要调整坐垫相对靠背的前后位置时，将右手垂下，握住坐垫前后移动手柄，并往上轻提，此时司机利用自己臀部的力，即可使坐垫前后移动，当坐垫达到满意的位置时，司机即松开右手，坐垫就自行定位于这一位置
7	靠背的倾仰角调节	靠背倾仰角手柄上的弧形双箭头表示靠背可转角度，倾仰角范围在 80°～170° 之间。司机坐上座椅后需要调节靠背的倾仰角时，将右手垂于后下角，握住靠背调节手柄并提起，此时，利用司机本人背靠的力即可使靠背倾斜，当达到司机满意的角度时，松开手柄，此时靠背即自行定位于这一位置。若需要靠背向前转动时，只需右手提起手柄，靠背在弹簧弹力的作用下，自动往前转动，当右手松开时，即自行锁定于这一位置
8	扶手倾斜调节转轮	为了使扶手的倾仰角和靠背的倾仰角一致，司机将左右手同时放于扶手前部，四指转动该调节手柄，即可使扶手倾仰角改变，调到满意的状态时，即可松开左右手。能够快速折起来至 100°，可无级调节 45°
9	头枕调节	司机需要调整头枕的高度时，将左手或右手指伸入靠背左上方头枕下左插杆外沿，用拇指轻推弹簧卡，再用右手提起头枕，即实现头枕 7 个挡的高度变化。松开推弹簧卡的拇指，即可定位于这一位置。直接往前或往后扳动头枕可改变头枕倾角

2. 维护与保养

检查螺栓连接的座椅的牢固性如图 3-4-14 所示。

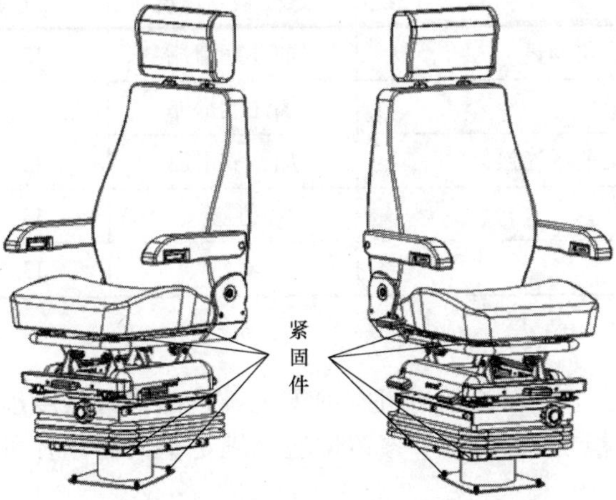

图 3-4-14　检查螺栓连接的座椅的牢固性

司机座椅螺栓连接检查如表 3-4-3 所示。

表 3-4-3　司机座椅螺栓连接检查

维护等级 M1			
序号	零件	检查工作	交叉参考
1	靠背面罩、椅垫面罩和扶手面罩	目检和清洗： （1）检查靠背面罩、椅垫面罩和扶手面罩的清洁度 （2）如有必要，清洗这些面罩 （3）用工业吸尘器经常去除干的污物（不要使用刷子） 此步骤要在每次清洗前进行。使用市场上可买到的清洁剂去除污点。必须使用中性的清洁剂，避免用力摩擦	
2	调整机构	全部调整机构的功能检查： （1）体重调节功能 （2）座椅旋转功能调整 （3）座椅前后移动功能 （4）座椅高度调整 （5）整个靠背倾斜调整 （6）扶手倾斜调整和折叠功能	
3	螺纹连接	检查全部螺纹连接座椅的牢固性	
		检查司机座椅上的螺纹连接	

司机座椅润滑维护如表 3-4-4 所示。

表 3-4-4　司机座椅润滑维护

序号	部件	维修内容	维修等级	维修所需人工工时/（人·h）
1	靠背与扇形齿之间、靠背手柄弹簧	加注润滑脂	I1	0.1
2	前后移动滑轨之间	加注润滑脂	I1	0.1
3	升降移动平槽内	加注润滑脂	I1	0.1
4	各连接螺栓	螺栓紧固情况	I1	0.1
5	前后移动手柄回位弹簧	加注润滑脂	I2	0.1
6	涡卷簧	加注润滑脂	I2	0.1
7	座托架与升降架前后连接处	加注润滑脂	I2	0.1
8	坐垫部分	维护	I3	1
9	靠背部分	维护	I3	1

（四）遮阳帘

标准动车组司机室遮阳帘设置于司机室前窗上部，能最大限度地保护驾驶员和指导人免于太阳强光照射。帘布通过滑轨可调节停留位置，满足车辆运行时司机的视野要求。

1. 控制和操作

司机室遮阳帘控制开关设置在操纵台上，分别设有升、降、停三个挡位，将开关打到相应挡位即可对遮阳帘进行控制。司机室遮阳帘控制开关如图 3-4-15 所示。

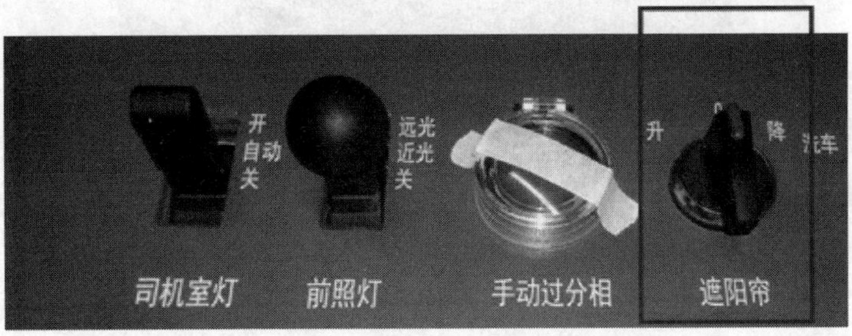

图 3-4-15　司机室遮阳帘控制开关

2. 维修/维护/清洗要求

1）维修要求

（1）帘布起皱、折痕、毛边须维修。

（2）前导杆组成运行不流畅须维修。

（3）若在使用过程中产生较大幅度的摆动或摇晃，则有可能是紧固件松动或其他故障。倘若发生故障，则必须进行遮阳帘整体检查，同时左右滑轨、电机支架的连接状况也须由专业人员对其进行再检查。

（4）遮阳帘的安装与维修必须在符合国家有关规定或在生产厂家的指导下由专业人员进行操作。

（5）机构故障时，需拆卸遮阳帘下方遮盖的玻璃钢。

（6）为了避免太阳强光照射对驾驶员造成损害，应针对驾驶员的身高调整遮阳帘布的位置。

2）维护要求

（1）必须定期检查紧固件的紧固性。

（2）遮阳帘的维护频率应不低于车辆的正常使用维护频率。

（3）紧固件应涂紧固剂和标识，定期检查和维护。

（4）传动机构应保养和润滑。

（5）帘布应清洁维护。

（6）不及时维修可能会对司机的视线造成不良影响并引发安全事故。

（7）帘布清洗时应使用适合织物用的清洗剂。

（8）维修人员应经过专业的培训，了解安装和维护的程序。

（9）维修时使用专用工具。

3）清洗要求

（1）使用弱碱性的清洗剂（例如万能清洗泡沫）。

（2）禁止使用酸性的清洗剂，其易损伤帘布的表面，导致帘布褪色。

（3）清洁时需佩戴干净的手套，用清洗剂喷洒后用纯棉布料轻轻擦拭帘布表面。

（五）司机室照明及阅读灯

1. 司机室灯

司机室 LED 灯安装在司机室顶部，共三个，司机室 LED 灯安装位置如图 3-4-16 所示，其通过操纵台右台面上的司机室灯开关控制，如图 3-4-17 所示。

图 3–4–16　司机室 LED 灯安装位置

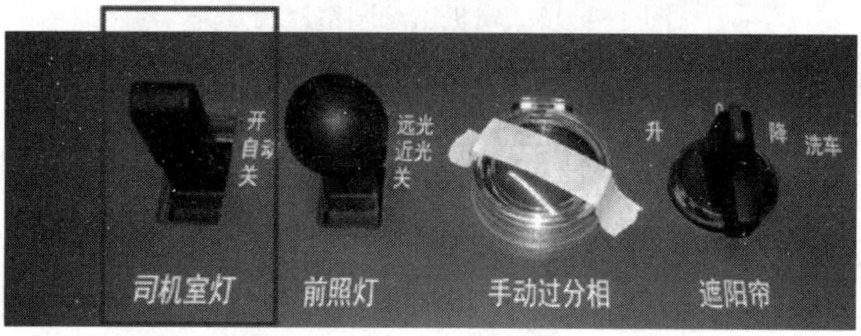

图 3–4–17　司机室灯开关位置

按照表 3–4–5 对 LED 灯进行检修。

表 3–4–5　LED 灯检修内容

现象	检修内容或原因	措施
闪烁	电源电压是否在电压范围内	在电压范围内：更换电源组件 不在电压范围内：恢复电源电压
完全不亮	检查电源电压是否正常	电源电压正常：测量输出光源组件是否有电压，若有，则更换光源组件；若没有，则更换电源组件。 电源电压不正常：将电源电压恢复正常

注：如将整灯进行更换，则整灯中无不良情况的光源、电源组件可用作同类型产品的维修备品。

2. 操纵台阅读灯

阅读灯位于操纵台帽檐上，中间的阅读灯与开关在一起，第一列只有中间阅读灯，第二列有三个阅读灯，中间一个阅读灯上的开关同时控制三个阅读灯的开闭，CR300AF–0207 阅读灯及开关的位置如图 3–4–18 所示，CR300AF–0208 阅读灯及开关的位置如图 3–4–19 所示。

图 3–4–18　CR300AF–0207 阅读灯及开关的位置

图 3-4-19　CR300AF-0208 阅读灯及开关的位置

操纵台阅读灯检修内容如表 3-4-6 所示。

表 3-4-6　操纵台阅读灯检修内容

现象	检修内容或原因	措施
闪烁	电源电压是否在电压范围内	在电压范围内：更换电源组件 不在电压范围内：恢复电源电压
完全不亮	检查电源电压是否正常	电源电压正常：测量输出光源组件是否有电压，若有，则更换光源组件；若没有，则更换电源组件。 电源电压不正常：将电源电压恢复正常

（六）操纵台

司机操纵台位于司机正前方，前窗玻璃的下方，在它上面设置有通常需要或行驶期间需要使用的控制和指示元件。采用单司机操作模式时，司机座椅居中设置，左右对称布置矮边柜，在右柜司机方便操作部位设置第二操作区。司机室内行车过程中需要操作的设备全部布置在操纵台区域，非行车时司机操作的设备布置在第二操作区。

1. 操纵台主要结构及设备布局

操纵台功能区主要由仪表盘区、台面区及搁脚台区构成。仪表盘功能区主要布置各系统显示设备等；台面功能区主要布置司机控制器主操纵手柄和行车过程中重要的操作开关等；搁脚台区主要布置司机警惕脚踏开关和风笛开关。

操纵台上开门、门释放按钮加防误操作透明保护罩，防止误操作、误碰；紧急制动按钮、主控钥匙、方向开关等布置在操纵台立面区，防止误操作。

左右侧外门开闭控制开关分别布置在操纵台上对应的左右两侧。

开关按钮等通过颜色、文字标识或通用图示区分。

操纵台表面铺设防护层，防止操纵台表面被划伤。

在操纵台右侧设置司机控制器，司机在操作过程中右手常握主操纵手柄，以便紧急情况下快速反应，实施列车制动。在操纵台左手能够操作的区域布置在列车运行过程中需要操作的器件。操纵台设备布局如图 3-4-20 所示。

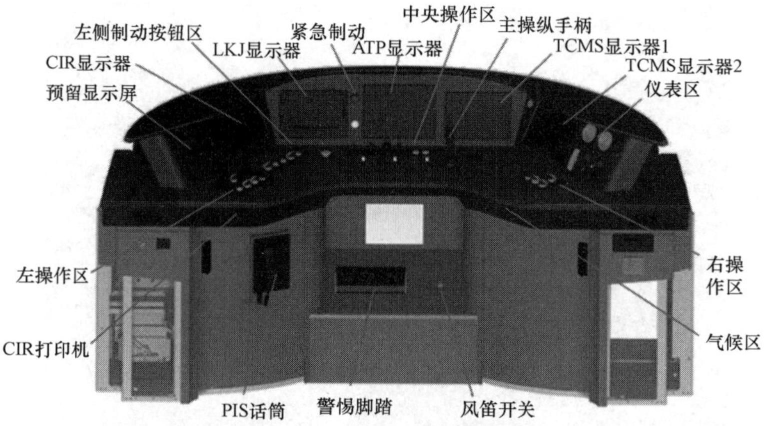

图 3-4-20　操纵台设备布局

仪表盘功能区主要布置司机在行车过程中要操作的显示器、电话、仪表及指示灯等设备。此外，为了防止误操作，将紧急制动开关、主控钥匙和方向选择开关也布置在仪表盘区立面上。仪表盘区设备从左往右依次布置七寸显示器（预留接口）、CIR 显示器/话筒、LKJ 显示器、ATP 显示器（面板同时布置紧急制动开关、拾音器）、TCMS 显示器 1、TCMS 显示器 2 及仪表区。其中，ATP 显示器作为司机行车过程中最常操作的设备布置在操纵台正前方。

操纵台下部司机前面设有暖气出风口，从前面的百叶窗出来的暖气吹向司机小腿部。操纵台右下部立面面板上设有 AC 220 V 插座。

操纵台下部左台体设置有空气管开闭器、刮雨器控制装置等。

操纵台下部左、右台体设有通向设备舱的通过门。

仪表盘上各设备需要检修时，可以卸下其对应装饰面板上的螺钉，取下装饰面板，将该设备向外掀起并拉出，即可将该设备从操纵台上拆下并检修，这大大提高了检修效率。

2. 操纵台主要设备的功能

操纵台主要设备情况如表 3-4-7 所示。

表 3-4-7　操纵台主要设备情况

序号	功能	名称	设备功能简介	安装位置	备注
1	牵引/制动	司机控制器	操纵模式选择开关、主操纵手柄，单手柄实现牵引、制动，牵引区可自复位	台面右侧	手柄超出操纵台面高度 150 mm，制动区手柄转动最大角度 49°，EB 位操作力 49 N，解锁按钮高度为 4.5 mm； 集成操纵模式选择开关（白色自复位按钮）
		主控钥匙	激活主控端司机室	右仪表盘区	非自复位钥匙转换开关，分为“司机室占用”和“0”位 2 挡。“0”位在 12 点钟方向，顺时针转向“司机室占用”，采用带有按压式防误动作自锁钥匙

续表

序号	功能	名称	设备功能简介	安装位置	备注
1	牵引/制动	停放施加	停放制动施加	左侧制动按钮区	红色自复位按钮，停放施加时点亮；带保护罩
		停放缓解	停放制动缓解	左侧制动按钮区	白色自复位按钮，缓解施加时点亮
		紧急制动	施加紧急制动	中央仪表盘区	红色非自复位蘑菇头按钮开关，按下动作，旋转复位
		撒砂	通过撒砂增加轮轨黏着力	中央操作区	黑色球形拨键开关，自复位3挡。 “前”“后”位时车辆运行前方的撒砂管撒砂，中间“0”位（手柄直立）
		方向选择	列车运行方向	右仪表盘区	黑色非自复位按压转换开关，设“前”“0”及“后”位3挡。“0”位在9点钟方向，顺时针转向“前”，逆时针转向“后”
		保持制动	在保持制动施加后，指示灯亮；保持制动缓解后，指示灯灭；手动按下按钮后，保持制动强制缓解，指示灯灭（需持续按压，取高电平）	左侧制动按钮区	绿色自复位按钮，带灯和保护罩
		比例制动	按下时比例制动功能生效、指示灯点亮，且一次空气制动有效；制动功能失效后指示灯灭	左侧制动按钮区	黄色自复位按钮，带灯
		清洁制动	对整车施加轻微制动力，防止夹钳和制动盘之间进入冰雪等异物	左侧制动按钮区	白色自复位按钮
2	门控及照明	开左门	打开所有左侧门	左操作区	红色自复位按钮，带灯和保护罩
		关左门	关闭所有左侧门	左操作区	绿色自复位按钮
		释放左门	左侧门释放	左操作区	黄色自复位按钮，带灯和保护罩
		释放右门	右侧门释放	右操作区	黄色自复位按钮，带灯和保护罩
		开右门	打开所有右侧门	右操作区	红色自复位按钮，带灯和保护罩

续表

序号	功能	名称	设备功能简介	安装位置	备注
2	门控及照明	关右门	关闭所有右侧门	右操作区	绿色自复位按钮
		前照灯	前照灯控制	左操作区	黑色球形转换开关，非自复位3挡，从前到后依次为“远光”“近光”“关”。在“关”位时，手柄直立
		司机室灯	调节司机室灯，由蓄电池直供	左操作区	黑色直柄拨键开关，非自复位3挡，从前到后依次为“开”“自动”和“关”位，在“关”位时手柄直立
		阅读灯	控制阅读灯	仪表盘帽檐（共3处）	开关集成到阅读灯上，1个开关控制
3	刮雨器	刮雨器	刮雨器功能	左操作区	黑色转换开关，顺时针依次设置“洗车”“停止”“间歇”“慢速”“快速”，开关按下时喷水。“洗车”位处于10点钟方向，各挡位之间相差60°
4	遮阳帘	遮阳帘	遮阳帘控制	左操作区	黑色自复位转换开关，3挡。中间为“0”位，逆时针旋转“升”，顺时针旋转“降”
5	仪表、指示灯	双针压力表	显示制动缸、总风压力	右仪表盘区	双针，圆形表盘
		BP管压力表	显示BP管压力	右仪表盘区	圆形表盘
		控制电压表	显示控制母线电压值	右仪表盘区	方形表
6	高压系统控制	VCB	主断路器断开和闭合	中央操作区	黑色直柄自复位拨键开关，3挡，“前”位合，中间“0”位（手柄直立），“后”位断
		受电弓	受电弓升起和折叠	中央操作区	黑色T形自复位拨键开关，3挡，“前”位升弓，中间“0”位（手柄直立），“后”位降弓
7	报警	乘客紧急报警旁路	忽略乘客紧急报警	右操作区	红色自复位按钮，带保护罩

续表

序号	功能	名称	设备功能简介	安装位置	备注
8	警惕装置	DSD 手动开关	司机警惕装置	左侧制动按钮区	黄色自复位蘑菇头按钮开关
9	风笛	风笛（手动）	单独控制高、低音	中央操作区	黑色直形自复位拨键开关，3 挡。“前”位高音，中间“0”位（手柄直立），“后”位低音
10	复位	复位	复位牵引变流器和辅助电源装置	中央操作区	黄色自复位按钮开关
		紧急复位	紧急制动（EB 和 UB 安全环路）复位	中央操作区	黄色自复位按钮开关
11	温度/通风	电暖器开关	调节司机腿部暖风风量	气候区	操纵台右侧立面
		空调开关	调节司机室空调工作模式、温度、转速等	气候区	操纵台右侧立面
12	玻璃加热	前窗玻璃加热	手动加热按钮为白色自复位按钮，每按一次加热 10 min	左操作区	白色自复位按钮
13	故障及状态指示	门关闭	所有门关闭后，点亮	右仪表盘区	橙色圆形灯
		过分相	自动过分相故障，需手动操作	右仪表盘区	红色圆形灯
14	显示屏	CIR 显示器	无线显示器	左仪表盘区	用户提供
		CIR 话筒	无线话筒	左仪表盘区	用户提供
		ATP 显示器	ATP 显示器	中央仪表盘区	用户提供
		LKJ 显示器	LKJ 显示器	中央仪表盘区	用户提供
		TCMS 显示器 1	主要 TCMS 显示器	中央仪表盘区	带按键显示屏，TCMS 系统
		TCMS 显示器 2	备用 TCMS 显示器	右仪表盘区	带按键显示屏，TCMS 系统
		预留显示屏		左仪表盘区	用户提供

3. 操纵台主要设备的功能

操纵台主要设备情况如表 3–4–8 所示。

表 3–4–8　操纵台主要设备情况

序号	功能	名称	设备功能简介	安装位置	备注
1	牵引/制动	司机控制器	操纵模式选择开关、主操纵手柄，可单手柄实现牵引、制动，牵引区可自复位	台面右侧	手柄超出操纵台面高度 150 mm，制动区手柄转动最大角度 49°，EB 位操作力 49 N，解锁按钮高度为 4.5 mm； 集成操纵模式选择开关（白色自复位按钮）

续表

序号	功能	名称	设备功能简介	安装位置	备注
1	牵引/制动	主控钥匙	激活主控端司机室	右仪表盘区	非自复位钥匙转换开关，分为“司机室占用”和“0”位2挡。“0”位在12点钟方向，顺时针转向“司机室占用”，采用带有按压式防误动作自锁钥匙
		停放施加	停放制动施加	左侧制动按钮区	红色自复位按钮，停放施加时点亮；带保护罩
		停放缓解	停放制动缓解	左侧制动按钮区	白色自复位按钮，缓解施加时点亮
		紧急制动	施加紧急制动	中央仪表盘区	红色非自复位蘑菇头按钮开关，按下动作，旋转复位
		撒砂	通过撒砂增加轮轨黏着力	中央操作区	黑色球形拨键开关，自复位3挡。“前”“后”位时车辆运行前方的撒砂管撒砂，且标识都为撒砂；中间“0”位（手柄直立）
		方向选择	列车运行方向	右仪表盘区	黑色非自复位按压转换开关，设“前”“0”及“后”位3挡。“0”位在9点钟方向，顺时针转向“前”，逆时针转向“后”
		保持制动	在保持制动施加后，指示灯亮；保持制动缓解后，指示灯灭；手动按下按钮后，保持制动强制缓解，指示灯灭（需持续按压，取高电平）	左侧制动按钮区	绿色自复位按钮，带灯和保护罩
		比例制动	按下时比例制动功能生效、指示灯点亮，且一次空气制动有效；功能自动失效后指示灯灭	左侧制动按钮区	黄色自复位按钮，带灯
		清洁制动	对整车施加轻微制动力，防止夹钳和制动盘之间进入冰雪等异物	左侧制动按钮区	白色自复位按钮

续表

序号	功能	名称	设备功能简介	安装位置	备注
2	门控及照明	开左门	打开所有左侧门	左操作区	红色自复位按钮，带灯和保护罩
		关左门	关闭所有左侧门	左操作区	绿色自复位按钮
		释放左门	左侧门释放	左操作区	黄色自复位按钮，带灯和保护罩
		释放右门	右侧门释放	右操作区	黄色自复位按钮，带灯和保护罩
		开右门	打开所有右侧门	右操作区	红色自复位按钮，带灯和保护罩
		关右门	关闭所有右侧门	右操作区	绿色自复位按钮
		前照灯	前照灯控制	左操作区	黑色球形转换开关，非自复位3挡，从前到后依次为“远光”“近光”“关”。在“关”位时，手柄直立
		司机室灯	调节司机室灯，由蓄电池直供	左操作区	黑色直柄拨键开关，非自复位3挡，从前到后依次为“开”“自动”“关”位。在“关”位时手柄直立
		阅读灯	控制阅读灯	仪表盘帽檐（共3处）	开关集成到阅读灯上，1个开关控制
3	刮雨器	刮雨器	刮雨器功能	左操作区	黑色转换开关，顺时针依次设置“洗车”“停止”“间歇”“慢速”“快速”，开关按下时喷水。“洗车”位处于10点钟方向，各挡位之间相差60°
4	遮阳帘	遮阳帘	遮阳帘控制	左操作区	黑色自复位转换开关，3挡。中间为“0”位，逆时针旋转为“升”位，顺时针旋转为“降”位
5	仪表、指示灯	双针压力表	显示制动缸、总风压力	右仪表盘区	双针，圆形表盘
		BP管压力表	显示BP管压力	右仪表盘区	圆形表盘
		控制电压表	显示控制母线电压值	右仪表盘区	方形表

续表

序号	功能	名称	设备功能简介	安装位置	备注
6	高压系统控制	VCB	主断路器断开和闭合	中央操作区	黑色直柄自复位拨键开关，3 挡，“前”位合，中间“0”位（手柄直立），“后”位断
		受电弓	受电弓升起和折叠	中央操作区	黑色 T 形自复位拨键开关，3 挡，“前”位升弓，中间“0”位（手柄直立），“后”位降弓
7	报警	乘客紧急报警旁路	忽略乘客紧急报警	右操作区	红色自复位按钮，带保护罩
8	警惕装置	DSD 手动开关	司机警惕装置	左侧制动按钮区	黄色自复位蘑菇头按钮开关
9	风笛	风笛（手动）	单独控制高、低音	中央操作区	黑色直形自复位拨键开关，3 挡。“前”位高音，中间“0”位（手柄直立），“后”位低音
10	复位	复位	复位牵引变流器和辅助电源装置	中央操作区	黄色自复位按钮开关
		紧急复位	紧急制动（EB 和 UB 安全环路）复位	中央操作区	黄色自复位按钮开关
11	温度/通风	电暖气开关	调节司机腿部暖风风量	气候区	操纵台右侧立面
		空调开关	调节司机室空调工作模式、温度、转速等	气候区	操纵台右侧立面
12	玻璃加热	前窗玻璃加热	手动加热按钮为白色自复位按钮，每按一次加热 10 min	左操作区	白色自复位按钮
13	故障及状态指示	门关闭	所有门关闭后，点亮	右仪表盘区	橙色圆形灯
		过分相	自动过分相故障，需手动操作	右仪表盘区	红色圆形灯
14	显示屏	CIR 显示器	无线显示器	左仪表盘区	用户提供
		CIR 话筒	无线话筒	左仪表盘区	用户提供
		ATP 显示器	ATP 显示器	中央仪表盘区	用户提供
		LKJ 显示器	LKJ 显示器	中央仪表盘区	用户提供
		TCMS 显示器 1	主要 TCMS 显示器	中央仪表盘区	带按键显示屏，TCMS 系统
		TCMS 显示器 2	备用 TCMS 显示器	右仪表盘区	带按键显示屏，TCMS 系统
		预留显示屏		左仪表盘区	用户提供

4. 操纵台及设备的检修维护

操纵台及设备的检修维护内容如表 3-4-9 所示。

表 3-4-9 操纵台及设备的检修维护内容

外观	操纵台台面及各设备整洁，无异物，无铝屑、铁屑或焊渣，无电器元件及电缆烧损异味
	设备指示状态、外观、安装状态良好
操纵台内部配线及设备配线	目测接线端子排无裂纹，无变色
	目测接线端子无裂纹，无变色，防松标记无松动
	电缆断股在范围内，电缆无破损或变色，配线规范，满足电缆弯曲半径要求，无抗磨现象
	各设备连接器插拔灵活，锁紧设备正常
绝缘要求	设备接线有绝缘处理，满足绝缘距离要求
	整车绝缘试验、耐压试验合格

（七）司机控制器

司机控制器是司机用来操纵动车组运行的主令控制器，是司机用来发出动车组运行过程中牵引制动指令的主令控制设备。

司机控制器采用牵引/制动一体结构，设主操纵手柄和操纵模式选择按钮，方向选择开关单独设置在操纵台仪表盘区立面。主操纵手柄分为：牵引控制区、“0”位、制动控制区、紧急制动 EB 位。操纵模式选择按钮采用自复位按钮形式实现速度和级位操纵模式的切换。司机控制器如图 3-4-21 所示。

图 3-4-21 司机控制器

1. 司机控制器的特点

S359 CC.010 司机控制器的特点：结构紧凑、体积小、质量小、高可靠、长寿命、少维修。速动开关采用德国沙尔特宝公司先进的速动开关模块，自净、密封。

2. 司机控制器的结构

司机控制器设置 1 个手柄，向前为牵引，向后为制动，同时设置了一个模式选择按钮。

S359 CC.010 司机控制器结构如图 3-4-22 所示，图 3-4-22 中序号标示的零件如表 3-4-10 所示。

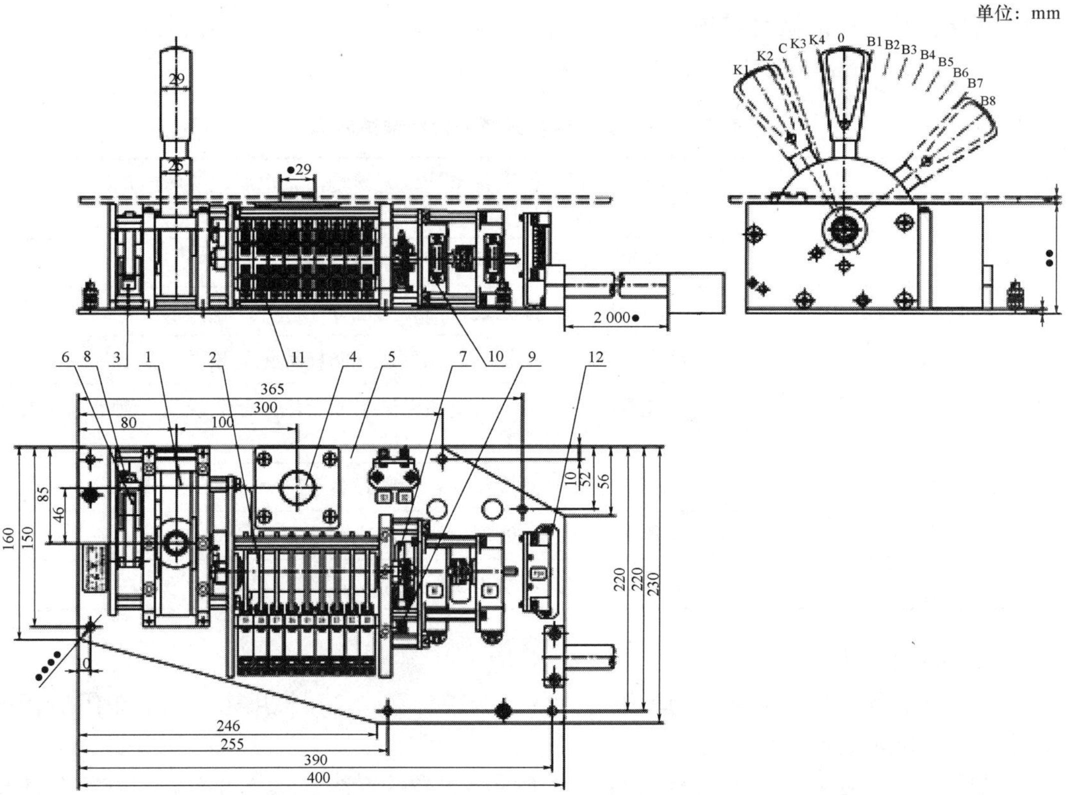

图 3-4-22 S359 CC.010 司机控制器结构

表 3-4-10 图 3-4-22 中序号标示的零件

序号	名称	数量	序号	名称	数量
1	手柄座组件	1	7	定位轮 2	1
2	控制凸轮组件	1	8	自复弹簧	1
3	定位组件	1	9	定位弹簧	1
4	按钮组件	1	10	编码器	2
5	安装底板	1	11	速动开关	9
6	定位轮	1	12	编码器保护装置	1

3. 司机控制器的检修和维护

1）检修准备

安全拧紧转矩表如表 3-4-11 所示。

表 3-4-11 安全拧紧转矩表

拧紧位置	螺纹公称尺寸	拧紧转矩/（N·m）
速动开关 S847 W2A2b	螺钉 M3	1.14～1.25

所需测量和试验设备如下。

（1）数字万用表。

（2）低电阻测试仪。

（3）0～24 V 可调电源。

（4）耐压测试仪。

（5）500 V 兆欧表。

（6）化学清洗剂：乙醇。

目前已经查明的对开关产品壳体产生破坏性作用的化学品主要有：厌氧螺纹胶（如乐泰 222、243、270 等规格）、丙酮及四氯化碳等有机溶剂、表面清洁剂或防护剂（乐泰部分厌氧型号以及一些其他品牌）使用一些成分不明的化学品在产品表面（涂敷、喷洒、清洗等）或近距离接触时，应在个别开关壳体的表面先行涂敷试验，在一定时间内（推荐 1 周时间）不产生裂纹，方可扩大使用。

2）检修与维护时的注意事项

（1）司机控制器的铭牌及标识符号应齐全、完整、清晰、正确。

（2）司机控制器各部件应清扫干净，绝缘性能良好，对外连接插座连接正确，零部件齐全完整。

（3）各紧固件齐全，紧固状态良好。

（4）手柄在各个挡位之间应转动灵活，无机械卡阻，相邻两挡位之间不应出现停滞现象。

（5）手柄在恒速位自复灵活。

（6）在司机控制器的各个运动部位加润滑脂 EM-60L。

润滑脂涂抹位置（椭圆所示区域）示意图如图 3-4-23 所示。

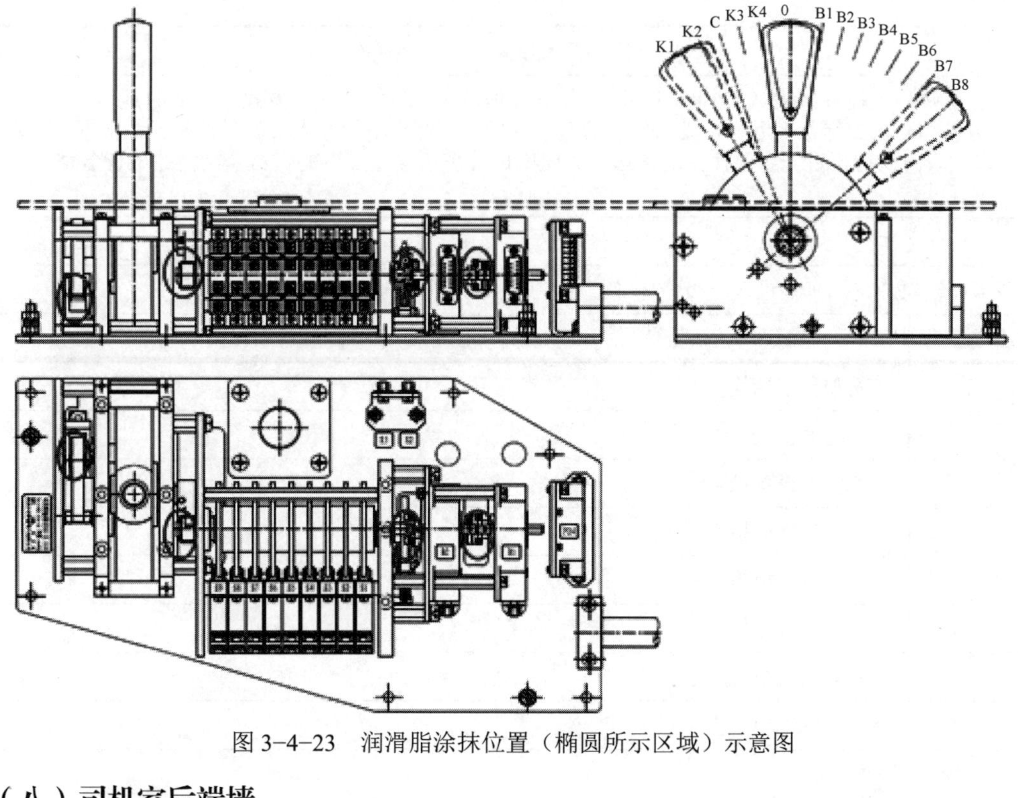

图 3-4-23　润滑脂涂抹位置（椭圆所示区域）示意图

（八）司机室后端墙

司机室后端墙位于头车司机室与观光区之间，既能起到划分区域的作用，又能为乘坐在观光区域内的旅客提供不同的服务。后端墙由左墙、右墙、门上头、后端门四部分组成。后端墙采用 2 mm 厚铝板面板加轻芯钢芯材复合而成，间壁厚度 70 mm，后端门厚 30 mm。观光区侧采用贴膜处理，司机室侧采用喷漆处理。左右墙上集成了观光区电视和装饰面板，司机室后端门上设置有安全锁，可在司机室侧锁闭，从观光区侧用钥匙打开。

1. 司机室后端门操作

1）开门动作

在司机室外侧，可通过专用钥匙把锁芯旋转至正确状态后，通过拉动门板上外凸扣手逆时针旋转门板，即可实现门的开启。

在司机室内侧，可通过旋转内动把手开启门锁，然后推动门板上的把手逆时针旋转门板，即可实现门的开启。

2）关门动作

（1）在司机室外侧，可通过推动门板上外凸扣手顺时针旋转门板，实现门的关闭。

（2）在司机室内侧，可通过拉动门板上的把手顺时针旋转门板，实现门的关闭。

2. 日常维护保养

（1）门扇及门框正反面都应保持清洁。

（2）门扇周边的密封毛刷压条应保持清洁。

（3）门锁应保持清洁，没有影响表面光泽的油污。

（4）锁芯转动应灵活，锁舌伸缩应自如，不得有卡滞现象。

任务工作单

计划：根据任务情境制定司机室检修作业方案	
1. 学生了解相关任务情境，各小组成员汇总任务工作单中不同检修作业方式所需要的具体材料。 2. 指导教师随机指定各小组要完成的任务情境，分配不同修程下检修人员的具体操作。根据工作单上的要求，以列表方式提出进一步要搜集的信息，确定完成任务所需要准备的资料，制定完成任务情境的计划并准备进行讨论	
一、作业任务单	
任务情境：轨道交通车辆进入一级修环节，准备进行接触网有电预作业	
作业过程	任务内容
1	驾驶台手柄检查
2	蓄电池检查
3	驾驶台设备检查
4	司机室前舱检查
5	右前电气柜检查
6	右后电气柜检查
7	左前电气柜检查
8	左后电气柜检查
二、个人计划	

决策：确认司机室检修工作计划	
对小组成员进行任务分工，分小组讨论每位成员完成的任务实施计划。每组选派一位成员在各组交流任务实施计划，每位成员完善任务实施计划	
小组成员	任务分工
小组内讨论的结果： 小组间讨论的结果： 任务执行过程中出现的问题及应急情况的处理：	

实施：完成司机室检修作业相关工作
一、总结任务情境所需要的资料 根据任务情境，完整记录任务情境实施过程，小组成员互检任务实施正确性，将记录的内容提交给指导教师，请求给予指导、评价。 任务情境实施过程记录： 二、实施过程中出现的问题和不足 三、实施总结

任务评估

检查与评价	
一、知识与技能掌握情况评价参考标准	
评价标准	评价权重（80%）
1. 前组合灯检查	4
2. 风笛检查	4
3. 遮阳帘检查	4
4. 刮雨器检查	4
5. 司机室照明及阅读灯	4
6. 操纵台检查	20
7. 司机控制器检查	12
8. 电气柜检查	28

<table>
<tr><td colspan="3">二、综合素质评价参考标准</td></tr>
<tr><td>评价标准</td><td colspan="2">评价权重（20%）</td></tr>
<tr><td rowspan="4">作业前准备，包括检修内容对接、防护用品配置、工器具选用</td><td colspan="2">不及格</td></tr>
<tr><td colspan="2">及格</td></tr>
<tr><td colspan="2">良好</td></tr>
<tr><td colspan="2">优秀</td></tr>
<tr><td rowspan="4">工作态度积极，分工合理，能进行标准化作业</td><td colspan="2">不及格</td></tr>
<tr><td colspan="2">及格</td></tr>
<tr><td colspan="2">良好</td></tr>
<tr><td colspan="2">优秀</td></tr>
<tr><td rowspan="4">作业结束后，依照6S标准进行工位整理</td><td colspan="2">不及格</td></tr>
<tr><td colspan="2">及格</td></tr>
<tr><td colspan="2">良好</td></tr>
<tr><td colspan="2">优秀</td></tr>
<tr><td colspan="3">三、思政要素评价参考标准</td></tr>
<tr><td>评价依据</td><td colspan="2">评价权重
（一票否决）</td></tr>
<tr><td>严守铁路法律法规，具有高度的安全意识，严格遵照作业标准完成任务</td><td>合格</td><td>不合格</td></tr>
</table>

项目四

轨道交通车辆辅助系统检修

项目要点

1. 熟知轨道交通车辆辅助供电主回路组成；
2. 熟知轨道交通车辆辅助供电主回路主要设备及功能；
3. 熟知轨道交通车辆电气原理图及干线绝缘检查；
4. 熟知轨道交通车辆辅助供电控制回路组成；
5. 熟知轨道交通车辆辅助供电控制系统主要设备及功能；
6. 熟知轨道交通车辆辅助供电控制回路电气原理图。

项目任务

1. 能识读各型轨道车辆配线、配管施工图；
2. 能够目视检查和更换辅助逆变器冷却系统滤网；
3. 能识别车下辅助电源（逆变器及充电机）的主要部件，目视检查主要部件状态；
4. 能正确进行车端电力连接器绝缘值的测定，能够检查外接电源；
5. 能够检查并处理客室照明故障；
6. 能够进行车门的静态检查及动态试验，能够检查并处理车门指示灯故障；
7. 能够正确操作和使用空调控制柜，能够测量客室温度并能够更换进、出风口滤网；
8. 能够设置自动广播系统软件，能够判断乘客信息系统、广播系统故障；
9. 能够判断车内外显示屏及故障；
10. 能够调取 CCTV 录像。

项目实施

任务一　轨道交通车辆辅助供电主回路设备检查

任务目标

1. 知识目标

- 掌握轨道交通车辆辅助供电主回路组成；
- 掌握轨道交通车辆辅助供电电源工作原理。

2. 技能目标

- 能够识读轨道交通车辆辅助供电主回路电气线路图；
- 能够检查和更换辅助逆变器冷却系统滤网；

- 能够检查、维护蓄电池，能更换车下电源（逆变器及充电机）的主要部件；
- 能够使用软件下载、储存轨道交通车辆辅助系统数据；
- 会描述轨道交通车辆辅助供电主回路组成及各部分作用；
- 能正确进行车端电力连接器绝缘值的测定。

任务准备

- 所需设备：DC 600 V 铁路列车，作业股道具备 DC 600 V 地面电源设备。
- 所需物品：工作服、工作鞋、工作帽、防护信号、检车员工作记录手册等。
- 所需工具：兆欧表（1 000 V）、湿度计、校灯（110 V、15 W）等。

学习活动建议

学习活动	内容	建议学时
自学内容及相关知识点	1. 辅助供电系统组成 2. 逆变电源功能及主回路组成 3. 逆变电源技术参数 4. 逆变电源工作原理	课前
计划	根据任务目标，结合逆变电源主回路电气原理图和线路图，正确分组、进行学习	课中（4 学时）
决策	通过小组交流及教师指导，正确分工	
实施	根据具体逆变电源的情况，严格按照流程完成逆变电源箱检修作业	
	正确填写检修单据，小组成员互检后提交指导教师评估	
检查与评价	完成自我评价、小组评价、教师评价	
完善与拓展	拓展学习其他类型逆变电源检修作业的相关知识与技能	课后

任务相关知识点

一、轨道交通车辆辅助供电主回路概述

辅助供电系统是各类轨道交通车辆电气系统的重要组成部分，其主要任务是产生车辆中、低压电源，客室照明、空调、通风机、空气压缩机，以及其他低压用电设备所需的各种不同电压。辅助变流器是辅助供电系统的主要部件。在国内城市轨道交通车辆上，辅助逆变器均采用静止式逆变器，它具有输出电压的品质好、功率因数高、工作性能安全可靠等优点。

动车组辅助电气系统包括辅助供电系统和蓄电池系统。

辅助供电系统的电力主要来自牵引供电电网，经列车顶部的受电弓进入列车主变压器原边绕组，主变压器的次级绕组专设有为辅助系统供电的辅助绕组，当电力不能来自牵引供电电网时，采用外接电源或者蓄电池供电。

辅助供电系统的负载设备包括：空气压缩机、牵引系统冷却通风机、油泵/水泵电机、空调系统、采暖、给水及卫生设施、照明、TCMS 系统、旅客信息系统、广播、ATP 等电务车载系统等。

蓄电池还需为列车控制系统提供不间断安全电源。

配电系统的作用是将供电装置、用电设备，以及控制保护设备连成一个完整的电气系统，

并将电能予以输送和分配。

二、轨道交通车辆辅助逆变器（以时速 160 km 动车组为例）

（一）逆变电源组成介绍

逆变电源采用箱体式结构，悬挂于车体底部。逆变电源柜电路如图 4-1-1 所示，逆变器布置 2 路相互独立且完全一致的供电电路，为空调压缩机、空调通风机、厨房电器及拉塞门提供独立电源。电路主要由接触器、熔断器、输入滤波器、变流模块、输出滤波器及变压器，以及一些相关传感器器件组成。在通信方面，变流器模块通过 RS485 接口与外部网关进行通信。

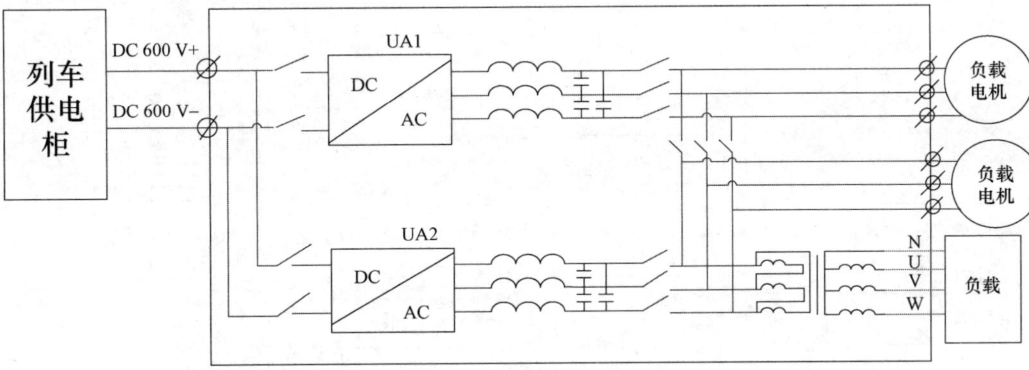

图 4-1-1　逆变电源柜电路

（二）逆变电源箱技术参数

1）主要电气参数

（1）额定输入电压：DC 600 $^{+100}_{-100}$ V。

（2）额定输出电压：AC 380 V（1±5%），（50 ±1）Hz。

（3）控制回路额定电压：DC 110 V $^{+25}_{-30}$% 。

（4）逆变电源变换效率不小于 90%（额定输出负载）。

（5）逆变电源启动和正常工作时，对输入电源产生的相对峰–峰纹波因数应小于 10%。

（6）输出容量：2×35 kV・A。

（7）开关频率：3 kHz。

2）机械参数

（1）最大外形尺寸（L×W×H）：2 100 mm×960 mm×700 mm。

（2）质量：小于 700 kg。

（3）材质：采用 2 mm 耐候钢或性能更优材料。

（4）外壳防护等级为 IP54。

外壳设一套不锈钢接地螺套（M12 内螺纹）。

3）逆变电源工作原理

逆变电源主电路原理如图 4-1-2 所示，其主要由输入滤波电路、预充电电路、中间支撑电路、三相桥式逆变电路、交流滤波电路、隔离变压器、输入输出接触器、电压电流检测电路等组成。

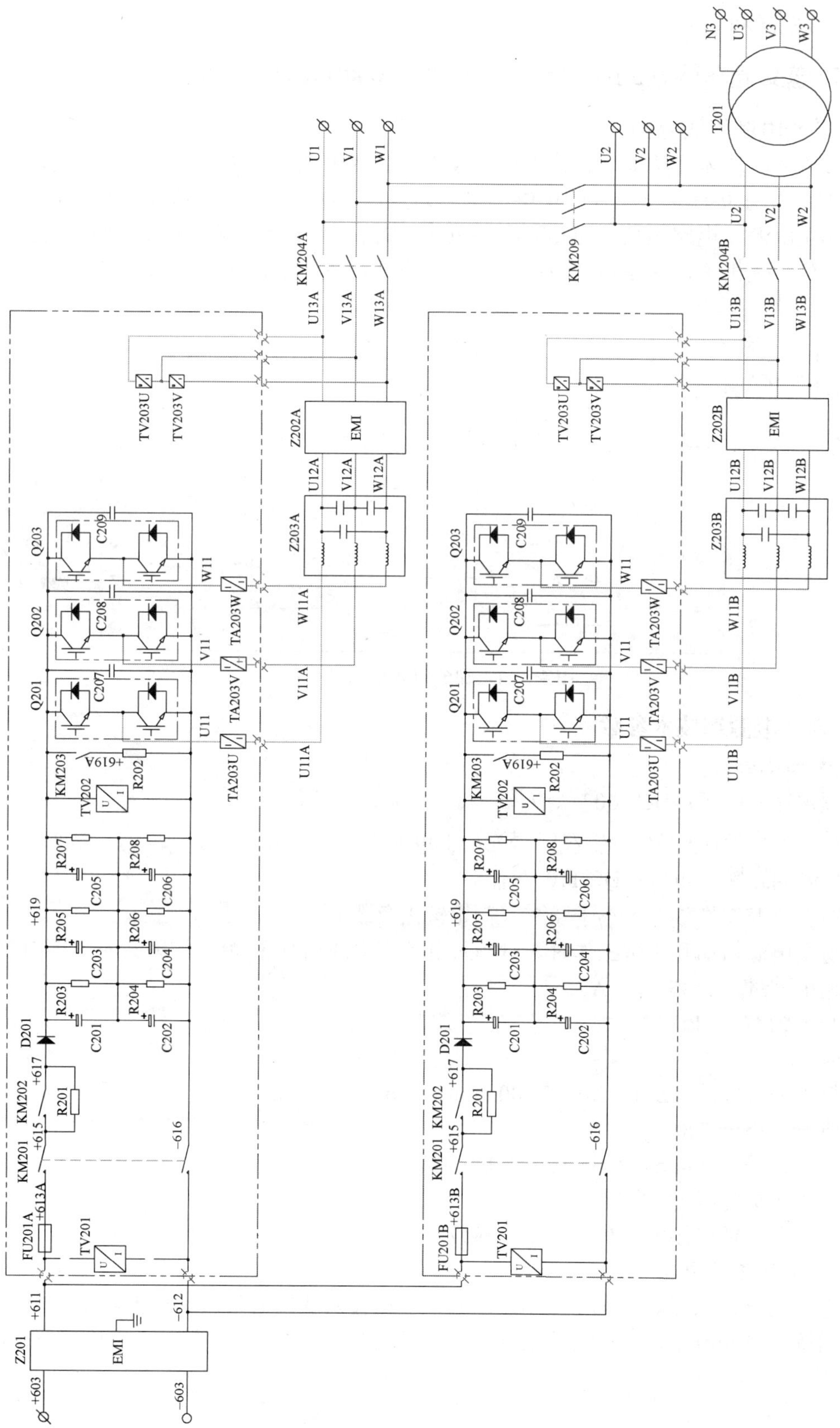

图 4-1-2　逆变电源主电路原理

1. 基本工作原理

直流母线 DC 600 V 经过输入 EMI 滤波器（Z201）、输入熔断器（FU201）到主接触器（KM201），当电压检测电路 TV201 检测到 DC 600 V 电源电压低于 DC 500 V，主接触器、预充电接触器（KM202）和交流输出接触器（KM204）处于断开，放电接触器（KM203）吸合；如果电压检测电路 TV201 检测到主电路电压大于 DC 500 V（1±2%）时，延时不得超过 5 s，吸合主接触器，放电接触器自动断开，开始预充电。当检测到电压检测电路 TV201 与 TV202 的电压差小于 DC 50 V 后，吸合预充电接触器，结束预充电状态。预充电完成后，吸合交流输出接触器，DC 600 V 经过三相全桥逆变电路进行逆变，按 VVVF 启动输出，经过输出滤波电路（Z203）输出三相交流 380 V/50 Hz 电压供给负载。

逆变器 1、逆变器 2 相互热备，当某一台逆变器单元由于自身发生故障停止输出并输出硬线故障信号时，如果故障不可恢复，故障单元控制板封锁脉冲，断开输入、输出接触器，发出热备请求信号（低电平有效），正常单元控制板收到该信号，停止正常逆变器输出，发出转换接触器（KM209）吸合命令，通过其接触器辅助触点发出减载信号（211），然后延时（30±3）s 后，正常的逆变器单元重新启动。

2. 机械接口说明

逆变电源安装接口及尺寸如图 4-1-3。

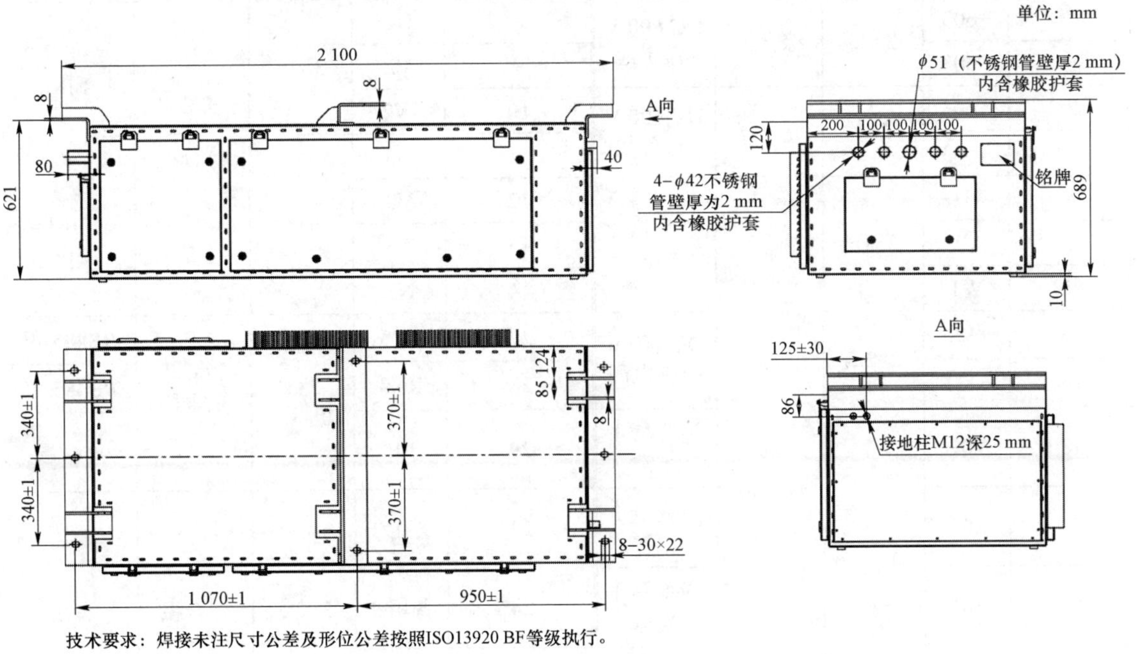

注：外形图仅供示意外形、吊装尺寸，接地柱位置，穿线孔位置及孔径等（单位：mm）。

图 4-1-3　逆变电源安装接口及尺寸

3. 电气接口

逆变电源箱体对外接线端子排如图 4-1-4 所示。

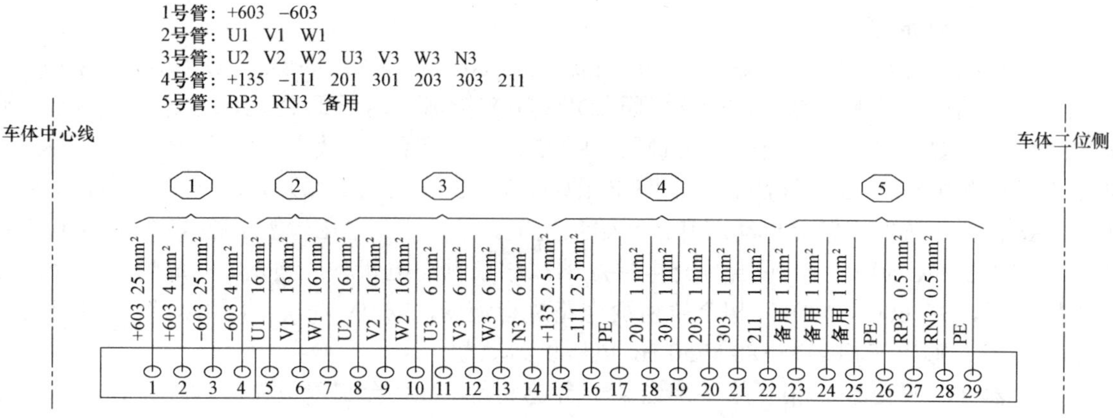

注：本图适用于普通座车、普通座车（带餐吧）、控制车。

图 4−1−4　逆变电源箱体对外接线端子排

图 4−1−4 中对外接线端子排接口说明如表 4−1−1 所示。

表 4−1−1　图 4−1−4 中对外接线端子排接口说明

位置序号	线号	线规/mm^2	来源/去向	含义	位置序号	线号	线规/mm^2	来源/去向	含义
1	+603	2×25	综合柜	DC 600 V 正/负线	8	U2	3×16	综合柜	逆变器 2 输出
3	−603				9	V2			
2	+603	2×4	充电器	DC 600 V 正/负线	10	W2			
4	−603				11	U3	4×6		隔离变压器输出
5	U1	3×16	综合柜	逆变器 1 输出	12	V3			
6	V1				13	W3			
7	W1				14	N3			
15	+135	2×2.5		DC 110 V 控制电源	27	RP3	2×1 屏蔽	充电器	RS485 正
16	−111				28	RN3			RS485 负
18	201	5×1		逆变器 1 正常	29	PE			屏蔽层
20	203			逆变器 2 正常	23	备用 1	3×2.5	综合柜	备用
19	301			逆变器 1 故障	24	备用 2			
21	303			逆变器 2 故障	25	备用 3			
22	211			逆变器减载信号					

4. 人机接口说明

逆变电源具有车辆级 485 通信接口 RP3、RN3，如图 4−1−5 所示。通过此接口可以传输逆变器的主要电气参数及状态代码给电气综合控制柜，在控制柜上的触摸屏应能正确显示逆变电源的工作及故障状态。

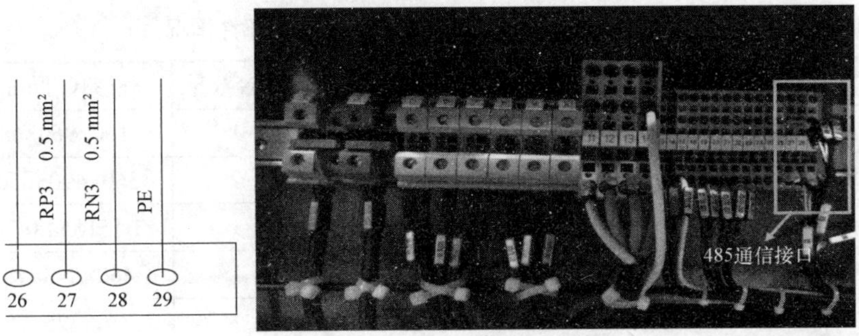

图 4–1–5　车辆级 485 通信接口

5. 服务软件接口

逆变电源具备服务软件接口，如图 4–1–6 所示。通过此接口可以使用 PC 端服务软件实现逆变电源在线监视。为了启用个人计算机和控制单元之间的通信，必须将用户个人计算机的串行接口（9–插针 Sub–D 连接器）连接到逆变器控制板（XP4）的 RS232 接口（9–插针 SUB–D 插座）上。

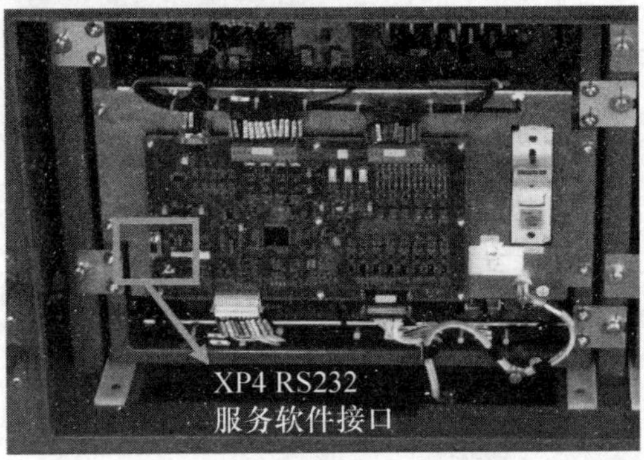

图 4–1–6　服务软件接口

（三）逆变电源箱主要零部件组成

逆变电源箱主要零部件如图 4–1–7 所示。

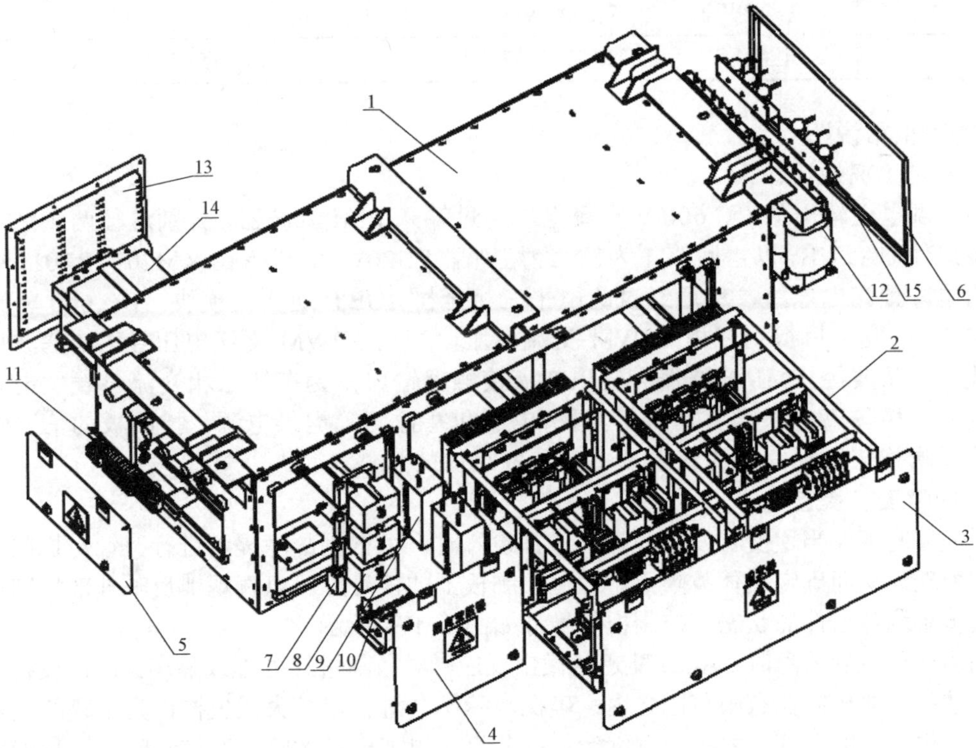

图 4–1–7　逆变电源箱主要零部件

图 4–1–7 中序号标示的零部件情况如表 4–1–2 所示。

表 4–1–2　图 4–1–7 中序号标示的零部件情况

序号	代号	名称	图号及编码	单重/kg	每台数量	外形尺寸/mm	备注
1		柜体	TE6372010000	250	1	2 100×960×685	
2	UA、UB	抽屉模块	TE6372500000		2	360×490×650	4 个 M8
3		右门组装	TE6372400200	45.5	1	1 151×548×78	7×7 钥匙
4		左门组装	TE6372400100	6.8	1	460×548×78	7×7 钥匙
5		左侧门组装	TE6372400300	4.7	1	510×325×78	7×7 钥匙
6		右侧门组装	TE6372400400	9.5	1	810×471×18	
7	Z204、Z205	EMI 滤波器	W22511205302		2	90×51×28	
8	KM204A、KM204B、KM209	接触器	W200027770		3	130×130×150	
9	Z202A、Z202B	EMI 电源滤波器	W22511203321		2	240×190×90	
10	Z201	滤波器	W22511203275	2.6	1	200×140×80	
11	XT1	端子排	TE6372401100		1	450×103×53	
12	L203A、L203B	电抗器	W200019255	55	2	332×158×268	
13		左后盖板铆接	TE6372403000	4.6	1	510×544×31	
14	T201	隔离变压器	W200019181	90	1	325×268×307	
15		电容组装	TE6372400700	3	2	154.5×105×42	

（四）正常说明

1. 正常工况的状态

列车供电柜输出的 DC 600 V 直流电压经过输入 EMI 滤波器，分别送往两个逆变器模块抽屉组件 UA、UB，以主回路 1 为例，经熔断器 FU201 后，进入由 KM201、R201、KM202 组成的电容预充电电路，然后经过两电平三相全桥 IGBT 逆变器模块，DC 600 V 直流电压经 DC/AC 变换后得到三相 SPWM 交流电压，三相 SPWM 交流电压经 LC 滤波后变为正弦波，正弦波经 EMI 滤波器和输出交流接触器输出，为车辆三相交流负载供电。同时输出送入三相隔离变压器 T201，为厨房电器和塞拉门等提供电源。控制板的信号灯可以直观地反映外部控制信号的状态及本系统各组件的状态。

2. 故障工况状态

一般情况下，当逆变器发生故障，进行检修时，可根据故障提示进行有针对性的检查、试验和处理，从而确定具体故障点。通过控制板上的信号灯可以直观地反映外部控制信号的状态及本系统各组件的状态。控制板信号灯如图 4–1–8 所示。

当出现一般性故障时，ACU 能迅速做出反应，对故障进行处理或隔离，保护设备不受危害，并使故障能控制在有限范围之内，确保故障不会进一步扩大或失控，为车辆的安全和可靠运行提供有力的保证，机车能继续运行；若机车出现电源故障、通信故障等，只能回库维修解决。

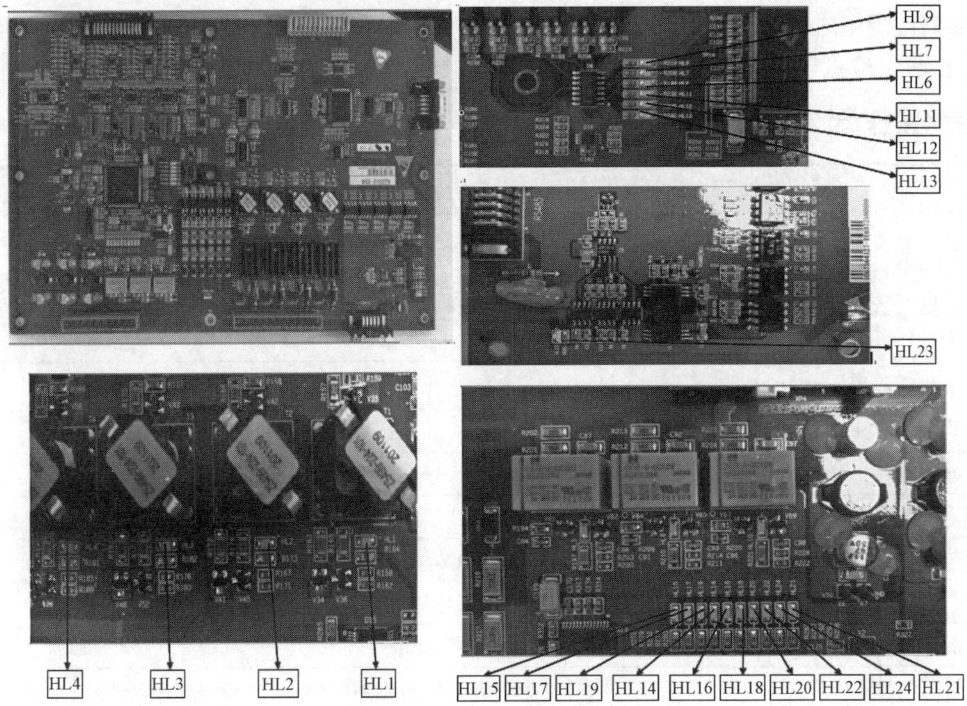

图 4-1-8　控制板信号灯

三、逆变电源日常检修

日常对逆变电源进行外观检查，清理箱体及散热器表面灰尘，确保吊耳螺栓无松动，吊耳无开裂，箱体焊缝无开裂，门板无脱落，进线管锁紧螺帽无松动，箱体外接地线无脱落和松动。确定逆变电源工作正常，发现问题进行检修。

1. 逆变电源检修和维护应遵守的安全操作须知

（1）门板、穿线管等处的密封对逆变电源的运转是非常重要的。密封条、门锁功能是维护工作的重要部分。

（2）当进行维护工作时，应使用规定的备件。所有连接元件必须按照先前安装的方式再次安装。

（3）适当地处理拆卸部件或缺陷部件。

（4）逆变电源内部的污垢会妨碍逆变电源的正确功能，在所有维护工作中必须预防。

（5）当进行涉及更换部件的工作时，要确保没有小件，如螺母、垫圈和弹性锁紧垫圈掉入箱体内。如果发生此情况，则必须从箱体内取出掉入的物体以免引起短路。

（6）箱体内和箱体上的所有螺丝/螺栓连接必须拧紧至扭矩规范中规定的值。

（7）拧紧螺丝或螺栓连接之后，使用永久性标记笔对最终位置进行标记。

2. 维护与检修程序

（1）检查确认裙板及电源箱门各部配件齐全，安装牢固；车下电源箱箱体、吊架及螺栓无松动、无破损、无开焊、无裂纹；电源箱定检标记清晰，密封胶条无破损，引线套管连接良好，外观无破损；接地保护线齐全、安装牢固。

（2）检查确认箱内接线紧固，无烧损、无松动；各断路器、接触器触头无卡死、粘连；电容组件无漏液、无烧损；隔离变压器无烧损、无变形、无短路痕迹；各熔断器容量正确，无烧损。清扫散热器；对电源箱内外部、各板卡表面进行清理、除尘；对车体裙板及车下电源箱体各活动部给油。

（3）通电检查，电气综合控制柜显示各项功能正常，无故障代码。

任务工作单

计划：根据任务情境制定辅助系统作业方案	
1. 学生了解相关任务情境，各小组成员汇总任务工作单中不同作业内容所需要的具体材料。 2. 指导教师随机指定各小组要完成的任务情境，分配不同作业人员的具体操作内容。各组根据工作单上的要求，以列表方式提出进一步要搜集的信息，确定完成任务所需要准备的资料，制定完成任务情境的计划并准备进行讨论	
一、作业任务单	
任务情境1：轨道交通车辆逆变电源箱认知	
作业过程	任务内容
1	识读各型客车配线、配管施工图
2	识别轨道交通车辆辅助供电主回路组成
3	描述轨道交通车辆辅助供电主回路工作原理
任务情境2：轨道交通车辆逆变电源箱/电池箱日常检修作业	
作业过程	任务内容
1	裙板及电源箱门各部配件检查，外观及外部连接件检查
2	箱内接线紧固性检查
3	箱内电器状态检查
4	检查和更换辅助逆变器冷却系统滤网
二、个人计划	

决策：确认逆变器箱日常检修工作计划	
小组成员进行任务分工，分小组讨论每位成员完成的任务实施计划。每组选派一位成员在各组交流任务实施计划，每位成员完善任务实施计划	
小组成员	任务分工
小组内讨论的结果： 小组间讨论的结果： 任务执行过程中出现的问题及应急情况的处理：	

实施：完成逆变器箱日常检修作业相关工作
一、总结任务情境所需要的资料 根据任务情境，完整记录任务情境实施过程，小组成员互检任务实施正确性，将记录的内容提交给指导教师，请求给予指导、评价。 任务情境实施过程记录： 二、实施过程中出现的问题和不足 三、实施总结

任务评估

检查与评价		
一、知识与技能掌握情况评价参考标准		
评价标准	评价权重（80%）	
1. 掌握轨道交通车辆辅助供电主回路组成	10	
2. 掌握轨道交通车辆辅助电源工作原理	10	
3. 掌握安全检查操作方法	20	
4. 会对轨道交通车辆辅助电源箱进行检查作业	40	
二、综合素质评价参考标准		
评价标准	评价权重（20%）	
能协同开展工作，准确、清晰地进行信息沟通	不及格	
	及格	
	良好	
	优秀	
分工合理，能进行标准化作业	不及格	
	及格	
	良好	
	优秀	
三、思政要素评价参考标准		
评价依据	评价权重（一票否决）	
严守铁路法律法规，具有高度的安全意识，严格遵照作业标准完成任务，精益求精、认真履职	不合格	合格

任务拓展

在完成指导教师指定作业任务的情况下，根据专业方向及就业情况开展以下知识拓展。

（1）能够使用软件下载、储存辅助系统数据。

（2）能正确进行车端电力连接器绝缘值的测定，能够检查外接电源。

拓展任务工作单

计划：根据任务情境制定车端连接器检查及干线绝缘测量作业方案

1. 学生了解相关任务情境，各小组成员汇总任务工作单中不同作业内容所需要的具体材料。

2. 指导教师随机指定各小组要完成的任务情境，确定不同作业人员的具体操作内容。各组根据工作单上的要求，以列表方式提出进一步要搜集的信息。确定完成任务所需要准备的资料。制定完成任务情境的计划并准备进行讨论

一、作业任务单

任务情境：轨道交通车辆车端连接器检查

作业过程	任务内容
1	车端连接器外观检查
2	车端连接器内部检查
3	干线绝缘测量

二、个人计划

决策：确认车端连接器检查及干线绝缘测量工作计划

小组成员进行任务分工，分小组讨论每位成员完成的任务实施计划。每组选派一位成员在各组交流任务实施计划，每位成员完善任务实施计划

小组成员	任务分工

小组内讨论的结果：

小组间讨论的结果：

任务执行过程中出现的问题及应急情况的处理：

实施：完成车端连接器检查及干线绝缘测量相关工作

一、总结任务情境所需要的资料

根据任务情境，完整记录任务情境实施过程，小组成员互检任务实施正确性，将记录的内容提交给指导教师，请求给予指导、评价。

任务情境实施过程记录：

二、实施过程中出现的问题和不足

三、实施总结

拓展任务操作说明

DC 600 V 客车干线绝缘检测指导书如表 4-1-3 所示。

表 4-1-3　DC 600 V 客车干线绝缘检测指导书

作业步骤及质量标准	图示
1. 确认全列 Q1、Q2 主空开处于断开位置 ★：DC 600 V 断电后 5 min 内不得测量	
2. 对兆欧表进行开路短路试验 ▲兆欧表在短路时应指在“0”位置，开路时应指在无穷大位置	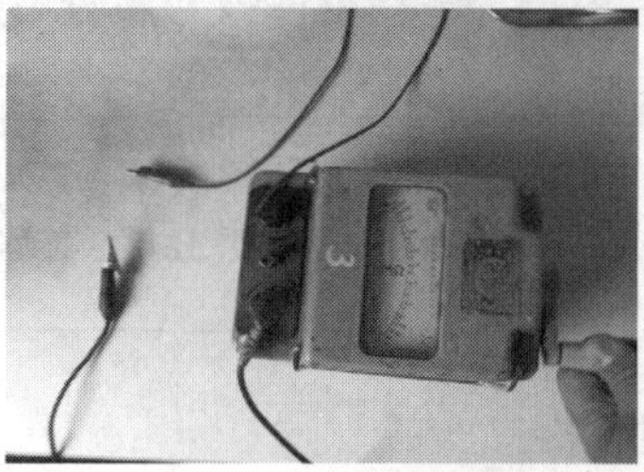 
3. 记录湿度值	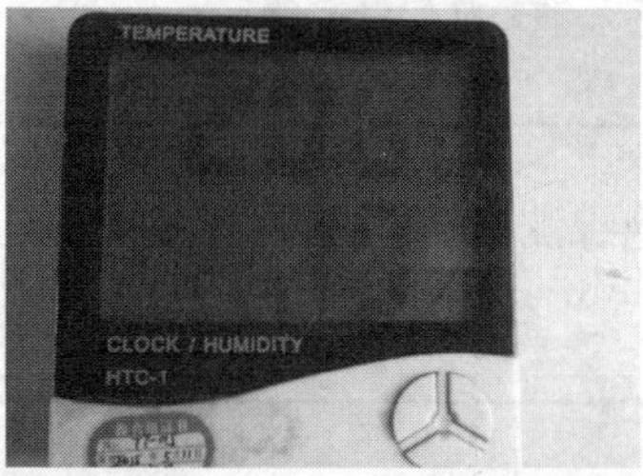
4. 在车列端部打开 DC 600 V 电力连接器座，对Ⅰ路正负线线间、正负线对地绝缘进行测试 ▲测试各线线间、对地绝缘值 列车干线绝缘测试值表（见表 4-1-4）	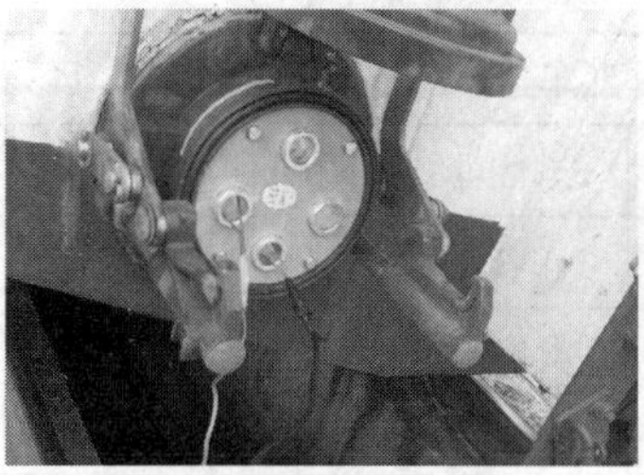 
5. 在车列端部打开 DC 600 V 电力连接器座，对Ⅱ路正负线线间、正负线对地绝缘进行测试 ▲测试各线线间、对地绝缘值 列车干线绝缘测试值表（见表 4-1-4）	 

续表

作业步骤及质量标准	图示
6. 恢复电力连接器护盖	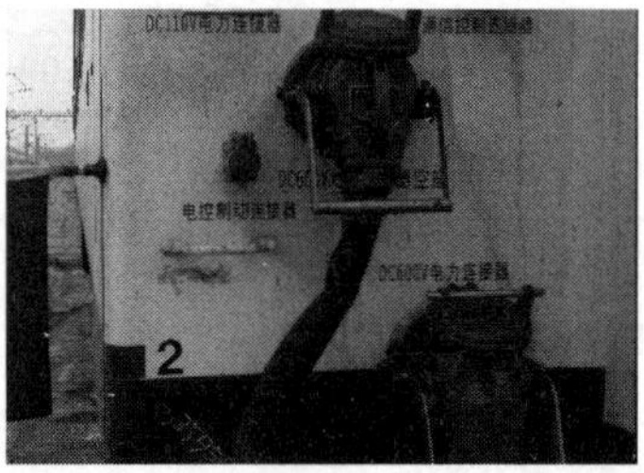
7. 在测试干线静态绝缘的同时，供电后，查看首尾车 DC 600 V 在线绝缘监测装置中的数据，报警参数设定为 1 500 Ω，任何一路干线对地电压不得低于 170 V	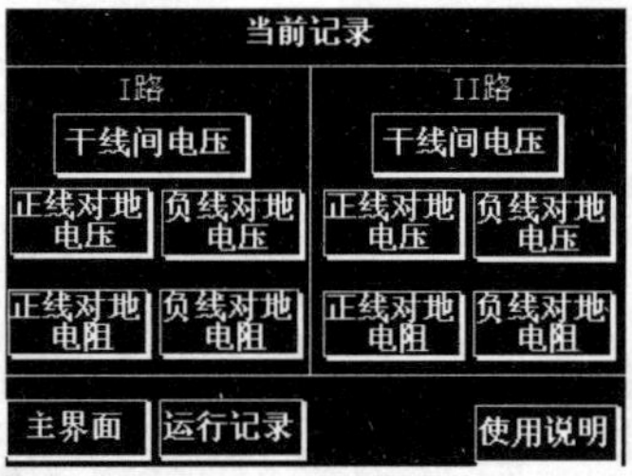 
8. 在车列端部使用校灯（110 V、15 W）对列车 110 V 母线绝缘进行检测，以校灯灯丝不红为绝缘良好标准，绝缘不良的要分段检查，确保发现绝缘不良隐蔽部位	

列车干线绝缘测试值表如表 4-1-4 所示。

表 4-1-4 列车干线绝缘测试值表

单位：MΩ

线别	DC 600 V 及 DC 600 V/AC 380 V 兼容供电				AC 380 V 供电			
类别	运用列车		运用单车		运用列车		运用单车	
湿度	线间	线地间	线间	线地间	线间	线地间	线间	线地间
≤60%	≥2	≥1	4	2	2	1	4	2
61%	1.95	0.98	3.88	1.94	1.94	0.97	3.88	1.94
62%	1.9	0.95	3.76	1.88	1.88	0.94	3.76	1.88
63%	1.84	0.92	3.64	1.82	1.81	0.91	3.64	1.82
64%	1.78	0.89	3.52	1.76	1.75	0.88	3.52	1.76
65%	1.72	0.86	3.4	1.7	1.68	0.85	3.4	1.7
66%	1.67	0.84	3.28	1.64	1.62	0.82	3.28	1.64
67%	1.61	0.81	3.16	1.58	1.55	0.79	3.16	1.58
68%	1.56	0.78	3.04	1.52	1.49	0.76	3.04	1.52
69%	1.5	0.75	2.92	1.46	1.42	0.72	2.92	1.46

续表

类别	运用列车		运用单车		运用列车		运用单车	
湿度	线间	线地间	线间	线地间	线间	线地间	线间	线地间
70%	1.44	0.72	2.8	1.4	1.36	0.69	2.8	1.4
71%	1.39	0.7	2.68	1.34	1.29	0.66	2.68	1.34
72%	1.33	0.67	2.56	1.28	1.23	0.63	2.56	1.28
73%	1.28	0.64	2.44	1.22	1.16	0.6	2.44	1.22
74%	1.22	0.61	2.32	1.16	1.1	0.57	2.32	1.16
75%	1.16	0.58	2.2	1.1	1.03	0.54	2.2	1.1
76%	1.11	0.56	2.08	1.04	0.97	0.51	2.08	1.04
77%	1.05	0.53	1.96	0.98	0.9	0.47	1.96	0.98
78%	1	0.5	1.84	0.92	0.84	0.44	1.84	0.92
79%	0.94	0.47	1.72	0.86	0.77	0.41	1.72	0.86
80%	0.88	0.44	1.6	0.8	0.71	0.38	1.6	0.8
81%	0.83	0.42	1.48	0.74	0.64	0.35	1.48	0.74
82%	0.77	0.39	1.36	0.68	0.58	0.32	1.36	0.68
83%	0.72	0.36	1.24	0.62	0.51	0.29	1.24	0.62
84%	0.66	0.33	1.12	0.56	0.45	0.26	1.12	0.56
≥85%	0.6	0.3	1	0.5	0.38	0.22	1	0.5
兆欧表等级	1 000 V				500 V			

任务评估

检查与评价	
一、知识与技能掌握情况评价参考标准	
评价标准	评价权重（80%）
1. 使用的仪表须经校验合格	10
2. 按规定穿戴好工作服	10
3. 按规定设置防护信号	10
4. 作业安全	10
5. 先按技术检查作业要求把各开关、断路器置“零”位	10
6. 使用兆欧表在客车端部的电力线座对客车干线进行绝缘测量	10
7. 正确读取绝缘数值	10
8. 测量干线的绝缘电阻时，应记下测量时的温度、湿度	5
9. 测量完毕，擦拭仪表，保存好以待下一次使用	5

<table>
<tr><td colspan="3">二、综合素质评价参考标准</td></tr>
<tr><td>评价标准</td><td colspan="2">评价权重（20%）</td></tr>
<tr><td rowspan="4">能协同开展工作，准确、清晰地进行信息沟通</td><td colspan="2">不及格</td></tr>
<tr><td colspan="2">及格</td></tr>
<tr><td colspan="2">良好</td></tr>
<tr><td colspan="2">优秀</td></tr>
<tr><td rowspan="4">分工合理，能进行标准化作业</td><td colspan="2">不及格</td></tr>
<tr><td colspan="2">及格</td></tr>
<tr><td colspan="2">良好</td></tr>
<tr><td colspan="2">优秀</td></tr>
<tr><td colspan="3">三、思政要素评价参考标准</td></tr>
<tr><td>评价依据</td><td colspan="2">评价权重
（一票否决）</td></tr>
<tr><td>严守铁路法律法规，具有高度安全意识，严格遵照作业标准完成任务，精益求精、认真履职</td><td>不合格</td><td>合格</td></tr>
</table>

任务二　轨道交通车辆辅助供电控制回路设备检查

任务目标

1. 知识目标

- 掌握轨道交通车辆辅助供电主回路组成;
- 掌握轨道交通车辆辅助供电电源工作原理。

2. 技能目标

- 能够阅读轨道交通车辆辅助供电主回路电气原理图;
- 会描述轨道交通车辆辅助供电主回路的组成及各部分的作用;
- 熟练开展逆变电源装置静态检查。

任务准备

1. 所需设备：DC 600 V 铁路列车，作业股道具备 DC 600 V 地面电源设备;

2. 所需物品：工作服、工作鞋、工作帽、防护信号、柔软的棉布、检车员工作记录手册等;

3. 所需工具：十字螺丝刀，小一字螺丝刀（插接线）。

学习活动建议

学习活动	内容	建议学时
自学内容及相关知识点	1. 轨道交通车辆辅助供电主回路组成 2. 轨道交通车辆辅助供电工作原理	课前
计划	根据任务目标，结合轨道交通车辆辅助供电主回路电气原理图，正确分组、进行学习	课中（4 学时）
决策	通过小组交流及教师指导，正确分工	
实施	根据具体逆变电源的情况，严格按照流程完成 PIS 系统、照明系统检修作业	
	正确填写检修单据。小组成员互检后提交指导教师评估	
检查与评价	完成自我评价、小组评价、教师评价	
完善与拓展	拓展学习其他车型 PIS 系统、照明系统检修作业的相关知识与技能	课后

任务相关知识点

一、辅助供电回路控制系统概述

时速 160 km 动力集中动车组拖车电气系统采用动力车 DC 600 V 集中供电，主要包括供配电系统、旅客信息服务系统、内外照明、安全监测系统、控制网络与诊断、电气布线等部分。

综合控制柜主电路由两路电源 DC 600 V 母线中的其中一路提供电源，向逆变器、充电器供电，并由逆变器Ⅰ、逆变器Ⅱ变换成 AC 380 V/50 Hz，向车内空调、伴热等交流负载供电。DC 110 V 电源全列贯通，各车厢蓄电池及充电器通过逆流二极管与 DC 110 V 干线并联蓄电池在充电机停止或故障时，向本车照明、水位显示、塞拉门、车下电源箱控制、配电箱等负载供电。应急灯、轴温报警器、防滑器、车辆控制单元等重要负载由列车直流 110 V 母线供电；照明、单相逆变器、温水箱、开水炉等负载的控制电源由本车直流 110 V 电源提供；控制柜内车辆控制单元的电源模块将 DC 110 V 电源转换成直流 24 V 电源向 PLC、触摸屏、传感器供电。

逆变电源柜组成框图如图 4-2-1 所示。

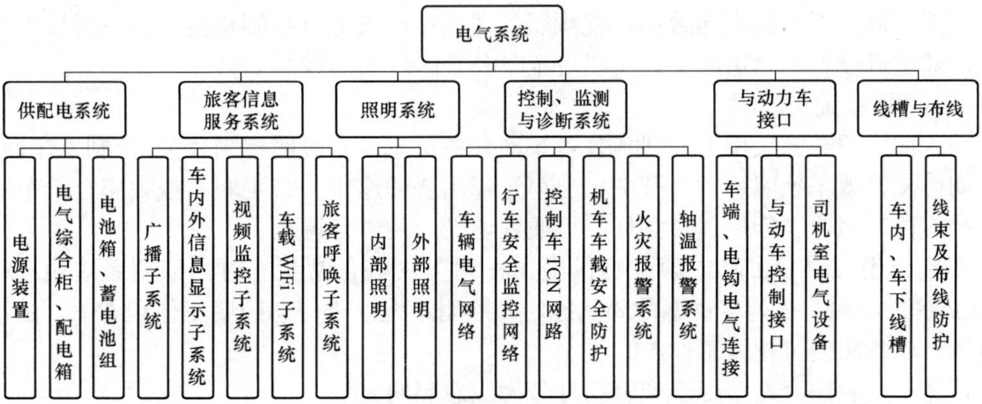

图 4-2-1　逆变电源柜组成框图

DC 600 V 供电系统采用动力车集中整流、拖车分散变流方式。

DC 600 V 电源：短编组及重联编组采用动力车双路 DC 600 V 独立供电；长编组每个动力车采用 DC 600 V 单路供电；拖车采用 DC 600 V 两路独立干线传输方式。

DC 110 V 电源：动力车、拖车互相独立，拖车全列贯通，各车厢蓄电池及充电器通过逆流二极管与 DC 110 V 干线并联，重联时两短编组之间 DC 110 V 不贯通。

（一）电源装置

时速 160 km 动力集中电动车组车下设置 25T 统型结构的 DC 110 V 碱性蓄电池及蓄电池箱、充电机+单相逆变器、逆变器+隔离变压器。

每车均设置电气综合控制柜，集电源转换控制、空调控制、蓄电池欠压保护、照明控制、行车安全监控、网络控制、乘客信息服务、视频监控、轴温监控等单元于一体。

每车乘务员室设置照明配电箱，集轴温声光报警、车下 DC 110 V 声光报警、照明控制、烟火报警、集便控制等单元于一体。

（二）旅客信息服务（PIS）系统

PIS 系统在既有高速动车组及 25T 客车成熟 PIS 系统的基础上，结合动力集中动车组需求进行设计。通过语音广播和视觉信息向旅客提供列车运行相关信息；并通过车厢视频监控实时采集车厢内公共区域视频图像；餐座合造车设置 WiFi 中心服务器，车厢内设置 WiFi 的 AP 天线，实现 WiFi 覆盖；包间卧车各包间设置旅客呼叫系统、餐座合造车及普通座车（带餐吧）厕所设置紧急呼叫装置（SOS）。

PIS 系统按照功能划分成四个子系统：广播子系统、车内外信息显示子系统、视频监控子系统、WiFi 旅客信息服务子系统。

1. 广播子系统

广播子系统取消原有 25T 型车播音车的播音主机，在餐座合造车、普通座车（餐吧）设置 PIS 系统列车主机、广播控制盒及集中功放单元，PIS 系统列车控制器可代替原有 25T 型车主控站。广播控制盒上设置手持话柄，工作人员通过手持话柄进行人工广播。

2. 车内外信息显示子系统

车内外信息显示子系统由 PIS 系统列车主机、PIS 系统操作屏、PIS 车厢控制器、车内信息显示屏、车外信息显示屏、GPS 天线和 FM 天线等组成。在每个厕所设置厕所有无人显示屏。

控制器接收 PIS 系统列车主机发出的 485 内外显数据，进行解析并转发至车内外信息显示屏。

3. 视频监控子系统

视频监控子系统采用既有 25T 客车视频监控系统，由视频服务器和摄像头组成，单车成网，单车采用以太网下载存储数据。视频服务器设在电气综合控制柜内，客室区域设置长焦摄像头，通过台设置广角摄像头，实现对全车公共区域的监控。

（三）照明系统

车厢内部照明全部采用 LED 照明，各车厢乘务员室设置照明控制开关，控制本车厢照明，卧车包间内部设置单独照明控制开关。也可选择由普通座车（带餐吧）或餐座合造车播音室通过全列集控对照明进行控制。主灯带可通过调光开关进行调光。

照明系统由 DC 110 V 电源进行供电。在列车供电正常状态时，照明系统由 DC 600/DC 110 V 提供电源。在列车供电故障状态时，照明系统处于应急照明工作状态下，由蓄电池提供电源，应急照明可持续工作 5 h。

普通座车及餐座合造车行李架辅助灯带为应急照明。

各车通过台、卫生间、洗脸间、包间、乘务员室、机械师室、走廊等位置均设置应急照明。

普通卧车走廊上部使用隐形灯带照明，走廊茶桌下方设置地灯，包间内部使用包间顶灯照明，客室内设置带 USB 接口的阅读灯。

包间卧车走廊上部使用隐形灯带照明。包间内部使用包间顶灯照明，并增加隐形灯带辅助照明。

（四）火灾报警系统介绍

火灾报警系统的组成：火灾报警控制器（一台），感温电缆探测器（一只），感烟探测器（七只）。火灾报警控制器负责把各个探测器的状态显示出来，在发生警情时提供声光报警，同时把控制器自身和各探测器的状态上传给 PIC。感温电缆探测器和感烟探测器负责管辖区域的警情，在探测到警情时，上传给火灾报警控制器。

1. 系统拓扑图

火灾报警系统组成如图 4-2-2 所示。

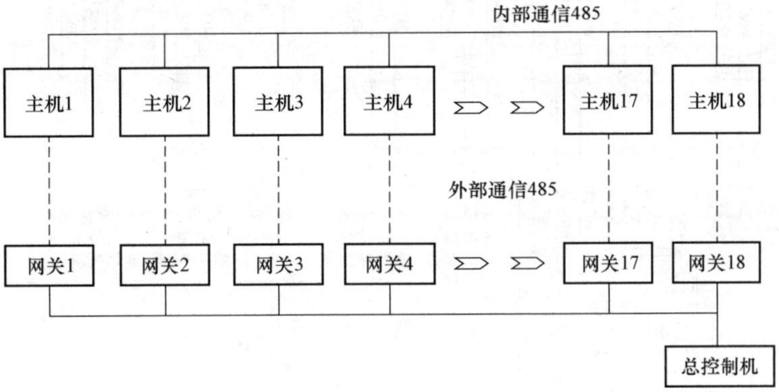

图 4-2-2 火灾报警系统组成

2. 系统原理图

火灾报警系统原理如图 4-2-3 所示。

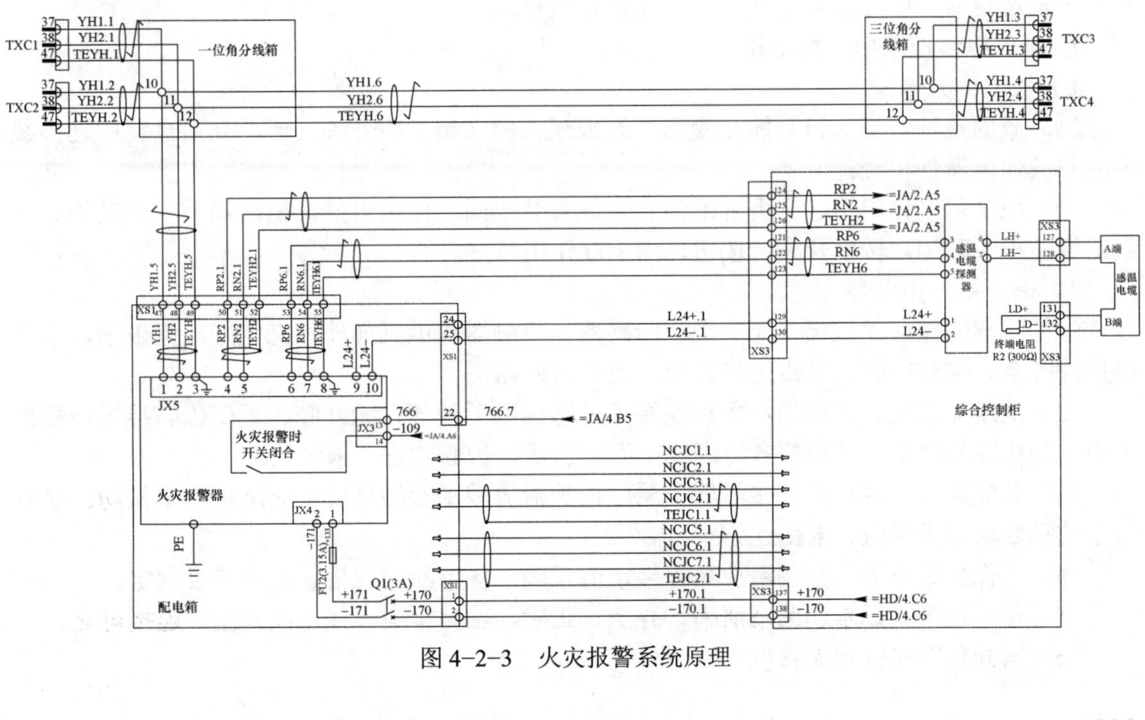

图 4-2-3 火灾报警系统原理

火灾报警监控原理如图 4-2-4 所示。

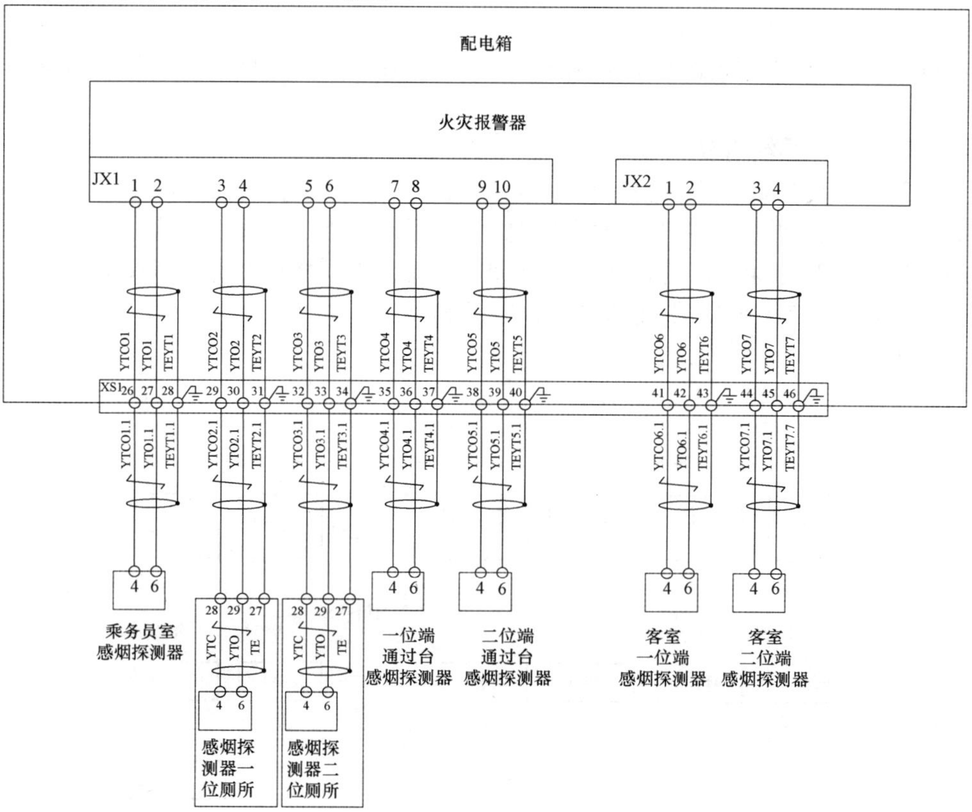

图 4-2-4　火灾报警监控原理

二、辅助电气控制装置外观检查

车辆运行前，应对主要电气装置外观进行检查。

1. 电气综合控制柜、配电箱

1）柜（箱）体

（1）表面整洁，柜（箱）体无变形、无破损；柜（箱）门开关灵活，开启过程中连接线不应与其他电器件相碰。

（2）柜（箱）体门锁、合页等配件齐全，安装牢固，作用良好。柜（箱）体无锈蚀、进线绝缘防护无破损。转换开关、按钮、指示灯作用良好。

2）柜（箱）体内部

（1）线槽完整，无破损、无变形。断路器、接触器等电气部件外壳完好，无破损，端子排挡片齐全。接线牢固，导线压接紧固，无毛刺外露。

（2）配线无老化、无烧损；主接线端子处感温贴无脱落、无开胶、无变色。接插件插接牢固。配线线号清晰、排列整齐、绑扎牢固。引线口护套完好，未老化。

（3）各断路器、继电器、接触器、漏电保护器等端子接触良好，无烧损、未松动。接触器手动吸合动作无卡阻、未粘连。

（4）各保护继电器、空调温控器等整定值正确；各熔断器规格、型号符合规定。

（5）指示标牌、标示、图纸清晰、齐全、正确，粘贴牢固。接地线齐全，连接可靠。

（6）紧固件防松标记无移位。

2. 灯具

（1）灯具表面清洁，零部件齐全。

（2）灯罩无裂纹、无破损、无变形。灯罩框锁闭作用良好，灯罩和灯体扣合后无松动、不漏光。

（3）灯角、灯口无变色、未烧损。

（4）灯具安装牢固，作用良好。

（5）出线口处橡胶护套无破损。

（6）同车同部位灯具须一致（原设计不同情况除外），同车灯罩颜色近似或一致。

3. 轴温报警装置

（1）轴温报警器、轴温记录仪各部配件齐全，安装牢固。

（2）轴温传感器测温头无破损，测温头防护套、引出线无老化、无破损；接线端子无脱落，线号完好。

4. 电子防滑器

（1）电子防滑器主机外罩及箱体表面无污垢，箱体无缺损、无变形。面板上配件齐全，按钮开关动作灵活，标志清晰。主机引出电缆线无老化、无裂损，线号标识清晰。

（2）电子防滑阀尼龙护管状态良好，安装紧固件无松动。

（3）速度传感器尼龙护管、护管保护帽、喉箍，状态良好，安装紧固件无松动。

（4）压力继电器外观状态良好，安装紧固件无松动。

5. DC 600 V 在线绝缘检测装置

（1）装置外观无破损、未变形，固定良好。接线端子处线路无松动、无破损、线号清晰。

（2）连接柜体的接地线接触良好并可靠接地。

6. 紧急断电按钮

（1）紧急断电按钮外部清洁，按钮外观良好，未破损，安装牢固，按钮按动动作无卡滞。

（2）外壳无灼烧或裂纹。

（3）紧急断电按钮有铅封。

7. 天线

（1）天线表面清洁，无杂物遮挡。

（2）天线的固定螺栓齐全、安装牢固。

8. 行车安全系统

（1）报警显示终端显示屏清洁，无破损，安装牢固。

（2）机箱内外清洁。接插件、开关、端子排等零部件齐全、安装牢固。各连接线缆未老化、未破损，连接正确；配线线号清晰、排列整齐、接线牢固。

（3）压力传感器安装盒、加速度传感器安装盒无破损、未变形，密封良好。传感器配线护管、单向止回阀固定良好。

9. 烟火报警装置

（1）探测器表面无污垢、无破损、无变形。

（2）探测器底座安装牢固；探测器外罩与底座配合紧密，安装到位。

（3）烟火报警主机安装牢固，显示面板及按键无破损，接插件插接可靠，配线无老化、无破损。

10. 信息显示屏

（1）内外显示屏表面清洁，无杂物遮挡。

（2）显示屏的安装牢固，接线无松动，出线口处橡胶护套无破损。

11. 视频监控系统

（1）视频监控主机表面清洁，无杂物遮挡。

（2）视频监控主机安装牢固，接线无松动，出线口处橡胶护套无破损。

（3）摄像头安装牢固，接线无松动，无杂物遮挡。

三、照明系统装置检修

1. 注意事项

对照明系统任何部件进行维修工作时，保证已经断电。

为了防止出现严重的事故，所有直接或间接参与检查、维护、修理的人员必须遵从以下规定。

（1）在进行任何的维修作业之前，关掉电源使之不能供电以防止发生电气事故。

（2）严格按照车间的规章制度进行操作。

（3）在作业场地设置相关标志，警告相关人员操作正在进行。

（4）当有各种不正常的情形发生时，迅速停止运行，切断电源。否则可能会引发更大的损坏，触电或者火灾等。

（5）不要用湿手接触电气元件，例如 LED 光源板、连接器等，否则可能会触电。

（6）检查之前要切断电源，否则可能引发电击或火灾。

2. 维护与检修工具

一般工具：十字螺丝刀，小一字螺丝刀（插接线）。

特殊工具：无。

3. 维护

（1）表面清洁：清除灯具表面的灰尘和脏物，尤其注意清除进出线间的脏物及透明灯罩表面的灰尘。

（2）通电试验：进行通电测试，确保功能正常。

（3）紧固件检查：检查紧固件是否存在松动现象。

（4）连接器检查：确认连接器接线是否牢固可靠。

（5）线缆检查：检查线缆是否存在表面破损。

（6）驱动更换：A3 修程时建议更换驱动。

4. 检修

（1）客室灯带：通电时，发现部分灯板不亮或者照度下降，一般属于灯板故障；整灯不亮，则可能存在接线不良、电源故障。

① 更换灯板组件步骤：当灯板组件损坏或照度下降时需要更换 LED 灯板组件，打开灯罩组成，拆掉 4 颗固定灯板组件的 M3 螺钉，拔掉灯板组件两端连接线缆，将故障灯板组件拆下，然后更换新的同型号灯板组件，按要求进行接线。更换后通电，正常点亮则故障消除。

② 更换电源模块步骤：当电源模块损坏时需要更换新的电源模块，打开灯罩组成，拆掉 2 颗固定电源模块的 M4 螺钉，拆掉电源模块两端连接线缆，将故障电源模块拆下，然后更换新的电源模块，按要求进行接线。更换后通电，正常点亮则故障消除。

③ 接线不良：采用小一字螺丝刀对松脱的线缆进行重新插接。

④ 紧固件松动：确认弹垫是否失效，若未失效，重新拧紧；若弹垫失效，更换新弹垫后重新拧紧。

（2）筒灯：通电试验发现筒灯故障时，因筒灯为单一整体，无法对单个零件进行维护，应更换整灯。

（3）平面光源：通电时，发现部分灯板不亮或照度下降时，一般属于灯板故障；整灯不亮，则可能存在接线不良、电源故障。

① 更换电源模块：打开顶板，取出平面光源，拆掉电源模块保护壳上的 M3 螺母，将电源模块上的导线与连接器拆开，再拆除固定旧电源模块的 M4 螺母，即可将电源模块取下。将新电源模块放到原位置，用紧固件锁紧；并将新电源模块上的导线连接，安装电源模块保护壳。更换后通电，正常点亮则故障消除。

② 灯板故障时进行整灯更换。

③ 接线不良：采用小一字螺丝刀对松脱的线缆进行重新插接。

④ 紧固件松动：确认弹垫是否失效，若未失效，重新拧紧；若弹垫失效，更换新弹垫后重新拧紧。

四、空调控制系统装置检修

1. 空调工况选择

空调机组控制设有预冷、预热、高温卸载及新风阀自检功能。正常工作时，空调机组控制功能通过空调工况转换开关 SA2，分为“自动”“试验暖”“试验冷”“停止”四挡。空调机组在自动运行时，有六种工况：“强风”“弱风”“强风半冷”“强风全冷”“弱风半暖”“弱风全暖”。PLC 根据当前逆变器状态及车厢里温度传感器、外部温度传感器检测值与预先在管理界面设定的“制冷”“半暖”“全暖”温度设定值进行比较后，进行空调机组的“自动”运转。自动模式下，外温＜15 ℃时禁止按照制冷曲线进行制冷工况切换。

空调机组的压缩机及空调预热器按照累计时间运行，半冷或半暖时累计时间少的机组启动运行，运行 2 小时后自动转换到另一机组交替运行。

2. 空调温度设定及修改

空调温度参数根据实际运营环境温度进行设定，当温度设置完成后，点击确定按钮。在运行过程中修改温度后，也需要立即点击确定按钮，及时将温度值写入 PLC 中。

温度设定完成后将根据温度曲线进行工作，不同的温度将置于不同的空调工况区间。其中制冷工况由室内温度判断，制暖温度由室外温度判断。

空调自动制冷工况如图 4-2-5 所示。

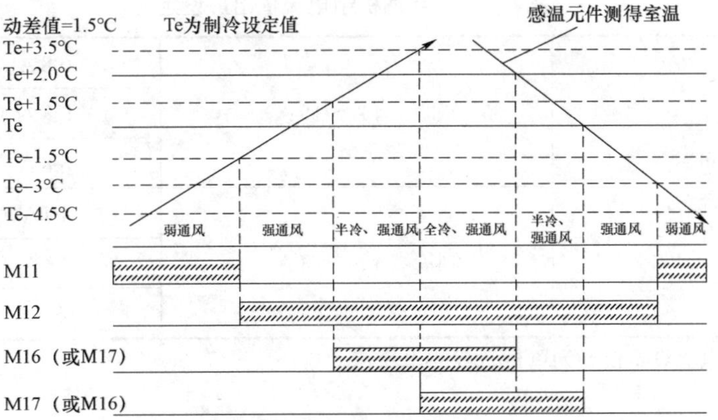

图 4-2-5　空调自动制冷工况

空调自动制暖工况如图4–2–6所示。

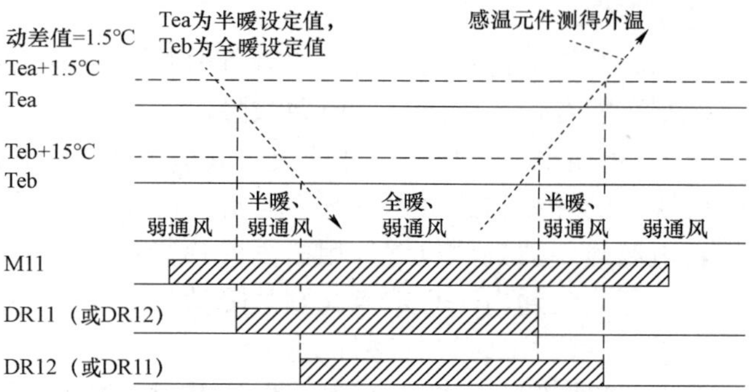

图4–2–6　空调自动制暖工况

3. 空调保护参数

综合控制柜具有完善的故障诊断、保护功能；热继电器、电机保护断路器与电子保护并存。热继电器用于通风机、冷凝风机的保护；电机保护断路器用于压缩机的保护；电子保护是采用电流传感器对压缩机、空调预热器的各相电流进行采样，实时与设定电流值进行比较后，对空调机组出现的电流过流、过载等故障实时报警或保护。

PLC 对压缩机（空调预热器）的过载、过流保护的电流动作值和压缩机（空调预热器）正常工作时的设定值是相关联的。由于不同车种配套使用的空调机组型号不同，机组压缩机和空调预热器的额定电流值及额定功率也不同，因此综合控制柜在使用前，必须对空调机组的压缩机电流值和空调预热器电流值进行正确设定。

压缩机电流值和空调预热器电流值如表 4–2–1 所示。

表 4–2–1　压缩机电流值和空调预热器电流值

机型（国祥）	压缩机		通风机（高/低速）		冷凝风机	
	额定电流 A	整定电流 A	额定电流 A	整定电流 A	额定电流 A	整定电流 A
KLD29	10	13.2	4.4/3.9	4.3/3.2	4.05	4.0
KLD35	12	16	4.4/3.9	4.3/3.2	4.05	4.0
KLD45	16.4	18	5.3/4.2	5.4/3.3	4.05	4.0

由于压缩机受机组压力、环境温度，空调预热器受通风量大小等多方面因素的影响，空调机组压缩机、空调预热器工作电流是在一定范围内变化的。因此在触摸屏上设定的空调机组电流值应根据空调机组压缩机、空调预热器的实际工作电流值来进行设定。

出厂时暂按表 4–2–2 在触摸屏上设定空调机组电流值。

表 4–2–2　空调机组电流值出厂设定

空调参数设定（额定电流）	制暖（4 A～18 A）	6.8 A（KLD29TD）
		6.8 A（KLD35TD）
		6.8 A（KLD45TD）
	制冷（4 A～18 A）	10 A（KLD29TD）
		12 A（KLD35TD）
		16.4 A（KLD45TD）

注：制冷/制暖电流设定值均为单台负载的电流值。

一般来说，在实际运用中可以这样设定压缩机（空调预热器）电流值：先将空调机组置于半工况状态，待负载电流稳定后，记录电流值（单台负载），然后将空调机组置于全工况状态，待负载电流稳定后，记录电流值（两台负载总电流）。兼顾压缩机（空调预热器）半工况和全工况时的电流值，可大概取总电流的平均值作为电流设定值。

在触摸屏上设定新风门动作时间，出厂时暂按表 4–2–3 进行设定。

表 4–2–3　新风门动作时间出厂设定

序号	外温条件（T_e）	挡位	KLD29/09D–E 机组	KLD35/09D–E 机组	KLD45/09D–E 机组
1	0 ℃>T_e>35 ℃	全开挡位	—	—	—
2	T_e≥35 ℃	Ⅰ挡	60 s	72 s	60 s
3	−15 ℃<T_e≤0 ℃	Ⅱ挡	66 s	77 s	68 s
4	T_e≤−15 ℃	Ⅲ挡	81 s	95 s	83 s

4. 客室电热控制

DC 600 V 电热分为电暖风电热和端部电热，部分车种设有电暖风电热控制转换开关 SA5，分为“自动”“手动”“停止”三挡；其他车种设有端部电热控制转换开关 SA5，分为“自动”“手动半热”“手动全热”“停止”四挡。

① 正常情况下，空调工况转换开关 SA2 置于“自动”位，PLC 根据当前逆变器状态以及车厢里温度传感器、车外温度传感器检出值与预先在管理界面设定的“制冷”“电热”“半暖”“全暖”温度设定值进行比较后，进行空调机组的“自动”运转。

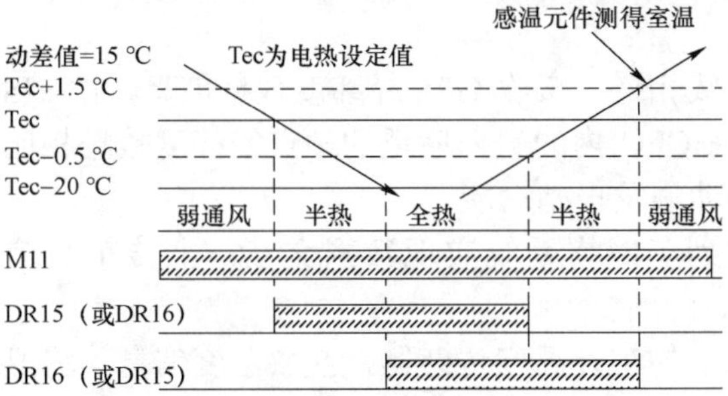

图 4–2–7　自动电热工况

自动电热工况如图 4–2–7 所示。

② 空调工况转换开关 SA2 置于“自动”位，客室电热也可在触摸屏上控制，按下“电热 1”/“电热 2”触摸键进行控制。

③ PLC 出现故障停止工作时或应急操作时，可通过空调工况转换开关 SA2 进行强制控制。

五、旅客信息系统装置检修

（一）系统组成

PIS 系统（旅客信息系统）由 PIS 系统列车主机、集中功放、PIS 系统操作屏、广播控制盒、车外 GPS 天线、车外 FM 天线、车厢控制器、车内屏、车外屏、厕显标识、扬声器等组成，如图 4–2–8 所示。

（二）技术说明

1. 使用环境

环境温度：−40 ℃～+45 ℃。

海拔：不超过 2 500 m。

相对湿度：月平均最大相对湿度不大于 95%（该月月平均最低温度为 25 ℃）。

冲击振动：冲击和振动应符合相关标准的规定。

使用环境：风、沙、雨、雪天气，偶有盐雾、酸雨、沙尘暴等现象。特殊情况下会有长期持续盐雾现象。

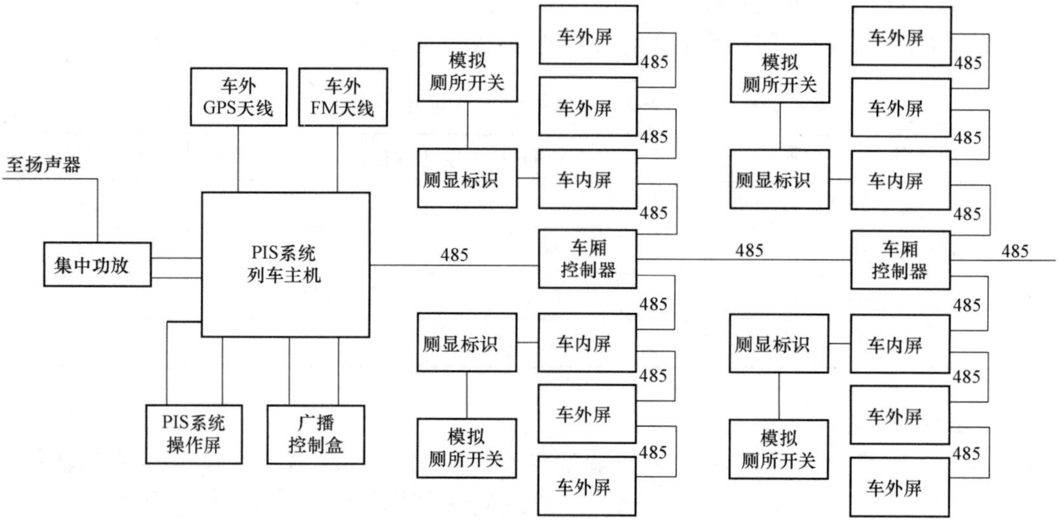

图 4-2-8　PIS 系统（旅客信息系统）组成

2. 产品功能说明

（1）PIS 系统列车主机通过与车顶的 GPS 天线相连，接收 GPS 经纬度数据信息，由 PIS 系统列车主机内的 CPU 进行处理，与事先存储在 CPU 内的数据库里的站点经纬度数据相比较，当两者计算后的距离在一定的范围内就会自动触发报站功能。

（2）PIS 系统列车主机通过 RS485 接口和列车网络系统实现数据交互，上传车次信息等。

（3）PIS 系统列车主机通过集成在 GPS 天线上的车外温度传感器，获取温度信息，将温度信息发送至车内信息显示屏上进行滚动显示。

（4）通过点击 PIS 系统操作屏上的软件操作界面，可以进行手动报站。通过点击 PIS 系统操作屏上的软件操作界面，可以手动选择服务信息的播放，实现车内信息显示屏服务信息的显示和扬声器播放的同步进行。通过点击 PIS 系统操作屏上的软件操作界面，可以手动选择 FM 广播的播放。

（5）旅客信息系统的广播系统为车内工作人员提供广播控制盒，工作人员按下广播控制盒上的“广播”按键并通过手持话柄可以向全列进行人工广播，按下广播控制盒上的“挂断”按键取消人工广播，上述过程伴有指示灯提示。

（6）广播信息系统提供人工广播、手动触发广播、自动广播功能。人工广播具有最高的优先级，优先级高的通话能强制切断占用优先级低的通话。公共广播包含人工广播和自动广播。系统支持的存储器容量满足至少 60 min（不小于 16 GB）的语音文件的存储需要。自动广播由 PIS 系统列车主机根据列车行驶线路自动触发，并通过车内扬声器进行广播，自动广播与车内信息显示同步。自动广播的次数由事先编辑好的线路数据库决定。

（7）集中功放单元包括两个 500 W 功放单元，接收来自 PIS 系统列车主机的音频信号，驱动全列扬声器进行广播。播音室扬声器具有可调音功能。

（8）每个车厢设置 PIS 系统车厢控制器，通过与 RS485 总线相连获取 PIS 系统列车主机发出的内外显示信息数据，并转发至车内外信息显示屏。地址编码采用拨码开关的形式。

（9）旅客信息系统的信息显示系统具有旅客引导和旅行信息服务功能。车外信息显示的内容包含：车次、始发站和终点站、车厢顺位号；车内信息显示的内容包含：车次、车厢顺位号、始发站信息、发车/离站信息、途中信息、预到站信息、中间站到站信息、终点站到站信息。其中途中信息包含运行速度、车外温度等信息，同时须提供可编辑的旅客关心的其他信息。

① 车厢控制器功能。

每个车厢设置 PIS 系统车厢控制器，通过与 RS485 总线相连获取 PIS 系统列车主机发出的内外显示信息数据，并转发至车内外信息显示屏。

有 SD 卡接口，用于升级固件和字库；地址编码采用拨码开关的形式，当拨码内容发生改变时自动发送车厢号至所接的显示屏。

接收来自列车总线（一级 RS485 总线）的内码数据，将其转换成点阵数据发送至车厢总线（二级 RS485 总线）。

每个车厢设置 PIS 系统车厢控制器，通过与 RS485 总线相连获取 PIS 系统列车主机发出的内外显信息数据，并转发至车内外信息显示屏。地址编码采用拨码开关的形式。

车厢控制器的组成：控制板、顺号调节按钮、外壳。

车厢控制器的主要操作：对车厢顺号显示器的顺号进行调节，作为车厢内信息显示屏的通信转发器。

② 车外屏参数和功能。

显示区域为 360 mm×180 mm，显示内容包括：车厢号、车次信息、区间信息。

LED 点阵：144×72，点阵节距为 2.5 mm。

区间信息区域最多显示 6 个汉字，12 个英文字符，当显示内容过长时滚动显示。

显示字体：中文宋体，英文半角宋体。

垂直视角：−60°～+60°。

水平视角：−60°～+60°。

LED 颜色为黄色。

地址编码采用拨码开关的形式。

自带茶色钢化玻璃，透光率为 30%。

车外信息显示屏显示的内容应保证在阳光直射的条件下能清晰显示。

旅途中，车外信息显示器应能接收 PIS 系统列车主机的控制指令，实现根据列车行驶速度自动熄灭和点亮。当列车速度大于 45 km/h 时，自动熄灭；当列车速度小于 30 km/h 时，自动点亮。

③ 车内屏参数和功能。

显示内容包括：车厢号 80.8 mm×80.8 mm，服务信息 80.8 mm×646.4 mm，厕所有无人标志或者无障碍标志。

LED 点阵：车厢号 32×32，其他信息 32×256，点阵节距为 2.5 mm。

服务信息区域最多显示 8 个汉字，16 个英文字符，当显示内容过长时滚动显示。

显示字体：中文宋体，英文半角宋体。

垂直视角：−60°～+60°。

水平视角：−60°～+60°。

LED 颜色为琥珀色，波长范围为 600 nm～610 nm；亮度大于 1 240 cd/m^2。

地址编码采用拨码开关的形式。

3. 技术参数

1）供电电压

（1）PIS 系统列车主机供电电源。

输入电压：DC 110 V $^{+25}_{-30}$%。

（2）PIS 系统操作屏供电电压。

输入电压：DC 110 V $^{+25}_{-30}$%。

（3）PIS 车厢控制器供电电压。

输入电压：DC 110 V $^{+25}_{-30}$%。

（4）广播控制盒供电电压。

输入电压：DC 110 V $^{+25}_{-30}$%。

（5）集中功放单元供电电压。

输入电压：DC 110 V $^{+25}_{-30}$%。

（6）车内信息显示屏供电电压。

输入电压：DC 110 V $^{+25}_{-30}$%。

（7）车外信息显示屏供电电压。

输入电压：DC 110 V $^{+25}_{-30}$%。

2）车内信息显示屏

显示内容包括：车厢号 80.8 mm×80.8 mm，服务信息 80.8 mm×646.4 mm，厕所有无人标志或者无障碍标志。

LED 点阵：车厢号 32×32，其他信息 32×256，点阵节距为 2.5 mm。

服务信息区域最多显示 8 个汉字，16 个英文字符，当显示内容过长时滚动显示。

显示字体：中文宋体，英文半角宋体。

垂直视角：−60°～+60°。

水平视角：−60°～+60°。

LED 颜色为琥珀色，波长范围为 600 nm～610 nm；亮度大于 1 240 cd/m^2。

地址编码采用拨码开关的形式。

3）车外信息显示屏

显示区域 360 mm×180 mm，显示内容包括：车厢号、车次信息、区间信息。

LED 点阵：144×72，点阵节距为 2.5 mm。

区间信息区域最多显示 6 个汉字，12 个英文字符，当显示内容过长时滚动显示。

显示字体：中文宋体，英文半角宋体。

垂直视角：−60°～+60°。

水平视角：−60°～+60°。

LED 颜色为黄色。

地址编码采用拨码开关的形式。

自带茶色钢化玻璃，透光率为 30%。

车外信息显示屏显示的内容应保证在阳光直射的条件下能清晰显示。

旅途中，车外信息显示器应能接收 PIS 系统列车主机的控制指令实现根据列车行驶速度自动熄灭和点亮。当列车速度大于 45 km/h 时，自动熄灭；当列车速度小于 10 km/h 时，自动点亮。

4）FM 天线

阻抗：50 Ω。

频率范围：87.5 MHz～108 MHz。

极化：垂直极化，水平无方向选择性。

FM 天线采用同轴电缆。

5）GPS 天线

阻抗：50 Ω。

频率：1 575.42 MHz。

极化：垂直极化。

增益：＞27 dB。

驻波比：＜2.0。

GPS 天线采用同轴电缆。

GPS 天线内部集成温度传感器设备。

（三）接口说明

1. 机械接口

（1）车厢控制器如图 4-2-9 所示。

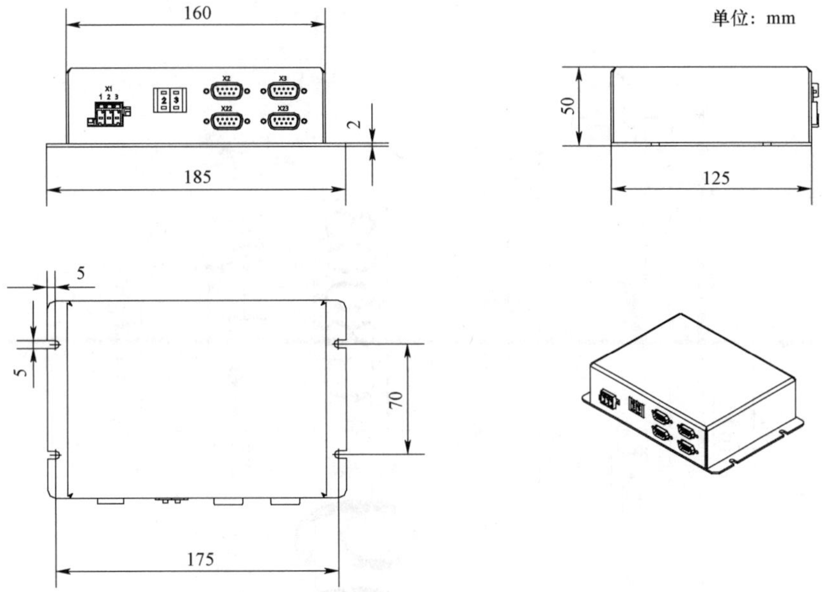

图 4-2-9　车厢控制器

（2）车外屏如图 4-2-10 所示。

（3）车内屏如图 4-2-11 所示。

（4）扬声器如图 4-2-12 所示。

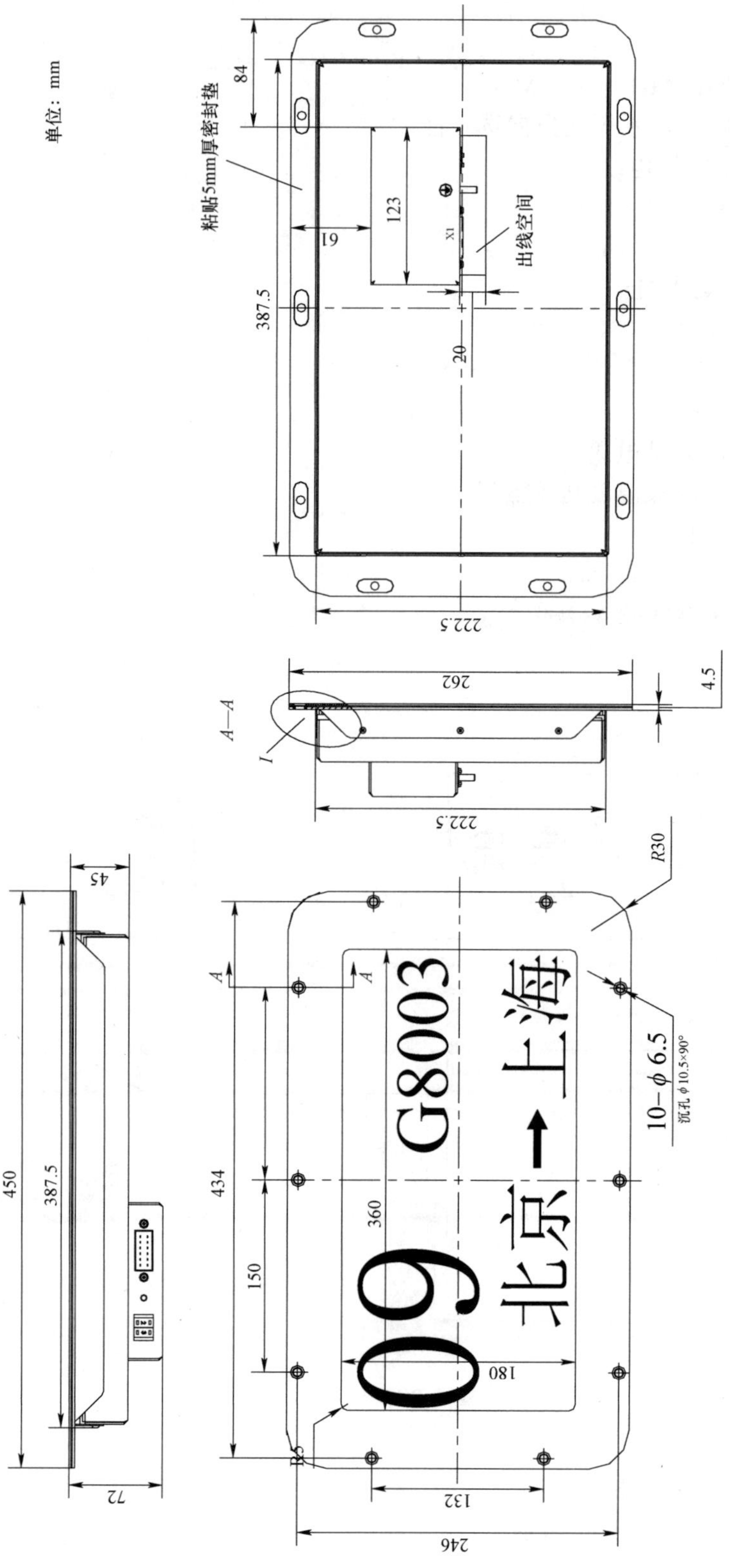
单位：mm
粘贴5mm厚密封垫
出线空间
84
123
19
20
387.5
222.5
A—A
I
262
4.5
222.5
R30
450
387.5
45
72
434
360
150
180
132
246
R5
10−φ6.5
沉孔φ10.5×90°
A
A
09
G8003
北京→上海
X1

图 4-2-10　车外屏

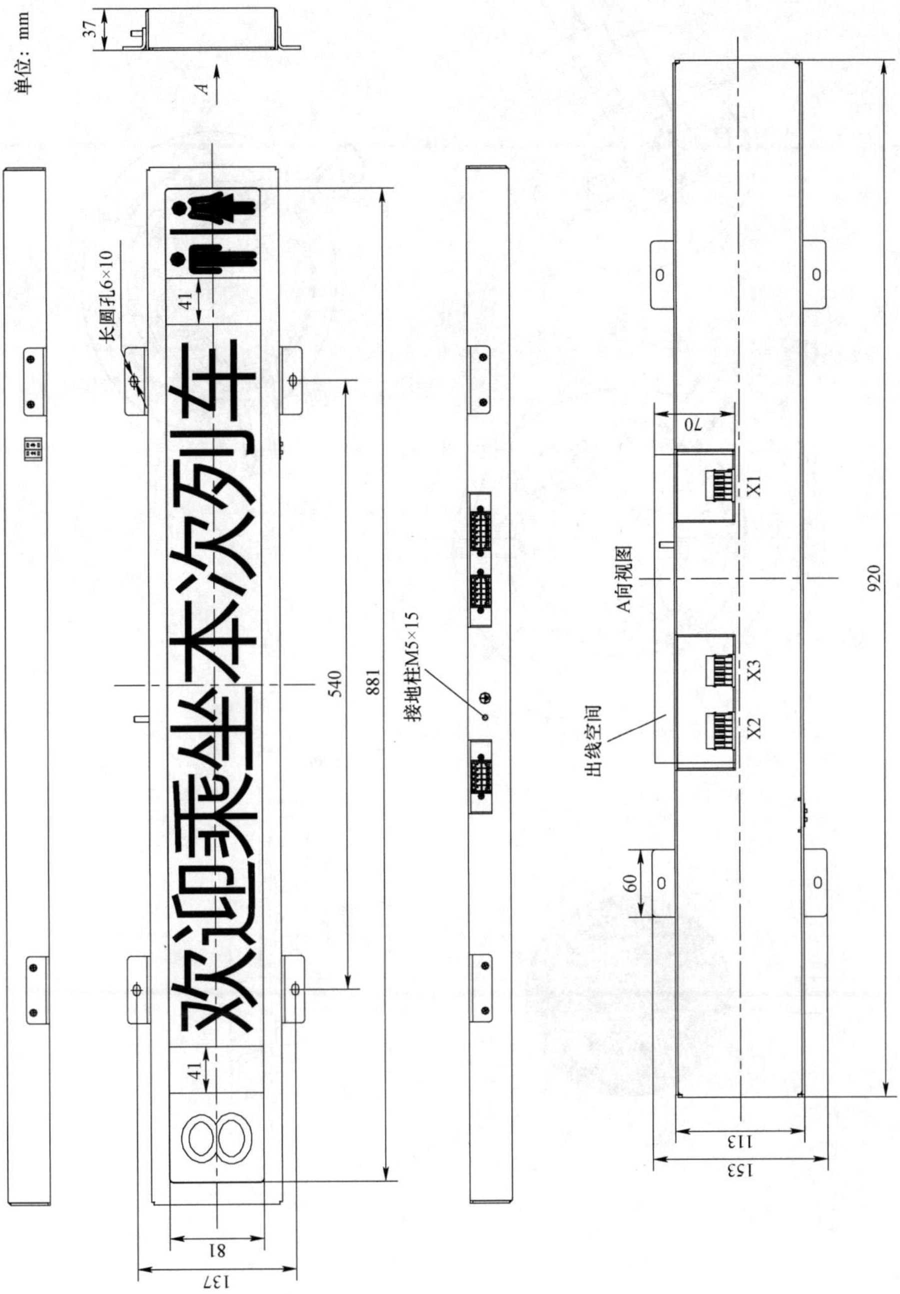
单位：mm
37
A
长圆孔6×10
41
欢迎乘坐本次列车
41
8
540
881
81
137
接地柱M5×15
70
X1
A向视图
X3
X2
出线空间
920
60
113
153

图 4-2-11　车内屏

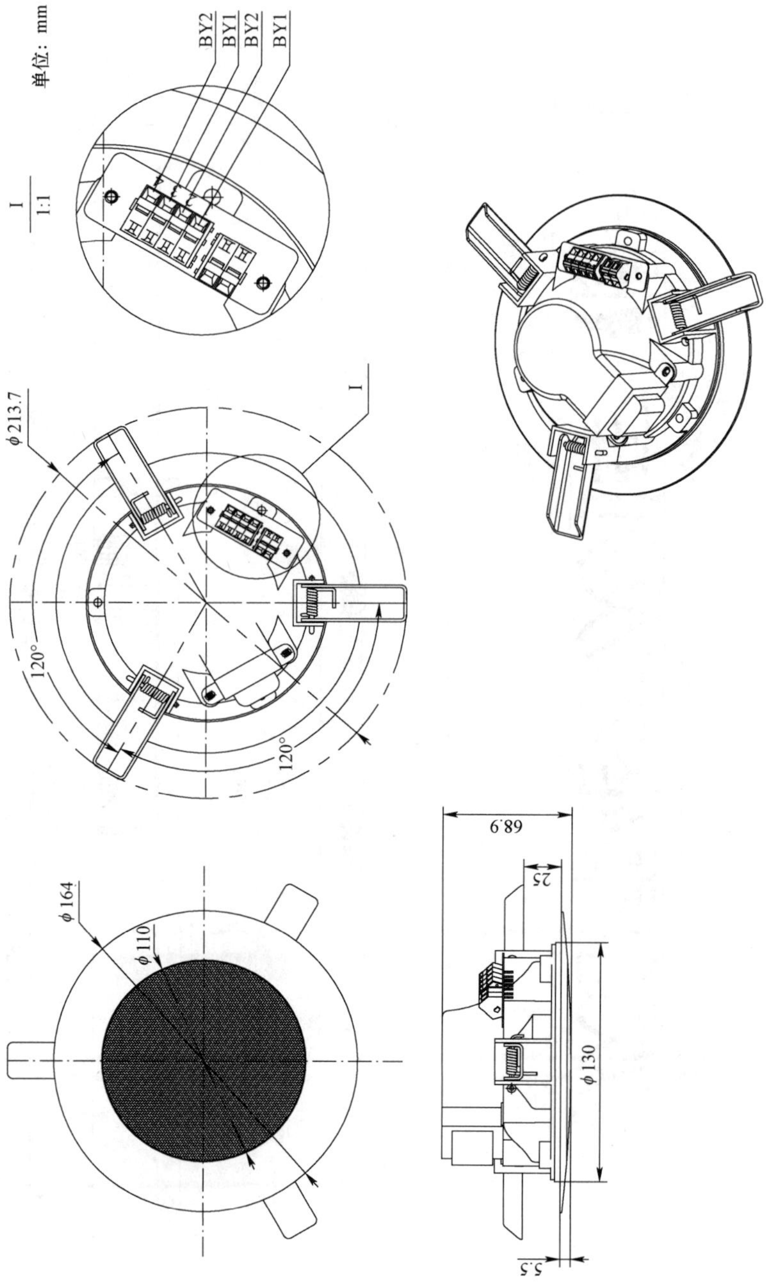
单位：mm
I
1:1
BY2
BY1
BY2
BY1
φ213.7
I
120°
120°
φ164
φ110
68.9
25
φ130
5.5

图 4-2-12　扬声器

（5）PIS 主机如图 4-2-13 所示。

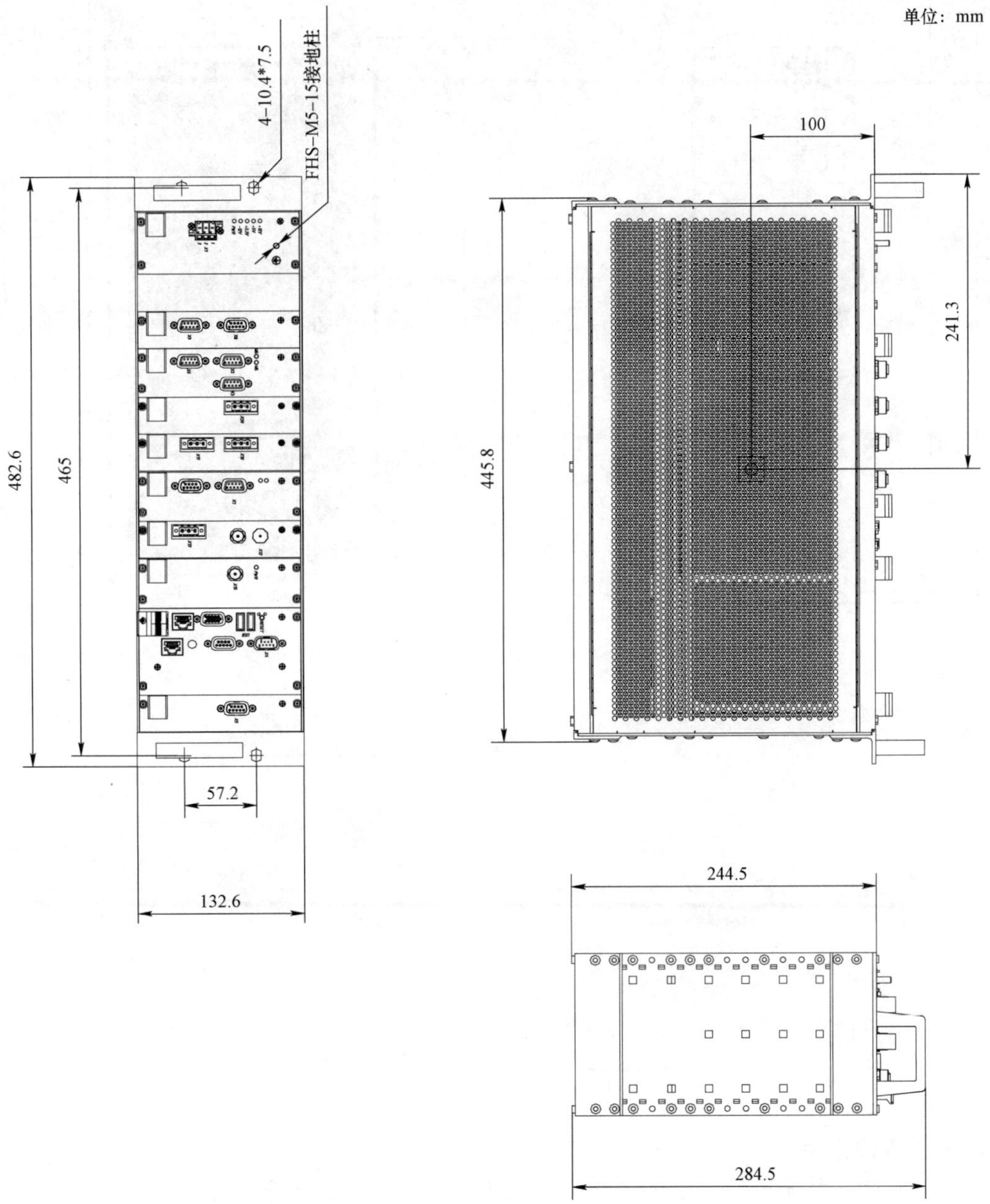

图 4-2-13　PIS 主机

（6）集中功放如图 4-2-14 所示。

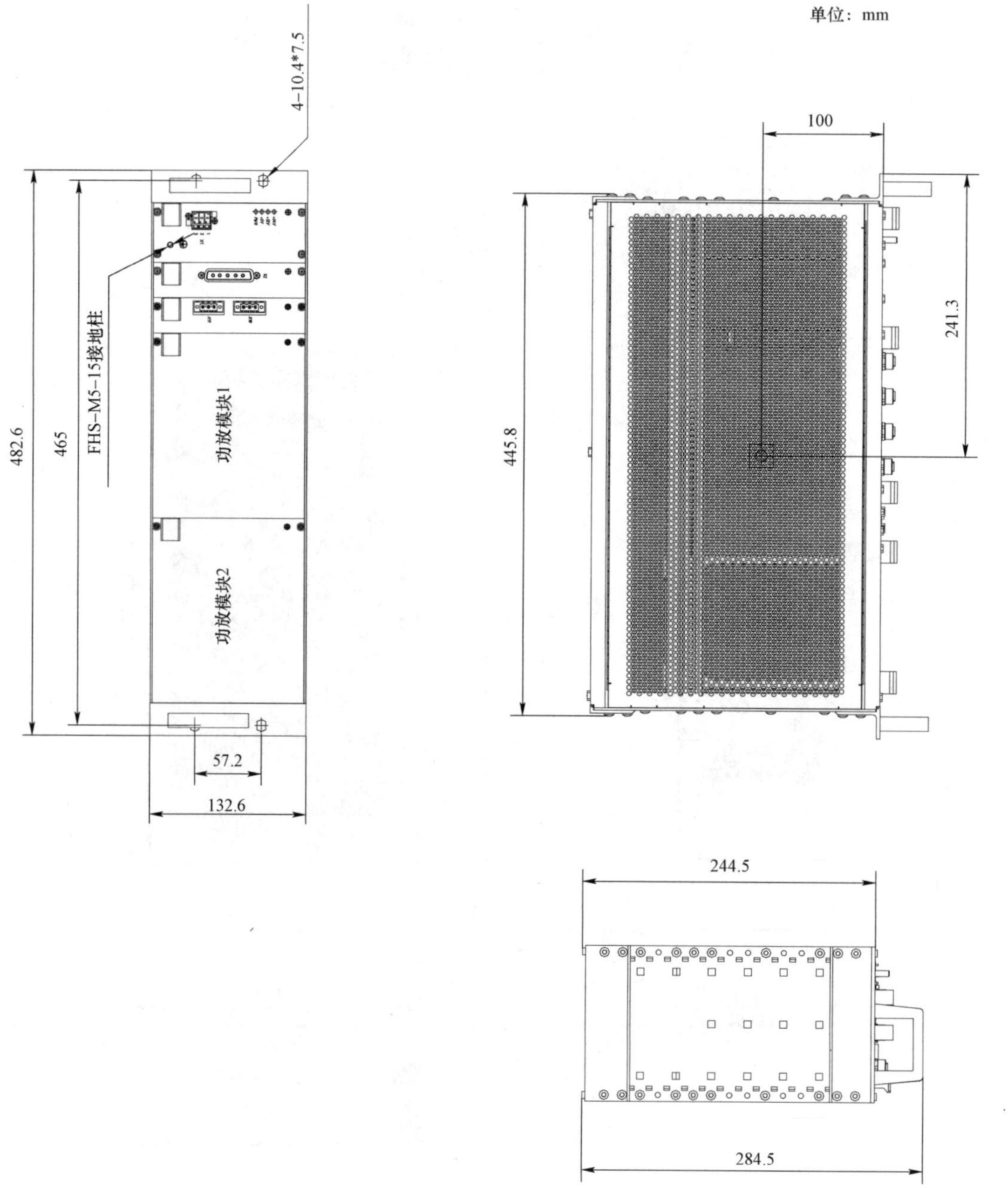

图 4-2-14　集中功放

2. 人机接口说明

通过点击 PIS 系统操作屏上的软件操作界面，可以手动选择服务信息的播放，实现车内信息显示屏服务信息的显示和扬声器播放的同步进行。通过点击 PIS 系统操作屏上的软件操作界面，可以手动选择 FM 广播的播放。

旅客信息系统的广播系统为车内工作人员提供广播控制盒，工作人员按下广播控制盒上的“广播”按键并通过手持话柄可以向全列进行人工广播，按下广播控制盒上的“挂断”按键取消人工广播，上述过程伴有指示灯提示功能。

PIS 系统操作屏主界面如图 4–2–15 所示。

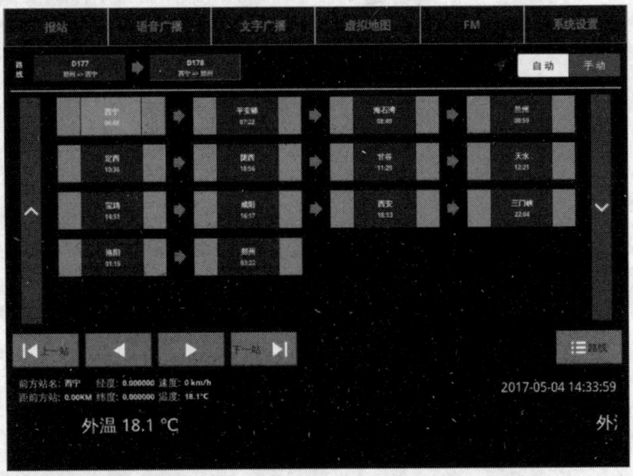

图 4–2–15　PIS 系统操作屏主界面

（四）运用前操作说明

1. 开机启动

PIS 系统上电后，通过人机界面来进行操作。PIS 系统列车主机的人机界面为 PIS 系统操作屏，通过 PIS 系统操作屏来完成对 PIS 系统列车主机的操作。

PIS 系统列车主机正常启动后，系统会自动进入延时启动界面，经过大约 30 s 后自动开始加载主程序，启动延时画面如图 4–2–16 所示。

图 4–2–16　启动延时画面

延时完成后自动进入 PIS 系统列车主机主界面，如图 4–2–17 所示。

在 PIS 系统列车主机主界面启动结束后，如果所有 PIS 设备均正常工作，当 PIS 系统列车主机处于单列状态时“列车编组”显示框内将显示“1 2 3 4 5 6 7 8”，代表本车有 8 节车厢且处于单列状态；当 PIS 系统列车主机是连挂前车时，“列车编组”显示框内将显示“1 2 3 4 5 6 7 8 9 10 11 12 13 14 15 16”，代表 1 到 16 车共 16 个 PIS 车厢控制器节点，其中 1 到 8 为实线，表示本车为连挂前车。当 PIS 系统列车主机是连挂后车时，“列车编组”显示框内将显示“1 2 3 4 5 6 7 8 9 10 11 12 13 14 15 16”，代表 1 到 16 车共 16 个 PIS 车厢控制器节点，其中 9 到 16 为实线，表示本车为连挂后车。

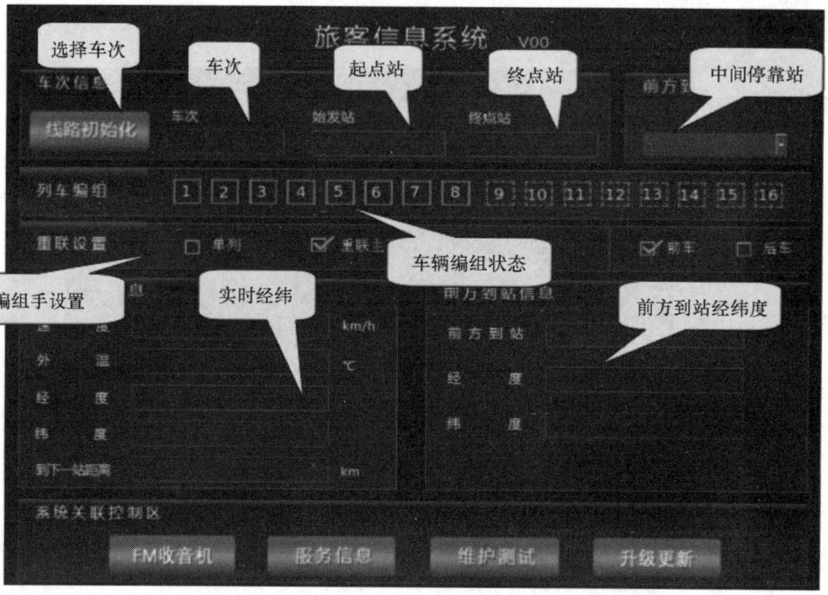

图 4-2-17　PIS 系统列车主机主界面

PIS 系统列车主机启动后，PIS 进入上次断电前的运行状态，需要在“线路初始化”中重新选择车次，基于已载入的线路数据库，PIS 将根据所选线路进入自动运行状态。连挂从机 PIS 系统主机也需要进行线路初始化，用于同步本车非重联的无线网络子系统和票务信息显示系统。连挂从机不控制列车的自动报站、预录服务信息和显示等，连挂后都由连挂主机完成。

如图 4-2-18 所示，主界面分为四个主要区域，分别是：（1）车次信息显示及设置；（2）列车编组信息及设置；（3）实时 GPS 信息及前方到站信息；（4）系统关联控制区。

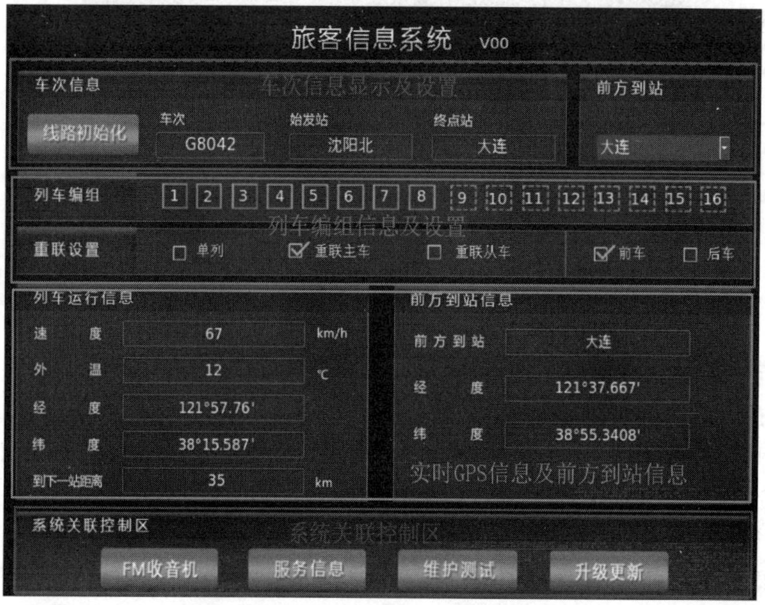

图 4-2-18　PIS 系统列车主机功能模块

2. 两列车连挂时设置主、从机

在系统设置里，选择本列车 PIS 主机做整列主机或从机。

3. 进行系统设置

设备状态界面如图 4-2-19 所示。

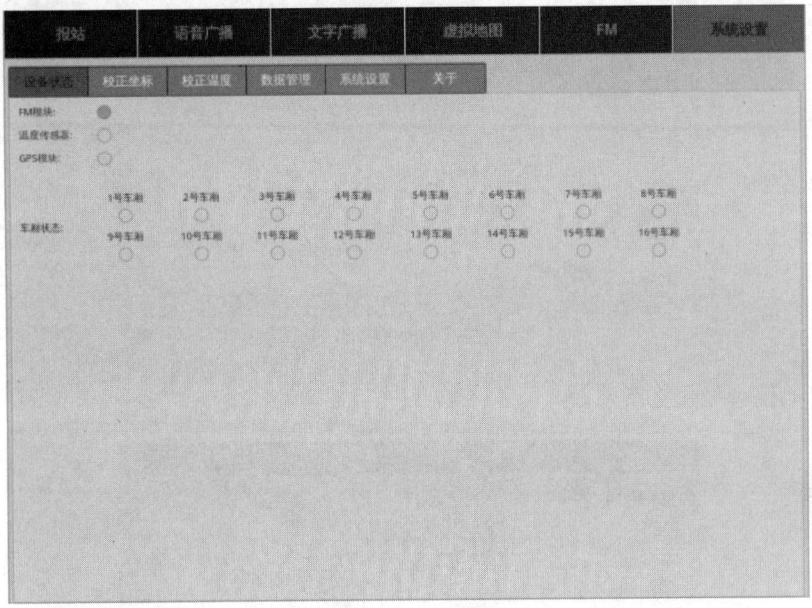

图 4-2-19　设备状态界面

设备基本信息状态如图 4-2-20 所示。

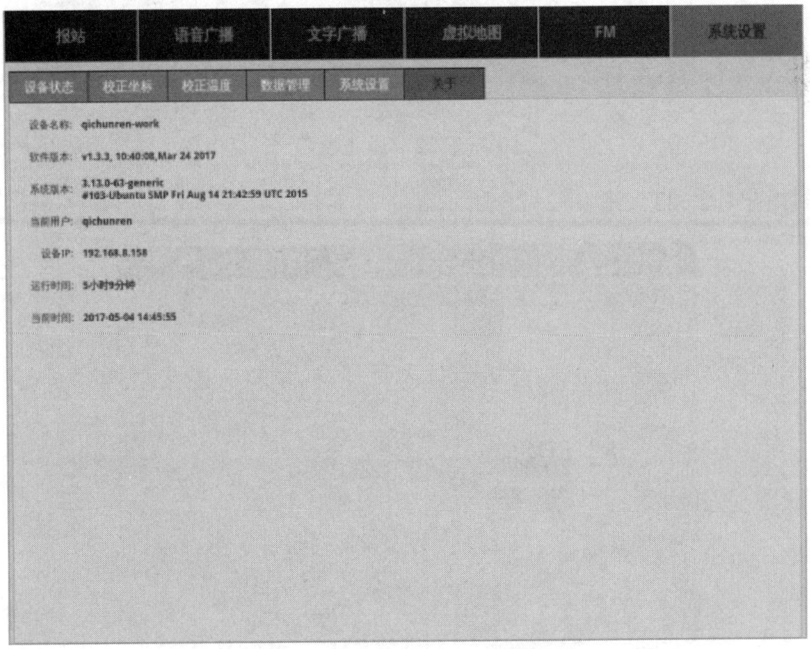

图 4-2-20　设备基本信息状态

矫正坐标如图 4-2-21 所示。

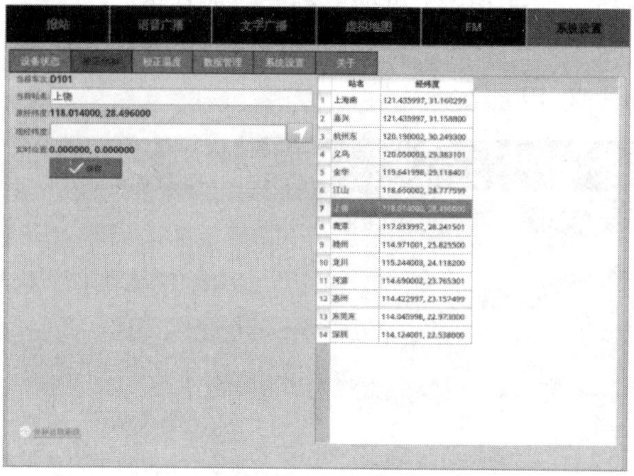

图 4-2-21　矫正坐标

矫正温度如图 4-2-22 所示。

图 4-2-22　矫正温度

数据管理如图 4-2-23～图 4-2-25 所示。

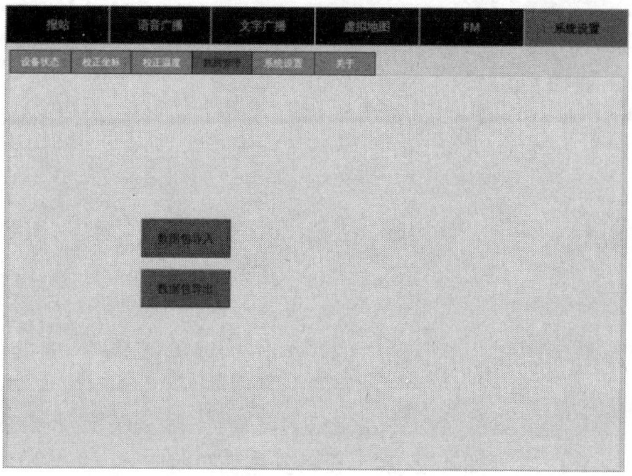

图 4-2-23　数据管理 1

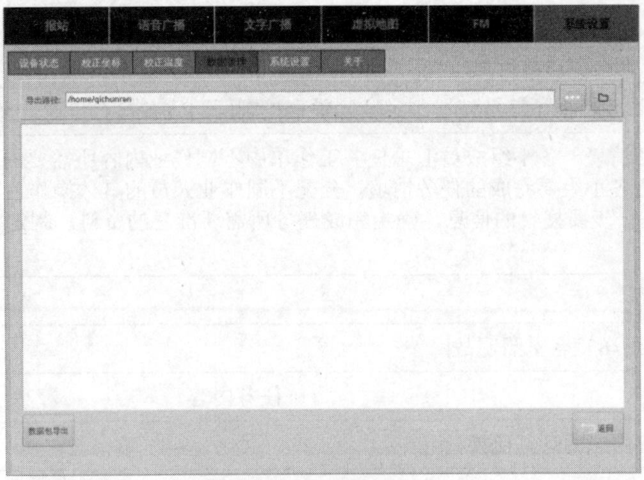

图 4-2-24　数据管理 2

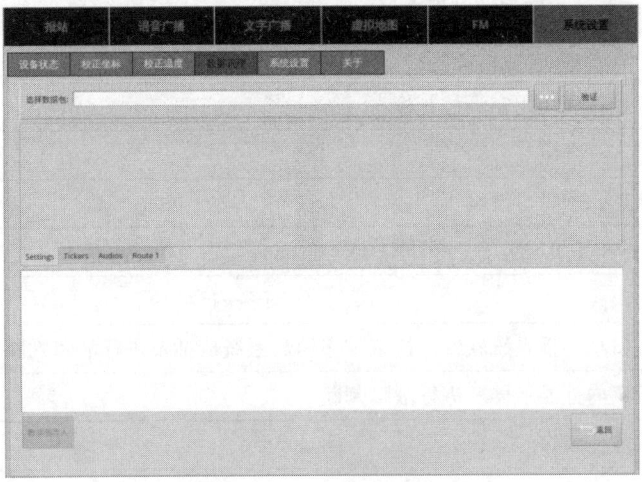

图 4-2-25　数据管理 3

系统设置如图 4-2-26 所示。

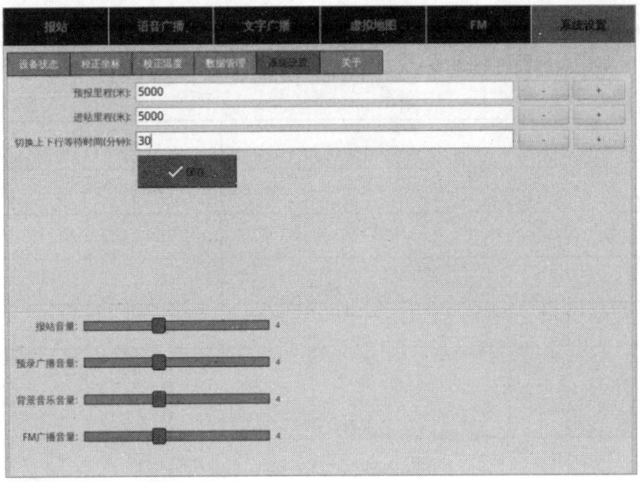

图 4-2-26　系统设置

任务工作单

计划：根据任务情境制定辅助供电控制回路设备检查作业方案
1. 学生了解相关任务情境，各小组成员汇总任务工作单中不同作业内容所需要的具体材料。 2. 指导教师随机指定各小组要完成的任务情境，分配不同作业人员的具体操作内容。根据工作单上的要求，以列表方式提出进一步要搜集的信息，确定完成任务所需要准备的资料，制定完成任务情境的计划并准备进行讨论
一、作业任务单

任务情境 1：轨道交通车辆客室照明故障

作业过程	任务内容
1	客室内照明灯具更换
2	检查并处理车门指示灯故障

任务情境 2：正确操作和使用空调控制柜

作业过程	任务内容
1	正确操作和使用空调控制柜
2	测量客室温度
3	更换进、出风口滤网

任务情境 3：正确操作和使用旅客信息系统

作业过程	任务内容
1	设置自动广播系统软件，检查乘客信息系统广播及进行故障判断
2	检查车内外显示屏及进行故障判断
3	调取监控录像

二、个人计划

决策：确认辅助供电控制回路设备检查工作计划
小组成员进行任务分工，分小组讨论每位成员完成的任务实施计划。每组选派一位成员在各组交流任务实施计划，每位成员完善任务实施计划

	任务

小组内讨论的结果：

小组间讨论的结果：

任务执行过程中出现的问题及应急情况的处理：
实施：完成辅助供电控制回路设备检查相关工作
一、总结任务情境所需要的资料 根据任务情境，完整记录任务情境实施过程，小组成员互检任务实施正确性，将记录的内容提交给指导教师，请求给予指导、评价。 任务情境实施过程记录： 二、实施过程中出现的问题和不足 三、实施总结

任务评估

检查与评价		
一、知识与技能掌握情况评价参考标准		
评价标准	评价权重（80%）	
1. 掌握轨道交通车辆辅助供电控制回路组成	10	
2. 掌握轨道交通车辆辅助电源工作原理	10	
3. 掌握轨道交通车辆客室照明故障处理方法	20	
4. 正确操作和使用空调控制柜	20	
5. 正确操作和使用旅客信息系统	20	
二、综合素质评价参考标准		
评价标准	评价权重（20%）	
能协同开展工作，准确、清晰地进行信息沟通	不及格	
	及格	
	良好	
	优秀	
分工合理，能进行标准化作业	不及格	
	及格	
	良好	
	优秀	
三、思政要素评价参考标准		
评价依据	评价权重（一票否决）	
严守铁路法律法规，具有高度的安全意识，严格遵照作业标准完成任务，精益求精、认真履职	不合格	合格

项目五

铁路货车运用与管理

项目要点

1. 熟知铁路货车运用管理的基本知识；
2. 熟知相关铁路信号知识。

项目任务

1. 通过学习，掌握列检作业流程和质量标准；
2. 通过实际操作，掌握单车技术检查的实操技能；
3. 通过学习能够掌握相关铁路信号的含义；
4. 会设置防护信号。

项目准备

1. 所需设备：C_{64}型敞车一辆；

2. 所需物品：工作服、鞋、帽、手套、车辆破损技术记录（车统—25）、列车技术检查记录簿（车统—14A、车统—14B）、检车员工作记录手册（车统—15A）等；

3. 所需工具：检车锤、检车灯、卷尺、钳子、扳手、对讲机、制动机试验用的压力表、信号灯（旗）、脱轨器等。

项目实施

任务一　货车运用基础与铁路信号相关知识

任务目标

1. 知识目标

- 掌握货车运用工作相关名词术语；
- 掌握货车运用工作的主要任务；
- 了解铁路货车的属性、货车运用管理模式，以及车辆段、运用作业场、站修作业场的主要职责；
- 掌握铁路相关行车信号；
- 掌握相关防护信号和联系手信号。

2. 技能目标

- 掌握相关防护的设置方法；

● 会识别并显示各种联系手信号。

学习活动建议

学习活动	内容	建议学时
自学内容及相关知识点	1. 货车运用工作的主要任务 2. 货车运用的管理模式 3. 铁路固定信号的显示 4. 铁路手信号显示和防护信号的设置	课前
计划	根据任务单上的任务情境，独立归纳总结货车始发列检作业相关手信号的显示方法和防护信号的设置要求	课中（4学时）
决策	做出铁路信号显示和防护信号设置任务决策	
实施	根据指导教师提供的资料，完成指导教师指定情景下具体的手信号显示和防护信号设置任务	
	正确填写评估工作页，提交指导教师评估	
检查与评价	完成自我评价、小组评价、教师评价	
完善与拓展	拓展学习货车运用管理信息化、线路施工防护的要求等相关知识与技能	课后

任务相关知识点

货车运用工作是确保铁路运输安全和畅通的重要环节，是铁路运输生产的重要组成部分。加强铁路货车运用管理，对于提高铁路货车运用质量、降低铁路运输成本、加快铁路货车周转、保证铁路运输安全、优质高效地完成铁路运输任务，具有十分重要的意义。

现阶段，我国铁路货车车种车型多样，大多具有无固定配属、无固定检修、无固定使用、在全国铁路范围内运行的属性。面对铁路货车运用工况复杂、运输安全要求高、故障形态多样等诸多特点，货车运用工作的主要任务是维护铁路货车运用基本性能、满足铁路货物运输需要、保证铁路运输畅通和安全正点。货车运用的主要工作如下。

（1）负责在规定的时间内完成货物列车的技术检查、自动制动机试验、铁路货车故障处理。

（2）负责定期检修到（过）期车、技术状态不良车、沿途发生故障的铁路货车及事故车的扣修和回送工作。

（3）负责铁路货车运行安全监控系统的运用和检修管理。

（4）负责需摘车临修的铁路货车检修，需辅修的铁路货车定期检修。

（5）负责经翻车机翻前卸后、散装货物解冻库解冻后，以及进出厂矿、港口、地方铁路、合资铁路、专用铁路、企业专用线、工程临管线等单位的铁路货车和国际联运货物列车的技术交接和运用维修。

（6）负责往返循环开行的快速货物班列、局管内固定编组开行的货物快运列车等的整备作业。

（7）负责铁路货车运用技术质量的监控、分析、评价和管理。

（8）负责铁路货车设计、新造、检修和主要配件的质量监督与反馈，对车辆结构、设计、制造、修理和运用管理提出改进意见。

（9）负责爱护铁路货车工作的宣传、检查、指导、监督，制止损坏铁路货车的行为，针对损坏的铁路货车进行索赔。

（10）负责铁路货车行车设备故障的调查、处理和管理，参加相关铁路交通事故的调查和事故处理。

货车运用工作由国铁集团统一管理，统一制定技术标准，实行“国铁集团—铁路局集团公司—车辆段”三级管理模式。各级货车运用管理单位按照逐级负责的原则，明确各岗位管理职责，建立相关管理标准、技术标准和作业标准，不断提升货车运用管理水平。

货车运用工作主要由货车运用作业场和货车站修作业场承担。

（一）货车运用作业场

货车运用作业场主要承担货物列车的技术检查和修理，确保铁路货车技术状态满足货物装载和运输安全要求，主要包括：现场列检作业场、动态检查作业场、技术交接作业场、国境站技术交接作业场和整备作业场。

1. 现场列检作业场

现场列检作业场简称列检作业场，一般设置在编组站、区段站和中间站的车场，主要负责货物列车的人工技术检查作业。分为到达解体列车技术作业、编组始发列车技术作业、无调车中转列车技术作业、有调车中转列车技术作业。

2. 动态检查作业场

动态检查作业场一般集中设置在铁路局集团公司、车辆段指定的地点。动态检查作业由动态检车员在货物列车运行工况下，利用铁路货车运行安全监控系统，按照规定的检查范围和质量标准，对铁路货车进行动态检查。动态检查作业场发现的铁路货车故障向列检作业场预报，由列检作业场负责检查、确认和处理。

3. 技术交接作业场

技术交接作业场一般设置在企业专用线或厂矿、港口、地方铁路、合资铁路、专用铁路、企业专用线、工程临管线等与国铁接轨的车站，主要负责对进出厂矿、港口、地方铁路、合资铁路、专用铁路、企业专用线、工程临管线的铁路货车进行技术交接检查和故障处理。

4. 国境站技术交接作业场

国境站技术交接作业场一般设置在办理铁路货车国际联运的国境站，主要负责对国际联运列车中的铁路货车进行技术交接检查和故障处理。

5. 整备作业场

整备作业场一般设置在对往返循环开行的快速货物班列、局管内固定编组开行的货物快运列车、进入高原运行的货物列车中铁路货车和重载货物列车中的专用铁路货车进行定期、定点整备作业的车站，按照规定的检查范围和质量标准，对上述货物列车的铁路货车进行技术交接检查和故障处理。

（二）货车站修作业场

货车站修作业场一般设置在有列检作业场的车站（车场），主要承担在车列中无法施修的铁路货车临修任务，以及极少数非提速铁路货车的定期辅修任务。

1. 列车技术检查

货物列车的技术检查作业简称列检作业，按作业场所分为人工检查、动态检查、人机分工检查。

（1）人工检查是指现场检车员在列检作业场作业线路上进行的列车停车技术检查。现场检车员按规定的检查范围、质量标准、作业过程和位置，检查铁路货车配件的可视部位。

（2）动态检查是指动态检车员利用铁路货车运行安全监控系统进行的列车不停车技术检查。动态检车员按规定的检查范围和质量标准，检查铁路货车运行安全监控系统可探测、可视的铁路货车配件。

（3）人机分工检查是指检车员按动态检查、人工检查负责的检查范围和质量标准分工进行的列车技术检查。

列检作业按作业性质分为到达作业、始发作业、中转作业、通过作业。

（1）到达作业指在列检作业场所对车站到达列车进行的作业，实行人机分工检查或人工检查作业方式。列检作业场接入列车的进路安装有 TFDS 的，实行人机分工检查作业；未安装 TFDS 或 TFDS 无法正常进行动态检查的，实行人工检查作业。

（2）始发作业指对列检作业场所在车站始发列车进行的作业，实行人工检查作业。

（3）中转作业包括有调车中转作业和无调车中转作业。中转作业指对列检作业场所在车站且处在列检作业安全保证距离位置上的中转列车进行的作业，实行人机分工检查或人工检查作业方式。列检作业场接入列车的进路安装有 TFDS 的，实行人机分工检查作业；未安装 TFDS 或 TFDS 无法正常进行动态检查的，实行人工检查作业。

（4）通过作业指对以上情况以外的货物列车利用 TFDS 进行的作业，实行动态检查方式，发现货车故障按规定进行预报或拦停处理。

无列检作业场的车站编组始发列车，应在途经第一个列检作业场时进行列检作业，执行中转作业的有关规定。

为确保列车运行安全，列检作业场应按规定的检查范围和质量标准进行列检作业，并承担相应的安全保证责任，保证车辆相应部件在正常运用条件下，安全到达下一个负责检查该部件的货车运用作业场。经人工检查或人机分工检查方式进行列检作业后发出的列车，在沿途铁路货车运行监控系统设置符合规定的情况下，列检作业安全保证距离原则上应为 1 000 km 左右。

2. 四显示自动闭塞区段进站信号

（1）一个绿色灯光——准许列车按规定速度经道岔直向位置进入或通过车站，表示运行前方至少有三个闭塞分区空闲，如图 5-1-1 所示；

（2）一个绿色灯光和一个黄色灯光——准许列车按规定速度经道岔直向位置进入站内，表示次一架信号机经道岔直向位置开放一个黄灯，如图 5-1-2 所示；

（3）一个黄色灯光——准许列车按限速要求经道岔直向位置进入站内正线准备停车，如图 5-1-3 所示；

图 5-1-1　一个绿色灯光（四显示自动闭塞区段进站信号）

图 5-1-2　一个绿色灯光和一个黄色灯光（四显示自动闭塞区段进站信号）

图 5-1-3　一个黄色灯光（四显示自动闭塞区段进站信号）

（4）一个黄色闪光和一个黄色灯光——准许列车经 18 号及以上道岔侧向位置，进入站内越过次一架已经开放的信号机且该信号机防护的进路经道岔直向位置或 18 号及以上道岔侧向位置，如图 5-1-4 所示；

（5）两个黄色灯光——准许列车按限速要求越过该信号机，经道岔侧向位置［但不满足上述第（4）项条件］进入站内准备停车，如图 5-1-5 所示；

（6）一个红色灯光——不准列车越过该信号机，如图 5-1-6 所示。

图 5-1-4　一个黄色闪光和一个黄色灯光（四显示自动闭塞区段进站信号）

图 5-1-5　两个黄色灯光（四显示自动闭塞区段进站信号）

图 5-1-6　一个红色灯光（四显示自动闭塞区段进站信号）

3. 四显示自动闭塞区段出站信号

（1）一个绿色灯光——准许列车由车站出发，表示运行前方至少有三个闭塞分区空闲，如图 5-1-7 所示；

（2）一个绿色灯光和一个黄色灯光——准许列车由车站出发，表示运行前方有两个闭塞分区空闲，如图 5-1-8 所示；

（3）一个黄色灯光——准许列车由车站出发，表示运行前方有一个闭塞分区空闲，如图 5-1-9 所示；

图 5-1-7　一个绿色灯光（四显示自动闭塞区段出站信号）

图 5-1-8　一个绿色灯光和一个黄色灯光（四显示自动闭塞区段出站信号）

图 5-1-9　一个黄色灯光（四显示自动闭塞区段出站信号）

（4）两个绿色灯光——准许列车由车站出发，开往半自动闭塞或自动站间闭塞区间，如图 5-1-10 所示；

（5）一个红色灯光——不准列车越过该信号机，如图 5-1-11 所示；

（6）在兼作调车信号机时，一个月白色灯光——准许越过该信号机调车，如图 5-1-12 所示。

图 5-1-10　两个绿色灯光
（四显示自动闭塞区段出站信号）

图 5-1-11　一个红色灯光
（四显示自动闭塞区段出站信号）

图 5-1-12　一个月白色灯光
（四显示自动闭塞区段出站信号）

4. 调车色灯信号

（1）一个月白色灯光——准许越过该信号机调车，如图 5-1-13 所示；

（2）一个月白色闪光灯光——装有平面溜放调车区集中联锁设备时，准许溜放调车，如图 5-1-14 所示；

（3）一个蓝色灯光——不准越过该信号机调车，如图 5-1-15 所示。

图 5-1-13　一个月白色灯光
（调车色灯信号）

图 5-1-14　一个月白色闪光灯光
（调车色灯信号）

图 5-1-15　一个蓝色灯光
（调车色灯信号）

不办理闭塞的站内岔线，在岔线入口处设置的调车信号机，可用红色灯光代替蓝色灯光，如图 5-1-16 所示。

起阻挡列车运行作用的调车信号机，应采用矮型三显示机构，增加红色灯光或用红色灯光代替蓝色灯光，如图 5-1-17 所示。当该信号机的红色灯光熄灭、显示不明或显示不正确时，应视为列车的停车信号。

图 5-1-16　红色灯光代替蓝色灯光
（调车色灯信号）

图 5-1-17　增加红色灯光或用红色灯光代替蓝色灯光
（调车色灯信号）

5. 手信号

（1）停留车位置信号：表示车辆停留地点。

夜间——白色灯光左右小摇动，如图 5-1-18 所示。

（2）指挥机车向显示人方向来的信号。

昼间——展开的绿色信号旗在下部左右摇动；夜间——绿色灯光在下部左右摇动，如图 5-1-19 所示。

图 5-1-18 夜间——白色灯光左右小摇动（手信号）

(a) 昼间 (b) 夜间

图 5-1-19 指挥机车向显示人方向来的信号（手信号）

（3）指挥机车向显示人方向稍行移动的信号。

昼间——拢起的红色信号旗直立平举，再用展开的绿色信号旗左右小动；夜间——绿色灯光下压数次后，再左右小动，如图 5-1-20 所示。

（4）指挥机车向显示人反方向去的信号。

昼间——展开的绿色信号旗上下摇动；夜间——绿色灯光上下摇动，如图 5-1-21 所示。

(a) 昼间 (b) 夜间

图 5-1-20 指挥机车向显示人方向稍行移动的信号（手信号）

(a) 昼间 (b) 夜间

图 5-1-21 指挥机车向显示人反方向去的信号（手信号）

（5）指挥机车向显示人反方向稍行移动的信号。

昼间——拢起的红色信号旗直立平举，再用展开的绿色信号旗上下小动；夜间——绿色灯光上下小动，如图 5-1-22 所示。

（6）连结信号：表示连挂作业。

昼间——两臂高举头上，使拢起的手信号旗杆成水平末端相接；夜间——红、绿色灯光（无绿色灯光的人员，用白色灯光）交互显示数次，如图 5-1-23 所示。

(a) 昼间　　(b) 夜间

图 5-1-22　指挥机车向显示人反方向稍行移动的信号（手信号）

(a) 昼间　　(b) 夜间

图 5-1-23　连结信号（手信号）

（7）试验列车自动制动机的手信号显示方式如下。

① 制动信号。

昼间——用检查锤高举头上；夜间——白色灯光高举，如图 5-1-24 所示。

② 缓解信号。

昼间——用检查锤在下部左右摇动；夜间——白色灯光在下部左右摇动，如图 5-1-25 所示。

(a) 昼间　　(b) 夜间

图 5-1-24　制动信号（手信号）

(a) 昼间　　(b) 夜间

图 5-1-25　缓解信号（手信号）

③ 试验结束。

昼间——用检查锤作圆形转动；夜间——白色灯光作圆形转动，如图 5-1-26 所示。

车站人员显示上述信号时，昼间可用拢起的信号旗代替。司机应注意瞭望试验信号，并按规定回答。

如列车制动主管未达到规定压力，试验人员要求司机继续充风时，按照缓解的信号同样显示。

6. 防护信号

在站内线路上检查、修理、整备车辆或进行装卸作业时，应在两端来车方向的左侧钢轨设置带有脱轨器的固定或移动信号牌（灯）进行防护，前后两端的防护距离均应不小于 20 m，如图 5-1-27 所示；不足 20 m 时，应将道岔锁闭在不能通往该线的位置。

旅客列车在到发线上进行车辆技术作业时，用红色信号旗（灯）进行防护，可不设脱轨器。红色信号旗（灯）的设置规定如下。

（1）机车摘挂相关作业时，在机次一位客车非站台侧设置。

（2）技术检查作业时，在机次一位客车前端非站台侧和尾部客车后端站台侧设置。

（3）处理车辆故障时，在故障车辆站台侧设置。

（a）昼间　　（b）夜间

图 5-1-26　试验结束信号（手信号）

图 5-1-27　防护信号

任务工作单

<table>
<tr><th colspan="2">计划：根据任务情境制定防护信号设置及手信号显示作业方案</th></tr>
<tr><td colspan="2">学生了解相关任务情境，各小组成员汇总有关材料，根据任务单的要求，确定完成任务所需准备的防护信号及联系手信号材料，制定完成任务的计划并准备进行讨论</td></tr>
<tr><td colspan="2">一、作业任务单</td></tr>
<tr><td colspan="2">任务情境：
爱国站是中国铁路某局集团有限公司特等编组站，爱国列检作业场为设置在该站的特级列检作业场。
某年某月某日某时，爱国站Ⅲ场 10 道计划编组始发开行 72002 次货物列车，爱国列检作业场列检员进行始发列检作业相关操作</td></tr>
<tr><td>作业过程</td><td>任务内容</td></tr>
<tr><td>1</td><td>设置防护信号</td></tr>
<tr><td>2</td><td>撤除防护信号</td></tr>
<tr><td>3</td><td>机车连挂手信号显示</td></tr>
<tr><td>4</td><td>列车制动机试验手信号显示</td></tr>
<tr><td colspan="2">二、个人计划</td></tr>
<tr><th colspan="2">决策：确认完成 72002 次货物列车始发列检作业相关工作计划</th></tr>
<tr><td colspan="2">小组成员进行任务分工，分小组讨论每位成员完成的任务实施计划。每组选派一位成员在各组交流任务实施计划，每位成员完善任务实施计划</td></tr>
<tr><td>小组成员</td><td>任务分工</td></tr>
<tr><td>成员 1</td><td>负责设置、撤除脱轨器</td></tr>
<tr><td>成员 2</td><td>负责设置、撤除防护红旗（灯）</td></tr>
<tr><td>成员 3</td><td>显示机车连挂手信号</td></tr>
<tr><td>成员 4</td><td>显示列车制动机试验手信号</td></tr>
<tr><td colspan="2">小组内讨论的结果：</td></tr>
</table>

小组间讨论的结果： 任务执行过程中出现的问题及应急情况的处理：
实施：完成 72002 次货物列车始发列检作业相关工作
一、总结任务情境所需要的资料 根据任务情境，完整记录任务情境实施过程，小组成员互检任务实施正确性，将记录的内容提交给指导教师，请求给予指导、评价。 任务情境实施过程记录： 二、实施过程中出现的问题和不足 三、实施总结

任务评估

检查与评价	
一、知识与技能掌握情况评价参考标准	
评价标准	评价权重（80%）
1. 根据规章要求设置、撤除脱轨器	20
2. 根据规章要求设置、撤除防护红旗（灯）	20
3. 根据规章要求显示机车连挂手信号	20
4. 根据规章要求显示列车制动机试验手信号	20
二、综合素质评价参考标准	
评价标准	评价权重（20%）
能协同开展工作，准确、清晰地进行信息沟通	不及格
	及格
	良好
	优秀
分工合理，能进行标准化作业	不及格
	及格
	良好
	优秀

<table>
<tr><td colspan="3">三、思政要素评价参考标准</td></tr>
<tr><td rowspan="2">评价依据</td><td colspan="2">评价权重
（一票否决）</td></tr>
<tr></tr>
<tr><td>严守铁路法律法规，具有高度的安全意识，严格遵照作业标准完成任务，精益求精、认真履职</td><td>不合格</td><td>合格</td></tr>
</table>

任务拓展

在完成指导教师指定作业任务的情况下，根据专业方向及就业情况开展以下知识拓展。

（1）货车信息化 HMIS 系统的使用方法。

（2）线路施工防护的要求。

任务二　列检作业（列车技术检查）

任务目标

1. 知识目标

- 掌握列检作业的流程；
- 掌握列检作业检查范围和质量标准；
- 掌握扣车临修范围和办理流程。

2. 技能目标

- 掌握单车技术检查的基本操作。

学习活动建议

<table>
<tr><th>学习活动</th><th>内容</th><th>建议学时</th></tr>
<tr><td>自学内容及相关知识点</td><td>1. 列检作业流程
2. 扣车临修范围及办理流程
3. 货车检车员单车技术检查作业</td><td>课前</td></tr>
<tr><td>计划</td><td>根据任务单上的任务情境，每位同学独立归纳总结货车检车员单车技术检查作业要求</td><td rowspan="6">课中
（6 学时）</td></tr>
<tr><td>决策</td><td>做出货车检车员单车技术检查作业任务决策</td></tr>
<tr><td rowspan="2">实施</td><td>根据指导教师提供的资料，完成指导教师指定情景下货车检车员单车技术检查作业任务</td></tr>
<tr><td>正确填写评估工作页，提交指导教师评估</td></tr>
<tr><td>检查与评价</td><td>完成自我评价、小组评价、教师评价</td></tr>
<tr></tr>
<tr><td>完善与拓展</td><td>拓展学习中转列车列检作业流程，货物列车编挂客车检查范围和质量标准，TFDS 动态检查范围和质量标准</td><td>课后</td></tr>
</table>

任务相关知识点

1. 列检作业流程

1）到达作业流程

通知作业—作业准备—整队出发—接车—摘解机车—插设防护信号—技术检查—故障处理—撤除防护信号—列队归所。

（1）通知作业：列检值班员接到车站通知后，将列车的车次、编组辆数、进入股道等作业信息及时通知作业组。

（2）作业准备：作业组接到列检值班员接车通知后，记录相关接车作业信息，并按规定整理着装（包括工作服、鞋、帽、手套等），携带工具及防护用品（包括检车锤、卷尺、钳子、扳手、对讲机、制动机试验用的压力表、昼间用的防护红旗、夜间用的检车灯、夜间用的防护红灯等），准备出场作业。

（3）整队出发：工长或组长组织在待检室门前列队，检查现场检车员携带的工具及着装情况，并进行安全提示后，组织现场检车员列队出场，横越线路和道口时注意瞭望来往的机车、车辆，执行“一站、二看、三确认、四通过”制度。

（4）接车：列车进入前，现场检车员应提前到达接车股道指定位置，待机车越过接车位置时，现场检车员需面向来车方向呈 45° 角半蹲式接车，避开钢轨接缝处，重点观察车轮是否因故障打击钢轨、配件有无脱落；列车到达后，现场检车员应及时向本务机车司机联控了解列车途中运行情况。

（5）摘解机车：列车到达对位后摘解机车前，应在机后一位车辆前端列车运行方向左侧车体上插设停车信号（昼间用红旗、夜间用红灯），先关闭机车和机后一位车辆前端的折角塞门，再摘解制动软管。撤除停车信号后，方可进行机车摘解作业。

（6）插设防护信号：机车摘解驶出脱轨器后，由首部现场检车员依次逐段传递安全防护插设信号至尾部现场检车员；尾部现场检查员接到信号后，依次逐段向首部现场检车员传递确认信号，并按规定插设带有脱轨器的防护信号。

（7）技术检查：列检作业场接入的列车进路安装有 TFDS 的，车辆技术检查执行人机分工到达一辆车技术检查作业过程；列检作业场接入的列车进路未安装 TFDS 或 TFDS 无法正常进行动态检查的，车辆技术检查执行人工检查到达一辆车技术检查作业过程，同段检车员平行进行技术检查作业。

（8）故障处理：小件修故障由现场检车员自检、自修，同段现场检车员互控检查；大件修故障应通知工长，由工长组织进行处置，处置后工长需对修理质量进行验收检查。对处理的大、小件修故障，现场检车员应在检车员工作记录手册中记录。

（9）撤除防护信号：技术作业结束后，由尾部现场检车员依次逐段传递安全防护撤除信号至首部现场检车员，首部现场检车员接到信号后，依次逐段向尾部现场检车员传递确认信号；并按规定撤除防护信号。

（10）列队归所：工长或组长组织现场检车员列队归所，横越线路时执行“一站、二看、三确认、四通过”制度。

2）始发作业流程

通知作业—作业准备—整队出发—插设防护信号—技术检查—故障处理—制动机试验—撤除防护信号—连挂机车—简略试验—送车作业—列队归所。

（1）通知作业：列检值班员接到车站通知后，将列车的车次、编组辆数、进入股道等作业信息及时通知作业组。

（2）作业准备：作业组接到列检值班员接车通知后，记录相关接车作业信息，并按规定整理着装（包括工作服、鞋、帽、手套等），携带工具及防护用品（包括检车锤、卷尺、钳子、扳手、对讲机、制动机试验用的压力表、昼间用的防护红旗、夜间用的检车灯、夜间用的防护红灯等），准备出场作业。

（3）整队出发：工长或组长组织组员在待检室门前列队，检查现场检车员携带工具及着装情况，并进行安全提示后，组织现场检车员列队出场，横越线路和道口时注意瞭望来往的机车、车辆，执行“一站、二看、三确认、四通过”制度。

（4）插设防护信号：由首部现场检车员依次逐段传递安全防护插设信号至尾部现场检车员；尾部现场检查员接到信号后，依次逐段向首部现场检车员传递确认信号，并按规定插设带有脱轨器的防护信号。

（5）技术检查：各段现场检车员连接车辆间制动软管后，按照“始发列车检查范围和质量标准”对车辆进行技术检查，同段检车员平行进行技术检查作业。

（6）故障处理：小件修故障由现场检车员自检、自修，同段现场检车员互控检查；大件修故障应通知工长，由工长组织进行处置，处置后工长需对修理质量进行验收检查。对处理的大、小件修故障，现场检车员应在检车员工作记录手册中记录。

（7）制动机试验：各段现场检车员到达制动机试验位置后，方可进行列车制动机试验。实施一次持续一定时间的全部试验。

（8）撤除防护信号：技术作业结束后，由尾部现场检车员依次逐段传递安全防护撤除信号至首部现场检车员，首部现场检车员接到信号后，依次逐段向尾部现场检车员传递确认信号；并按规定撤除防护信号。

（9）连挂机车：待机车连挂后，首部现场检车员按规定设置防护信号，连接机车与机后一位车辆前端的制动软管，开启机车和机后一位车辆前端的折角塞门。

（10）简略试验：尾部现场检车员确认列车主管达到规定压力后，依次逐段向首部现场检车员传递简略试验信号，首部现场检车员接到信号后按规定进行简略试验。试验结束后，撤除防护信号。

（11）送车作业：各段现场检车员分别在作业起始位置等待送车，如因转线作业等无法安排全组送车时，可指定专人在列车首部送车。

（12）列队归所：工长或组长组织现场检车员列队归所，横越线路时执行“一站、二看、三确认、四通过”制度。

3）动态检查作业流程

作业准备—分工—技术检查—故障处理—技术检查完工。

（1）作业准备：值班动态检车员根据列车运行图计划，在列车计划通过 TFDS 探测站前，将时间、辆数等有关事项通知本班 TFDS 动态检车员。TFDS 动态检车组长确认人员全部到位、精神状态良好等情况。

（2）分工：探测数据上传后，TFDS 动态检车组长核对列车运行图计划的编组辆数与探测辆数一致（不一致时要及时上报并通知前方列检人工补充检查），然后按探测辆数除以作业人数所得值进行分工。

（3）技术检查：开始作业，TFDS 动态检车员按照系统设置对图片依次进行分析，对关键部位图片进行放大分析，执行 TFDS 动态检查范围及质量标准。

作业中，TFDS 动态检车员发现丢图、窜图、曝光等无法对车辆进行动态检查时要立即报告TFDS动态检车组长，TFDS动态检车组长确认后通知前方列检人员进行人工补充检查，同时向工长、车间逐级汇报。

（4）故障处理：① TFDS动态检车员发现符合拦停标准的故障时，应本着“先报告后提交”的原则立即口头报告TFDS动态检车组长，由TFDS动态检车组长快速判断确认后，立即向列车调度员进行预报拦停，预报内容应包括拦停的车次、车型车号、编挂位置、故障等情况，同时向工长、车间逐级汇报，防止事故发生或事故扩大，故障确认和处理后将信息及时录入系统。② TFDS动态检车员发现其他故障及时提交，由TFDS动态检车组长确认故障并在作业结束后及时向前方列检进行预报确认，故障确认和处理后将信息及时录入系统。

（5）技术检查完工：TFDS动态检车员作业完毕后，及时向TFDS动态检车组长汇报。

4）列车制动机试验标准

列车自动制动机是保证列车运行安全的关键设备。在列车制动机试验时，要认真确认列车制动主管风压达到规定压力、列车制动主管压缩空气贯通状态、列车制动主管漏泄量和制动缸作用是否良好，一旦发现故障要及时处理，确保列车运行安全。

（1）持续一定时间全部试验：在列车最后一辆车尾部制动软管上安装无线风压监测仪，并确认主管压力达到规定压力。

① 感度保压试验：置常用制动位，减压50 kPa（编组60辆以上时减压70 kPa），全列车须发生制动作用；同时保压，在1 min内无线风压监测仪显示的列车主管压力下降不大于20 kPa，在3 min内不得发生自然缓解，并确认制动缸活塞行程无异常。然后置运转位充风缓解，全列车须在1 min内缓解完毕。

② 安定试验：置常用制动位，减压140 kPa（列车主管压力为600 kPa时减压170 kPa），不得发生紧急制动，并确认感度试验发现异常的制动缸活塞行程是否符合规定。

（2）列检作业场的简略试验：在列车最后一辆车尾部制动软管上安装无线风压监测仪，确认主管压力达到规定压力后，通知机车乘务员减压100 kPa，尾部检车员确认最后一辆车制动缸活塞发生制动作用后，向机车乘务员显示缓解信号并确认最后一辆车制动缸活塞发生缓解作用。

挂有列尾装置的列车，简略试验由机车乘务员负责。列尾装置软管与车辆制动软管的连结，有列检作业的，由列检人员负责；无列检作业的，由车务人员负责。

5）货车检查范围和质量标准

（1）车轮轮缘垂直磨耗、内侧缺损不超限、踏面擦伤、剥离、凹下、缺损、圆周磨耗不超限，轮缘厚度、轮辋厚度符合规定；辐板孔边缘径向无裂纹，周向裂纹不超限。

车轮踏面无碾堆，车轮踏面圆周磨耗深度不大于8 mm，车轮踏面擦伤及局部凹下深度不大于1 mm，车轮踏面缺损部位长度不大于150 mm，车轮踏面剥离长度一处不大于50 mm、两处（每一处均）不大于40 mm；车轮轮缘垂直磨耗不大于15 mm，轮缘内侧缺损长度不大于30 mm、宽度不大于10 mm，棚车、集装箱平车、小汽车运输专用车及120 km/h货物列车中的铁路货车轮缘厚度不小于25 mm，其他货车轮缘厚度不小于23 mm；轮辋无破损，无辐板孔车轮轮辋厚度不小于23 mm、有辐板孔不小于24 mm；车轮辐板孔边缘径向无裂纹、辐板孔边缘周向裂纹不大于30 mm。

（2）消除热轴故障；滚动轴承无甩油，外圈、前盖、承载鞍、轴箱无裂损，密封罩、轴端螺栓无脱出；承载鞍无裂损、错位，侧架导框与承载鞍无异常磨耗。

（3）摇枕、侧架及一体式构架及心盘无裂损；上、下心盘铆钉及螺栓无折断，螺母无丢失、松动；侧架立柱磨耗板及斜楔无破损、窜出、丢失，侧架立柱磨耗板铆钉无折断、丢失，摇枕斜楔摩擦面磨耗板无窜出；旁承配件齐全、无破损，双作用弹性旁承上旁承与下旁承尼龙磨耗板无间隙、旁承滚子或旁承尼龙支撑板与上旁承磨耗板不得接触，间隙旁承同一转向架左右旁承间隙之和为 2～20 mm（货车任何一侧旁承间隙须大于 0 mm，重载 280 t 及以上铁路长大货物车须大于 2 mm）；轴箱、摇枕弹簧无折断、窜出、丢失。

（4）钩体、钩舌及钩尾框无裂损；钩舌销无折断、丢失，开口销无丢失，钩锁锁腿无折断，下锁销组成配件齐全，位置正确；钩提杆及链配件齐全，松余量符合规定，钩提杆座无裂损，螺母无松动、丢失；互钩差不超限，车列首尾端部车钩三态作用试验良好；板、从板座、缓冲器、冲击座无破损，从板座及冲击座铆钉无折断、丢失；钩尾框托板、钩尾扁销螺母无松动、丢失；车钩托梁无裂损，螺母无丢失。

钩提杆链松余量为 40～55 mm，两连接车钩中心水平线高度差不大于 75 mm，钩舌与钩腕内侧距离（13 号车钩闭锁位置不大于 135 mm、全开位不大于 250 mm，13A 型、13B 型车钩闭锁位置不大于 132 mm、全开位不大于 247 mm，16 型、17 型车钩闭锁位置不大于 100 mm、全开位不小于 219 mm），车钩中心线高度最高不大于 890 mm、空车时最低不小于 835 mm、重车时最低不小于 815 mm。

（5）空气制动机作用良好，制动缸活塞行程符合规定；副风缸、加速缓解风缸、工作风缸、降压风缸等缸体及吊架无裂损、脱落，吊架螺母无丢失；制动缸无脱落，吊架无裂损，螺母无松动、丢失；制动阀吊架螺母无松动、丢失；制动主管、支管、连接管无漏泄，卡子及螺母、法兰螺母无丢失；制动软管、缓解阀、远心集尘器无破损、丢失；折角塞门、截断塞门等塞门无破损，塞门手把无丢失；闸调器无破损；缓解阀拉杆、空重车调整杆及吊架无破损、脱落；手动空重车位调整正确。

（6）制动梁槽钢、弓形槽钢、支柱无裂损，支柱圆销无破损；制动梁吊无裂损，圆销及开口销无折断、丢失；制动梁安全链无折断、脱落；制动梁安装位置正确；闸瓦及闸瓦插销无折断、丢失；闸瓦磨耗不超限，闸瓦插销正位；基础制动各拉杆、杠杆、圆销无折断、丢失，吊架无破损、脱落，各开口销齐全良好、位置正确；下拉杆下垂不超限，圆销无破损，安全吊无脱落、丢失。

闸瓦磨耗剩余厚度不小于 20 mm，更换闸瓦后确认同一制动梁两端闸瓦厚度差不大于 20 mm。

（7）人力制动机配件齐全，无破损、脱落。

（8）中梁、侧梁、端梁、枕梁、横梁及牵引梁无裂损；中梁及侧梁下垂、车体倾斜或外胀不超限；铁路货车车号自动识别标签无失效（无 AEI 复示终端的列检所除外）、丢失。

侧梁下垂空车不大于 40 mm，重车不大于 80 mm，车体倾斜不大于 75 mm，敞车车体外胀空车不大于 80 mm，重车不大于 150 mm。

（9）侧柱、角柱无裂损，敞车上端梁、上侧梁无折断；车门及车窗无脱落、丢失；车门、平车端板折页及座无折断，圆销、开口销无丢失；墙板、门板、地板破损或腐蚀穿孔不超限（金属材料破损或腐蚀不大于 50 mm×50 mm，木质材料破损不大于 100 mm×100 mm）；车门锁闭装置配件齐全、无破损；绳栓、柱插无破损、丢失；脚蹬、车梯扶手及车端护栏无破损，弯曲不超出车辆限界；集装箱锁头、门挡无破损、丢失；罐车卡带无裂损，紧固螺母及锁紧螺母无松动，圆销及开口销无丢失；罐体及阀无漏泄，罐体上部走板、防护栏等配件无脱落、窜出、丢失。

（10）空车定检不过期（公司内部自备车除外）。

2. 扣车临修范围及办理流程

1）货车扣车临修范围

（1）车轮轮缘垂直磨耗、内侧缺损超限；踏面擦伤、剥离、凹下、缺损、圆周磨耗超限；轮缘厚度、轮辋厚度不符合规定；辐板孔边缘径向裂纹、周向裂纹超限等需更换轮轴的故障。

（2）滚动轴承轴温超过规定；滚动轴承甩油；外圈、前盖、轴箱裂损；密封罩、轴端螺栓脱出；承载鞍错位、裂损、异常磨耗；转 K2 型转向架承载鞍顶面金属碾出；侧架导框纵向与滚动轴承外圈接触；轴箱橡胶垫中间橡胶与上、下层板错位等需更换轮轴或分解修理的故障。

（3）摇枕、侧架、一体式构架、U 形副构架及心盘裂损；下心盘螺栓折断及丢失；侧架立柱磨耗板、斜楔及主摩擦板破损、窜出或丢失，摇枕斜楔摩擦面磨耗板窜出；常接触式旁承配件丢失、破损，上下旁承有间隙，旁承滚子或 JC 系列旁承支承磨耗板与上旁承磨耗板接触；间隙旁承配件丢失、破损，间隙超限；交叉支撑装置盖板及交叉杆体变形、裂损或折断，交叉杆支撑座破损，端部螺栓松动、丢失，防松垫止耳折断；轴箱弹簧折断、窜出或丢失，重车摇枕弹簧及减振弹簧折断、窜出或丢失；转 K4、转 K5 型转向架弹簧托板裂损，折头螺栓折断、丢失等需架车修理的故障。

（4）钩体、钩尾框及牵引杆裂损；钩提杆弯曲、丢失，钩提杆座裂损；从板、从板座、缓冲器、冲击座破损；钩体支撑弹簧折断等需分解修理及更换的故障。

（5）带防盗罩制动阀故障；制动缸、副风缸、加速缓解风缸、工作风缸、容积风缸、降压风缸等缸体及吊架裂损、脱落；制动主管、支管、连接管裂损；空重车自动调整装置限压阀、调整阀、传感阀等阀破损、横跨梁及座折断；缓解阀拉杆、空重车调整杆及吊架破损、脱落、丢失；闸调器破损；脱轨自动制动装置配件破损、丢失等需分解修理、焊修及更换的故障。

（6）基础制动装置各拉杆、杠杆折断或丢失，吊架破损、脱落等需要更换、补装及焊修的故障。

（7）人力制动机配件破损、脱落、丢失等影响使用的故障。

（8）中梁、侧梁、端梁、枕梁、横梁及牵引梁裂损，弯曲超限；中梁及侧梁下垂超限；车体倾斜或外胀超限；铁路货车车号自动识别标签失效、破损或丢失。

（9）侧柱、端柱、角柱裂损，敞车上端梁、上侧梁折断；车门、车窗脱落或丢失，底开门关闭不良，棚车漏雨，车门、平车端板或渡板折页及座折断；空车墙板、门板、地板破损或腐蚀穿孔超限，车门锁闭装置配件破损或丢失；绳栓、柱插破损或丢失；集装箱锁闭装置、门挡破损或丢失；罐车卡带裂损，罐体及阀漏泄，鞍座压板裂损，鞍木与罐体局部间隙超限，罐车上部车顶走板、防护栏等配件脱落、窜出或丢失等需要焊修、补装及处理的故障。

（10）从板座及冲击座铆钉折断、丢失等其他需焊修、铆接的故障。

（11）发生铁路交通事故的铁路货车；有撞车、脱轨等痕迹并确认为事故车的铁路货车；轴承遭遇水浸或火灾的铁路货车。

（12）铁路货车运行安全监控系统预警需扣修的铁路货车。

（13）其他危及行车安全且因结构在列车中无法处理的铁路货车故障。

2）检修车扣车办理流程

（1）列检作业场值班员将列车中有关信息系统预报的定检到、过期车，以及其他有扣车要求的铁路货车车种、车型、车号、修程、相关要求等及时通知检车员，检车员根据预报信息进行现场确认后，办理扣车或回送。无预报定检到、过期车信息系统时，检车员依据车体标记，经现场确认后，办理扣车或回送。检车员发现符合摘车临修范围需办理扣车的，经现场确认、鉴定后，办理扣车。

（2）检车员办理扣车时，应将有关信息记录在检车员工作记录手册中，并用对讲机等通信手段及时将有关信息通知列检值班员；列检值班员接到通知后，应及时通过 HMIS 运用子系统录入生成车辆检修通知单或检修车回送单，并及时传输给车站。

（3）办理扣修到、过期铁路货车时，列检值班员通过扣车信息系统申请铁路货车检修车调度命令，铁路货车检修车调度命令号作为检修车回送单中的回送命令号，请令内容与车辆检修通知单和检修车回送单相关内容一致。接到请令未批准等停止扣车情况时，应终止办理扣送车。

（4）回送车到达指定车站的列检作业场后，列检值班员根据列车到达信息，与车站通知及接到的检修车回送单核对后，通知检车员对现车进行确认，确认后通过有关信息系统填写并生成车辆检修通知单，并及时传输给车站。

（5）列检值班员接到车站车辆检修通知单签认信息后，将车型、车号、修程等信息报告车辆段调度员，车辆段调度员及时将扣送车信息通知相应的工厂、车辆段检修车间、站修作业场等。

3. 货车检车员单车技术检查作业

货车检车员检查流程如图 5-2-1 所示。

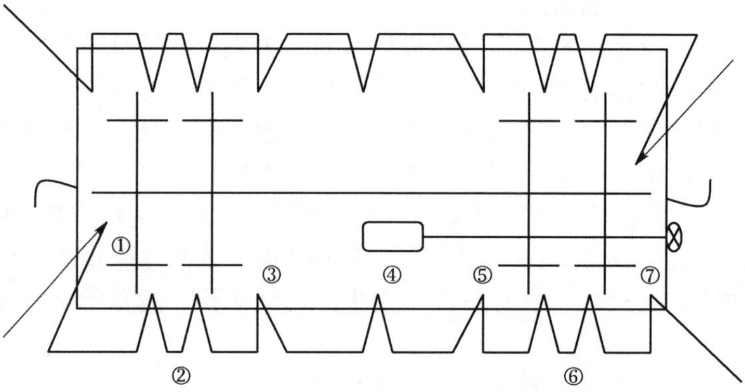

图 5-2-1　货车检车员检查流程

以货车单侧为例，标准化作业程序及重点范围如下。

① 车辆端部或两车辆连挂的车钩处必须跨进钢轨站立及弯腰检查，检查车体端部、钩提杆及链松余量、上锁销落锁状态、车钩连挂状态、折角塞门开放状态、软管连接状态；蹲下身检查车钩下锁销或下锁销组成的落锁状态、防跳插销，检查车轮轮缘、踏面、辐板等部位，锤敲检查 13 号车钩钩尾扁销、16 或 17 号车钩钩尾销托板，目视检查车钩缓冲装置、车底架、底板状态，确认旁承间隙，目视检查心盘、摇枕、车轴、制动梁及安全链、下拉杆及安全吊、交叉杆及安全铅封状态，目视检查基础制动装置各拉杆、杠杆、圆销及开口销状态。

列车端部首尾车钩必须进行两次车钩三态作用检查。

② 自由步检查车体外涨、倾斜等状态，检查定检，检查侧墙、侧柱、车门技术状态。然后弯腰检查侧架、承载鞍、轴承状态，检查闸瓦及闸瓦钎，检查斜楔减震装置，锤敲检查枕簧状态。

③ 蹲式检查车轮轮缘、踏面、辐板等部位，目视检查心盘、摇枕、车轴、制动梁及安全链、下拉杆及安全吊、交叉杆及安全铅封状态，目视检查基础制动装置各拉杆、杠杆、圆销及开口销状态。

④ 自由步检查侧墙、侧柱、车门技术状态。到车辆中部位置后弯腰目视检查车底架、底板状态，目视空气制动装置各部件，目视检查基础制动装置各拉杆、杠杆、圆销及开口销状态，目视闸调器状态，用检车锤勾拉检查确认人力制动机拉杆与制动缸前杠杆接续链松弛不带闸（车列机次和尾部设置的防溜除外）。

⑤ 蹲式检查车轮轮缘、踏面、辐板等部位，目视检查心盘、摇枕、车轴、制动梁及安全链、下拉杆及安全吊、交叉杆及安全铅封状态，目视检查基础制动装置各拉杆、杠杆、圆销及开口销状态。

⑥ 自由步检查侧墙、侧柱、车门技术状态。然后弯腰检查侧架、承载鞍、轴承状态，检查闸瓦及闸瓦钎，检查斜楔减震装置，锤敲检查枕簧状态。

⑦ 车辆端部或两车辆连挂的车钩处必须跨进钢轨站立及弯腰检查，检查车体端部、钩提杆及链松余量、上锁销落锁状态、车钩连挂状态、折角塞门开放状态、软管连接状态；蹲下身检查车钩下锁销或下锁销组成的落锁状态、防跳插销状态，检查车轮轮缘、踏面、辐板等部位，锤敲检查 13 号车钩钩尾扁销、16 或 17 号车钩钩尾销托板，目视检查车钩缓冲装置、车底架、底板状态，确认旁承间隙，目视检查心盘、摇枕、车轴、制动梁及安全链、下拉杆及安全吊、交叉杆及安全铅封状态，目视检查基础制动装置各拉杆、杠杆、圆销及开口销状态。

任务工作单

计划：根据任务情境制定货车检车员单车技术检查作业方案	
学生了解相关任务情境，各小组成员汇总列车检查作业相关材料，根据任务单的要求，确定完成任务所需准备的货车检车员单车技术检查作业资料，制定完成任务的计划并准备讨论	
一、作业任务单	
任务情境： 爱国站是中国铁路某局集团有限公司特等编组站，爱国列检作业场为设置在该站的特级列检作业场。 某年某月某日某时，爱国站 I 场 10 道计划编组始发 72002 次货物列车，爱国列检作业场列检员对该列车所挂货车进行单车技术检查作业	
作业过程	任务内容
1	设置防护信号
2	单车技术检查作业
3	撤除防护信号
4	填写列车技术检查记录簿
二、个人计划	
决策：确认完成 72002 次货物列车始发单车技术检查作业计划	
小组成员进行任务分工，分小组讨论每位成员完成的任务实施计划。每组选派一位成员在各组交流任务实施计划，每位成员完善任务实施计划	
小组成员	任务分工
成员 1	设置、撤除防护信号
成员 2	1 端转向架单车技术检查作业
成员 3	2 端转向架单车技术检查作业
成员 4	填写列车技术检查记录簿
小组内讨论的结果： 小组间讨论的结果： 任务执行过程中出现的问题及应急情况的处理：	

实施：确认完成 72002 次货物列车始发单车技术检查作业
一、总结任务情境所需要的资料 根据任务情境，完整记录任务情境实施过程，小组成员互检任务实施正确性，将记录的内容提交给指导教师，请求给予指导、评价。 任务情境实施过程记录： 二、实施过程中出现的问题和不足 三、实施总结

任务评估

<table>
<tr><td colspan="3">检查与评价</td></tr>
<tr><td colspan="3">一、知识与技能掌握情况评价参考标准</td></tr>
<tr><td>评价标准</td><td colspan="2">评价权重（80%）</td></tr>
<tr><td>1. 按规章要求设置、撤除防护信号</td><td colspan="2">10</td></tr>
<tr><td>2. 按作业标准进行 1 端转向架单车技术检查作业</td><td colspan="2">30</td></tr>
<tr><td>3. 按作业标准进行 2 端转向架单车技术检查作业</td><td colspan="2">30</td></tr>
<tr><td>4. 规范填写列车技术检查记录簿</td><td colspan="2">10</td></tr>
<tr><td colspan="3">二、综合素质评价参考标准</td></tr>
<tr><td>评价标准</td><td colspan="2">评价权重（20%）</td></tr>
<tr><td rowspan="4">能协同开展工作，准确、清晰地进行信息沟通</td><td colspan="2">不及格</td></tr>
<tr><td colspan="2">及格</td></tr>
<tr><td colspan="2">良好</td></tr>
<tr><td colspan="2">优秀</td></tr>
<tr><td rowspan="4">分工合理，能进行标准化作业</td><td colspan="2">不及格</td></tr>
<tr><td colspan="2">及格</td></tr>
<tr><td colspan="2">良好</td></tr>
<tr><td colspan="2">优秀</td></tr>
<tr><td colspan="3">三、思政要素评价参考标准</td></tr>
<tr><td>评价依据</td><td colspan="2">评价权重
（一票否决）</td></tr>
<tr><td>严守铁路法律法规，具有高度的安全意识，严格遵照作业标准完成任务，精益求精、认真履职</td><td>不合格</td><td>合格</td></tr>
</table>

任务拓展

在完成指导教师指定的作业任务的情况下，根据专业方向及就业情况拓展学习以下知识。

（1）中转列车列检作业流程；

（2）货物列车编挂客车检查范围和质量标准；

（3）TFDS 动态检查范围和质量标准。

项目六

城市轨道交通车辆整车检修作业仿真实训

任务目标

1. 知识目标

- 掌握城市轨道交通车辆检修作业周期、作业内容和相关标准规范；
- 掌握城市轨道交通车辆常见故障类型和现象。

2. 技能目标

- 掌握城市轨道交通车辆检修作业安全注意事项和劳保用品穿戴要求；
- 会用仿真软件完成轨道交通车辆设备的目视检查、尺寸/参数测量和功能试验，完成工单填写。

学习活动建议

学习活动	内容	建议学时
自学内容及相关知识点	1. 城市轨道交通车辆检修周期、检修项点及相关标准 2. 城市轨道交通车辆常用检修工具使用方法 3. 城市轨道交通车辆常见设备故障	课前
计划	根据任务目标，通过教师指导，掌握软件的操作，完成整车检修作业	课中（6 学时）
决策	通过小组交流及教师指导，正确分工	
实施	根据检修任务，完成整车检修作业任务	
	正确填写检修工单，提交指导教师评估	
检查与评价	完成自我评价、小组评价、教师评价	
完善与拓展	拓展学习轨道交通车辆常见设备故障的处理作业流程知识与技能	课后

任务相关知识点

一、作业安全规定

（1）作业时要佩戴安全帽，穿绝缘鞋并使用绝缘手套。

（2）进入车顶作业前要确认接触网断电，并穿戴安全带。在车顶作业时将安全带尾部挂钩挂在接触网上。

二、检修作业项点及标准

检修清单如表 6-1-1 所示。

表 6-1-1 检修清单

序号	部位	检修内容	标准或限度
0	车头与车体	玻璃钢	玻璃钢外罩无明显划痕和损伤，外罩与车体钢结构之间密封状态良好
1		车头玻璃	玻璃无裂纹、破损
2		前照灯	前大灯密封状态良好，灯罩无破损
3		防爬器	防爬器与能量吸收装置外观良好，无异常
4		裙摆	裙摆紧固螺栓无松动、断裂、脱落，防松标记无错位；若无防松标记，需手触确认螺栓无明显松动
5		车体两侧	车体、贯通道篷布外观良好
6	车钩	外观	无裂纹、明显划痕、脱漆，钩缓装置、主风管连接器等正常
7		安装吊挂系统	吊挂系统无裂纹、变形，固定牢固；螺栓无松动、断裂、脱落，防松标记无错位
8		连接卡环	固定螺栓无松动、断裂、脱落，防松标记清晰可见，无错位
9		压溃管	压溃管无松动、变形、破损现象；红色提示器状态正常
10		接地线	固定螺栓无松动、断裂、脱落，防松标记无错位，接地线断股率小于10%
11		头车车钩过载保护螺栓	过载保护螺栓无损坏，防松标记无错位
12		头车车钩自动对中	车钩应在中间位，无偏移现象
13		头车车钩连挂机构及行程开关	手动操作连挂机构无卡滞，行程开关动作正常；检查确认机械车钩的钩舌和拉簧无损坏；检查确认总风管前密封圈无损坏，零件无松脱
14		头车车钩缓冲装置	检查确认外挡环螺母防松标记无错位，检查确认双耳止动垫圈正常无破损，定位螺栓防松标记无错位
15		头车车钩高度	车钩钩头中部距离轨面（720±8） mm
16	构架及转向架附件	外观	表面状态良好，无磕碰、擦伤、变形、裂纹、脱漆等现象；所有的设备、配管和电缆线安装状态正常，固定良好
17		横向及垂向减振器	安装螺栓无松动、断裂、脱落，弹垫无断裂、弹起，防松标记无错位，无防松标记需手触确认紧固；减振器座无锈蚀、脱漆、裂纹、冲击损伤；集尘管及减振器机体表面清洁，无漏油、硬性撞击或损伤，减振器橡胶及金属衬套无损坏或变质
18		抗侧滚扭杆组成	扭杆、转臂、垂向连接杆、支撑座安装牢固，无生锈、裂痕及损坏
19		抗侧滚扭杆衬套	检查垂向连接杆的上部橡胶衬套及支撑座中的橡胶衬套，橡胶部件无发粘、变脆，橡胶与金属间无脱胶，裂纹不得超过 2 mm 深或 5 mm 长
20		接地编织线	转向架、箱体、阀体接地编织线断股率大于 10%则进行更换

续表

序号	部位	检修内容	标准或限度
21	构架及转向架附件	清洁	构架所有安装铭牌清晰（箱体铭牌、制动系统铭牌、线缆铭牌等）
22		吊挂螺栓	各部件吊挂螺栓紧固良好，螺栓、螺母清洁至可清晰地看出防松标记
23		转向架配管	管接头、钢管等无损伤、变形、漏气现象，管路紧固正常
24		速度传感器	速度传感器及线缆外观良好；传感器、线缆、固定线卡安装紧固
25		排障器高度	排障器距轨面的高度：(70±3) mm
26	高度控制阀及调整杆	外观	高度阀调整杆（圆柱杆及长方形连杆）无扭曲变形、损坏、锈蚀，关节轴承旋转动作正常
27		工作状态	高度阀在自然状态下无泄漏
28		紧固件	安装螺栓无松动、断裂、脱落，弹垫无断裂、弹起，防松标记无错位，开口销无断裂
29	一系悬挂装置	外观	安装螺栓无松动、断裂、脱落，弹垫无断裂、弹起，防松标记无错位，防松铁丝无松动、断裂，金属零件无裂纹、锈蚀、脱漆、冲击损伤
30		一系高度测量	轴箱上面与构架侧梁下面之间的距离为 46～57 mm，同一转向架该尺寸差值最大不得超过 4 mm
31	空气弹簧	外观	空气弹簧上面板和车体的空气弹簧座密贴良好，无异常变形，调整垫无错位，无泄漏声音，橡胶表面无划伤、裂纹、磨损、鼓包、开胶等
32		清洁	橡胶气囊不被化学物、油和润滑脂污染
33		二系悬挂装置高度测量	车体底架的空气弹簧上平面至构架基准面之间的距离为[(420+t)±3] mm，t 为空气弹簧下面调整垫的厚度（车轮磨耗调整垫厚度 t 为：0 mm、12 mm、24 mm）
34	车轮	车轮踏面	检查车轮踏面擦伤、剥离和环状沟槽情况，如果踏面状态正常，在记录表对应位置画“√”；如果踏面有擦伤/剥离/环状沟槽，在记录表中记录相应的长度或深度
35		轮缘高度和厚度测量	测量轮缘高度和厚度，轮缘高 27～33 mm，轮缘厚 22～32 mm
36		降噪阻尼环	无损坏、脱落现象
37		轮缘润滑安装	轮缘润滑器安装位置准确，开口销安装状态良好，无断裂、脱落
38		轮缘润滑装置内部	轮缘润滑器、弹簧架安装及外观良好，安装螺栓无松动、断裂、脱落，弹垫无断裂、弹起，防松标记无错位
39		轮缘润滑块	轮缘润滑器内有至少两块完整的轮缘润滑块，且轮缘润滑块端部与轮缘紧贴
40	车轴和轴箱组成	车轴外观	车轴表面油漆无脱落，轴身无打痕、碰伤、磨伤及电灼伤
41		轴箱	轴箱附件（速度传感器、轴端接地装置、线缆）安装良好、外观良好
42		轴箱后盖	轴箱后盖无油脂泄漏，车轮轮毂、辐板无油污
43		紧固件	端盖安装良好，安装螺栓无松动、断裂、脱落，弹垫无断裂、弹起，防松标记无错位
44		轴箱温度	轴箱温度贴显示温度不超过 65 ℃；轴箱温度贴清晰，无异常变色，无缺失

续表

序号	部位	检修内容	标准或限度
45	齿轮箱	外观	对齿轮箱上所有螺钉连接进行外观检查，确认紧固；检查齿轮箱外观，应无损坏、腐蚀、漏油和锈迹
46		吊杆及吊杆安装	无可见性的损伤；吊杆与构架的安装螺栓紧固良好，防松标记无错位；吊杆与齿轮箱的安装螺栓紧固良好，防松标记无错位
47		吊杆橡胶节点	橡胶节点无脱胶、起泡、老化等现象
48		油位观察孔	列车停稳 20 min 后，通过油位观察孔目测检查
49		润滑油油位	油位应保持在观察孔最低刻度和最高刻度之间
50		润滑油状态	油质无浑浊、乳化或发黑
51		速度传感器	安装牢固，无松动、损坏
52		安全止挡	检查安全止挡表面，确认无异常，紧固螺栓无松动，防松标记无错位
53		齿轮箱温度贴	齿轮箱温度≤85 ℃，温度贴清晰，无异常变色，无缺失
54	联轴节	外观	外观良好，无磕碰、腐蚀、锈迹、泄漏、脱漆
55		紧固件	联轴节上所有螺钉连接紧固，防松标记无错位
56	牵引装置	检查安装螺栓	安装螺栓无松动、断裂、脱落，弹垫无断裂、弹起，防松标记无错位
57		牵引拉杆	牵引拉杆无变形、裂纹，两端的橡胶衬套无损坏、开裂、脱胶现象
58		间隙	垂向止挡间隙值需满足（34±5）mm 范围的规定
59	风源系统阀管路塞门及阀体	外观	外观良好无磕碰、损伤，压缩空气无泄漏；阀外观正常，安装状态正常
60		紧固件	安装螺栓无松动、断裂、脱落，弹垫无断裂、弹起，防松标记无错位，防松铁丝无松动、断裂
61	横向缓冲挡	紧固件	安装螺栓无松动、断裂、脱落，弹垫无断裂、弹起，防松标记无错位
62		横向缓冲挡与牵引中心销间隙测量	横向缓冲挡与牵引中心销间隙值需满足（10±2）mm 范围的规定
63	牵引电机	轴承	轴承处无脱出，润滑油无渗漏
64		电机外观	表面无磕碰损伤
65		滤尘罩滤网	牵引电机滤网清洁无异物
66		安装状态	安装螺栓无松动、断裂、脱落，弹垫无断裂、弹起，防松标记无错位，防松铁丝无松动、断裂；牵引电机安装座表面良好无裂纹
67	制动装置及闸瓦	闸瓦安装状态	闸瓦插销、开口销安装状态良好，无断裂、污物，闸瓦摩擦体未掉块或扭曲，无翘曲，闸瓦摩擦体与瓦背未脱离；闸瓦瓦背未出现裂纹，无断裂或脱焊
68		闸瓦磨耗	测量闸瓦剩余厚度，最小值≤12 mm 时更换
69		单元制动	确认各车制动装置连接器的连接状态良好；无严重腐蚀、变形，制动缸体无严重渗油现象；制动单元、手动缓解闸线与转向架的连接紧固件无松动
70		闸瓦动作状态	制动施加后，确认所有闸瓦可以与踏面密贴；制动缓解后，确认所有闸瓦可以完全离开踏面

续表

序号	部位	检修内容	标准或限度
71	制动控制装置及制动辅助控制箱	外观	箱体表面无机械损伤
72		紧固件	箱体与车体连接螺栓紧固，防松标记无错位，无防松标记需手触确认紧固；连线、管路的连接无松动、无漏风
73	空气压缩机（空压机）及风管路（涉及空压机内部检查的，需打开空压机外罩板后再进行相关检查）	空压机油	油位观察孔清晰可见，油位应保持在油视镜的中间位置线和上限之间；确认空压机油脂正常（无乳化、变色等现象）
74		空气压缩机外观	各部件螺栓正常，无松动等现象，迟缓线清晰，安装状态良好
75		吊挂与紧固件	风缸吊带、风缸及空压机等设备吊挂，表面无裂纹，防松标记无错位，连接器与接地螺栓无松脱
76		电机	电机外观无磕碰、掉漆
77		空气滤芯	空气滤清器清洁指示器正常
78		阀体	各阀体外表无腐蚀，涂覆层无剥落和起泡现象，无明显机械损伤，紧固件无松动，阀体无漏风、破损等情况，阀体功能正常
79		空气干燥装置	空气干燥装置外观良好，底部防护罩紧固良好，无松动
80		冷却器	冷却器外观无异常、破损，表面无附着物
81	蓄电池箱	箱体外观	箱体无变形、裂纹、破损、脱漆等异常状态
82		紧固件	吊挂支架外观良好，无裂纹；吊挂螺栓紧固良好，螺栓和螺母无裂纹、断裂，防松标记无错位
83		蓄电池箱盖锁闭装置	扳把、四方锁转动灵活，锁舌状态良好；检查完毕后务必确保箱盖锁闭良好
84	PH 箱	箱体外观	箱体无变形、裂纹、破损、脱漆等异常状态
85		箱体盖板	箱盖锁闭良好，装置在锁闭位
86		紧固件	吊挂支架外观良好，无裂纹；吊挂螺栓紧固良好，螺栓和螺母无裂纹、断裂，防松标记无错位；箱体各个紧固螺栓紧固良好，防松标记无错位
87	电阻箱	箱体外观	箱体无变形、裂纹、破损、脱漆等异常状态
88		紧固件	吊挂支架外观良好，无裂纹；吊挂螺栓紧固良好，螺栓和螺母无裂纹、断裂，防松标记无错位
89	应急通风逆变器箱	箱体外观	箱体无变形、裂纹、破损、脱漆等异常状态
90		箱体盖板	箱盖锁闭良好，装置在锁闭位
91		紧固件	吊挂支架外观良好，无裂纹；吊挂螺栓紧固良好，螺栓和螺母无裂纹、断裂，防松标记无错位
92	AB 箱	箱体外观	箱体无变形、裂纹、破损、脱漆等异常状态
93		箱体盖板	箱盖锁闭良好，装置在锁闭位
94		紧固件	吊挂支架外观良好，无裂纹；吊挂螺栓紧固良好，螺栓和螺母无裂纹、断裂，防松标记无错位

续表

序号	部位	检修内容	标准或限度
95	车载信号设备	应答器外观	应答器外观无损伤；应答器天线上无异物及油污附着
96	司机室设备	控制柜内开关	开关在正常位
97		标识	司机室内所有标识无开胶、破损，安装状态良好
98		司机室各开关按钮	开关和按钮外观正常，无凹陷、松动
99		紧固件	外露紧固件紧固良好，防松标记无错位
100		灭火器	外观良好，固定牢固，压力值正常，灭火器维修日期在有效期内
101		司机室座椅	座椅安装牢固，各部件良好，调节功能正常
102		遮阳帘	遮阳帘外观无异常，滑轨清洁，导向机构能够正常工作
103		顶板、墙板	表面无松动、颤动，边沿无裂纹
104		地板	表面无鼓泡、破损、开胶、异响
105		司机室配电柜	间壁安装固定良好、无松动；柜门无变形、损伤；周边胶条紧密，无变形；门锁锁闭后无松动、异响，门锁表面涂层无脱落
106		司机室挂钩	司机室衣服挂钩安装良好，功能正常
107		旁路	通过试验确认以下旁路功能正常：EB 旁路、门全关旁路、司机室门旁路、制动缓解不良旁路、乘客紧急报警旁路
108		呼吸器	呼吸器外观良好、无损坏，查看合格证有无过期
109	司机室后端门	外观和锁闭检查	门扇各部件无破损，门扇转动灵活
110	客室侧门	外观	门板、玻璃外观良好，胶条无撕裂、破损现象，车门前部密封胶条及周边无污垢、灰尘；车门侧墙立柱、罩板焊接无裂纹、断裂现象
111		锁钩状态	开关门过程中，撞栓与锁钩无撞击；撞栓无油泥等附着物
112	客室设备	车窗	玻璃表面无破损、进气、进水，胶条无老化、损坏，毛条密封良好，窗锁功能正常，弹簧钢丝作用力有效
113		内装	顶板、内墙板、端墙板、隔热材料、司机室后端墙、地板等内装无划伤、破损及严重变形
114		标识检查	客室内所有标识无开胶、破损，安装状态良好
115		扶手杆、立柱	用手晃动扶手杆，杆体安装状态良好，无松动，拉环无缺失，拉环吊带无破损
116		客室座椅	座椅表面无损坏；安装状态良好，无松动
117		座椅挡风玻璃	玻璃外观良好，安装牢固无松动，贴膜破损面积不大于 20%
118		残疾人区	残疾人扶手杆安装牢固，无松动
119		空调柜、电器柜、受电弓控制柜	固定良好，无松动，外观无变形、损伤，锁闭装置功能正常，锁闭后无松动、异响
120		灭火器	灭火器外观良好，固定牢固，压力值正常，灭火器维修日期在有效期内

续表

序号	部位	检修内容	标准或限度
121	受电弓	气囊	外观良好，表面无划伤，无油或润滑脂的污染；给气囊填充压缩空气，保证受电弓能够正常升弓，检查气囊的运动及膨胀，观察气囊的运动是否正常：气囊沿纵向运动，无偏离中心的现象，气囊各区的膨胀大小一致
122		碳滑条外观	检查滑板条磨耗状况：滑板条表面光滑，无严重电腐蚀、无严重的崩边、裂纹，安装牢固，滑板条无漏风，使用检漏剂对崩边、裂纹处进行检测；滑板条因网线硬而出现的崩边，宽度方向不应超过 40%、长度方向不应超过 100 mm，否则进行更换；滑板条如出现纵向贯穿裂纹，或裂纹处出现电弧击穿现象，则需立即更换
123		碳滑条测量	铝托架下端距离碳滑条上表面≤21 mm 时，更换滑板条，测试时，分别测量滑板条左段、中段及右段的最小厚度，所测量的三个值中，任何一个值低于 21 mm 时，均须更换滑板条
124		弓头羊角	滑板托架表面无电灼伤，羊角磨损无异常等情况
125		软连线	检查受电弓所有软连线：软连线断股不超过 15%
126		各连接部位螺栓	各个螺栓安装牢固，防松线无错位，无防松标记需手触确认紧固；连接线保护套无破损
127		受电弓	静态接触压力：$F=(120\pm10)$ N
128		受电弓支持绝缘子	绝缘子表面无裂纹、破损，电弧灼伤面积不超过 25 mm^2；如出现裂纹及破损则开具工单进行处理
129		绝缘子清洁	使用中性溶剂、抹布对绝缘子表面的灰尘及污垢进行清洁，保证绝缘子、避雷器露出本色
130		阻尼器	安装良好，无漏油
131		受电弓汇流排	受电弓汇流排高压线安装紧固，线缆无破损
132	避雷器	连接线和螺栓	连接线无损伤、紧固螺栓无松动，防松标记无错位，无防松标记需手触确认紧固
133		避雷器外表面	确认外表面应无损伤，如有损坏须更换
134	空调测试	客室空调制冷功能	集控全冷模式下，通过 HMI 观察通风机全部启动，压缩机可以根据客室温度变化及工况启动
135	照明测试	客室照明	客室内及贯通道灯具工作正常，无闪烁
136	门	门全关闭指示灯	列车门（客室门、司机室侧门）全关闭情况下，操纵台门全关闭指示灯（绿）亮
137		开/关门	操作所有开/关门按钮开关车门，HMI 显示车门状态正常且与车门实际状态一致
138		隔离锁	车门隔离锁罩板锁孔外圈紧固状态良好；关闭所有车门，将客室侧门隔离开关打至隔离位，操作开门，被隔离的车门不动作，HMI 显示该车门隔离，恢复隔离锁后车门显示正常
139	乘客信息显示系统	液晶显示屏（LCD）	外观无损坏
140		中央监控系统监视状况	图像清晰；显示无异常

续表

序号	部位	检修内容	标准或限度
141	司机室设备测试	110 V/1 500 V 电压表	1 500 V 电压值与 HMI 显示一致，表面无破损，具备校准合格证；110 V 电压表在电压稳定状态下，从 HMI 和背屏电压表读取数值应在 DC 107～115 V 范围内
142		风压表	两端风压表显示一致，表面无破损，具备校准合格证
143		紧急制动	按下紧急按钮后，列车紧急制动
144		按钮测试	EB 按钮（紧急制动按钮）指示灯点亮
145		司控器	外观良好，动作顺畅、准确、无卡滞；HMI 上无故障报出
146		司机室照明	亮度正常，无闪烁
147		前照灯	激活端可以通过前照灯旋钮进行强光、弱光、关闭选择
148		电笛	有鸣笛声
149		刮雨器	摆动角度及快慢速度正常，关闭后可自动复位，雨刮条无损坏

三、常见故障类型

1. 尺寸超限

车钩高度测量尺寸结果如图 6-1-1 所示。

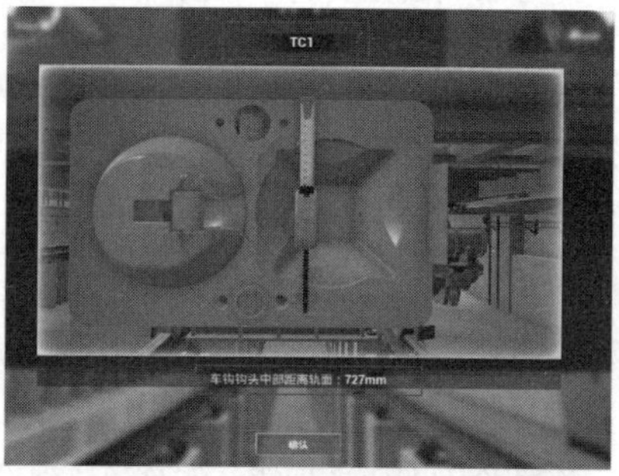

图 6-1-1　车钩高度测量尺寸结果

2. 设备破损、裂纹

设备破损、裂纹故障如图 6-1-2 所示。

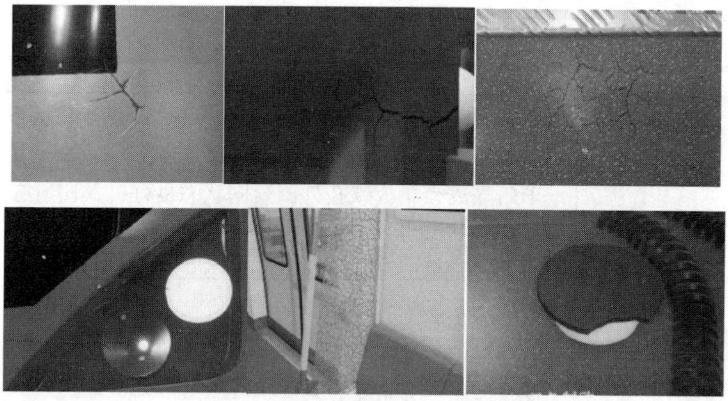

图 6-1-2　设备破损、裂纹故障

3. 设备磨损、擦伤

设备磨损、擦伤故障如图 6-1-3 所示。

图 6-1-3　设备磨损、擦伤故障

4. 设备变形

设备变形故障如图 6-1-4 所示。

图 6-1-4　设备变形故障

5. 设备漏油

设备漏油故障如图 6-1-5 所示。

图 6-1-5　设备漏油故障

6. 设备锈蚀

设备锈蚀故障如图 6-1-6 所示。

图 6-1-6　设备锈蚀故障

7. 设备脱漆

设备脱漆故障如图 6-1-7 所示。

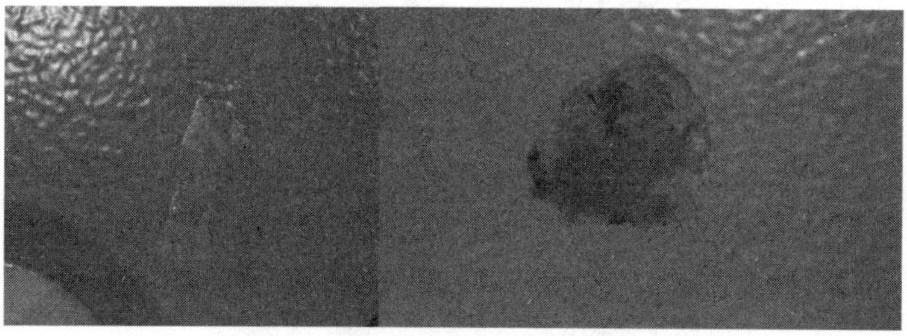

图 6-1-7　设备脱漆故障

8. 设备密封不良

设备密封不良故障如图 6-1-8 所示。

图 6-1-8　设备密封不良故障

四、检修工具使用

1. 转向架轮对轮缘尺寸测量（第四种检查器）

转向架轮对轮缘尺寸测量如图 6-1-9 所示。

图 6-1-9　转向架轮对轮缘尺寸测量

2. 转向架一系高度测量（钢板尺）

转向架一系高度测量如图 6-1-10 所示。

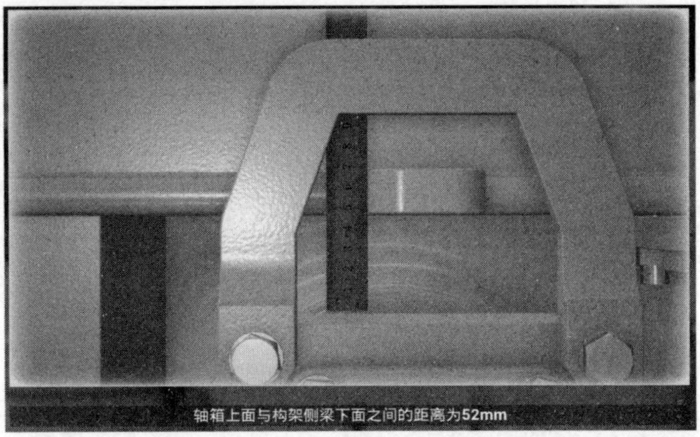

图 6-1-10　转向架一系高度测量

3. 转向架二系高度测量（卷尺）

转向架二系高度测量如图 6-1-11 所示。

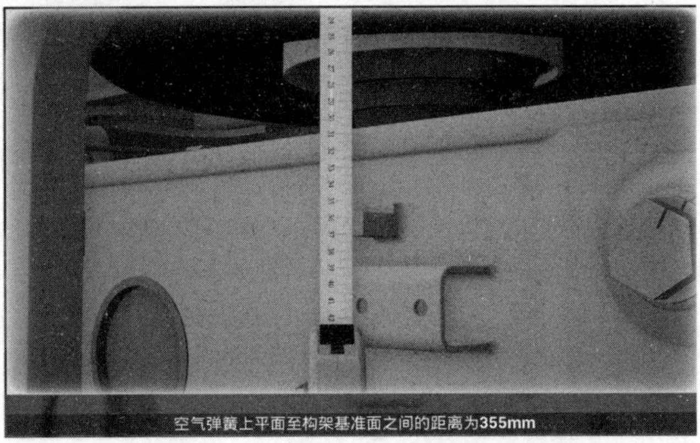

图 6-1-11　转向架二系高度测量

4. 转向架闸瓦厚度测量（钢板尺）

转向架闸瓦厚度测量如图 6-1-12 所示。

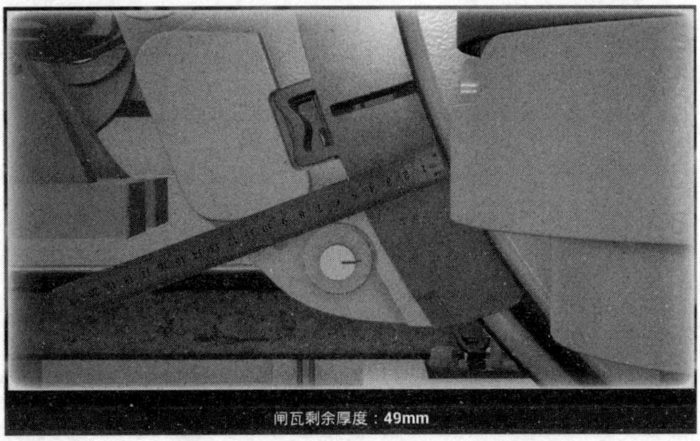

图 6-1-12　转向架闸瓦厚度测量

5. 转向架横向缓冲挡与牵引中心销间隙测量（钢板尺）

转向架横向缓冲挡与牵引中心销间隙测量如图 6-1-13 所示。

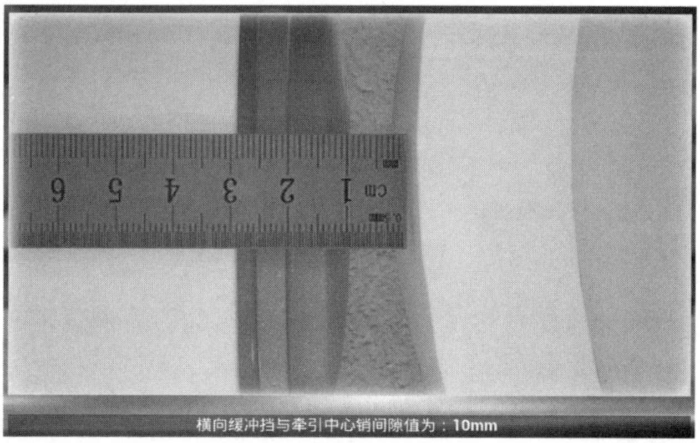

图 6-1-13　转向架横向缓冲挡与牵引中心销间隙测量

6. 车钩高度测量（卷尺）

车钩高度测量如图 6-1-14 所示。

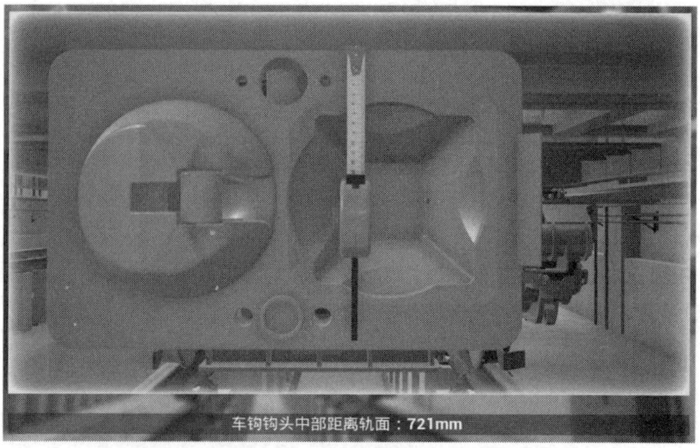

图 6-1-14　车钩高度测量

7. 排障器距轨面高度测量（钢板尺）

排障器距轨面高度测量如图 6-1-15 所示。

图 6-1-15　排障器距轨面高度测量

8. 受电弓静态接触压力测量（拉力计）

受电弓静态接触压力测量如图 6-1-16 所示。

图 6-1-16　受电弓静态接触压力测量

9. 受电弓碳滑板厚度测量（游标卡尺）

受电弓碳滑板厚度测量如图 6-1-17 所示。

图 6-1-17　受电弓碳滑板厚度测量

参 考 文 献

[1] 华亮，姜建宁. 机车车辆概论. 北京：北京交通大学出版社，2019.